关于政治与经济的形上学说

政经哲学

谭长流　著

九州出版社
JIUZHOUPRESS

图书在版编目(CIP)数据

政经哲学 / 谭长流著. --北京:九州出版社,
2015.5

ISBN 978-7-5108-3652-7

Ⅰ.①政… Ⅱ.①谭… Ⅲ.①政治经济学—研究
Ⅳ.①F0

中国版本图书馆 CIP 数据核字(2015)第 085124 号

政经哲学

作　　者　谭长流　著
出版发行　九州出版社
出 版 人　黄宪华
地　　址　北京市西城区阜外大街甲 35 号(100037)
发行电话　(010)68992190/3/5/6
网　　址　www.jiuzhoupress.com
电子信箱　jiuzhou@jiuzhoupress.com
印　　刷　北京毅峰迅捷印刷有限公司
开　　本　710 毫米×1000 毫米　16 开
印　　张　33.25
字　　数　380 千字
版　　次　2015 年 7 月第 1 版
印　　次　2015 年 7 月第 1 次印刷
书　　号　ISBN 978-7-5108-3652-7
定　　价　41.00 元

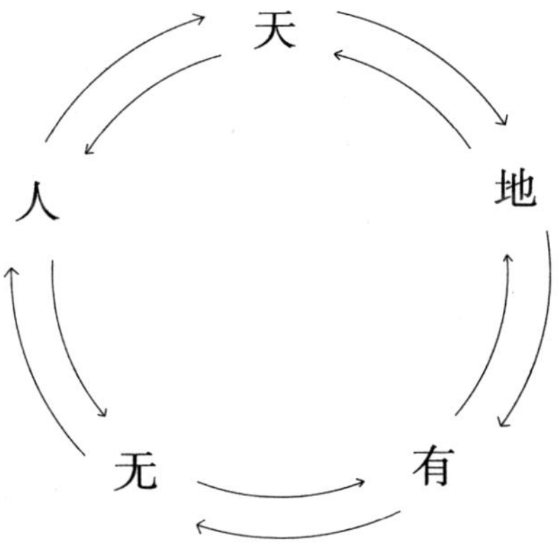

相生性的发展模式

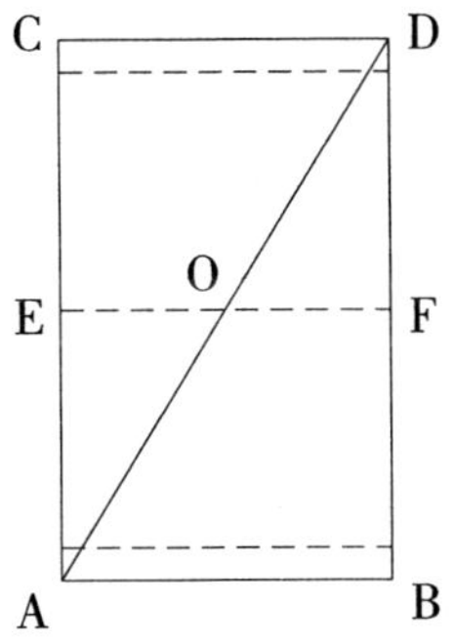

经济危机的起爆区位

前　言

研究政治，要从公共性存在入手，要考察制度、政党与民主等一系列概念和实践。

根据我们的思想，一种制度下的两党存在或多党存在毫无意义，因为它们不能亦不敢形成具有任何的本质区别，且其所依存的只能是所谓的“基层—普选”之民主，而总统又是可以施行极权的。同时，此类民主多会含有合成谬误的嫌疑。

我们认为，多种制度的和平共处，强过多党的名义上的存在；在此背景下，一党优势，再兼及它的“高端”民主，就会使国运兴盛。

在政治和经济之间，人们曾发现了“天人合一”与“有无相生”的两个片断；在本书中，我们把它们组合成了一个相生性的模式—系统。

就现代经济而言，在理论上，主要是当解决经济危机的周期性的发生难题；因此，人们就要预知它的起爆区位和相关的量度参数，方好抑制之。在实操上，政府就当解决好“通胀—滞胀”和“失业—就业”两项，即通过国家化—计划化的办法来处理好“货币前置”的以及人的“转移失业”的问题；至于一般的物，完全可以交给企业—实行市场化的自由生产。

过去的存在具有约束性，生产力具有前进性；人们当以经济的谋发展，当以政治的去其弊—即去除社会运行中的回滞效应。

我们希望，未来的一切，都应是建立在相生性的发展模式基础上；如此，才可使人类的生命流能永续向上向前！届时，有无相生，万物生我，我也生万物，进而天地相生，天人也相生。

总之，只有到了那个时候，天上天下才是更美好的。

作者

2014 年 9 月 1 日

目　录

第一章　制度—政党(一)

1. 一种制度下的两党存在,尤以美国最为典型。两党制属政治范畴,它是经由早期的资产阶级领袖们精心设计的,并在搅拌以民主的和选举的内容以后,就指定其是具有合法性的了。然而,当下的学者们发现,两党之变无论如何也离不开它们的共同宿主即其制度之宗。同时,由于民主的负作用的广泛存在,兼之普选的具有集体非理性的深层运动,则之两党制一定会随着民主体系的坍塌之后,必然走向单色的枯黄而彻底凋亡。因为,低级的民主在自由和真理面前没有位置,且选举又会被科学、竞技、市场法则和实践检验的功能所代替。至此,在两党制华盖下被遮蔽的肮脏本质连着它的形式就要一同被抛向那历史的垃圾场。所以,任何打着民主的招牌,操着普选的节拍来辉煌两党制,而实是为着一个资本主义制度来服务的政治“丑角”都只能是归于一败。

第一节　民主的负作用

2. 一种制度下的两党存在,尽管它是以民主这位小姑娘来打扮着的,然而它却一定不具有崇高的民主性,这当是现代人的一大发现。其原因就在于两党的存在是已归于它的一个制度之下的。所以,在此基础之上的任何花样的民主,都是在否定着民主的自身。

3. 民主一词系出希腊语，字面意思是“人民统治”。在古希腊的某些城邦，最早实行民主制度。该制度之所以在那里可行并实行着，是因为当时的一个城邦的人口鲜有超过一万者，其中女子和奴隶又无政治权利。① 即使如此，它也是短暂的一段历史插曲，对现代国家的实践几乎没有什么意义。

4. 现代民主思想在很大程度上是形成于中世纪的以反抗神权为开始的观念。于是，要人权、要民主的运动才得以实现。我们说，由于各地的“神”的不同，人们对人权的反映和心念也当自然不同。因此，关于人权的存在是有差异的，没有必要全由“美式”的一种人权思想来统一世界各地的人权观。接着，就是民主，它始于人权的对立于君权和专制的存在，后在欧洲因国王们的“咨询”政策，又使之得到了一些发展；但起关键作用的还是经由了战争和革命之后所确立的天赋权利和政治平等诸思想，否则就无以产生议会这个最大的政治道场。

5. 然而，在当下的用法上，民主则表现着各自不同的利益集团的主张，尽管民主制已被框定入“法制的、限权的和公民参政的”三项原则②之中，但其仍没能逃出被人们玩弄的下场。

6. 柏拉图曾认为，多数人的统治，即可称为民主制。他又说，在民主制中，所有的职权都被分割得太细，以至于有太多的人分享了权力。因此，在所有依法统治的政体中，民主制是最糟的，而在所有不依法统治的政体中，又是最好的。③ 然而，在当今世界，哪个国度又能不依法统治呢？所以，就目前而论，民主制的存在沿着柏拉图大哲的观点，其

① 《不列颠百科全书》第五卷，中国大百科全书出版社 1999 年版，第 227 页

② 应克复：《西方民主史》，中国社会科学出版社 1997 年版，第 3-4 页

③ 柏拉图：《政治家》，原江译，云南人民出版社 2004 年版，第 105-106 页

一定是最糟的,似是无疑了。其根据就是多数人的统治兼及分权太细,使之分掌权力的人又是太多了。因此,它必与法的存在相冲突,而法的存在当有极高的价值,如此者,民主制就只能是最糟的。可见,民主在法制的存在当中,被柏拉图判处了死刑。我们说,其道理也是显而易见的,如果把法的存在具体化,在法律面前,民主还有意义吗?一个杀人犯是依法予极刑,还是要经民主的表决呢?按着今日的惯例,恐怕极多的人的民主的表决,也是派不上用场的。这就表明了柏拉图大哲思想的正确性。

7. 柏拉图所说的,在所有不依法统治的政体中,民主制又是最好的。此间深意,无非是民主应在法之先,当是形成规矩、秩序、制度和法的前提,即民主只具有初步的含有酝酿次序的过程存在,而不能表现在确定的法之上或之后的再保持连续。因此,民主的效能一定是要被抑制的,它是只在局部的范围内起作用的,它绝不具备无限性;这就是说,民主的存在当是有前提的,不是一提民主,或一经过民主就都是好的。当下的人们有许多不知此中要旨,其实这正是最糟糕的。法一出,民主就要退场。

8. 英国学者戴维·赫尔德讲,今天,几乎每个人都声称自己是民主人士。全世界所有的政治制度都把自己说成是民主制度,而这些制度彼此之间无论是在言论还是在行为方面都常常迥然不同。民主似乎使现代政治生活变得合法化了:因为一旦宣称它是“民主”的,那么,法规的制定和法律的实施似乎就是合理的和正当的。然而,事实并非总是如此。① 因为,法西斯主义和纳粹主义也曾是经由了民主的程序的,而如此之代表,人们还会说其也具有合法性和正当性吗?我们想,这是

① 赫尔德:《民主的模式》,黄继荣译,中央编译出版社 1998 年版,第 1 页

不言而喻的。

9. 目前,人们普遍认为,除了小型的共同体之外,民主一定意味着代议制,在这种民主形态中,民选官员代表人民做决定。① 更有甚者,在某些人的脑子里,似乎的只要是普选的即是民主的。于是,民主的在普遍的所谓的合法化的光环下,在人们的庸俗的认识里,开始走下坡路。

10. 就形上的角度讲,只要人们去掉了民主的所有外象,去掉那些形式的或民选官员来代表自己的桎梏的非本愿的悲伤之后,或许就会赞同哈耶克的主张。他说,民主本质上是一种手段,一种保障国内安定和个人自由的实用手段。它本身绝不是一贯正确和可靠无疑的。我们绝不能忘记,在一个专制统治下往往比在某些民主制度下有更多的文化和精神的自由——至少可能想见,在一个非常整齐划一的政府和一个教条主义的多数民主的政府统治下,民主制度也许和最坏的独裁制度同样暴虐。② 这就是哈耶克先生的非凡洞见。当然,促成国内安定的手段,也不一定就是民主在起着决定作用;我们认为,它更是法的制度的秩序的力量。另外,关于个人自由的实现,依据一般的常识,它不可能仅靠来自民主表象的每一次投票就可以保障了。因此,民主的纯粹的手段性所凸出的暴虐,就会长期地奴役着所有的进入了民主轨道的选民或公众。

11. 最近的研究,对民主又有了新的表述,如亨廷顿讲,民主政治

① 阿伦·李帕特:《选举制度与政党制度》,谢岳译,上海人民出版社 2008 年版,第 1 页

② 哈耶克:《通往奴役之路》,王明毅译,中国社会科学出版社 1997 年版,第 71 页

的核心程序是被统治的人民通过竞争性的选举来挑选领袖。[①] 但是,被统治的人民如何在被统治的管道里去进行有竞争性的挑选呢?事实上,他们只能选择被那些统治者们所选定的领袖,而如此的领袖还有竞争性的挑选的必要吗?历史将会证明,如此的民主核心所展示的程序应纯属闹剧。

12. 综上,即是我们将民主一语所做的铺陈,尽管其中已阐释了关于人民的、多数的、代议制的、普选的和挑选领袖的或为工具手段的"多元"的民主思想,但并不能尽人意。因为,即使最民主的选举,它也不能体现民主的内质。原因就是,它只能表现为形式,而真正的民主实在当是内存于选举之后的以民为纲的或以民为神之主的具有实效性的行为运作当中。

13. 下面,我们就展开关于民主的负作用的话题。

14. 根据制度学理论,本原性的社会制度是第一位的制度,它包括经济制度和生育制度,而派生性的社会制度是居于次要位置的,它包括政治制度和文化制度,且人在本性上是没有政治性的。[②] 这就是说,政治的或民主的存在,兼之人在本性上的没有政治性的观点,即把民主制在今日的强迫人们的暴虐性暴露无遗。就宏观上讲,人民不一定非要存有所谓的民主的这种政治性,它乃是用政治的力量挤压进人的生活习性中去的产物,且由这种产物所串接的体系,又是在政治制度的作用下构成的,即政治制度又规定着该体系。所以,在今天的资本主义社会

① 郑伟铭:《中国共产党党内民主问题研究》,中国人民大学硕士论文 2004 年,第 5 页

② 贺培育:《制度学:走向文明与理性的必然审视》,湖南人民出版社 2004 年版,第 23-26 页

里的一切的民主表象，都是源自于资本主义的政治制度。随着资本主义的政治越来越不符合历史前进的步伐，其所操纵的民主所显现的负作用也就会日益加强。

15. 新制度经济学认为，人的理性深受制度的影响，而且制度的变迁则往往不受人的理性控制。实际上，人应是在整体制约中的人。①我们知道，制度的确定是取决于利益的，而不是首先取决于理性的。但制度一经确定，则其就会对理性具有挟持作用。人在利益和理性面前，在资本当先的社会，利益具有独占性，然又不会完全地违背理性，此时的理性只能作为与他者的沟通条件。鉴于上，资本主义就是挟持选民以搞所谓的民主来为之利益服务的，当下亿万人的理性，都受到了资本主义制度规则的影响。接着，这种制度就演化成由党魁来领导时，便根本不受选民来控制了，或说真正的资本主义制度的在任何向度上的调整安排，它一定是不受选民的影响了。于是，所谓民主的理性的选举的存在，都是为其始作俑者的利益服务的。

16. 然而，在资本主义的利益和资本当中，为之服务的民主又不可能从它们的机体上产生，即在资本主义的非平等的条件下，是难以长出任何的民主的新芽的。这就要求人们必须重新建构新的经济的游戏规则，因为不改造经济组织，单独靠改造人类精神，必然没有任何效果。②可以想见，民主在此时的孤独状态下，在人们愈来愈清晰的面前，它的似乎表现为一种权力的东西，也是要荡然无存了。

17. 因为，在资本主义社会，资本才是真正的权力，而资本主义的

---

① 彭学农：《从制度经济学看哲学与经济学之互动》，复旦大学博士论文 2002 年，第 12 页

② 谢龙：《哲学百年》，北京出版社 1999 年版，第 17 页

制度也是一种关于资本的权力制度,它只是用民主来装饰。于是,不难看出,民主的存在之本身就具有跛脚性了。马克思讲,资本是对劳动及产品的支配权力。① 我们言,马克思的话语过于缠绵。

18. 就根本上来说,在资本和民主之间,在资本主义社会和民主的方方面面的存在之间也是不当有任何的牵连的。其原由就是,资本不需要合法性。② 而民主的往往是欲求给之资本的股东一些这类的东西,但是具有后现代思想的大哲和大寡头们却根本不屑于这些。他们根本不需要民主的同意与否,他们是天然的合法者,是真正的权力的最后和最高的原点,于是他们认为民主是多余的,他们既不需要民主,也不惧怕民主。民主对其来讲,似乎就是一场戏,而戏的主角的表演和结果包括台词都是事先拟就好的。至于选民们的何等情绪或执着等等,都与之无关。由此看来,民主的对于资本而言,似有暗娼上街的味道。只要不违反大资产者的法,一切悉听尊便!其间的奥妙就是,资本的孪生的利益乃是大于一切的。因此,民主的这种逼良为娼的行径,就只能反映为费时费力的和耗费资财的只起着负作用的勾当,可谓毫无正向价值。

19. 那么,大寡头们为什么会如此地猖狂呢?人们知道,只有关于资本的冲动,才是资本主义经济得以发展的基础,而市场化本身并不体现社会正义,因此资本主义的政治也就必然地要与资本的大寡头们联姻,至于民主和自由等等,都是在资本的世界范畴内无需给予保障的。这样一来,民主的任何纤蔓就只能缠绕于资本的枝干上了。所以,归根

① 马克思:《1844 年经济学哲学手稿》,中央编译局译,人民出版社 2000 年版,第 21 页

② 佩里·安德森:《后现代性的起源》,紫辰译,中国社会科学出版社 2008 年版,第 34 页

到底是资本至上化已成为资本主义社会的公民意识，而绝非人们所鼓噪的民主。当然，这里还有一个强力的问题。因为，任何强力都是弱者的民主的天敌。我们不难想象，此处的强力即是以资本为后盾的政治的制度的高能量之下的使民主屈从的一种单向度的既粉碎又柔和的碾压。在如此的碾压之下，任何的民主制度都会形成，都会含有一定的道理，自然也会大量地充盈着负作用。

20. 在资本主义的社会，其基础的资本单位或细胞是企业。科斯讲，在企业中要素的配置是行政决策的结果。为了一个有效的经济系统，必须不仅有市场，而且也应有适当规模的组织内部的计划领域。[①]此即言，在资本主义的基本存在当中，是根本不需要民主的，因为它们只要秩序和经营，之后才涉及市场。然而，在市场里，民主的所有的作用就更不存在了，因为它只要买卖。类似的可以互证的观点还有，从理论上可将资本主义认定为一台从事流水生产的欲望机器，[②]以及西方民族国家的原型即是工作场所。[③] 根据如是的表达，在流水线上，民主还有正向的作用吗？他们还需要民主吗？在一个纯粹的工厂里，只有服从，民主的一切都只能是妄谈，而这正是指向资本主义的具有民主点缀的那些国家的。于是，我们便从根本上，说明了许多问题。

21. 接下来，我们再剖析，就会发现民主一直是与财富相矛盾，并且和私有制是相对立的。在财富不均等且相差悬殊的人群社会里，去平等地表现民主精神，当有乞丐见到巨商之后的惶恐，肯定是无疑的，

---

① 《诺贝尔经济学奖金获得者讲演集》下卷，王宏昌译，中国社会科学出版社 1997 年版，第 146 页

② 佩里 · 安德森：《后现代性的起源》，紫辰译，中国社会科学出版社 2008 年版，第 30 页

③ 沈杰：《现代性、后现代性与社会重构》，中国社会科学院博士论文 1999 年，第 24 页

而这一切的根源乃是在于私有制。财产的私有和民主国家的民主之间的矛盾是异常激烈的。王雅琴先生认为,美国政治的深刻的矛盾之一,即是民主的政治理想与财富分配的不民主的矛盾。[1] 这乃是一种极具高度的理论概括。此即言,在财产私有的社会里,除了财富分配的不允许民主之外的政治理想的民主只能是独立地表现为负作用的民主了。原由就在于关于财富的分配的民主的积极意义已被那些握有政治权力的人们打出了民主的宅院,而这样做的结果,就是人们在此之外便可以任意地行使民主的权力了。我们认为,这乃是当世最可卑和最可笑的最无耻的民主。

22. 当下的一切正在表明,自由、民主这些文化、政治的概念,越来越游离其自己的所在阵营而向着经济靠拢,难道它们已是属于经济的产物?还是被迫地屈从于经济的淫威呢?翻开后现代著作,人们就会清楚地发现,民主乃是在一种非自由的压力下存在着,尤其是在某些国家不参加选举即遭惩罚时,就更是如此。于是,民主就是通过经济的压力,才得以传播的。这样,民主就是一个介乎政治和经济之间的不伦不类的混血的杂种了。若仍要深究,使之回到生产方式中去,它又会具有社会形态方面的规定性,然而无论如何,这些均已昭示了民主的悲哀性。

23. 民主具有负作用的根源,还在于资本主义一定具有平等的反面,即资本主义的存在恰恰是建立在一个极不平等的体系之上的。然而,在这个体系之上,却要产生与平等相和谐的民主,这显然就是对民主的一种反讽或颠覆。因为,在资本主义社会,商品经济的一条根本原则即是等价交换,然而这只是现象。其实质是,在价值面前的一律平

---

① 王雅琴:《选举及其相关权利研究》,山东人民出版社 2004 年版,第 231 页

等，乃是以客观经济条件的不平等或差异为前提的。于是，通过这个等价交换的平等关系，只要细想一下，就可以不断地使之种种差异的前提得以再现出来。故平等的含有等价的在民主的过程中，就会被多数的无产或少产者与少数的寡头之间的对应的差异所替代，而在这种替代的夹杂的程序中的民主就只能是含有差异性的了。所以，名义上的民主，或现象上的民主的全部的正向意义就会被荡涤出局。从中我们还可以看到，平等也是建立在自利基础上的，而不是为了利他才要求平等的，即等价的所有交换定是出于自利的目的，且平等首先是要自我的短处来与他者的长处谋求平等，而不是要他者的短处来与我的长处谋求平等。因此，世人所喊的平等多是被作为口号了。

24. 沿着上面的文字，我们知道，不平等是永存的。因为人们在生产关系中所处的各自的地位一定是不能相同的，于是即为不平等的。所以，在一个永存的不平等的社会里去宣传平等，尽管原则上有一些积极意义，但功效不会很大。有一句话叫做“公民在法律之下和政治上是平等的”，①其言外之意为，公民们只要脱离经济之后即是平等。接着作者又说，然而他们在各自拥有的政治资源上并不平等。故公民们在政治上和经济上都应是地位处于不平等的状态之中。所以，当下社会只能存在平等的各种现象，却一定不能存有各种真实的平等。就一定意义上来讲，由于每个人的效用不同，地位不同，在每一个组织中的层级不同，就不可能具有平等性。因此，这就决定了客观上的不平等的平等。

25. 资本主义从经济学的角度上讲是无可厚非的，其一切的资本存在都是具有相当的合理性的，但从政治学的角度上讲，其又是具有落

① 李宜春:《独大型政党派系政治研究》，北京大学博士论文 2001 年，第 70 页

后性的。因为，它的表面的一律平等的背后却是客观上的一律的严格的不平等。所以，在此意义上而言，政治学恰恰又是关于经济学的形上之学。在资本主义时段，政治之所以会落后于经济，当是由于资本主义的经济的强大力量还不能为政治所“裹挟”。这样一来，改造资本主义的首要任务就是要加强政治的力量。

26. 可是，资本主义在炫耀民主的同时，为什么又一定要呐喊平等呢？为此，西斯蒙第讲，消费上的平等的结果总是在扩大着生产者的市场，而不平等总是缩小市场。我们说，这就可以导出资本主义社会为什么会提出平等这一观念了。由此可见，资本主义的平等、自由或民主的等等，都是为着生产者的市场来服务的 ，而只有这种存在，才是资本主义得以存在的基础。否则，那些拥有巨额资产的大佬们才不会呻吟任何形式的平等呢！除非他是出自于一种享乐的需要。

27. 我们业已知道，没有资产阶级，就没有资本主义。此即言，是先有资产阶级的胜利，才后有资本主义这个社会的。当然，这也表明了大多数的工人阶级或非资产阶级，终于没有战胜少数的大资产者们应是一种事实。如此一来，由多数所形成的民主或人民的统治在资本主义社会里还有什么意义呢？请问，多数人的民主能改变少数资产阶级所拟造的资本主义制度吗？答案是不可能的。多数的已失败，由失败者的民主来裁决少数的胜利者，这不纯属于一个笑柄吗？所以，我们为资本主义的万民参加的所谓民主感到有无尽的耻辱。在这种耻辱的背景下，由于不平等的根源所在，就不可能存有真正的民主。倘若存有了民主，则其也是畸形的，或只能是释放着恶毒能量的一种邪恶的民主。

28. 但是，我们也不能忘记，不平等的积极意义，只是人们不要将其与民主挂钩就可以了。因为，许多思想理论认为，世界是不平等的，而不平等是进步的动力。[①] 如上所述,资本主义再喊平等以助威民主的做法,就更是无一点的意思了。

29. 关于民主的负作用,我们说它还反映在无有或缺乏科学性的上面来。就民主而言,其首先的是难以进入科学,难以被科学所实验、所推理、所应用,尽管它可以拉科学来配对,但科学对民主的存在连基本的解释都很难。所以,不能一提民主和科学,就似乎为民主的一定是科学的,或科学的一定就是民主的,其实二者是各不相关的两个独立存在。近来有人提出了,科学并没有处处取得对于"哲学"的胜利,以及民主研究必须以科学的追求为基础[②]之思想。这样,民主就理当进入科学的轨道,然而民主的本身却缺乏科学的一丝一毫的质料,于是它就难以步入科学,就更难以步入哲学了,因为在哲学的殿堂里,由民主的现象实难发掘出它的正面的积极的"形上"的力量,当然在科学里面就更无欲使民主走向合理存在的任何良方了。

30. 在某些方面讲,民主的乃是一种近乎文化的高雅评价,却一定不是严格的科学的评价。因为,民主的存在是处于科学之外的东西,故科学不可与民主有任何的姻联。民主的形式有时就是集体的赌注,然后再被人抽签。所以,不管是赌注也好,还是抽签也好,它们都是不具有科学性的。其最根本的原因,就是不能从科学中所内生。

31. 王沪宁先生讲,历史唯物主义十分强调经济运动对社会发展的作用,但是也从没有否认政治在一定条件下的决定作用。政治时代的使命就是,充分运用政治手段来促进人类进步和文明的发展。[③] 可

---

① 李汉昭:《帕累托 80 / 20 效率法则》,海潮出版社 2001 年版,第 8 页

② 赫尔德:《民主的模式》,黄继荣译,中央编译出版社 1998 年版,第 9 页

③ 王沪宁:《比较政治分析》,上海人民出版社 1987 年版,第 30-32 页

见,当下的政治的或为民主的主要任务应是反映进步和发展的。但是,民主的存在是政治运动的进步和发展之后的产物呢?还是直接起着促进人类的进步与发展具有先驱性的作用呢?按着历史的前行过程看,民主的似是后生的。我们说,就是由于这个后生的存在,它竟平抑了多种形式的政治的促进力量,而一味地滞留在民主之上了,因此也就迟缓了整个社会的发展。我们讲,民主的不是政治的唯一,民主的只是政治大家族中的一个总在招惹是非的,然又无有任何能力的几乎被遗弃的顽劣之子,它到如今尚未显现有任何的对社会发展起正向作用的推动力。

32. 于是,民主不内生发展的动力无疑。佩里·安德森讲,二次大战的后果是,在西方确定了稳定的资本主义民主制,配备了标准化的消费耐用品,在东方毁灭了革命的理想。随着一切历史推动力的消失,现代主义丧失了全部干劲。此即言,资本主义民主制既不能内生推动力,也不能外助推动力的存在和发展,所以随着一切的推力的消失,由二战后确定的民主,就只能在现代——丧失了全部的干劲。我们讲,由于民主既不内生发展的动力,又难以外助发展的动力,则其必然的趋势就只能是被人们抛弃。

33. 然而,民主又不会被资本大鳄们立即抛弃,它还将为资本主义奴役很长的时间。马尔库塞认为,劳动技术化的结果导致工人在政治上被同化。资本主义进步的法则是符合这样的一个公式:技术进步=社会财富的增长=奴役的加强。[1] 在这里,就进步的项下显然是没有民主的份额的。由于工人的被同化,即之被奴役性的增强,则选民们的选举所代表的这个看似为民主的冲动,其实也是被资本主义奴役后在有

① 曹亚芳:《异化理论研究及其当代意义》,南开大学硕士论文 2003 年,第 19 页

些财富增长的背景里的一些冒失的激情之反映。于是,奴役在财富的存在里面,民主就可以被人利用了。有时,人们为了财富,完全可脱离本真之性,尽管这是十分可悲的。

34. 随着民主的被奴役,它的存在本身就一定会被资本所弱化,时间一久,民主在资本面前就没有了痕迹。马克思主义者认为,资本主义民主的自由纯粹是一种形式,不平等从根本上削弱了自由,并且使大多数公民的自由仅仅是名义上的。资本才是起统治作用的。[①] 此即讲,资本的根本力量必将是弱化或消灭它的存在以外的绝对武装,而民主的这样的伴娘,早晚也要使之退场。

35. 当下的资本主义,正处在它的垄断阶段。我们说,垄断的存在必须要摒弃民主,因为民主的重要意义是与垄断不相符的。然而,资本主义的任何发展趋势又一定是指向垄断的。所以,资本主义在原则上是与民主无缘的。就是这个与资本主义无缘的民主,却被作为一种时尚,吵吵嚷嚷地还要付诸实践,可是它终难打破垄断。因为,政治市场就相当于垄断性竞争,在如此强悍的市场上,竞争者对手已非昔日的处于自由阶段的对手,他们已经完成了政治资源的和寡头资本的结合,并可以统驭资本和对资本进行嫖娼或用资本来嫖娼政治已是一样的了,即此时的民主的这个小姑娘,除了深锁闺门以保纯洁之外,要想干预垄断,那只能是一种非分的妄念或妄想。当然,在垄断的内部也就再无民主可言了。有人说,民主共和制在资产阶级内部是民主的。我们讲,这仅是一个现象,从上面的根本分析中看,那是不可能存有民主的半斤八两,因为垄断的刚性极强极强。

36. 鉴于在垄断的刚性之中,其内部绝难有民主的客观存在,则民

---

① 赫尔德:《民主的模式》,黄继荣译,中央编译出版社 1998 年版,第 173 页

主的任何企图或可能就都要难以实现了。首先,不能实现的是那条“全体一致”的规则,这已被过去所证实。接下来,就是谋求大多数,后来表明也不行。布坎南说,政治是个人之间的一种复杂的交换结构,通过这个结构,人们希望集体地获得个人自己私下确定的目标,而这些目标是不能通过简单的市场交换来有效获取的。① 然而,由于集体非理性的存在,这个欲求通过集体来获得个人目标的实际也是不可能的。所以,在资本主义的垄断阶段,其必然要破坏民主,但民主不能动摇垄断,兼之垄断的或统治者内部绝无民主,也就可以逻辑地得出,在资本主义社会里的任何民主都是不能存活或实现的。

37. 再探究如上的因由,就会发现其主要是在于资本与民主的毫无关联,资本主义主要的是以资本为力量,它根本不需要民主照样可以发展、盈利或赚钱。在“生产力”一词中,一定不见有民主、自由或道德的内涵,因此可知,民主与资本主义并不是有着必然的相伴相生的关系。即使在资本主义的垄断之前的所谓的自由化阶段,也是这样的。我们知道,垄断之前的存在绝不是发达资本主义的产物,资本的目标只能是垄断,非垄断的存在只能是资本主义的迫不得已的初级阶段,故其与资本主义在本质上也是具有相悖性的。就美国而言,它是在二战中因军火贸易而获得大利的,在战后又于欧、日建设中,因其投资又获得了大利,再往后便是由于其第三产业的发展和科技的飞跃,才使之又获得了大利益。可见,民主并没有在资本运作中能帮上它什么忙。

38. 其实,民主的本身也是存有了太多的问题,或称之为负作用的。这里的表现就是民主的形式是完全地桎梏着自由,并使之变成非自由,这更加剧了不平等,它又反过来还会抑制自由的,等等。根据公

---

① 缪勒:《公共选择理论》,杨春学译,中国社会科学出版社 1999 年版,第 2 页

共选择学派的思想,假定集体行动必定是由个体行动组成,合作一定是来自于合作者的差异,要对各种选择问题做经济分析,在传统上,人们认为,实际的政治是无限可能的艺术,亦即妥协的艺术。一旦人们承认了妥协的必要性,那么各种替代方案就不再会被认为是相互排斥的。[①]这样,个体间的差异性即是相互妥协的根本,但是这种妥协的存在并不能代表着真正的民主。因此,在选举之中的含有妥协成分的民主即被如上的理论给彻底地解构掉了。

39. 哈耶克先生说,法治的意思就是指政府在一切行动中都受到事前规定并受宣布的规则的约束。于是,政府当且仅当地是产生于事前的规定和事前的约束之中,故其又反过来使之对付那些曾授予政府权力的选民们。这样,选民们只要在事先规定好的不管是 A 或 B 中来进行选择就可以了,而政府呢,在其成立之后,就与事前的规定或约束再无相干。因为,它们都是以民主的或曰是以法治之下的民主的面目出现的,似乎是有着天然的合法性了;殊不知,如此的民主正是在割裂着人性,割裂着人性的天然的连贯性。我们想,资产阶级的初期领袖们如此的设计,一定是考虑到了它的割裂人性的问题,但其又决意执行,其中必含有着对广大民众的于认识上的实施欺骗的可能性。关于民主的有关规定,让我们回到民主制度的初始中来,就会发现它应是与民主的历史的逻辑统一在一起才是妥当的,所以欲真正地反映民主,就应在事后的过程中予以贯彻并严格执行,才是贴切的,否则就是反历史,就是反逻辑,就是反民主的意义。

40. 顺着本初的路径看,民主的存在竟然无有根基。我们知道,在政治经济学中,每个人的效用不同,即是不平等的根源。这里的效用既

① 缪勒:《公共选择理论》,杨春学译,中国社会科学出版社 1999 年版,第 356 页

是使用价值,又是能力的表现,其来源当是由于脑力的不同所致。所以,在工业社会,由具有不同的脑力者去生产同一的产品,这一过程的本身就是对自由存在的扼杀,而且是成批的大批的扼杀。因此,分工的存在虽然促成了进步,但生产同一产品的实在却又扼杀了自由。且由于统一生产同一规格的产品的客观所在,人们也就没有了民主可言。所以,在工业化、机械化的工业社会或说以资本来主导的社会里,是没有自由和民主的任何根基的。然而,工厂主却是相对自由的,他们才希望某些民主。于是,工人的自由和民主就只能由工厂主来代表或表达了。故在资本主义社会的自由和民主都是属于资产阶级的事,它与工人阶级作为选民的民主实在是相距万里八千。

41. 另外,人类的文明与民主也是脱节的。弗里德曼讲,文明的巨大进展……是个人天才的产物,是强烈坚持少数观点的产物,是允许多样化和差异的一种社会风气的产物。[①] 所以,个人的天才,少数观点以及多样化和差异性这四点才是与文明共存的,其间是一点也见不到民主的身影。倘若一种存在不能贡献于文明,则其就会被文明所遗弃。民主既然不能进入人类文明的领域,那么它在人类的普遍关系之中,还能有何表现呢？我们发现,在人自身的精神与肉体的关系中,在人与人的关系中,在人与人群的关系中,在人与环境的关系中,都无需存在民主。接着,在各种关系的矛盾的冲突中,在道德领域,在由之关系所组成的一切规则中,统统地无需存在民主。这样一来,民主即被文明所淘汰,即被人类的各种关系的存在所淘汰。于是,民主也就只能是进入到它那自娱自乐的天地里去了。

42. 综上可见,民主若非要存在,它也一定是应处于最末端的位

① 弗里德曼:《资本主义与自由》,张瑞玉译,商务印书馆 2007 年版,第 6 页

置。因为,在资本主义制度下,其所有的民主花样,都是依着资本来表现的,而如此的表现只能是低劣的、愚顽的和末端的。就是在这末端的民主里面,倘若我们再进行分析,再将之与自由进行联系,则资本主义的自由也就不显得高尚了。这是由于它也是为资本主义服务的。首先,自由的本初也是被资产阶级用于资本的使用和商品的销售上面的,即由它不可能长成现代意义上的纯粹的自由。其次,在一定程度上,本初意义的自由还反映着某些野蛮性,而这些野蛮性是直对着文明的。所以,自由的存在,从根本上而言,也是当为经济上的观念,而不是政治的表现。这样,资本主义所标榜的自由和民主就都是令人汗颜的使人恐怖的东西了。

43. 关于民主的负作用,从认识论的角度上看,那些所谓的民主表象等,虽然貌若天仙,但终难逃出其所具有的美女蛇的嫌疑。

44. 在商品经济初期,人们把动机和目的分作两步来实现,供需基本平衡;之后再发展,人们的动机和目的便已由消费需求转向了利润最大化,而这些就构成了异化的过程。我们知道,在资本主义背景下的一切存在,包括民主、平等、自由等,均是为着资本和资本主义服务的。可是,那些大资产者们,为什么要在独断的为资本的服务的同时,却又在外面去弥漫出一些民主的气息到社会上呢?因为他们明白,在一个所谓的全民均具有了一些民主风气的群体里,其中的选民也是不可能具有严格的组织性的,而在没有这些组织性的民主里面,它只能是被人所利用的工具——我们说,这样的民主是可悲的。

45. 在民主的全体一致的原则被民主自身击垮以后,它就演变成了所谓的多数规则。在这个多数规则里,弱者便永远不能得到拯救了。有时,少数在相对多数的条文成立的情况下,竟然又是可以成为多数的,这是因为在少数里也可分成两派,其中某一方必然显多。尽管如是,此时的民主也拯救不了弱者;于是,弱者在民主的大旗下,永远要成为弱者,老的弱者死去了,新的弱者又来补充,几乎所有的人都难以逃脱,最后之处于弱者的地位。民主不能拯救弱者,即是不能拯救它自身。如此的民主,我们只能称之是强势的过程民主,而其之所以如是的原因无非是民主具有游戏的属性。在民主的自由和平等的前提里面,自由的买卖似乎是平等的,即在一个共同的游戏规则下,自由的买卖就会表现为平等。但是,一个人劳动了一年所得的比如五百元钱,与另一个人在瞬间所得的五百元钱,在都去购买一个五百元标价的商品时,或说在一个规则中,我们能说此二者是不平等的吗？然而,其中的存在,就真是平等的吗？这反映在民主的平等上,也是一样。一般来讲,个体的博弈心态和集体的民主心态也是极难统一到一起来的。因此,在博弈者心中,民主纯粹似一种玩具。由于玩具的作用从来就是不大的,所以民主无论如何也拯救不了在所谓的平等和自由面前的弱者。

46. 民主除了具有游戏的玩具的属性之外,它还具有落后性、民族性和反自由、反公平与形成迫害及促成战争的特点。

47. 人们都知道,在世上的非人类物种中,其都未经过民主的决定未来的程序。然而,它们却都得以长久地存在了下来。民主的国界性与对和平环境的要求,兼之它的过程显然是一种被操纵的表现,或是由于没有新的真理出现,这就决定了民主本身所具有的落后性。我们说,在已明的具有真理性的事物中,人们是不需要以民主的方式来进行选择的,在急骤的变化的战争期间也是不能通过民主的形式来进行选择的,且随着人类的发展,人们的知识力、判断力的迅速提高,其被操纵的可能性即会逐渐地消失掉。届时,被操纵的民主也就不存在了。当然,对于他国的、外来的一切存在，某一国界内的民主也是毫无影响力的。

48. 有人讲，民主制度提供了和平解决争端的办法。民主乃是人类有史以来发现的唯一的和平变革的方法。① 然而，民主由于受到了它的边界的限制，一国的民主又完全可以打倒另一国的民主，此时的民主就成了人类的哀愁。故在民族国家里，民主是具有民族性的。因此，民主尚不具有适合于全人类的先进性质，即 A 国的民主只能虚伪地解决 A 国的事，A 国的民主并不能解决 B 国的事，或曰民主是不可逾越国境的。

49. 按着选举的逻辑，民主要求多数人的统治，并不要求多数人对少数人进行压迫。选民投票不是要产生一个压迫自己的统治者。哈耶克认为，多数决策的结果并不一定是最智慧的，多数人的决议往往是考虑欠充分的产物，一般都是妥协之物。多数意志的强行实施具有内在的反自由的机理。② 多数意志的强行实施完全不同于习惯与制度得以生成的自由发展进程，它完全摧毁了其内在的种种的自我纠错的能力。我们要强调历史的习惯和制度，是因为其中具有极强的自我的纠错能力，而这种内生的存在永远是主导人类前进的力量，它会永远地大于外来的民主性。哈耶克继续说，不受共同原则指引的多数决策有“路径依赖”的趋向，多数因受其自己做出的决定的强迫，不得不采取一些既不是他们所预期的，也不是他们所欲求的进一步的行动。我们说，多数制往往会产生人们所预期或所欲求的相反的东西，然而又不得不执行，其最后就会形成多数统治导致政治家们的任务就在于发现何为大多数人的意见，而不是去发现新的真理观念。这就会使得社会趋于保守而

① 杨云彪：《选举的逻辑》，吉林大学博士论文 2006 年，第 50-51 页

② 杨云彪：《选举的逻辑》，吉林大学博士论文 2006 年，第 52 页

缺乏进步的动力,即多数统治的民主必然缺乏进步的动力。当然,这也正是民主的反自由的产物。

50. 关于民主的反公平问题,可以由虚拟经济中导出。其实,民主的存在一旦在具有反自由的机理之后,它就必然的是要走向反公平的。就虚拟的经济而言,它的形式的公平交易是过程,就是在这种公平的买卖中,由于人们看不到的不公平在起作用,最后便使之走向了其过程的公平的反面,其结果肯定的是要表现为反公平。因为,按着公平的交易法则,人们在不盈利的情况下,是不进行交易的,如此者,其公平的继续就是必然的赢利,但事实却相反,最后是大多数者都要赔掉本钱。现在,我们将它移植到政治的或民主的存在之中,就会发现,如果按之公平的过程,每个选民都会得到其最大的效用,但是这种效用从来就没有实现过。请问如此的民主,还能不是反公平的吗?所以,在过程的看似民主的公平的程序中,必然存有着逻辑的反公平的存在,这与虚拟经济的看似平等,实是要大多数人的赔掉本钱是一样的。

51. 奈特说,人类的一个基本的神秘本能是喜欢达到目的的正确程序的提出者,而不是喜欢反对者。民主信仰本身也只不过是大众思维,要为其寻求一种理性基础根本就是徒劳的。社会公众很少进行思考。统治过程的发展具有连续竞争的特征,其第一要义是营造大众思维,迎合大众思维的任何东西必定是简单的和浪漫的,其深受拥护的政策是以维护国家利益为借口,对持不同政见者进行政治迫害。民主必定会遇到其潜在的极限,或转而成为专制。① 于是,我们说,以民主的国家的名义进行的专制的政治迫害,当是最阴险和最恶毒的;而这些,

① 奈特:《风险、不确定性和利润》,王宇译,中国人民大学出版社 2005 年版,第 15 页

正是内藏于民主的襟怀之中的，真可谓又是最恐怖的。

52. 然而，最恐怖的当是民主国家的屡屡地发动的战争。此即言，民主的在极大成分上乃是促成战争的一个要素。原由是，民主并不能抑制具有战争欲的人出任总统，且总统总是利用了民主所赋予的漏洞，以发动战争而呈一把独裁之能、专一把皇帝之权、过一把疯狂之瘾。根据宪法，一经对外宣战，美国政府马上就变成独裁。[①] 于是，在战争状态下，或者在国家紧急状态下，民主还能存在吗？回答是否定的。那么，民主为什么没有抑制发动战争的法则呢？战争狂人们为什么能骑在民主的项背上，可以在任何时候都有借口而发动战争呢？很显然，这里只有一个理由，即某一民族的国家的民主一定要与战争合流，在这些民主的内心上它便想促成战争。否则，对于一个当下无比煌煌的民主存在而言，都是说不通的。某一国家的民主正是打败另一个国家的民主的利器，国家的民主主义者也是希望在打倒别国时，能自己获利的；故某一国家的民主在获取他国的利益面前，也是一个混蛋。

53. 民主还具有与多数的矛盾性，以及和择优、效率的矛盾性，并时常与混乱、动荡为伴。

54. 杨云彪先生在他的文章中说，全体一致规则和少数规则有利于保护少数人的利益，但实现起来有其局限性。多数规则虽然是民主制度的基本规则，但又与民主的基本价值观存在内在的矛盾。[②] 我们认为，这就是民主的左右不得其法的更为深层的和深刻的原因。所以，民主必然要在它的局限性和矛盾性中耗尽力气，去成为历史的概念，而不再具有操作的意义。除此之外，依着美国的选举个案分析，我们还会

① 康芒斯：《制度经济学》下册，于树生译，商务印书馆 1997 年版，第 567 页
② 杨云彪：《选举的逻辑》，吉林大学博士论文 2006 年，第 26 页

得出选举的择优、效率与民主存在矛盾,它们在操作与制度间也会存在矛盾,在公共利益、集体利益与个人利益之间也会存在矛盾,在候选人与选民之间也会存在矛盾,等等。总之,在民主的内部和它的周围无处不是居于矛盾的陷阱之中。

55. 就是由于民主的处于矛盾的陷阱之中的缘故,它便导致了一定要与混乱和动荡相伴。因此,不要一提民主,就认为它是显现光芒的原点。近年来,关于橙色革命或曰是一场街头动乱式的民主的出现,以及泰国的民主和我国台湾地区的民主等等,无不是在混乱和动荡中倍受着熬煎的。有人讲,美国的情况或许好一点,我们说,其实不然。因为,美国在挥舞着民主的大棒去打击他人的时候,已把其民主的灾难转向了国外。但是,力和反作用力是相等的,结果才使它饱受了一次最大的惨痛的高楼坍塌事件。

56. 所以,民主在许多方面不属于一个具有社会优良性的存在。于是,当选者多要违背民主,并在经济上更是表现为一团糟。

57. 阿罗认为,市场秩序并未创造出一种理性的社会秩序。民主表决不会产生一种社会选择。[①] 即民主的过程不能产生真理的顺序,故民主的不一定就是有利于社会的。它的直接后果就是民选的政府与民众的意志会愈走愈远,甚至会完全脱离民众。因为,这个政府的领导人会说,民主只是选举时的存在,而现在我们也有自由。这样一来,当选者就可以正大光明地违背民主了。而其违背民主的在经济上的反应,就是动摇经济的长期性。比如,通胀之危害是有目共睹的,至于实行通胀以后会产生不良的后果等,那是将来的事,反正在民主政治之下,主政人士都只有三五年的任期。因此,推行通胀政策的主政人士,

① 杨云彪:《选举的逻辑》,吉林大学博士论文 2006 年,第 167 页

目前不必多所忧虑。① 我们说，这只是民主政治的在经济上的百弊之一。

58. 当下的民主已被庸俗化，后现代思想表明民主的存在具有抹杀哲学的性质。尽管选举是它的一个底线，但民主绝难溯及一个始生的背景起点。另外，民主的真实，肯定不当限于频繁的选举。

59. 我们说，自从资产阶级取得了政权以后，其民主的表现为庸俗化的存在也就愈演愈烈。正是因为如此，资产阶级因民主而日益得福，民主也因资本主义而日益得到加强，似乎资本主义的都变成了民主，且似乎所有的民主也都是资本主义的了。其实，这正是民主日益被庸俗化的反映。当这种庸俗化一旦变得让人难以忍受之时，人民就会首先要甩掉它，接着资本家阶级也要必然地甩掉它。因为，民主的被庸俗化的存在，所导致的庸俗化，就只能使其难以再脱离被庸俗化的轨道。那时，民主就会成为所有人的弃妇。

60. 有人说，"后现代"的开始时间可从二战结束止算起，社会便第一次成了"自己做主"的民主政体。我们讲，上述的表达是不严谨细密的。因为，自己做主属自由的事，它在根本上是与民为主的或民主的观念不相合的东西，它是混淆了自由与民主的关系。故后现代时期的民主政体未能加进什么新东西。接着，又有学者讲，所谓后现代，就是极端现代，实际上是现代主义商业化。它丢弃了批判精神和反抗精神，把对资本主义的反抗变成了装饰。② 如果把这种装饰性和民主政体结合起来，则民主所反映的肮脏的以丢弃为名来遮蔽批判精神和反抗精神的做法，即是一种对哲学的强力抹杀，而任何胆敢向着形上的批判精神

① 施建生：《通货膨胀与失业》，正中书局 1989 年版，第 105 页

② 《读书》，生活·读书·新知三联书店 2010 年第 1 期，第 65 页

下毒手的一切存在都是人类的天敌。

61. 在民主问题上,人们一般认为,选举是民主的纵向结构的逻辑起点,选举程序视角的民主始终是最低限度的民主定义。然而,我们讲,这样的逻辑起点恰恰是没有起点的起点,是一种忽略了在认识上的起点前的起点,或许就是由于这一起点说,才使得装饰资本主义的民主之存在取得了巨大的成功。那么,选举的起点又在哪里呢?若把候选人的提名,也视之是选举的起点的话,则所有的关于过去的民主的存在就一定是不具有起点性了。因为,它的候选人的提名又不是经由民选产生的,而这本身与民主又是大相径庭和格格不入的。当然,人们也可以认为,民主似乎就是某些寡头塞给选民们的一个私生子,其完全没有确切的来历和出生的历史,或根本不敢讲这些过程。原由即是,寡头们的交欢野合之事,无论如何也是难上电视的,即是不敢公布于众的。如此的没有起点的民主,或有起点但十分肮脏又不敢言明起点的民主,对当代文明简直是一种玷污。所以,我们就要跳出民主的关于选举的怪圈,使之不仅仅限于选举了事。如果把初始的选举看作为某一"原罪"的话,则真正的民主更当存在于"原罪"之后的具体的赎罪的过程中。此间真义,还望后来学者们予以更深地求索。

62. 民主的行为过程,看似应是集体主义的,因为地域性的存在与组织者的要求,都希望民主的前提,一定要表现为集体主义,否则连实现民主的影子都不会有。但是,事实呢?这一点根本办不到。其深层的道理就在于政府的扰动,兼之竞争者没有自主性,其必将稀释人与他者联合的或可以结为集体的性质。此问题纯粹从政治学的角度难以讲清楚,就让我们从经济的立场上来做分析。在实质上,经济学与政治学于当下的背景中,已是愈来愈相通了。首先,就供需而言,在市场上当是确定好的,即它的价格也应是固定的。可是,政府由于具有操纵货币的权力,它往往要使价格造成波动,这种现象我们即称之为政府扰动。下一个最基本的问题,就是竞争的思想和价格调整之间的关系往往又是自相矛盾的,[①]如果所有经济当事人都视市场价格为给定的,并处于他们的控制之外,那么在政府未扰动之前,价格又怎么可能会发生变化呢?这里又是谁来调整价格的呢?所以,经济上的竞争者,在价格上没有自主性。同样,它也可以反映到政治的民主的选举上来,即每一位选民在候选人的价格问题上也是不具有自主性的。故在没有自主性基础上的民主,民主还有自主性吗?

63. 假定民主可以继续存在,那么它会对选民有什么积极意义呢?沿着资本主义的历史线索,我们就可以发现,资本家可以通过资本使M获得了M′,即M′大于M;但是,对于劳动力的G,它却无法获取G′,即大于G本身的G′。如此一来,资本家阶级和工人选民之间的差距就要永远地存在着了。而这一点经由民主无论如何也是不可能解决的。按着当今诺贝尔经济学获奖者的思想,我们知道,在民法诉讼中,法院的作用是市场机制的一种延伸,即民主国家的法院是具有市场性的。在三权分立的条件下,法院也是民主的表征;这样一来,民主的存在似乎可以渗入到经济中去了。但是,它只能是限定于资本的核心之外的存在,它只有保护核心的作用,却不会为选民增加半点的价值。

64. 民主的真正的存在意义是它的全体一致的总原则,但民主的本身的幼稚性就把它给否掉了;接着,就演变成了多数制的具有操作性的民主了,于是它便可删除至多能达到49%的存在;然后,当那个多数在不能成立的情况下,靠经营民主而生活的人,便发明了在第二轮的选

① 缪勒:《公共选择理论》,杨春学译,中国社会科学出版社1999年版,第4页

举中采取相对多数的办法来维持僵死的民主,其要旨是,在第二轮选举里,即使是处于绝对的少数者,只要是相对地多了,就可以代表绝对的多数了。我们说,这一方面是表明着民主的苟延性,一方面又是对可怜的民主的总破坏。综合以上,我们就不难发现,民主在资本主义社会里,看似为美女的存在,实是美女蛇,其看似是羊,实际上是披着羊皮的狼。因为,它是拖累着选民,扼杀着最先进思想的。

65. 曾经多少人讲,民主是个好东西。如果我们将其置之初始的未庸俗化以前的非形式的与当时人们落后的存在相适应的阶段看,其必有存在的道理。但其愈向后(在这里不能言之为发展),则其过程的肮脏性就日益地被表现出来,而这正是今日之民主的现状。于是,我们言,民主实是被异化了。异化的表现主要是存在于民主政权的建立起来以后的反动,他们那些少数人的政府完全敢对多数人说“不”。所以,民主的初始的美或好东西在经过了政府的拐点之后,便纯粹异化为反民主的了,这是毋庸置疑的。当然,自由也就逐渐丧失掉了。以上即是讲,我们以民主的好的动机出现的开始,一旦完成了向少数人的让渡权力,反民主的异化也就随之而生。届时,选民们的所有希冀就都会落空,他们又要统统地回复到其各自的不平等的自愿的受压迫的位置上去了。到此,民主的异化即宣告彻底完成。

66. 我们在此并不能抱怨选民,因为异化的存在是随着民主而与生俱来的,兼之现代条件下的多种屏蔽手段,在信息不对称的总背景下,要想重返至原初的那个具有好东西性质的民主的本意上去,则是相当困难的。就原理上讲,信息不对称的存在,一定是产生不公正的根源,但是不公正又是由分工决定的。这样,即说明了在资本主义条件下的民主只能是不断地继续地表现为负作用。其根本上的所指就是其不可能取消分工的存在以及能改变信息不对称的事实。因此,民主就要受之上述的夹击,便不得不改变其原初的属性,而走向一条不归路。

67. 民主在自身被异化之后,必会产生许多的反动倾向。那么,如何才能从方法论上解决这些问题呢?奈特认为,如果能由社会公众担当公开竞争中的裁决者,选择他们的领导人;那么,社会公众就是他们自己的领导人,这正是所谓民主的要义。① 于是,选民即变为了裁决者。但是,根据一般的知识看,过程性的裁决者并不具有领导者的意义,这就要求我们必须找出关于裁决性选择领导人的最后存在,或称之为它的第一推动者来,不然则既没有裁决的可能,也不会具有选择的力量,因此选择他们的领导者,就会成为一句空话。尽管如此,奈特的思想还是具有积极意义的。根据现代社会的最先进的思想成果来思索民主中出现的可怖情境并改变之的手段,我们认为,只有让民主服从于真理,才是其最后的和最高的办法,否则别无出路。

68. 多少人讲,不经过民主的办法,在当今社会,又该如何产生政府呢?我们讲,在目前的资本主义占统治地位下的选举,它的最后以相对多数制来使政府合法化的正面作用,已全部丧失,所以必须进行革命性的彻底的改造,即完全地抛弃之,而另起规则,再造新的产生方式。其指导思想就是在一切服从和服务于真理的大原则下,将体育运动中的竞技的和实践的或实证的科学方法引进到产生政府的实务中来。其一般的构想是,第一步根据体育竞技的办法来产生一位在政绩上的具有冠军资格的最高领导者;第二步这位在政绩上的具有冠军资格的最高领导者在服从真理的前提下,履行管理职能;第三步根据实践的实证

① 奈特:《风险、不确定性和利润》,王宇译,中国人民大学出版社 2005 年版,第 14 页

的科学性的检验法则,在观其执政的效果时,若之能最大程度地推动了社会的全面发展,则继续留任,否则即当下台。根据每个人的顶尖能力和潜力不具有长期性的特点,其任职时间不能一次性超过五年,等等(应有一个实施细则)。总之,新的产生政府的规则是建立在层层的竞技、实践和真理基础上的,而绝不是建立在选举的基础上的。尽管在这中间也可以掺杂一点点的暂时还去不掉的民主的初始的一些办法为手段,但在根本上,当完全去掉所谓民主的这些选举的法则了,此时的选民都变成了直接的裁判者。

69. 最后,我们能见到的当下的民主,只能是正在衰落下去,而走向坍塌的存在;随着其在历史上的成为过去,一种全新的追求真理、服从真理和服务于真理的最先进的社会形态即必然地要进入到所有的人们的生活中来。

70. 根据目前民主的要求,选举当是它的政治基石,然而在现实政治生活中,除了政治家和媒体外,民众普遍地存在着“选举冷漠”的现象,弃权、被动投票现象大量存在。① 如果选民们都以弃权或被动的方式来表达偏好,则民主政治的存在就将成为无有基石的沙上建构,其正当性便会迅速丧失。于是,这样的民主就要不断地颓败下去。根据从前的阐述,其原因就是它的不断地于反自由的过程中,在其所谓的多数统治里,民主已经缺乏任何的向上的或向前的动力。

71. 如上的表现之一,就是民主形式的存在必将完成它自身的否定;表现之二,就是民选政府的失效。经济学家发现,现实生活中存在的任何一种公共选择方式,其最终的决策都很难体现公共利益的最优化。一方面导致过多的公共物品供给,另一方面导致公共物品的实际

① 杨云彪:《选举的逻辑》,吉林大学博士论文 2006 年,第 13 页

成本过高,结果造成社会资源的浪费。[1] 而这正是政府失效或失败的后果,且如此民主的后果只能否定民主自身。表现之三,就是所谓民主的在其体系之内的不能实现。有人认为在多党或两党之间进行的抉择就是民主了。然而,我们认为,这只是形式;倘若被选出的党,在其体系的内部是非民主的,则其在根本上也就只能是非民主的,所以民主的存在当是体系内部的存在,其与外在无关。而资本主义的民主则正是只表现在外,而不表现在内的。如此者,就只能使民主必然地要没落下去了。

72. 接着上面。表现之四,就是真正的民主的正向意义,当是高端的体系内的事后的民主化所带来的作用,而民主的负向作用即为形式的外部的低端的所谓事先的存在表现,并实行体系内的全面的独裁。在美国,关于民主的正向作用并未显现。表现之五,就是在后现代的西方,平等无处不在后退。[2] 表现之六,就是根据竞争相对性定律(A.竞争是相对于两个或两个以上的经济系统而言的;B.两个经济系统在一定意义上竞争,在另一种意义上不一定竞争,甚至协同;C.竞争是相对于某一价值观而言的)所显示的实质,再次表明了以美国为典型的在一种制度下的两党制所体现的似乎是民主的上面,竟无有任何的合理性与合法性。因为,它们都是在同一制度下的具有同一价值观的存在,这是根本。所以,在它们那里,就不可能存在有基于竞争层面上的真正的民主。

73. 根据前面的事实,我们回归到理论。希勒认为,由个人组成的

① 缪勒:《公共选择理论》,杨春学译,中国社会科学出版社 1999 年版,第 4 页

② 佩里·安德森:《后现代性的起源》,紫辰译,中国社会科学出版社 2008 年版,第 118 页

群体可能会犯系统错误,[1]这是第一。第二,就是由合成谬误一定要导致集体非理性。所以,它们的凝结物,就构成了资本主义的所谓民主的最大害处。

74. 因此,由资产阶级早期领袖们所设计的所谓民主制,也就只能是坍塌下去了。坍塌下去的只能成为过去。在前面,我们已经完成了对资本主义民主的全面的解构任务。于是,人们就应从民主的狂迷的氛围中自动地解放出来,而去勇敢地不懈地去追求真理和服从真理,并按着前述的在方法论的意义上去践行真理。因为,只有真理才是永恒的。

75. 我们说,在真理面前,在竞技后的冠军面前,人们没有选择的必要或权利。鉴于真理的客观性和实践性,它要永远地高于一切,包括民主的选举等,即只有真理才具有上帝的意义。至此,玉树临风大道明。

第二节　集体非理性

76. 在资本主义一种制度下的为着其两党存在而服务的所谓民主,必然地要坍塌下去,这已是不言自明的了。于是,它所表现的以选举作为合理化的存在,也就失去了前提基础。因为,民主之皮已为灰烬,则其之上的选举之毛就一定会被烧掉了。

77. 关于选举,从现象上看,它似是有着极多的“美妙”的。然而,一旦剥掉它的“画皮”再观,其内质竟多是乖怪,竟多是与每一个选民

① 刘琦斌:《虚拟经济理论分析》,中国社会科学院博士论文 2005 年,第 90 页

的理想的愿望完全的相悖。它的最直接的表达,就是人们在选举的过程中,会出现集体非理性。所以,彼岸的毒草,实是源于此岸的香花。

78. 上述的由香花到毒草的转变,正是经历了无数的个体的理性所加之和在选举的背景下,才由量变发展到了反理性的质变的。因此,就有了一个下面的公式:无数的个体理性之和+某一过程存在(如选举等)=集体非理性。比如,设某一农场主获得丰收,他的收入会增加;但如果所有农场主的收成都破丰收记录的话,则他(以及所有)的农场收入却(都)会下降。[1] 再有,假如一个人获得了更多的货币,那么他的境况会变好;但如果每一个人都获得了更多的货币,那么整个社会反而可能变糟。鉴于如是,我们就要在下面对理性、对无数的理性之和、对之介入的某一过程如选举等,在居于集体的名义时所产生的非理性,进行逻辑的推导。

79. 理性一词,当是属于哲学,后被引入至政治、经济和人们的各项生活。它首先是一种能力,以及在这种能力下的进行的合乎规律的推理过程。于是,这种过程就会表现为理性行为。在理性行为中,人们多以"一致的选择"和"自身利益最大化"为指导观念。但是,就具体而言,何种行为一定是理性的,对于未来的预测,何种理性的模式又是有用的,尚未生出尽善尽美的说法。其原因就是"一种从一些信念的真达到另一些信念的真"的这种理性能力的本身是如何得以实现的机理仍不能清楚。所以,人们现在多是模糊于经验,或是可以进入理论的,然其只要进入到实践的部分以后,往往就会发生偏离。我们说,如上的这些正是反映着信念之间的真的互相转移或达到似是可以实现的,但其在与行为之真的互相转移或达到又似是难以完全实现的。这样一

① 萨缪尔森,《经济学》,萧琛译,人民邮电出版社 2006 年版,第 3 页

来,理性的初始,个体的理性,就不一定会必然地要成为结果的理性或所有个体的集合的理性,有时它们或许可能会完全地丢失理性,有时它们或许还会变异为非理性和反理性。因此,在理性的管道里,只要一介入其他的质料,则理性的本身就有可能不再为纯真,或有可能要转化为非真了。如是,人们就可以正确地辩证地全面地看待和考察理性的存在和它的过程了。

80. 在理性的概念完全地得以敞开以后,认识选举的存在,就会自然地发生。一般的选举是指通过投票选择公职人员,或含有选择某种政治主张或政策的程序之意。我们在以美国为例时,主要是反映它的在两党之间的产生总统的过程,即通过对其过程的产生以及参与者,和对它的步骤的考察,来深刻地揭示出这一源自于17世纪的做法,当是最有利于资产者的,而普通选民则是愈参加,愈进行激烈的所谓属于自己的偏好的理性的选择,则是愈有利于被选举者。这就如同买主之间的竞争一定会有利于卖主,而卖主之间的竞争又一定会有利于买主是一样的。所以,在有被选举人存在的情况下,对于选民来讲,无论如何都是对自己不利的。

81. 接下来,我们就沿着上面的路线,来细腻地剖析它。有人说,公民是政府……的最终主宰者。[①] 但是,公民在成为最终的政府的主宰者之前,却总是被政府主宰着。那么,为什么公民不能在最终之前而成为主宰者呢？难道公民的主宰力量是只宜在最终才会出现的吗？又有什么制度使得公民不能在最终之前就登上主宰者的舞台的呢？很显然,这只能是大资产者的早期寡头们所设置的游戏手段所致而已,就一定意义上来讲,公民们实质上是在他人导演的闹剧中被玩弄了。

---

① 加尔布雷思:《经济学和公共目标》,蔡受百译,商务印书馆1980年版,第24页

82. 首先,作为公民的选民在选举的过程中,是身不由己的、无以表达本意的、既无权力又无责任的一个参与着的"他者"。

83. 因为,人们只要进入到了某一程序,就只能是服从于它的逻辑。在资本主义社会中,它的选举的一切存在,都是预定的。所以,对于选民而言,也即只能为身不由己地去适应了。在这样的管道里,也就无所谓公平、正义等等。此时的人们至多不过是被资产者炒买炒卖的犹如虚拟着的数字而已。可见,选民只能是自由着的悲泣者,这里的根本乃是选民无力量,原由就是他们不可能不处于被动的位置,而不可能形成有组织的强大集体。于是,他们便没有了与代表国家的大资产者们进行谈判、对话的任何可能。

84. 依着一般的道理,选民们一旦处于身不由己的时候,他便不可能具有自己的要表达的主意。因此,人们讲,选民无本意,实是受外部性的影响。这样,民选的本质就一定地已不在于民了,而是必然地存在于民之外了,故出于民的本意的东西几乎不存在。因此,选民们就只能是居于既无权利,又无责任的"他者"的位置上去了。陈其人讲,广大选民,既没有承担任何责任和义务,也不享有任何权利,不过是投票的工具。① 我们说,被作为工具性的选民,其迟早要摆脱掉自身的工具性的。届时,所谓的两党存在与选举也就只能是逃之夭夭了。

85. 众所周知,选举应是源于竞争的,而在资本统治的社会上,主要是企业主之间的竞争,所以在企业中的工人或成为日后的选民,则是无有竞争的资格的。依此而论,美国的政治上的竞争,只能是两党之间的竞争,它与选民的存在更是没有关系。但是,制造选举法的统治者,却一定要人民出场,似乎政治的党魁也须像在工厂里是经由了工人即

① 陈其人:《美国两党制剖析》,商务印书馆 1984 年版,第 38 页

选民们所造就的产品一样,其实这是毫无意义的,道理即是所有的竞争,无不体现在利益以及利益的分析基础上的,如此一来,选举的与民无利或无益以及视选民为纯工具之说就更为明白。

86. 王沪宁先生说,谁能在政治过程中发挥最大的影响力呢? 社会大众对政治过程的压力虽然是最强大的,但也是最分散的,最没有组织的,最没有计划的,在一般政治过程中,社会大众难以直接对政治过程施加压力。社会大众只能通过选举和投票来选择各类候选人,以便能影响政治过程。然而,这里必然产生两个问题。(1)人们大众的这种选择往往是在政治过程之外进行的,一旦被选中的人进入了政治过程,选民与他们之间便不存在什么直接的制约关系,除非在下次选举时改变初衷。(2)选民在选举时,往往只能在各大政党或大型组织推出的候选人中选择一位,没有这种政治后盾的候选人当选的机会是微乎其微的。即使当选,他在利益确定过程和利益实现过程中的作用也可想而知。这些过程均为大型政党所操纵。可见,一般平民是不可能在竞选中获胜,然后进入政治过程的。① 以上即阐说清楚,任何的选民,都只能是一个看似为参与着的"他者",其休想趟进任何的政治河流。

87. 再者,选举的本身还具有外部性、遮蔽性、盲从性、安慰性、欺骗性、狭隘性、非法性、暂时性和投机性等。

88. 马克思认为,由于维护生产资料私有制,国家已经不中立了。② 同时,国家往往也会产生外部性,比如执法人员的勒索等,兼之唯有政府能够确定和实行所有权,这样一来,在资本主义社会的私有制体系下,其所有的存在就难逃之已经不中立了的外部性的范畴,而选举的本

① 王沪宁:《比较政治分析》,上海人民出版社 1987 年版,第 123-124 页

② 赫尔德:《民主的模式》,黄继荣译,中央编译出版社 1998 年版,第 166 页

身正是它的外部性的表现之一,且国家的或政府的外部性又加强了选举的外部性。至此,国家的外部性与选举的外部性就要形成一个当今社会的关于外部性问题的最大交集。另外,有人讲了关于选举的很多好话,比如它可以降低决策成本,提高决策效率,由少数人进行国家治理是恰当的等等。其实,这些都是由选举的所遮蔽着的性质来衍出的,因为只要稍加分析,则上述的情况就不会成立。

89. 杨云彪先生讲,选举人既不明真相,也不能共同协商。选举一度甚至沦为专制的工具,选举也可以为专制服务。① 这即表明了在选举过程中的表现为选民的盲从性。因为,只有在盲从的非主动的情况下,选举的存在才能为专制服务,否则民主怎能走向自己的对立面上去呢？故民主导向专制的路,就是普遍的选民的无意识的盲从所表现的轨迹。由于上述存在,选举的具有象征作用的安慰性即是有助于政府地位的合法化了。它在这里的安慰性,是以选民的在选举过程中的象征性来完成的,所以通过象征的以安慰性的手法来求达到目的者,其本身就含有一定的欺骗性。

90. 关于选举中的欺骗性问题,弗里德曼通过经济学的角度给予了说明。他认为,货币和经济波动的相互关系高度稳定,在货币事件中,表象具有欺骗性,重要的关系往往刚好与所观察的相反。② 我们讲,就是"重要的关系往往刚好与所观察的相反"一语当有着久远的历史意义。因为,在经济学上的这种欺骗性是因为纸币无价值,而又被人们虚构了许多价值以后才造成的,而这与选票的存在又是相同的,原本

---

① 杨云彪:《选举的逻辑》,吉林大学博士论文 2006 年,第 172 页

② 邱营:《弗里德曼货币与通货膨胀理论研究》,浙江大学硕士论文 2008 年,第 26 页

的选票是毫无价值的，它也是被人们虚构了多少美妙的有效用的价值后，才去牵引着选民们去参加选举的。于是，民选的结果所表现着的重要关系就要刚好与所观察到的选举时的现象相反。至此，选举的欺骗性过程才得以完成，大寡头们便得到了与选民们完全相反的利益。所以，在资产阶级当中一定是具有着高超才能的人，来从事着这一欺骗性很强的神秘工作的。

91. 选举具有狭隘性，这是由其工具性和欺骗性的双重存在所决定的。希腊人发明和使用了通过正式的投票表决程序来使面临冲突的决定合法化，从而使投票表决既能解决不同意见之争，又能使之具有正当性程序存在；乍一看，投票之法真是好得很！但是，投票的决定从来也不敢保证其未来的发展方向具有正确性，它从来也不敢保证只要一投票，就会万事大吉，风调雨顺，一切都会合乎人的意愿等等。所以，投票的选择之法的狭隘性表现就是一种暂时的约束，随即立刻被粉碎。因为，在无数的缤纷的事物或意见面前，这种投票之法会变得极其不可思议，它或许只能成为一种弱智者的类如抽签的行为。

92. 我们讲，现代的某些选举之术还具有非法性。按着目前的表达，绝对多数是指半数以上的多数；相对多数，是谁得票多谁当选。法国第五共和国采用绝对多数—相对多数两轮决选制。这就是对选民人数在骤减时的情况下，来企图保全选举结果的一种低水平的迁就。因为，于原则上讲，当是全体通过才是有效的选举，鉴于此法的选举的自我的否定之后，近代资产阶级又将之改造成了绝对多数制，但当绝对多数又不能成立时，便被不得已地变做了相对多数制。然而，就是在这个相对多数制里面，这个多数因是相对的，它就可以成为绝对的少数，或极少数了；而这种情况的出现，即与民主的起码的多数制原则是完全相悖的了。因此,它也就表明,此时的选举乃是具有非法性的了(尽管他们自己并没有认为违法)。所以,随着这种选举的非法性的存在,也就昭示了选举制度的必然的毁灭下场。如是,选举的暂时性也就清楚了。故“美国人民信奉选举为民主的必经程序”之说,也就只能表现是一个极小的碎片式的过程而已。

93. 在原则上,投机者作为整体是非理性的。然而,投机又是市场经济的常态,即是理性的经济人寻求利益最大化的行为过程。鉴于政治与经济的相容性,在政治上的个体的投机性是必然存在的,且认为是理性的常态,虽然在选举过程中表现的是一次极廉价的投机,但对于所有的选民的集体,若从宏观上分析,根据上述理论,他们一定又是整体非理性。就是因为整体非理性是由于个体的投机的常态理性决定的,所以当下的人们还不能很好地理解。总之,大家要熟悉这些存在与否定是建立在肯定之肯定的基础上是一样的。综上,我们说,在选举过程中的投机性也是十分有害的。

94. 接下来,我们说,政治不过是一种买卖,而选举也是一样。买卖双方互相投票,然后再集体操控和炒作选民,最后只要使多数仅能超过“1”即可。

95. 人们互投赞成票,乃是双方在未来的偏好不能确定的情况下进行的,而这在买卖的过程中又是常见的。请问这种常见的反映于政治中的商业现象,又会给人民带来什么样的意义呢?道理很简单,就是只能起负面作用。当然,这也预示了作为选民来讲的被人操控和炒作便具有了可能性。此即言,不管民选的场面有多么的火爆,其根源都可以追溯到利益集团的操控和炒作上面来。因为,选民多是身不由己地在说客和媒体的鼓噪下,犹如进到了热锅里的水,他们只能是与被动地沸腾者是一样的。

96. 按着后现代思想,资本的全面胜利……其深层意义在于取消了政治选择……当现代性失去任何对手时,它便走到了尽头①此是讲,资本主义在目前,已没有了政治选择背景下的任何民主,或说当其不具竞争性时,民选也就立刻失去本色。因此,它们的存在也就只能归于没落。于是,大资产者们就更加藐视多数。就"多数人的统治"是民主的本质意义而言,当绝对的极少数,成了选举上的相对多数时,或说在此背景下的其相差无几的最后的获胜者,应是绝对地在伦理和道德上的以及在民主基础上的没有任何的积极意义。

97. 此外,人们对赢者通吃和胜者得全票的默许,乃是人类智力尚低的一种陋习。我们讲,这当是对少数弱者的残酷强暴或是于心灵上的杀戮及奴役。因为,其如此的做法,毫无科学的人类进步学上的意义。用 A+1 占有 A,明显的是一种不公平,在人数广大的群体里这种不公平更加严重。然而,人们却不能阻止,这只能归咎到知识分子们的软弱和没有产生新的规则以及新的措施。民主的要义决不反映为赢者通吃,只要实行民主,即使是少数,它也应是居于民主之巅上的胜利者,而绝不能被仅限于数字上的多者来打倒或逐出该享有的民主阵地。倘若赢者通吃了弱者,则所有的为着民主而来的人,一旦散去,就会使有些人成为被通吃的奴隶。如此讲,此乃是民主的最大之弊。

98. 民主的最大之弊还在于它成就了霍布斯效应。因为,选举并不等同于民主,选举仅是表现手腕,而民主的本质则在于它的内涵。就选举来看,它似是实现民主的第一步,同时它也是实现独裁的重要一

① 佩里·安德森:《后现代性的起源》,紫辰译,中国社会科学出版社 2008 年版,第 96 页

步。所以,有人说,选举即民主,应是小儿呓语。当然,也有人讲,选举能够最大限度地提高决策效率,但是独裁者决策可谓成本最小,这是可以在经济学上得到合理解释的。如此一来,民主与独裁又当孰是孰非呢?我们认为,这些均应让未来、科学和文明去做判决。又因为,任何流于形式的民主和真正的用于自我享受型的独裁都是当抛弃的。霍布斯效应认为,就选举而言,当独裁者及其官僚机构垄断各种社会事务的决策权后,几乎就没有什么力量能够阻止他们对选举程序的控制,直到最后推翻宪政和民主制度,享受真正的独裁制度。也就是说,权利让渡后就不能再予收回。[1] 众所周知,这种效应是始终存在的。在资本主义社会,其真正的独裁的起点是在于候选人的提出的本身就具有独裁性,故人们所讲的权力让渡的本身也是不存在的。这样,由始至终的资产阶级的独裁就从未被隔离过。可见,民主不过是独裁者的一件胎衣而已。只有当独裁者产生以后,这个关于民主的染有了肮脏血迹的胎衣才会立即地遭人掩埋之。

99. 在一定程度上讲,民主的存在远不如最简单的推演,因为无知的选举更可怕。鉴于人的惰性,普遍的选民既不经过实践的方法,更不想通过革命的手段,只是在虚假承诺的基础上,就让某些党魁去建立政权,实是一种悲哀的懒弱。在现代的某些领域,人们在进行排序的选择时,常会采用抽签法。在过去的西方的政治界,当面临某种人事选择时,一般会采用选举法,然而近代理论表明,此法的实质是非理性的。在东方中国,过去的人们进行选择时,既不实行一次性的抽签法,也不搞什么选举,而是依据一定的规则、经验或背景条件来进行看似简单的但又必要的推演,即按照某些逻辑的原则来进行。我们说,这种形式鲜

---

① 杨云彪:《选举的逻辑》,吉林大学博士论文 2006 年,第 48 页

见非理性,完全是由实践的、经验的和法则的来决定,这当是较为先进的。然而,这些存在竟被西方的那一套给摧垮了,真是可惜。简单推理就是包涵了最早的演绎或归纳性的逻辑。选举没有科学性。

100. 当下,以民主的名义来运作的选举,已难以抑制选民们的“不选举”了。因为,选举往往是作为一种民意的真实的个体+个体的理性汇集来看待的,然于现实中它却与理想相去甚远。况且,选民在选举中的选择,既不是宪法所能决定的,也不是选举规则所能支配的。这就是说,当选民们认识到选举的无意义,或不公正以及选举中的工作人员进行舞弊时,便会自动地远离选举而导致弃权。否则,选民们的其他行为就会因成本问题而无法展开,其道理就是不选举当是最节约成本的手段之一。

101. 另外,在经济学上的斯泰克伯格模型表明,首先行动者会在竞争中取得优势。而这一规则的存在即是对民主产生了太多的非理性冲击。因为,对于较早地宣传或影响选民的那些所谓先行者来讲,他不一定就是真的代表着人民的,但人们却由于上述模型的规律支配,就要给他以太多的利益。而后来者不一定就是真的不代表人民的,但人民给予他的又会是太少了。所以,在选举时分的未能解决如此的问题,明显地就会有利于最早的蛊惑者,而使选民无法具有纯粹理性。

102. 可见,在选举之中,其间必夹杂着一些非理性。所以,它的作用不应被夸大;这就是说,选举并不是民主的真义的全部,即它根本不能进入到民主的核心所属的关键地带。于是,我们讲,对于选举,对于选民来说,所谓一人一票的不偏不倚地表决选举,实是与抛掷硬币来做决定是一样的。因此,人们不能认为,以选票来代替硬币的投法就是文明的现代的表现了。

103. 综合前述,多是在认识论上的关于选举的集体非理性的考察。在此之后,我们即可进入它的涉及的本体论的研究。

104. 根据斯密的观点,财产是权威的源泉。按照现代的研究成果,人们发现,资本就是权力。所以,关于权威或权力的根源并不是靠选举的形式来由选民们让渡过去的,它的形上应是金银、土地或钞票。另外,权力者之所以拥有资本或财富,当是由其存有的框定好的架构决定的。因为,占有是制度的存在,并不是工业产品。这就是说,资本主义社会的资本家的对财产或资本的占有,乃是由资本主义制度决定的。同样,他们在政治权力上的占有,也是由资本主义制度决定的,即根本不是由选举决定的。因为,选举的存在只是属于它的基本制度内的某些方面的一个极小的运作,它并不会妨碍或破坏其总的根基性的规则体系或资本要害。否则,就会要推倒一切而重来,然如此做法,又是资本家阶级所不允许的。

105. 在美国,当下的选民多为中产阶级。若从历史上看,资本主义的一旦形成,就是要摧垮小资产阶级而形成大资产者和纯粹无产阶级的,这应是由资本主义的特性所决定的。然而,现时代的中产阶层又是如何产生的呢?我们认为,这似是社会发展的副产品。因为,在封建主义社会也有过自己的无产阶级,即农奴等级的存在,后来终于被废除了。但是,若细分析,现时代的中产阶级也只是在生活资料上的中产,其在资本的层面上仍是没有地位的,这就决定了所谓的中产阶级的无产者属性。当然,它似乎也可以遮蔽一些资本主义的本质,即无论如何,中产阶级也逃不出被资本所雇佣的绳索。于是,中产者阶层在彻悟了这些以后,就会摒弃那些虚幻的选票,原由就是任何的一张选票都不能改变他自己的做“苦体力”或“苦脑力”的苦力地位。

106. 因此,在资产阶级的民主制度中,它又是允许劳动阶级中的某些个别分子进入到统治阶层的,使之演变为统治阶级的一员;但却绝不会让劳动着的中产阶级作为一个阶级来上升到统治阶级的,至于中产阶级以下的分子,就更是不用言说的了。我们讲,这些正是资本主义制度的设计者们手段高明的表现。

107. 就一般的原理来讲,不平等是天然的,它既体现在劳动的被剥削和一切的有差异之中,又存在于所有的生产关系和社会关系里面;尤其是表现在经济上的只有一分的不平等,就会造成政治上的超过数倍的不平等。我们说,这是十分可怕的。因为,它反映在民主政治上,就会造成基础性的参差之差,并有可能去疯狂地扩大。于是,选民就只能永远是弱者,这乃是由于太多的选民作为工人,永远是基于下层的,且是永远被牺牲的。兼之,他们不能代表自己,一定要别人来代表他们的事实,就决定了操纵选举者在一切已知的情况下,必定是稳操胜券的。所以,对于选举而言,无产者多数永远不要相信,自己会有一天是可以获胜的。

108. 熊彼特认为,资本主义本质上是一种非道德的经济制度。因此,美国存在的两党制之予民以选举的做法,也应是非道德的。这是由于资产阶级——资本主义世界是在与精神和精神性完全分离,在极端的客体化里,即在把人的生存向外抛的情况下建立的。所以,资本主义根本上当是要抛弃选民进而抛弃民主的。这些似是无疑的。后来,资本主义发展到了垄断阶段,于是在选举中,垄断资产阶级必然首先要严格控制确定总统候选人,一旦产生了总统候选人,广大的选民在投票时,就再也跳不出资产阶级所划定的圈子。至此,资本主义的所谓民主的选举,虽有轰轰烈烈的亿万的选民参加,但在实质上和结果上它便早就注定了资产阶级的必胜。

109. 然而,资产阶级却仍要巧妙地说,这乃是由人民让渡的权力,因为人民是权力的唯一。依着布坎南的说法,市场选择对公共物品是无效的,所以类如选举的存在,对于权力的形成和转移,也是不具有任何功效的。于是,选举便不能成为合法性的主控因素,且合法性程度的高低与政权的存在本身便更无关系。同样,选举也不能成为民主的存在之充分必要条件,其原理就是,民主要求选举本身必须是民主的,只有民主的选举才能体现民主,才能达至选举的本义。尽管如此,我们认为,它仍欠妥当,这是由于人民的公意这个合法性的基础,只有足够深厚时,即只有获得强烈支持的政权才是具有充分合法性的。不然,就是民主对人民公意的一种践踏。比如,相对多数制的选举法就是这样。

110. 通过对资本主义的长期观察,我们发现其赖以苟延的多种存在都是需要同质的,否则它就难以活命下去。于是,在只有一种资本主义制度下的两党存在也就都是具有同质性的了,因此再搞什么民主的选举来选择一个同质的两个基本一样的东西,就是有悖于人性的常理了。可见,对于一个制度下的选择或选举,或长期地对于一个制度下的具有同质性的两党的选择或选举,也就失去了它的选择和选举的意义了;而这正是资本主义的最为腐朽的地方。另外,关于总统候选人的产生,这一置于民主之前的或可称之是从天上掉下来的存在,其本身即是第一步就否定了或扼杀了关于民主的任何导演,即它只能是一个无根本的或为存在于民主的体系之外的,或根本就与民主不能相容的或为民主的本身就不可能产生出来的资本怪胎。于是,我们就从起点上否定了选举的在过程上的有意义的存在。

111. 在资本主义背景下,所有的选民,尽管多会深知如上的道理,但只要一进入到了它的程序，则其就会利用平等的逻辑，来虚构选票的价值。因此，选民们就会在相互虚构价值的过程中，认为选票就真的具有某种效用。于是，选票才会表现为那幻化过的现实性，让人们痴迷其中。但最后选民们终是会觉醒的，即随着社会的发展，一切均将归于实践和科学。届时，虚构的选票也就再无价值，选举也就必为人们所厌弃。

112. 那么，从方法论上，又当如何地改变当下的正在实行的选举之法呢？我们认为，选民首先要从选举的过程中解放出来，而把候选人引入竞技场，要让候选人在竞技场上表现全过程，届时的人们只要通过观之政绩即可；这就是说，要把选举直接导向候选人的竞技，从而也就摆脱了形式上的民主，于是选民们就可以成为检阅者和裁判者，所有的选举阴谋就都必然要在光天化日之下得以自灭。如是之，竞技便进入了政治，所有的天下人便都是可以处于同一的平等的起跑线上了。那时，真正的政治英杰必将是在政绩之竞技场上的优胜者。于是，它才可以完成民主的全体一致的和平等的两项基本的原则；不然的话，其他的方法都不成。

113. 我们说，关于法律的制定，也是应采用上述之法的。因为，它也可以有一个多样本的竞技的和实践的过程。至于其他的公共物品的产生都可以由此法而实行之。鉴于上，多数人的表决也就开始失效。故民主的通过选举之法实是较体育上的竞技之法逊色极多，就是由于选举的可以舞弊和被操纵，才广被某些政治家们所接受，其实他们早就知道这里的无数的暗藏着的玄机的。

114. 人类社会的前进，是要经历漫长的探索和试错的过程的。当然，探索也就包括了试错的。现在，我们通过形上地解构民主，终于发觉,它的存在无疑的是错了,而这也正是多年来广大知识分子们的试错的结果。因为,它不能解决民主本身的起点问题、不能实现全体的一致性原则、不能实现普遍的平等,并且无限度地远离了自由和真理。所以,我们就要用竞技的、实践的和科学的方法来代替它,并使其全面地、平等地、自由地和真理的存在保持一致。至于资产阶级是如何利用民主的手段来取代真正的竞技过程而使大寡头们稳定地获得权力的,我们就不再赘述。我们真诚地希望,后来的大哲们要用竞技的、实践的、科学的和真理的这四个要素来重新建构一套合乎人类文明特点的权力的产生体系。只有这样,才可以把权力归于能实现最高生产价值的人。否则,民主的选举的本身的存在和它的反映着的集体非理性,就仍要再贻害人类数百代。

115. 沿着伟大思想家们的轨迹,我们还要继续推导出关于民主的在选举时的以集体的名义而产生的非理性的存在过程。列宁指出,工人群众和劳动者在获得普选权后,由于无论选谁都不能解决国家的重大问题,改变自己受压迫的命运,因此往往对选举感到厌倦。我们言,这仅仅是开始。因为,理性选民对选举权的价值评估是极低的,当他们觉得自己的一张选票对于产生国家政权的总票数来讲,只是数千万分之一或是数亿分之一时,他们就一定会觉得自己的那一张选票实在是无足轻重的,更不要说他在投票那一刻还有着更多的眼前利益需要处理。① 于是,在集体行动的搭便车的逻辑指导下,广大的选民也就失去了投票的积极性。至此,在当代的资本主义的所谓民主国家的选举中,也就必然地要出现选举的冷漠和大量的弃权实在。伴随着上述的冷漠与弃权的持续,谁要想来挽救关于选举崩溃前的投票率的江河日下的

---

① 杨云彪:《选举的逻辑》,吉林大学博士论文 2006 年,第 166 页

颓势已经不可能。

116. 就选民们弃权的理由来看,其根本原因当是选举缺乏内在动力,而这又是由所谓民主的形式性必然造成的,即其没有产生动力的内部激素。兼之,在一个资本主义制度下的两党集团,在其本性上又是同质的,因此它们的候选人也就无有差异,所以面对无差异的同质分子,当选民们发现民意测验遥遥领先的两个候选人提出的政策大同小异,谁当选都关系不大时,人们也就只能选择弃权。

117. 根据选举制度的规则,人们为它确立了三个基本的约定,即选举公式(多数决定、比例代表制);选区规模;当选门槛(最低的支持度)。因此,人们就一定会想到,当选举一旦失去了选民的广泛的参与之后,在其少于最低的支持度时,则选举的所有的合法性也就只有崩溃掉了。其实,由"全体一致"到"多数"还尚可,然它又导致相对多数即少数,再降至最低支持度的过程之本身就早已没有了合法性。关于这个当选门槛的最低的支持度的设计,便已明显地拉开了选举与选民们的利益距离。这里的实质已被候选人的利益与选民之间的利益扭曲。鉴于如上,人们就可以很自然地通过普遍的拒选来摧垮资本主义的这种选举和它的选举制所存在的任何根基。

118. 在亚里士多德看来,民主政体欠缺君主政体或贵族政体的理性,因此民主政体并非是最好的统治。在他看来,多数人往往是非理性的,即民主制度受到了多数与理性紧张关系的考验。① 因此,我们说,在民主与多数或多数与理性之间一定是存有悖论的,这是其一。其二,从历史上看,由于选举和投票的结果并不必然是善的,即所谓的经民主而生产出的统治也不必然是善的,所以它便不具有神圣性;就一定程度

① 杨云彪:《选举的逻辑》,吉林大学博士论文 2006 年,第 7 页

上讲,由于它的非善性或者民主的操纵者们从未设想过善,也就决定了罩着光环的民主,又是失真的,又是要嫉妒美的。故从民主一来到人间,许多的真善美便被化作了灰烟,而被持有权力的人给吹走了。此刻,无数的选民在选举中也就只能成为一个个的不满者,所以他们要逃离选举。

119. 西蒙讲,现实中的人们的决策面临着有限理性的约束。阿罗认为,市场秩序并未创造出一种理性的社会秩序。然而,市场秩序又是存在于社会秩序之中的,在一个未创造出理性的社会秩序中,市场秩序的存在便会处于时时的危机之中,所以经济危机在社会秩序的非理性的调解下,就具有了不可避免的态势。此中也表明,在资本主义的经济前提下,其所有的社会规则和秩序也就不可能具有理性,在这里也就当然地要包括着它的民主制度。比如,民主制度是建立在个人主义民主的假设之上的,它必须假定,个人利益是不同的,即民主必须是建立在不平等的基础上的。可是,在不平等的基础之上的又要以一人一票的存在作为平等的选举的前提,这本身就是一种行为紊乱,即以经济利益上的不同去谋求政治选举上的相同,岂不是具有明显的背理性吗?所以,民主的实质也是反映着非理性的。

120. 关于民主的实质也是反映着非理性的存在,其最大的表征就是选举乃是依着个人的偏好来进行的。然而,偏好的所导致的结果必要失之于边际效用的趋于为零。根据阿罗的不可能定理,它意味着在通常的情况下,当社会所有成员的偏好为已知时,即不可能通过一定的方法从个人偏好次序得出社会偏好次序,不可能通过一定的程序准确地表达社会全体成员的个体偏好或者达到合意的公共决策。① 所以,

① 杨云彪:《选举的逻辑》,吉林大学博士论文 2006 年,第 58 页

选举依于选民的偏好,加之那些居于政治的高高在上的统治者的永远不会理性地对待所有的处于经济上的弱者,这些就会共同地夹击着选举的有可能的正向作用,而使之最终走向颓败。

121. 在资本主义制度下,民主的选举行为,与政府的有可能的惠予选民的转移支付的联系,往往是或只能是忽略不计的,因为它是极不常见的或极少的。以此为背景,罗尔斯利用无知的帷幕和公平准则来导出的,在选举一种政治体制的前一阶段里,由概念上的同意产生的公正原则之说,也就失去了意义。其理由就是,概念的要依一种体感来表达,而人们的体感又不可能相同;所以,群体的"概念上的同意"也就是绝对的不能存在的。于是,也就不可能产生公正的原则。另外,所谓的公正又一定是具有着外显性的,故仅由"概念上的同意"是万不能阐说出公正的。再有,我们知道,图画也是属于概念的,然而人们却永远也无法对同一幅图画能产生出一个共同的同意的。至此,罗尔斯的上述观点即被否定。

122. 柏拉图说,人们普遍赞同的,却不一定是最佳选择。[1] 我们讲,此类情况是常有的。因为,在经济学里也时时会出现由理性走向背理,或由恩惠走向灾难的问题。经济的是这样,政治的也是这样,即看似是理性的选举,其一定是导向悖论的或背理的存在。这是不用怀疑的。所以,多数投票可能产生不了一个顺序。更具体地说,不传递性是可能的。……社会选择矛盾的哲学的和分配的含义还不清楚。[2] 如果我们应用门格尔的无意图秩序理论,即是说结局往往要出于人们的意

---

① 柏拉图:《政治家》,原江译,云南人民出版社 2004 年版,第 95 页

② 《诺贝尔经济学奖金获得者讲演集》上卷,王宏昌译,中国社会科学出版社 1997 年版,第 147 页

图之外的,似是可以明白一些的。当然,在政治上,人们更希望集体地获得个人自己的私下里确定的目标。但是,这往往不能实现。因为,政治舞台也就是一个经济市场,那些自私自利者不可能通过一次选举就会成为政治上的或政府里的大公无私的人了。原由就是,每一个人都是自私的,都是希望自己获得利益最大化的,这是人们在本性上的不能改变的。如是之,出于完全理性的假设便一定地会违背事实,当是确凿的;故,关于选举的理性就已被洗涤干净,而不能存在了。

123. 所有的企业的存在,均表明其内部的管理成本要小于市场,因此企业才能生存,而这里的管理即是表现为行政的和计划的。我们若将其推而广之,对于国家来讲,实行计划的行政管理其成本也当是小于市场化的,这似是一个事实。然而,这在现阶段又是不能成立的,其也只能归咎于集体的合成谬误所致。否则,就绝不可以说国家的计划的体制是没有道理的,而在一个企业内部的计划却总是有道理的。我们说,这些也同样适用于一个国家的民主体制,即某一单位的民主或说小民主也许是有效的,但大民主则是要走向它的集体的非理性的。

124. 阿罗指出,多数规则的一个根本缺陷就是在实际决策中往往导致循环投票。阿马蒂亚·森发现,当所有人都同意其中一项选择方案并非是最佳的情况下,阿罗的"投票悖论"就可以轻松地迎刃而解了。可是,我们讲,阿罗的"多数"又岂是阿马蒂亚·森的"所有人"所能比的,因为后者的"所有人"似是一个小集体的,如军队里的一个班,或社会上的一个家庭或一个董事会的数人。所以,二者的概念并不是在同一个视域下的。故,阿马蒂亚·森的发现也就没有了说服力,于是一切又都回到"投票悖论"中去了。

125. 那么,我们再去溯它的根源,就会发现在资本主义社会里并没有实现人人均等的,比如每人一股的经济制度,所以现在要想转化为选举过程中的每人一票的想法,即从非资本的原则要想转化到民主的原则,其间似是没有必然的逻辑管道,因此也就难逃相悖性的困扰。有人说,20世纪60年代,工人阶级基本上已经融入了资本主义制度。我们讲,这当是人类史上最为可怕的事件之一,因为受资本束缚后的人们若不能清醒于被他者的嬉戏之中时,便会堕落。同时,也正是由于这种融入,才导致成了更大的合成谬误。当然,这种更大的合成谬误,将是更有利于资本家的。

126. 沈杰先生讲,现代西方社会的一个最基本和最明显的现实,就是"形式的合理性和实质的非理性",实际上就是"理性化导致了非理性的生活方式"。[①] 而非理性的生活方式又彻底地摧毁了其原先的所有理性,即不管是形式的和实质的理性,在今日的西方均已被粉碎。从此,西方就要沉进地狱。但是,要挽救它的办法也是有的,那就是要逾越过当下的所谓的选举的或民主的骷髅的存在,而新建起科学的与真理相结合的竞技的架构。历史上,总是少数人压迫多数人,但多数人却似乎认为这是合理的。就是由于上述,西方的少数人和多数人若再不反省,势必便要共同地遁入那荒昧的茔墓。

127. 戴维·赫尔德曾说,上层在各种小问题的知识方面依靠下层,下层则在有关普遍物的理解方面信赖上层,结果彼此都使对方陷入迷途。[②] 其中居于下层的选民往往在跟风的过程中陷入迷途的程度更深。这里的原由乃是在于下层的对上层的信赖以及自己的无知或少

① 沈杰:《现代性、后现代性与社会重构——关于理性化社会及其问题的社会理论研究》,中国社会科学院博士论文1999年,第35页

② 赫尔德:《民主的模式》,黄继荣译,中央编译出版社1998年版,第169页

知。因此,处于社会下层的大众百姓,由于其地位、文化与见识的局限,他们难以站在历史发展的高度去观察和思考现实的矛盾,描绘未来社会的发展前景,为社会发展开一个好处方。真正能够做到上述要求的只有处于社会上层统治阶级内部的少数具有远见卓识的知识精英。[①]这就是说,驱亿万民众搞选举,将丧失它的全部意义。

128. 回首古希腊的民主,它在小城邦内进行,其集体的人数总量不会超过1万人。即使这样,后来也被废除了。然而,在今日的民主,动辄就是超过数万、数十万、数百万、数千万或数亿,所以它的集体的性质便已发生了彻底的改变。于是,伴随着必然的合成谬误的出现,按着现在的这种所谓民主的选举的办法继续搞下去,它就会以民主的名义,或以为人民幸福的名义来全面地绞杀着人民,并最终绞灭自己。

129. 合成谬误,是指个体最优行为可能会成为总体的最劣行为,如股票的买卖。它同时描述的是个体理性会导致群体非理性的实现,而这在整个社会中是普遍存在的。萨缪尔森说,有时我们会假定,对局部来说是正确的东西,对总体来说也一定正确;然而,在经济学中,我们经常发现总体并不等于局部之和。比如,一个人的多货币与每一个人的多货币的情况正好相反。以上,即是他的对于合成谬误的概括。可见,合成谬误的前提就是个体的或局部的存在,在将他们的原初的最优行为、理性或正确的东西进行相加而形成群体的或总体之后,则结果就会变为最劣的或非理性的或变糟了。因此,在合成的过程中就隐蔽着了一种走向本来的反面的力量。所以,有时的希冀于美好的合成恰是一种全面的反动的开始。

---

① 贺培育:《制度学:走向文明与理性的必然审视》,湖南人民出版社2004年版,第292页

130. 但是,人们能否找到一些可以广被后世所接受的民主原则,而使之对不同的选择能按善恶的次序做出一种集体的排列呢?答案是否定的。这个结论表明,在完全的民主梦想方面,其一切的存在都是会令欣喜者失望的。其中的根源仍在合成谬误所导致的集体非理性的存在,这乃是一种必然。尽管有人讲,多数有时也会犯错误,有时也会为少数人所煽动等等,似乎其所造成的非理性选择就是可以原谅的了。我们认为,这些都是表象,在实质上仍是由合成谬误所引致的集体非理性的性质决定着的,它是不可改变的,其与别人的煽动无关。

131. 在当今的市民社会里,若以二八法则应用于多数人的选举,则其就表明着选举的结果是正好地与多数人的愿望完全相反,从而也就肯定了多数人的关于选举之毫无意义的思想。因为,选民的80%的择优在它所对应的那些少数的20%里是不存在的,而在选民的20%的择优所对应的那些多数的80%里,又是不能起作用的。这样,就完全地把多数的理性非常“合理”地转化成了非理性存在,于是在选举过程中的集体非理性就在帕累托之理论精义的基础上得以确立。

132. 于是,我们就可以得出“选举活动是一个大型的选民政治活动,由于人们对自己选举权收益价值评估很低;因此,每个理性选民的理性行为就导致了集体非理性”①这一逻辑。所以,选民们的理性在选举过程中就一定会合成为集体非理性,很显然,这当是一种罪恶。因为,民主只要实行选举,它的过程和结果就必会内含反民主真义和反人民的本来愿望的。

133. 总结以上,鉴于集体非理性的天然存在,则关于选举的合法性也就彻底地不存在了。至此,迷惑了人们二三百年的一些选举中的

---

① 杨云彪:《选举的逻辑》,吉林大学博士论文2006年,第22页

那些变异着的无耻秘密也就大白于天下了。

第三节 驴象自焚

134. 19世纪70年代,在美国的《哈泼斯周刊》上,曾先后出现了政治漫画家托马斯·纳斯特的两幅画,分别以长耳朵的驴和长鼻子的象,比拟民主党和共和党。后来,纳斯特又在一幅画里同时画进了象和驴,比喻1900年的两党竞选。自那以后,驴和象就逐渐成为美国两党的象征,民主党以驴、共和党以象作为党徽的标记。① 于是,驴象的存在也就成了美国两党制的喻词。

135. "党"是一个较为古老的词语。现代意义上的政党概念,是产生于西方国家的。其中"党"这个词,是由拉丁文"part"演变而来,其原始含义乃是指一个整体中的"部分",后被引申为一种社会政治组织,即政党。② 党的概念在较早的时期并不鲜亮,它们多是在相互攻讦中,一派强加给另一派的贬称。比如,英国1679年,新议会提出《排斥法案》,要求取消王权。在这项法案的讨论中,支持法案的沙夫茨伯里派被人称为"辉格党"(Whig,原意是"强盗",是苏格兰人的责骂语),而反对法案的丹比派被称为托利党(Tory,原意是"歹徒",是爱尔兰人的责骂语)。1833年托利党"歹徒"改组为保守党,1839年辉格党"强盗"改组为自由党。

136. 然而,当下的美国两党,均已成为维护一种资本主义制度下的表现为轮流执政的具有现代性的政治组织。在它们的两大政党之间

---

① 陈其人:《美国两党制剖析》,商务印书馆1984年版,第1页

② 吴其良:《政治学基础》,蓝天出版社2006年版,第2页

的关系是,在台上的党是现职政府,在台下的另一个党就是预备政府,两者随时准备互相变换。其总特点就是资产阶级让其孪生的两个政党兄弟要交替地操纵国家政权。

137. 1844 年,美国两党制正式形成。然而,它仍是垄断资产阶级的一党制,它们只不过是分别戴上了标有驴、象识记的“绿帽子”而已,即它们都要服从于一个共同的太上皇,那就是资产阶级的寡头大佬。从现象上看,议会似是政党的发源地,其实它们都要归属于资产阶级,并代表着资产阶级,倘若它们分别地属于或代表着不同的阶级的时候,则交替地执掌政权的存在便会成为不可能。所以,在资本主义社会,由一个资产阶级兼之形成的两大政党和它的三大机关(总统、国会和法院),就根本而言,必都是一体的。

138. 那么,为什么会有上述情况的产生呢?因为,在资本主义国家中,垄断资本的活动已与国家紧紧结合在一起,从生产到消费,从为再生产提供资金到实现剩余价值的整个过程,国家与私人垄断的资本已是如胶似漆。[①] 因此,资产阶级垄断分子就要利用政党的存在,而政党的存在正是为了取得国家政权,且国家政权已与资产阶级的寡头们如胶似漆,所以资产阶级、政党和国家机器就不可能相互脱节或是分离的。故所谓的三权分立说就只能是形式上的或是为了表达上的需要了。理由就是由两大政党把政府的三大分支(或机关)连结在一起,统由垄断资本操纵。[②] 这就是三归二,二归一,且这里的一就是垄断资本。

139. 垄断资本的形成我们知道它一定具有必然性,这当是自由资

---

① 王沪宁:《比较政治分析》,上海人民出版社 1987 年版,第 55 页

② 陈其人:《美国两党制剖析》,商务印书馆 1984 年版,第 66 页

本主义的总的最高趋向。于是,表现为在自由资本主义阶段的在分工基础上的强大的竞争活力也就难以存在。布坎南指出,科斯定理在非竞争环境中是要失灵的,交易者之间的自由交易与契约并非必然会使资源按其最有价值的用途进行配置,社会价值并不必然达到最大化。这些在垄断为特征的资本主义社会里,都是存在的,即现在的两党制已完全地丧失了实现社会价值最大化的条件,因为它已封闭了竞争。至此,我们说,资本主义社会曾经是具有过创造性的,但现在它已丧失了创造力。

140. 众所周知,对于老百姓而言,相对于流动匪帮,他们更偏向于固定匪帮,这就是专制社会的起源。① 可见,专制社会也是在那种条件下的一个进步。鉴于上,我们若把老百姓相对于流动匪帮而偏向于一个固定匪帮来比拟为老百姓相对于轮流执政的政党则他们就会更偏向于一个固定的政党的话,就会从发生学的角度上阐释了两党轮流执政不过是类如流动的匪帮而已。

141. 李宜春先生讲,政党派系政治是一种不依人的意志为转移的客观现象,政党派系政治本身无可厚非。② 但是,我们却讲,资本主义所谓民主国家的两党制则是人为设计的,而这些,均可从美国的在资产阶级政党产生之初的有关资料中见到,即它完全是为着资本主义的根本制度而服务的。同时,资本主义制度的存在本身也为其两党制的苟延提供了接续力。因为,制度演进具有"路径依赖"特征,即制度演进存在报酬递增和自我强化机制,这种机制就使得制度一旦走上了某一条路径,它的既定方向在以后的发展中便会得到自我强化。要扭转既

① 杨云彪:《选举的逻辑》,吉林大学博士论文 2006 年,第 162 页

② 李宜春:《独大型政党派系政治研究》,北京大学博士论文 2001 年,第 93 页

有方向,通常要引入外部变量。所以,资本主义制度就保护了它的羽翼下的两党存在。

142. 华盛顿说:“一个派别对另一派别的交替统治,由于党派纷争所产生的天然报复心理而使斗争愈演愈烈。在不同的时代和国家中,这种交替统治干下了最令人厌恶的罪行,它本身就是一种可怕的专制主义。”①此中即言,资本主义的两党制一定是具有着上述的性质,而根本不显现什么民主的半点成分。在这里,我们想说,资本主义的两党制就是一种专制,就是一种独裁,它完全不用什么民主或选举来打扮、来美化。因为,从根本上说,作为统治阶级的统治权,国家权力是一个统一的整体,是不可分割的。② 即任何一个阶级的国家的机器都是不可分割或分裂开来的。所以,这就从本体上决定了一个国家的一党存在的所具有的必然的合法性,故资产阶级所搞的名义上的两党制还兼以选举等的闹剧,实是没有必要的,也是不可能存在有形而上学功用的任何差异的,即其只能归于一种专制或一种独裁,否则资产阶级是绝不会允许的。于是,它就表明了一个阶级或在一种制度下,若欲存在有两个具有根本反对力量的政党是万万不可能的。

143. 那么,在资本主义的一种制度下,资产阶级又为什么要搞两党制花样呢?我们说,它和民主与选举等等的一样,无不具有欺骗性。由于政党都是要推行有利于自己的政策的,都是为了获取政权的,资产阶级若能打出为了人民的利益的招牌,并以为人民服务的名义来进行时,它似乎就可以掩盖只为着资本的狰狞了。从而,两党制作为一个统治阶级的工具性表现也就被遮蔽了起来。于是,它们就可以把形式的

① 工沪宁:《比较政治分析》,上海人民出版社 1987 年版,第 110 页

② 陈其人:《美国两党制剖析》,商务印书馆 1984 年版,第 65 页

民主装饰得愈来愈漂亮。人民被欺骗得愈深,资本主义得以逍遥的时间就会愈长。

144. 接着,我们便要简述一下在美国社会存在下的两党之间所具有的一致性或共同性以及协调性或联合性兼之交易性等。由于联邦政府的内阁,是由总统个人任命的各部部长组成,所以总统在挑选政府部长时,可以同时从两党中选择他认为最合适的人,此时的两党则串通一气,昔日的界限早已泯灭,从而也就完全地表现为两党的一致性了。此外,在国会活动中,两党则多是协调性合作,而具有共同性地在操纵着国家的立法展开。在这期中,两党必要以党外的联合性来使之国会的绝大多数法案在两党之间会于毫无争议的情况下得以通过。关于两党的交易性它会表现在联邦的司法权的共同垄断上。鉴于法官是法院的灵魂,则法官无论是由任命产生,还是由选举产生,其背后的存在都是两党的作为一种交易的产物,这当是不用再证明的了。

145. 综上,两党的界限已不存在。就一般的原则来讲,在民主体制下,通常有一个代议机构,其中必会形成各自的议员集团,这即是政党的开始。但在美国,出现两党制的原因,乃是其经济中存在有两个大的集团为背景的,即北部的资本主义工业集团和南部的奴隶制种植业集团。随着自由资本主义的远去,其必伴生着的垄断,已使这北部和南部的经济鸿沟得以填平,从而就使得美国的两党在今日就只能是归于一个垄断的资本的旗下了。

146. 美国的两党,轮流上台主持国家政权,它们在实行对内对外的政策上,基本是一致的。所谓的两党之争或两党党魁及两党党员的表现等也都是一种权宜的策略。比如,两党竞争时的矛盾主要是集中在北方南方、国内国外、关税的高低、货币制度、财政开支方向以及通胀程度等方面,而党魁们操纵的党纲更属应时之作,因为总统的施政措施完全可以不受竞选政纲的约束,当然他也可以不受诺言的约束。到了普通党员,则往往是此处赞成,彼处反对。尽管如此,上述行为仍不能打破两党合作或合一的基础。

147. 因为,在重复博弈时,双方就一定要采取合作解,而这正是两党之存在必要走向合作的一种理论描述。由于它们的合作的可能的效益大,即会建立一个合作的形式,从而订立契约。当然,这些对于公开的社会又是秘密的,且这些又是不能动摇其归宿上的资本主义的制度的。任何一个政党一旦执政,就必须在既定的政治体制中活动,不能超出政体所允许的范围。国家政体即国家政权的组织形式、结构形式和管理制度等。体制内政党的出发点只能是承认和维护现存社会的基本政治、社会经济制度的不可动摇性。① 同时,它们的实际活动都要在现行政治体制所允许的范围内,而不是破坏其基础。以上即表明美国当下的两党是不可以动摇它的存在之前提的那个单一的资本主义制度的。

148. 两党制存在对资产阶级的好处就是可以维护资本主义制度。资本主义社会各种危机频繁发生,对此资产阶级就可以把造成危机的责任推给正在主持政府的政党,似乎只是这个政党不好,而不是这个制度或这个阶级的统治不好。其实,这只不过是一个障眼法而已,因为时间一长,台上的被赶下台,台下的上台以后仍不能抑制危机,所以人民必能把这些看得清楚。另外,资本主义政治的过分地依赖金钱的实际,也是当今两党制存在的基础。

149. 我们知道,一党之内的派系,均是彼此都淡化了意识形态的

① 吴其良:《政党学基础》,蓝天出版社 2006 年版,第 123 页

存在，它们只对利益感兴趣，而这也正是适用于一种制度下的两党制。于是，两党都为自己考虑，这样它们的任何一党便都不能代表全社会的整体了。从理论上讲，如此者即与某一宗教的派别无异。所以，通过两党制存在，被某些人美化为可以使选民做出理性选择等，都是为满足其党魁私欲而服务的。

150. 美国两党在正式的竞选中，候选人首先要与本党内的候选人竞争，于是候选者的实力除了个人的能力外，主要的还是来自其所属派系在资金、后援会组织等方面所给予的支持，即政党间的竞争是建立在一党内的候选人的竞争的完结基础上的；而一种制度下的两党制与一党制内的候选人的竞争乃是毫无差异的，一党内的候选人谁获胜都对该党有利，这与两党谁获胜都对其所信奉的那一个制度都有利又是一样的，所以两党竞争与一党的存在无异。

151. 在认识论上，我们还应看到，竞争若只限于两者之间，民主若只限于两党之间，那么这还能称得上是竞争和民主吗？我们是不能做肯定的回答的。因为，竞争和民主在上述之间是绝无存在的理由的，这乃是由于它们都可以得到一种天然的轮流性的共享机制，而必要走向一种合流，这当是无有疑问的了。就是由于两党之间的这种天然性的轮流执政的存在，也就保证了资本主义制度的得以太平。当然，它也存在了巨大的弊端。就某一届政府当选后，它一般会实行紧缩政策，如增税、减支、提高利率、控制货币和抑制通胀等。可下一届政府呢？却会实行扩张政策，如减税、增支、压低利率等以降低失业率，造成通胀。这些对于一个稳定的长期经济来讲，无异于是使之处在了水火之上，结果还是人民遭殃。

152. 倘若政府要为经济做长远打算，就要有一个长远的手段，至少要有一个50年的规划,要有每隔10年的具体方案,然后才是5年的。我们讲,造成经济存在之大起大落的政府不是好政府,会解决一些危机的政府也称不上好政府,只有能成功地避免危机使经济能得以相生性地发展的政府才是最好的政府。就道理上讲,在一党优势下的政府,没有理由出现危机,在一个制度下的政府也没有可能出现危机。因为,所有的经济都是要服从于一种制度或是一个政党的。但在两党制下,经济多被两党左右,它们为党利党争,就只能在经济上做文章,来使其仅仅地服从或服务于自己。可见,在资本主义社会屡屡出现的重大危机,也是由于两党制的存在才造成的。

153. 所以,一种制度下的两党,都在追求自己的政治上的有利性,而在社会经济上则往往会受到它的伤害。因为,它搅乱了社会与经济发展的稳定。故两党的存在,于人类社会的长期的相生性进步绝无意义,它们只能短期地有利于自己。

154. 关于总统,他和国会、法院一样,都是资产阶级的工具。由于政治往往要与经济上的垄断相适应,这样的一个自然结果,就会使得国家权力集中于一人之手。于是,就为总统的权力的扩张,即最终表现为行政、立法和司法的联合为一体准备了依据。在美国,每一个人都是可能的总统,唯一的条件就是要以金钱为后盾的政治能力和冒险精神。所以,资本的力量一直是制约着美国国民的能力与精神的利器。在美国,总统不是由国会选举产生的,故总统不对国会负责,且总统所属的政党也不一定就是国会中的多数党。然而,就是这些,便形成了当今的“帝王般”的总统职权。

155. 在帝王般的总统职权里,党治是本,法治是表。所有的政党立法,均是通过意志的转移来实现的。尽管如此,总统政治在一定的程度上也会屈从于经济或利益集团的压力,其原因就是政治家往往更需要钱的缘故。因此,党魁与寡头们便日趋勾结与合流。但是,如此的存在应不会较多地阻碍经济的发展,即使在政治上的最反动之时,也是这样,此中即言,体现在纯粹资本中的优越性,并不会都反映到政治上来。

156. 根据弗里德曼的研究,美国在1930年以后,它的主旨已不再是自由,而这恰是一种极大的落后。按后现代思想的指证,不管超现代主义……多么具有创造性,但它已经成了历史发展进程中的后卫。①我们言,这似乎就预示着资本主义的衰亡的开始。于是,尽管资本主义看似代表了一种普遍的历史结局,事实上它却毁灭了一切的历史的结局。因为,人是精神的,不是资本的,且肉身是要受到灵魂统驭的。

157. 后现代主义者继续讲,除了资本主义之外,不可能有其他制度。后现代是对其他取代资本主义幻想的判决。我们言,这只是一种弱智的表达,虽然资本主义可以迁就人的物性,但对于今后的存在,它绝不是唯一的,此间只不过是充满了一定的狂野性而已。接着,他们又说,一个被自己的各种制度的永恒存在弄得头昏目眩的社会,这里面似乎不可能发生变化,进步的观念已死亡。其实,这正是对他们自己的狂野性思想的否定。因为,除了资本主义之外的不可能……所反映的永恒性就必然要使他们自己头昏目眩,以及伴随着其进步的观念的死亡而要走向其生命的死亡。

158. 有人说,全球首次几乎被纳入世界市场,晚期资本主义的视阈突然扩大。那么,这是一种什么现象呢?我们讲,这只能是资本主义走到了它的顶点的标志。自此以后,资本主义就要开始了它的长期的

---

① 佩里·安德森:《后现代性的起源》,紫辰译,中国社会科学出版社2008年版,第24页

下降趋势,进而导致增长率过低和不平等率过高兼之国际竞争的加剧,也就会无情地降低了它的利润率和投资的原动力。可见,资本主义或许在一开始就是一种选择的错误,因为这是极有可能的。尽管资产阶级学者为它的存在找到了许多的好的证据,但是错误的理论并不排除不可以找到极好的可以断定它存在的东西。利奥塔宣称,理性在资本上已掌了权,……对资本主义的一切批判,远非超越资本主义。我们说,如果其主张的正确性还存在,则是自马克思以来所有的具有先进思想的知识分子们的集体的悲哀;但是,事实并非如此,当今的学者们,已经完全地粉碎了资本主义得以存在的任何根基,且将其资本主义制度,两党存在,民主和选举等都给予了彻底的解构,并代之以实践的科学的最终要走向对于真理的追求,而这些恰恰已是完全地超越了资本主义。

159. 在西方经济学中,有一个古诺模型,它是专讲双头垄断的,该结论是,双方在不勾结的情况下,其均衡产出只相当于完全竞争市场产量的2/3;如果出现勾结,将会出现卡特尔现象。我们在此若将之比作为两党制存在下的经济事实,则其对民主和经济社会之有害程度就将是无人不知了。所以,人们梦想的通过两党政治而存在着的社会福利最大化的集体目标,也就只能化为泡影。因为,这是由古诺均衡产出或卡特尔联盟现象以及庞大的政党政府的过度开支所决定的。于是,它便从经济的机体上否定了具有双头性质的两党存在下的社会之任何的积极作用。

160. 当然,在资本主义社会之所以会出现在经济上的双头垄断以及在政治上的两党垄断,或说由经济上的双头直接生成着的两党,其根源还在于它的制度的维护和为它们的存在提供了条件保证的缘故。因为,资本主义制度这种公共物品一旦被大资产阶级所利用,它就会制度性地有利于它的制度下的存在，并像牢笼一样地起着保护的作用。否则的话，它们便没有内依性。由此可见，那些美妙的宪政说，也就具有反事实的性质。从历史上看，所有的制度的形成都是强力后的产物，而人们只要服从就可以了。故，关于西方的契约说等都是不切实际的。此外，任何一种制度的长期存在，它都会由具有促进的性质转化到具有阻碍力上来，这是不用再论证的了。资本主义也是具有同样的这种性质。

161. 就美国为典型的社会而言，尽管两党执政表现为轮流性，但由于其长期地委身在一种资本主义的制度之下，人民便已看不到新希望，亦即没有了新的激励或感动，面对一个日趋僵死化的存在，我们说，它的合法性就当是不存在了，这是理由之一。理由之二，一种制度下存在两党，即如一体两头的本身就是一个极不正常的怪兽了，兼之它的两党的矛盾又一定要内敛到它的制度里，即驴、象的两头又一定要统一到它的“蛇身”之中去，其势必就会使之导向全面的疯狂与罪恶，这应是毋庸置疑的。在我们所知的历史上，一个类如蛇身上长有驴、象两头的毒物，是不可能长久存在的。

162. 我们知道，正是在资本主义制度下，人们才导致了法西斯和纳粹党的沿着民主的选举的要义程序而大获全胜的，这当是整个人类的悲剧。我们说，两次世界大战的出现，也是由资本主义制度造成的。

163. 为了避免上述的邪孽再次出现，我们才迫不得已地剖析了在资本主义一种制度下的两党存在的凋亡的绝对性。除了我们的前面的思想外，达尔认为，许多选民实际上并未接受在候选人 A 与 B 之间进行的选举。① 再者，随着人类社会的发展和进步，当人类能够用其他的

① 杨云彪：《选举的逻辑》，吉林大学博士论文 2006 年，第 58 页

参政手段来表达和整合自己的利益时,政党就失去了存在的必要性。[①]这也正是一种制度下两党存在之凋亡的客观基础。当然,一种制度下的两党凋亡也可以取决于其内部的自毁的多种内生着的离散力,这就如驴党党员也要坚决地反对驴党是一样的。

164. 总结以上,由于民主负作用的害处,便导致了它自身的坍塌;兼之选举的合成谬误所形成的集体非理性,即昭告了资产阶级所喧嚣着的民主或民主的选举均是非善的和不道德的存在。因此,资产阶级的寡头大鳄们所欲想的以民主的美丽外衣并经由选举的合法手段来包裹那一条蛇身上长有的以驴、象为双头的怪物企图也就彻底破灭了。从此,资本主义的一种制度下的两党存在就只能在炽烈的真理面前,向着凋亡而去。

---

① 吴其良:《政党学基础》,蓝天出版社 2006 年版,第 23 页

第二章　制度—政党(二)

1. 从近现代来看,推翻了君主制,打倒了皇帝,国家以及政府便是一个具有着“共和”概念的产物了,包括它的政策。于是,即出现了新的公共性存在和与原有的私有制的或称其本性为“经济人”的这两种制度的第一次的并存局面,就是如此的并存着的两种制度,才得以推动了整个人类社会的又一次的迅猛向前。经过近二三百年的发展,资产阶级领袖们搞的那一套民主的或选举的办法,由于不能再创造出新的两种制度,且已有的国家的公共性也日趋资本化,即在实质上它们只形成了一个制度,这就相当于是回到了资本化的封建专制社会,鉴于其民主的负作用之害处和选举的集体非理性之存在,则它的所谓的政治的积极性便已经丧失殆尽。人们在科学的实践中,兼之某些国家的万千际遇,竟产生了 A 制度的嵌入了 B 制度的一些经济的有用的东西的做法,就使之走向了强大。因此,我们就找到了一条新的历史发展规律,即第一阶段为“公共性存在+经济人”和第二阶段为“A 制度+B 制度”所共同构成的从近现代到今天的一切趋上的动力主线。不管是以 A 国为代表的,还是以 B 国为代表的各个国家,均是沿着这一动力主线的两个阶段去向前的,可谓概莫能外。在上述背景下,关于一党优势的典型国家,就是新加坡,它当是沿着真理的方向来运作的,且真正地是促成了其整个社会的或经济的腾飞。我们讲,这些都是对人类未来的宝贵贡献。

第一节　公共性存在

2. 当下的党,多是以“共和”概念为基础而显有公共性的存在。天下为公的或为人民服务等主张在理论上,既是这些党的思想起点,也是它们的归宿。因此,这些党的存在必要适应于它的所在国的“共和”性质,当是毋庸置疑的。所以,“共和”的内核即它的公共性存在一定是比天还要大一些的。

3. 公共性存在常与“共和”的内涵相联系。在人类历史上,“共和”是一个悠久的传统,在现实生活中,“共和”又是一种流行的国号。①近代以来,它是在推翻帝制,摆脱了封建专制之后,以实行国家元首通过选举的方式产生且实行限任制为标志。正是如此,近代国家才具有了公共性存在或某些公共领域的观念。于是,公共性就首先地表现在了因公众而存在的政治界面上去了。英语的“共和”一词,多是表现着公共性的存在的,其根本要义就是国家当属“公有物”,公有权力应致力于促进共同体的公共利益。

4. “共和”的第一是要与“专制”相对立,即相对立于皇帝的个人专权以及以他为首的个人私有制系统。在封建社会只有一个制度,那就是皇帝的私有制系统与万千民众的私有制系统的叠加。这就是说,封建社会只有一个私有的制度,包括国家、政府、军队、官员系统等等,都是内敛于一个私有制的,在它们那里,见不到一点的公有性存在。我们讲,就是由于它的这单一的制度存在,才导致了它的僵化直至死亡。

① 张凤阳:《政治哲学关键词》,江苏人民出版社 2006 年版,第 79 页

5. 目前的公共性存在，主要是指国家或者公共权力系统。它既包括政府，又包括它的产品。因为，政府完全可以代表国家，且掌握着整个的公共权力与社会资源。在政策上，它们又是主要的制定者。所以，政府的权力也被称之是公有物。谁也不能再将政府权力私有，谁想掌握权力，就必须经过合理的公正、公平、公开的程序来获取，公权公用也随之成为政治典则。谁握有权柄，谁就得履行相应的公共责任。于是，人们就可以把政府称之为“责任政府”。

6. 对于公共性存在，只宜“共有”，“共享”和“共治”，才属“正宗”的“善治”的“共和”精神。很明显，“理想”的公共性存在即是时刻反映着的天下为公，或称为人民服务以及代表最广大的人民群众的利益等。这样一来，家天下、私天下的任何企图，便是十恶不赦的了，而公共性存在与皇帝君政就分别指向了“善”与“恶”，故其在本质上便是水火不相容的了。

7. “共和”的或“公共性存在”之本初，首先是得益于封建的单一制度下的“臣民”身份的消解，从而获得了公民的政治身份的确认。这样，便使每一个臣民身上焕发出了前所未有的只有公民才具备着的巨大积极性，整个的人性开始第一次获得解放。而这种解放就推动着国家的政府的非私人化性质的油然生成，民众在公共性存在的系统中终于可以拥有了自己的各种公共权力，他们既是现代国家的主体，又是现代公共性存在的参与者和构建者。于是，一个以“共和”的形式而承载着的公共性存在便具有了划时代的意义。

8. 在这个划时代的意义中，公共性的存在就根本上讲，又与所谓的民主是相对立的。因为，人们一旦把民主颂扬到沸点，人人以火热的心态争当公共事务的投票者，即多数票决定一切，则政府的责任就会转嫁给民众,其实质即会导致政府的无责任。[①] 然而,我们明明知道政府应是具有责任的,且正是因于民主,在当下的政府中,就已经形成了可以相互推诿的理由,而这恰是十分地令人厌恶的;其原由就是政府的一边不停地索要权力,一边又忙于推卸责任,它的后果就是民主反害于民。可见,民主的形式的骨头里就是有着一种涣散的基因。所以,公共性存在的现代意义就是要除去那些不着边际的民主。

9. 从原本上讲,"公共"即"公正","共和国"就是"公正国"。虽然现在的人们对于"公正"的所指尚不能精确,但就其大致的范畴似是可以自明的。如此一来,强烈的背离公义的东西,就会退出公共的市场,因而公众就会受到更多的公共保护,我们想象,这似是必然的。此外,共有当是第一的,之后才可言及共享乃至共治。但是,公共性存在的最大意义,还在于它的批判功能。因为,只有批判功能的存在,才是推动人类社会前进的基于精神的或思想上的力量,否则一个社会便不能求得极致的发展。所以,由之展示着的批判性意义就更大了。

10. 公共性存在与私有的资本主义也是相对立的。因为,"共和"所谋求的"公共性"与之"共有"的性质是一样的,此即与资本的一定要私有的资产阶级的观点格格不入。于是,由公共性所达成的共识,除了公共的权力的不可私有化外,还应隐含有权力的基础或说是财富的非私有化,只有如此才是合理的。可是,历史却开了个玩笑,它竟把公共的权力和资本的私有之二者割裂开来了,使其二者不能统一。然而,过了许久,终于又有了新的领袖来使其二者统一了起来,结果办了很多大事,还是难逃被分割的命运,如苏联时期的国家与万民的一律的公有制就是这样。这似是在说明着单一的制度不可以久活,即不论是封建的

① 张凤阳:《政治哲学关键词》,江苏人民出版社 2006 年版,第 202 页

专制的私有制，还是现代的共和的公有制，只要其走向单一的存在，便要毁亡自己。所以，公共性存在还只能仅保障政治的或政府的权力不至于私有化，而对于本当与之合一的私有的资本的资产阶级的财产则仍不可使之走向非私有化。若人说历史的即是逻辑的，逻辑的似是就有合理性的是妥当的话，则政治上的公有性与财富上的私有性的并存局面也就只能是妥当的了。当然，“共和”的“公共性”的存在之“共有”的思想也一定是妥当的，只是实现的机会或许未到而已。苏联时期的关于政治和经济的统一于公有的做法是好的，但是太超前了也不行。愈是先进的思想，往往愈是需要后来的证明。

11. 根据以上，则公共性的政府，就只能是既要维护私有财富之安全，保障人们之自由，又要在造福大众以及劝善戒恶的几个方面来把握尺度了。因此，关于最好的政府之标准就难以确定下来；有人讲，管事最少的，服务最多的即是最好的政府，也有人说权力最小而责任最大的才是最好的政府，等等不齐；而这就造成了公共性存在的处于不同的推力作用下的摆动，就一定意义上来讲，这种摆动也并非绝对的坏事，因为公众所展示出的最低标准的公共情怀与合作的观念，会正向地负起公共责任，从而也就可以框定政府于一定的核心使命之中，即公共性存在不会偏离公与共太远。

12. 实践表明，公共性存在当是处于以多元的合众的为半径的和谐氛围里，才是最能发挥能量作用的。这是因为公共领域具有天然的善和工具性本能，其最后的方向只能是成为促进公众共同性总体福利之最大化的组织，否则公共性存在的意义就不显著。

13. 公共性存在的经济效用是十分巨大的，是居于封建专制社会的人们所不敢和不能想象的。因为，近现代工业所生产的财富，应是比专制社会所创造的总和还要多,而之所以会出现如上的结果,我们说,这必是资本的私人占有和公共权力的非私人化的共同作用才形成的。可见,两种制度的并存或两种有差异者之并存对于一个居于其中的存在来讲,似是最有力的。

14. 公共性存在的相关功用多是侧重于指导性的规范的,为此政府必须要做什么?它除了从事直接的公共生产,还要研究税收的技术问题,以及法律事务和公共开支的合理性等问题。当然,公共性存在还有纠正和理顺市场的奇效,而这是起着天然地保护市场的作用的。我们认为,纯粹的市场或比喻为可以生长万物的大地是不能内生着阳光的,它只有在太阳给大地带来了充足的能量时,大地上的万物才可以复苏和生长,并结出果实的。不言而喻,公共权力就是具有着相对于市场的阳光性存在,而公共性的国家或政府,才是具有着能量源的作用的。这样,我们就把公共权力或它所表现着的有关计划、政策或影响等与市场的或自由经济的关系表达得清楚了一些。

15. 当然,公共性存在还是为最广大的人民群众谋福祉的利器;因此,我们说,公有物的政府才会在经济上更加关注民生,并能把再分配的支出工作做好。于是,为着更大的公益,对于遭受到特定不幸的人给予一些公共转移,即显得是一种必需了。所以,按着利益原则去征收一定的税赋再作用于那些急要帮助的人,也是公共性存在实施人类平等的以及通过相关用途来证明税收合理性的重要步骤。我们讲,正是由于上述的存在,才使得全社会的发展具备了某些均衡的条件,否则前进中的巨大差距,也是令人心生畏惧的。

16. 关于公共抉择的问题,我们认为,它不应扩展到所谓的"民主"的范畴中去,其道理就是"民主"的所为无益于公共系统的理性的标准化运作，对于一个政府来讲，若其随意性太强，或称民主若一再加强这种随意性的话，则必是对公民的一种戕害。因此，“民主”不宜频繁地干预政府和政府不宜频繁地去干预市场经济有时是具有共同的道理的。然而，对于公共的全面服务，国家必须要统筹考虑，即国家一定要起着最后的裁决作用。而如此的发展，必会使全社会的各个领域均能得到好处。

17. 公共性存在比天大，是由于其根本性的价值表现，必在于一个负责任的政府，一定会得民心，而这正是我们所期待着的。因为，公共性存在或称公有物的政府，一旦以公共利益作为正义的唯一源泉时，它们就会以追求这个正义视为自己的最大主题，届时“公”与“共”就会成为人类的最高准则。以上，就是我们所要表达的公共性存在所体现着的最积极意义。

18. 因此，公共性存在便会牵引着人类几千年来所遗留下来的，但仍然还要再持守一段时间的私有制而向前迅跑。于是，私有制的身躯就会有了一颗发达的公共性存在的大脑，并且整个的私有制身躯还一定要服从和服务于它的大脑。这样，我们的人类就具有了公与私的两个方面的集合的优势，其势必要强于一个方面的优势。所以，它便可以有效地立于不败之地了。故，其便极大地解放和发展了生产力，促进了经济的快速发展；同时，它也极大地促进了整个社会的和谐而能使之稳健起来。

19. 按着历史的逻辑，人类文明，实质上主要就是指一定社会制度的进步和它的合历史潮流的性质。所以，我们讲，公共性存在或称以“公”和“共”为最高原则的政府体制，较之家天下、私天下来讲，不但具有当下的时代意义，还是具有着翻天覆地的能效，人类的近期之所以能发展到像今天这样较为幸福的阶段,如果脱离了这一“共和”的“公共”所在,则是万万不能办到的。因此,我们就要首先看到只有“公共性存在”才是可以高于天的,才是能推进人类社会再次前进的决定力量,而不应是私有的或资本的力量;这是源于私有的制度已经存在了几千年,或称封建专制社会也有资本存在,但是它无论如何也没有能像近现代社会这样的发展。可见,资本的私有制存在过去不是,现在也仍然不是推动人类社会进步的主要的或决定的力量,即它只能是起辅助性的作用;尤其是在当代,资本的经济意义已远远地落后于政治的功用了,或说私有制的存在一定要让位于公共的公有物的公共性存在,这似会成为一种必然。

20. 但是,我们仍不排斥资本的作为经济上的重要力量之观点。因为,整个人类社会既要有政治上公共性存在的大脑的发达,又要有经济的关于体魄上之强健。只有如此的政、经结合才是最有利于整个社会的,或称才是最有利于一个完整的人的。否则,即是不妥当的;同时,关于它们的完全的性质的合一状态,即如前面所述的在封建社会里的大脑与身体都是私有的,以及苏联时代的大脑与身体又都是公有的则一定也是不利于人类蓬勃奋起的。这里的意义仍然在于一个社会若想使之存有生机,其唯一的办法,根据我们上面的研究,就可以得出一个结论,就是至少要有两种制度并存。不然,便会如帝制要垮台,或如苏联会被解体。

21. 就目前来讲,随着公共性存在之势力的扩展,两种制度的交锋或冲突或融合已经不可避免。任何企图一味地以单一制度来牢笼自己的作法都是愚蠢可笑的。于是,从近现代以来,两种制度之并存或多层面的两种制度之并存的局面的形成,已由过去的内生性的发展到现在的外在性的可以施加强有力的影响了。因此,两种制度就会自然而然地不以人们的意志为转移地并存着,并相互促进和融合着;其道理就在于,任何社会的存在都不是专为一种制度而设计的,多种制度的并存恰是社会存在和前进的根基。事实表明,制度单一,社会就萧条;多种制度并存,社会就繁荣进步,人民就幸福。

22. 众所周知,在道德规范中,有一部分是各个阶级或阶层都需要的。这就是说,许多制度都有其公共适用的部分,只有多项制度并存时,其公共域的部分才会有可能相对地扩大起来,而在一个公共域相对地扩大了的社会里,就会更适宜整个社会的发展。我们讲,这当是不用再论证的了。公共选择理论认为,与包含有无数个点的帕累托最优面相类似,现有的政治规则集反映了一致意见这一事实,按照定义,无论如何也不意味着,就是这个规则集,并且只有这个规则集,是唯一的"最优"或"有效"政府。必定还存在着数量无穷的其他制度安排,这些安排同样体现了意见一致。[①] 我们说,此间有无限深意。

23. 所以,公共性存在一出现,它就是比天还大的,其无比的重要作用就是能牵领着私有制按有利于公共的公众的目标发展,而这恰是符合人性的,是合于社会的向上的或向前的轨迹的。再观历史,几百年来,每当人类遇有极大的危难之时,尤其是现当代,无不是依靠公有物的政府来度过的,此时的资本主义的私有存在几乎不起作用,这就再一次表明,具有公有性存在的政府乃是推动社会前进的真正的根本力量之一。

24. 因此,我们讲,对于一个公共性存在的公有物,只要它是在追求着公共的最大利益,只要是资本还在追求着它们自己的私有的最大

---

① 杨云彪:《选举的逻辑》,吉林大学博士论文 2006 年,第 19 页

利益,则这两个最大利益的最大和,就必要助成人类文明的再次的巨大辉煌。比如,工业革命为什么会发生在英国的一个重要原因,也就是其最早地便存有了两种制度。通过以上,我们就可以发现,整个的资本社会之所以能够发展起来,其根本性的力量来源也是在于它的社会乃是存有了两种制度,即公共性的政府的国家体系与私人的私有制的或称资本主义的自由经济的体系的同时并存。

25. 如是之,我们便揭示出了近现代以来人类历史的发展的主要推力即是在于其内生着的公共性存在的高于天的作用,兼之它的与私有制的资本主义的自由经济的这两种制度的同时并存所产生的交合着的冲动。所以,在公共性存在的牵引下的至少是两种制度的同时并存,便成了人类社会走向进步、走向胜利的基本保障。

第二节 服从真理

26. 服从真理,这是人类在长期的生产、生活过程中,经过不断地去蔽而开显出的成果。科学的目的一定要追求真,无真的或少真的历史即将过去。随着人类的进步,在大批知识分子的普遍的反省和批判所谓民主的或选举的或资产阶级所搞的两党制的过程中,真理作为一种过程的归于根本的存在,其已从那些民主的烂泥潭中被解放了出来。因为,民主必须要让位于自由,自由必须要让位于真理,这本身就是一个真理,且这样的真理本身是不需要再证明的。于是,所有的人们或党派就只能是围绕着真理而存在了;否则,就会被消灭或自己毁掉自己。

27. 真理的存在之所以重要,它乃是源于符合人们的最大利益,并在获取最大利益的过程中,能融合各种积极力量而使有害的成分降至最低,从此便保证了事物的向前目标是合于人性的最优秀的一面的。所以,看似着的偶然的与我们的信念相合一的实在就会必然地要走向它们的统一,这正是真理的伟大妙处。故,人们必须要强调真理、服从真理,一切以真理为目标,一切以真理为过程,一切以真理为手段。因为,每一个对事实感兴趣的人,都会尊重真理的实践意义,都会认为真理具有去谬误的功用。

28. 哲学的使命就是要发现新真理,并通过科学来对其本质或条件等给予洞察或详述。这样,科学便将证明,只有依靠真理,人类才会取得当然的成功。比如,根据有关真理,80%的投资往往只会产生20%的效益,而只有在此基础上的20%的投资才会产生80%的利益。所以,人们为了获取更大功绩,就要在可产生80%成果的20%的投资上下功夫。

29. 倘若,我们将上述应用于一个政党,其道理也是一样的,即每一个伟大的党或胜利着的党都应是在服从着真理的,而不可能是要依存于所谓的民主的,即多数的也要服从真理,真理可以代替一切。所以,在显示真理的地方就无需民主,如太阳的东升西落还用选举来通过吗?如一个人是靠自己的奋斗来获得冠军的,这还用配合以民主的表决吗?如对一个不断地自生成着的自相似体的存在,民主的影响还会存在吗?如对一个市场的体系,民主还会起作用吗?我们说,这些都可以类比民主与一党优势的关系,即此时的所谓外在的民主当须彻底地坍塌下去,才是最有利于真理的。因此,民主必须要服从于上述的最先进理论,必须要服从真理,不然的话,它就是太无聊了。

30. 不难看出,人类愈发展,就会愈相信真理,就会愈相信真理的先进性。因为,民主是人类较为落后时期的一种议事形式,并且还能产生恶的东西,兼之它的真实内容又不具有操作性,所以被进步着的人们之抛弃,便是自然的。况且,就今天而言,计划与市场的交集更多地是指向了科学,然而民主对于这些又是绝对地无益,这乃是鉴于民主的程序和结果均不可与科学的实在合在一起的,其最后就只有要经由真理来裁决。

31. 作为一个伟大的党,千万不能在所谓的民主的坟茔里打圈圈。有人说,党内民主就是党的生命,这是具有极高明的道理的。然而,我们讲,党的更大的生命当是在不断地发展中去寻找到真理。于是,我们就要全力地去追求真理,而不是去追求选举,并要取缔那些以选举代民主,以非理性代理性的所有规矩。这样,为追求真理就可以生命为代价。可见,选举的不过是形下的而已,只有真理的、发展的和生命的才是向着最高级去的。

32. 真理的存在多是具有自明性的,虽然真理不能成为真理的标准,但仍不妨碍人们去应用真理,因为不同向度的真理必能容于一个统一的逻辑,所以它们便表现有了共同的程序。这样,信念的经验的理解的在经由了上述的融贯之后,就只有去蔽而符合实在即归于到了本真。至此,真理所具有的神圣性才会表现出来。于是,我们必须讲,资产阶级是偶因资本而获胜的,但是真正的未来社会,它的主人一定是要因真理而胜利,这是毋庸置疑的。

33. 对于一个政党来讲,事实将证明,只要它是服从于真理的,则它就是最先进的,就是最具优势的,就是会走向胜利的。对于这样的党,它一定要有趋向于真理的指导思想或理论。因为,每一次大的事业的成功都是要有先进的理论来做保障的,否则人民就不会依着你的方向前进。再次,政党的存在本身也应是更加地需要不断的创新思想的。

这就恰如工业上的需要技术创新是一样的道理,倘若一个政党没有很好的观念的不断形成,总是生产低级产品,它也就会没有存在的市场。

34. 所有的人都要服从于最先进的思想,所有的政党也都应服从于最先进的理论,这当是一切均应服从于真理的前提。只有这样,人们才会在最先进的主张指导下,都是最有力量的人。

35. 当下的历史已经证明,今后的历史还将证明,只有服从于最先进的理论者,只有一切服从于或握有真理者,他们才能获得最大的胜利,而仅靠丰厚的资本者则是不可能取得最大的胜利的。所以,资本主义的片面地强调资本,对于真理的最后存在,是意义不大的。然而,我们仍要客观地对待它,既不藐视它,也不夸大它。资产阶级学者们关于资本的有些理论讲得都很好,都难免有以经济的存在来包打天下之嫌。我们的理论是为着未来服务的,它不仅仅是只为眼前的官僚们服务的。

36. 某些胜利着的党在本质上是一切都在服从着真理的,其伟大的表现,除了要有最先进的理论之外,还要有高端组织的先进与对两种制度之并存体系的极度重视,等等。就一党的优势而言,其贵在顶层要员的精干;同时,它也相当于是多党存在下的特殊形式。当然,一党者也不会影响两种制度之并存的和谐局面,反而是它的具有开放性的证据。于是,它就可以彻底地避免了资本主义的专搞某一民主的悲剧。所以,我们说,两种制度下一党优势的胜利,即是一党的存在,只要它掌握了真理,它就可以获得空前的成功。这样,就完全没有必要再担心由两制度所引发的冲突,等等。

37. 根据一般的理论,政治制度是旨在使现有的利益存在能够固定化着的权力安排。但是,由于政权的操纵者,在其实践活动中具有能动性的选择,它就必然要存有多样性和多变性,而这就为其产生两

(多)种制度提供了基础。其实,在一个国家里,只有存在了两(多)种制度,它的统治质量才会提高,并且能够据之进行更为广泛的多结构的科学统治。同时,它才会具有充分的合理性与合法性。我们说,一个国家的向前发展首要的是它的在政治上的先进,其次才是它的精英集体的执行,最后的才是经济上的资本。如上,即是一党优势的得以成立的根本之一。

38. 接下来,我们还要讲,民主的仅是一个泛泛的更多是概念上的东西,其实行起来极为困难。它强迫人们去选举,而选民们的反复无常也是表明了他们的多变的无主见性,这是不光彩的;但它也正是在一种制度下的被资本强奸了民意之后的选民们的某种无奈之举。

39. 在资本主义社会里,人们很早就发现绝对的民主,已经导致了绝对的困难,它是与混乱、黑金、分裂、动荡、腐败、独裁、战争和人性的全面堕落相伴始终的。我们讲,民主制之所以出现了前面的问题,乃是因为没有最先进的理论思想或真理来驾驭它即失去了对它的控制的结果。可见,一味地研究资本主义民主或称其利益的大于一切的做法,实在害人。

40. 两种制度下一党优势的胜利之保障就是一切服从真理,而一党优势的前提即是它的合于历史的发展性质。众所皆知,虽然一个政党只能代表一个部分,但是这个部分必须要对整体采取负责的、关心的和无所偏袒的态度,否则就是只为党私的恶的或是极具破坏性的了。另外,其权力也不能无条件地不受限制。我们讲,只要一党优势坚持了对整体负责,并能保持它的体系内的高端民主,就不会走向专制,进而就可以避免总统制独裁所造成的后果。

41. 真正的本质上的民主存在,当是居于体系内部的,其与外在无关;这就是说,一党优势只要其内部和高端是民主的,则其就是极具真理价值的。有人认为,在多党之间进行的抉择即是代表了民主的,然而它只是外在的形式,倘若被选出的党的体系内部是非民主的,则其就一定是不民主的。在西方,由于一个党的执政主要是要利用它的国家机器或它的文官系统,而这些又不可能是民主的,因此美国的民主便是不能成立了。

42. 纵观世界政党史,在两党制下的政党中是无论如何也做不到"集体决定"与"尊重少数人意见"的。我们知道,在某些国家的历史上的经济的有着较好的发展时,应是与皇帝和大臣们的堂前合议制度的真正实施是分不开的,而这些都是最高精英们的真正的民主表现,它比形式上的万民只有一次的投票的民主,然后即是独裁的所谓总统制当是无比的具有超越性。在西方国家,仅有的文官系统,其内部是不反映民主机制的,这便是行政的内部决策,无有半点的民主可言了。

43. 当然,任何一党所管理的行政体制,由于直面的正是全国的老百姓,则它与历史上的行政官员体制便也没有太大的区别,可是各个社会的存在又必不可少这样的体制,倘若这样的体制能处在党内的人民的以及法律的监督之下就是最好的;此外,它若还有着大批的后备干部的挤压系统时,从道理上讲,便应是当今人类社会的较为先进的。

44. 李宜春先生讲,包容性的、整合型的政党会促成一党制。所以,在一定历史时期内,政党体制的关键,不在断言一党制和多党制的孰优孰劣,而在于该种政党体制能否比较合理地反映社会中各种力量和利益关系,体系中的政党有没有协调各种政治力量和利益之间关系的能力。① 评价一个政党的功能,主要是看其是否有利于整个国家在

① 李宜春:《独大型政党派系政治研究》,北京大学博士论文 2001 年,第 69 页

政治社会等方面的进步,当一个政党使一个国家不断走向良性的、理性的政治秩序时,那就是值得肯定的。① 我们认为,上述文字具有真理性,它所表达着的正是一党优势的得以存在的理由,以及是一党优势的得以胜利的佐证。如此一来,我们即走进了真理的王国,而只有在真理的王国里,真理的终极意义,才会彻底地显露出来。

45. 接着,我们讲,一党优势的之所以能够胜利,就在于它的体系内的最高端应是实行了真正的民主的。这种民主的结果一旦再经过实践的检验,它便会归于真理,并最终而合于真理。如是,该党就必具优势,就必要走向胜利。

46. 1986 年,瑞典皇家科学院发表了一份公告,它说"政治过程……是为获得相互利益而合作的……途径,而不是一种在个人当中重新分配资源的方法。因此,……规章的基本决策与决策本身至关重要。布坎南的主要成就,即是他一贯坚持并强调基本规章的意义,和应用政治制度概念作为争取达到互利的一种交换过程。"②所以,决策或高端决策的本身为着一种互利的合作而必须要实行的民主,便是体现着政治制度的最大意义了。

47. 谁也不能否认,能为社会发展开出一个好处方的,多是处于社会上层统治阶级内部的少数具有远见卓识的知识精英,这反映在政党里,或许就是它的高端的集体领袖,必要成为其群体的希望。事实将证明,真正的民主必要存在于高端之中,而不可能是建立在不平等的亿万民众的里面,或者说巅峰的民主较基层的更有益。因为,历史上任何一

① 李宜春:《独大型政党派系政治研究》,北京大学博士论文 2001 年,第 97 页

② 《诺贝尔经济学奖金获得者讲演集》中卷,王宏昌译,中国社会科学出版社 1997 年版,第 301 页

次大的制度变革,普通百姓的文化心态,主体观念并非都是处于关键地位;且制度的推行,并非一定要以百姓的共识和认可为先决条件。① 所以,对于一个国家而言,只有实行最高端的民主,或表现为民主里面的某些集权,它才可以长成一株大树,不然的话,至多是一撮毛草。这样,真民主的反映在决策层的高端的许多意义,也就是不言自明的了。

48. 对于一党优势的存在来讲,它的许多的方法论思想,都是具有一定的先进性的。比如,它所实行的民主,倘能一方面既是国家与社会的民主,一方面又是党内的民主的话就是极好的。因为这就可以使执政党有了党内和党外的两个存在基础。然而,鉴于前面的道理,党内的高端的民主一定又是关键,它不仅会引致一个全体的党走向前,还会以全体的党的存在去推动一个国家和社会的稳健发展。于是,一党优势若以民主集中制作为自己的组织原则,并通过连续的党内的民主集中制的程序来缓解或弱化集中度的做法,也就显得成熟高明了。

49. 翻看国民党的过去,它的组织原则也是"民主集中制",在其最高层的组织中,则是采用了合议制和集权制。② 我们说,关键要看它如何执行,即如何去做。

50. 然而,天下大势又因蒋介石一人而把国民党给葬送了。因为,他最缺乏的是最先进的理论或说是真理的指导。

51. 可是,有些先进的政党却能将之观念统一于真理当中。然后,我们说,政治上讲民主一定要讲党的高端民主,而组织上讲集中,一定是要反映在政府里面的,如此才是极妥当的,不然就是不知道党与国家

---

① 贺培育:《制度学:走向文明与理性的必然审视》,湖南人民出版社 2004 年版,第 295 页

② 李宜春:《独大型政党派系政治研究》,北京大学博士论文 2001 年,第 31 页

之政府的伟力之源究竟在哪里?

52. 根据二八法则,愈是趋于高端的民主,其所反映着的作用才应是愈大的,此即言,处于基层的民主或者是超过了80%的选民之作用也许达不到总效果的20%,而这也正是资产阶级国家狂妄鼓吹要搞普选的理由,因为极多的选民,其作用乃是极小的。这样,我们也就把资本主义的民主给看穿了。通过上面的研究,我们将给大家一个明示,那就是只有存在于执政党的体系内的高端民主,才会起着最积极的正向作用。否则,无他。

53. 下面,我们还要阐述,一党优势与两种制度的并存之相生性地促进和发展的关系。一个优秀的政党,第一要成为最广大人民群众利益的代表者,第二就是要使各阶层的利益的合力最大才好。于是,多种制度的并存也就有了可能或基础。尽管政权具有不可分割性,但由于其所需要或适用的各种社会的或生产的关系绝不会相同,兼之任何制度又均具有各自的突破性和相容性,所以它们的综合,便必要走向一个开放着的可以相互汲取不同营养的社会。因此,它就会更加地有利于一党优势了。

54. 依据有关理论,政治市场是相当于垄断性的存在,此即言,对立着的多元政治是不可能共处于一个圈子里的,可见两种制度之并存于一个政治体系下有时确是很难的。然而,当代的贤人们还是做到了。于是,经济实力也得到了空前的增长。

55. 那么,一党优势并取得胜利的存在又是指向了哪里呢?统观政治学,人们就会发现,政治的存在意义,其第一位的即是要使人性尽显,第二即是当伴有合人性的自由。根据真理的启示,由于排他律的存在,双赢或多赢是不可能的,即只能由一党优势来取代两(多)党存在。

我们讲,这当是在最本质上的至理名言,其间未杂糅有任何的不切实际的东西。依照我们从前的阐述,一种制度下的两党存在是必要凋亡下去的。然而,两种制度下的两(多)党优势又是绝对地属于荒谬的范畴,所以也就只能实现一党优势。

56. 因为,基层的或体系外的所谓民主,它在高端的或体系内的独裁仍是属于独裁的,且这种独裁是更可憎的。所以,人民就应打倒这种独裁。按着当代最先进理论,我们说,多制度的并存一定要胜过多党制,其关键就是要看一个社会共存在了几个制度,而只有如此,才能代表人们的多样的希望。这里的逻辑就是,人们不可能仅仅靠一个制度(如市场经济),甚至不可能依靠一个制度在其他制度间的首要地位。[①]此即言,先进的社会需要制度的多元化结构,这是其一。其二,看一个社会的真正文明所在,并不是只观察它的存在有了几个政党,而是要观察其有没有可以代表为真理性的有利于万民及社会前行的政策主张或设计,所以仅仅显象为两(多)党的存在,实是极其无聊的低级表现。于是,一个人类的最新而伟大的发现,即"多制度并存要胜于多党制"的理论,就势必要对整个的文明社会的再发展做出应有的贡献。

57. 许多人都知道,决定经济的不是经济,而是政治。[②] 这是一客观真理。另外,吕元礼先生对一党优势的存在,进行了长期的研究,他认为新加坡之所以能,乃是在于它的一党优势并长期执政。我们说,这也是一客观真理。

58. 吕元礼先生所总结的新加坡之一党取得优势的成熟经验,诸

① 杨玉成:《当代西方科学哲学与经济学方法论》,中国社会科学院博士后研究报告 2006 年,第 112 页

② 萧国亮:《世界经济史》,北京大学出版社 2007 年版,第 3 页

如不拘泥于经典理论,不拘泥于“政治上正确”,关心客观实际。[①] 同时,他们还遵循渐进的指导思想,认为演化而成的制度比设计而成的制度更优秀。当然,所谓的多党竞争,也是要置于一党优势之下的。此外,一党优势还认真执行依法治官的理念,不仅打苍蝇,而且打老虎。我们言,以上的恰是我们应当学习的或已经是正在实践着的。总之,它给我们会带来极大的帮助。

59. 相对于其他政党来讲,鉴于自己的非优势地位,就当对之安危时刻保持警惕。

60. 我们言,先进的即是有活力的。众所周知,只有适合社会发展的,才是具有正当性的。因此,一个具有先进性的或说是具有了强大优势的党,它的合法性也就只能是来源于它的对于国家的发展所做出的巨大贡献。这样,关于一党优势的合法性问题就得到了解决。

61. 综上,两种制度下一党优势的合法性就在于它的一切服从于真理,并确实地推动了一个国家的发展和能促进整个人类社会的较大进步。所以,两种制度下一党优势的存在还要长期地存在下去。

第三节　经济发展的“双芯”

62. 一般的经济发展历程表明,在没有制度背景下的经济学,是不存在的,且仅就一种制度下进行着的某些所谓的完善性的举措也是难以取得成功的。那么,要想推动它的经济向前发展,并能使之繁荣的方法,又在哪里呢?经过我们对许多经验的日日思索、推敲和梳理,某一

① 吕元礼:《新加坡为什么能》,江西人民出版社 2007 年版,目录页

夜,我们终于发现,沿着近现代史的路线,即在继续公共性存在和传统私有制的两种制度的并存基础上,当以“A 制度”、“B 制度”的适当结合,或说是在新形势下的两种制度的再次并存才能成为经济巨轮的获得源源动力的“双芯”。至此,我们才恍然地又明白了一条真理,这就是目前的社会的一切的发展或进步,只宜在不断地产生出的新的两种制度之并存或交替的演变中,方可实现,否则绝无其他手段。

63. 事实正在证明,经济的发展一定是需要具有“双芯”性的两种制度的并存。我们知道,国力的本质当在经济,而制度的存在对直接推动经济的增长又是有着重要的作用的,且制度就是关于“度”的规定,对于经济的万事万物,若统由一个“度”来框住,显然是不妥切的。所以,就要有多制度或至少要有两种制度的并存才是。另外,制度又是一个体系或系统,我们讲,两种制度并存,它就可以在一个制度的基础上,使之所适用的空间会变得更大了,而只有在更为广阔的范围内的存在,才是更适宜其发展需要的。

64. 贺培育先生讲,在缺乏有效制度的领域或地区,或者一国处在新旧体制转轨时期,制度效率是最高的。同时,在制度创新过程中,经济增长率也较高。① 我们说,此间所言,无不含有因两种制度的并存而推动着经济向前的意蕴。他还说,一次性的一个制度的创新供给,对于经济增长速度的影响是有限的和有阶段性的。我们认为,如上的思想乃是具有着许多道理的。

65. 回过头来看世界,尽管经济的存在往往具有它自己的本能性的发展之路,然而人们若能实行两种制度的模型式的“双芯”驱动,则

---

① 贺培育:《制度学:走向文明与理性的必然审视》,湖南人民出版社 2004 年版,第 212-213 页

之竞争性的繁荣才会更早地真实地到来。比如，建立了德国的社会市场经济体制，并创造了经济增长奇迹的艾哈德先生的理论思想就包括了许多的两个类如制度的面向，其理论要点有三，即(A)基本目标，全民福利，(B)基本手段，自由市场机制的调节为主，国家有限干预为辅，(C)反对的对象，垄断。在国外方面，主张自由的国际经济政策和经济一体化……这一原则的核心是克服漫无限制的自由放任和严酷无情的政府管制之间的矛盾，在绝对自由和极权主义之间寻找到了一条中间道路。[1] 我们说，这些的根本都是他提前地实践了我们的关于两种制度的并存主张，只是人们在当时还未能清楚地认识到这一点而已。

66. 之后，有的学者讲，我国开办的经济特区是一种综合性的经济区，既包括国家资本主义经济，也包括社会主义经济。[2] 就其性质来说，它当是社会主义经济成分和各种国家资本主义经济成分的综合体。尽管经济特区的国家资本主义同资本主义国家的国家资本主义有着本质的区别。然而，它无疑地已指向了两种制度之并存的这一实际。关于经济特区，我们不能不联想到上个世纪的60年代，台湾经济的起飞。因为，他们在那时就已搞了与其原有经济存在完全不同的“加工出口区”，并获得了巨大成功。所以，我们说，台湾的发展是与之有着密切的关系的。综上，西德的艾哈德主张，台湾的加工出口区模式和中国大陆的经济特区之所以都为其全面的跃进，夯实了基础，均是源于类如两种制度的并存思想的胜利，而这是不用再去证明的了。

67. 很显然，两种制度的并存是合于生产力的需要的。因为，与生

---

① 艾哈德：《来自竞争的繁荣》，祝世康译，商务印书馆1983年版，第ii页

② 刘国平：《当代两种制度国家经济关系新探》，四川人民出版社1987年版，第126页

产力决定生产关系一说相关联的重要思想是,(1)生产力首先应是以人为本的,对于这种能力的统摄,必要归于人;而人与人之间的生产关系,第一位的又是人与人之间的关系,这样它们就形成了以人为中心的两个体系。原则上,这两个体系在以人为中心的本质一旦确立之后,它们就不存在有什么 A 决定 B 的问题。(2)生产关系作为一种外在,通过人的功能转化在一定程度上也会加强人的生产能力,其二者必然是相互映照、贯通、融合与共生的。(3)这在社会制度的反映上,只有多制度并存,才能既合生产力,又合生产关系,兼之制度本身的欲求,否则生产关系和生产力的多样性就不能为其制度所包容,其后果就是必要束缚生产力的发展。因此,我们得出的结论就是,若欲解放和发展生产力,就一定要提供多制度保障。

68. 根据政治经济学理论,有什么样的生产力就会有什么样的生产关系。由于生产力的存在不可能是具有单一性的,所以它所对应的生产关系也就至少要有两种以上形式的存在,这就是说,至少要有两种制度类的并存才可最低限度地来保障生产力的发展。于是,就一个大国来讲,它就更需要多种制度的并存,方能促进生产力的发展。如此一来,两种制度的并存便仅仅是一个最基础的前提了。不然的话,生产力就会被捆绑在一个制度的铁桶里。另外,生产关系一定要适应生产力的指示,也从未言明只有一个制度才能适应所有的生产力。因此,我们讲,至少当有两个制度的并存,最好是要以多个制度的并存,才能最适合各个层面的生产力的生长需要。关于两种制度,它既可以为旧制度与新生的制度,又可以为相容性的两种不同制度,先进制度可以包容一些旧制度,旧制度也可以生成新制度,等等。只有两种不同制度的并存,才会形成制度差。这样,生产力才会在它们之间相机寻求适应,并最终才能发展起来。我们说,这种发展恰是得益于两种制度为其所提供的"双芯"性存在。

69. 那么,关于两种制度之并存的表现,又有哪些呢?列宁认为,社会主义制度下的国家资本主义,即是社会主义国家"给予一定限制的资本主义。"①我们说,这就是两种制度的并存在当时苏联的具体表现。其实,新旧体制的转轨包括突破旧体制,建立新体制和制度创新或对原有制度的新的改造,以及改革中的引进制度,即在原有制度基础上的再嫁接新制度等等,也是均含有了两种制度的并存意思,只不过之中所讲的新制度相对于旧制度而言,仅仅是存有了新旧的区别罢了。

70. 就根本上讲,计划与市场的存在既是表现为一种手段,更是反映了两种制度。因为,新自由主义者认为,所谓"理念经济模型"有两种,一是自由市场经济,一是集中管理经济,前者由市场价格机制调节,后者则由政府通过中央计划和行政命令进行管理。历史上的一切经济制度都逃不出这两种经济模型的范围。② 说得直白一点,这两种模型都是可以归于两种制度的存在之中去的。事实上,所有的计划之中一定存有市场的成分,而所有的市场之中也必隐含有看不见的计划。因此,它们的并存是具有了一种天然的结合性的,这当是近现代以来从内在的存在上所生就的,再想有单一制度已是不可能的。当然,有些两种制度的并存往往还要有一个存在的界面。比如,公、私的界面可能是股份制的某个组织,而由经济危机到政治危机的界面或许就是失业工人的大量生成所存在着的冲突等等。

---

① 刘国平:《当代两种制度国家经济关系新探》,四川人民出版社 1987 年版,第 115 页

② 艾哈德:《来自竞争的繁荣》,祝世康译,商务印书馆 1983 年版,第ⅰ-ⅱ页

71. 在香港、澳门、台湾和新加坡这些号称亚洲四小龙的地区或国家，尽管它们和而不同，但是它们发展经济的思想，对我们还是具有极大的借鉴作用。

72. 两种制度的并存，它在客观上就要求我们必须要正确地对待资本主义社会所创造的现代文明的积极成果。资本主义社会经过了几百年的发展，特别是一些发达国家，在经济、科技等方面积累了空前的丰富经验，所以作为后起者，就理当吸收资本主义的先进的东西，否则即是不明智的或说就必是愚蠢的了。通过研究，人们发现在西方世界中，只有日本的地理位置居于东方，并且它的文化仍是东方的，然而其经济制度却是西方的。我们说，正是由于这两种制度的共存或称为并存的表现，它才得以十分迅速地发展了起来。可见。两种制度或多种制度的并存之意义应是极其巨大的。

73. 因为，两种制度的并存也是开放体系的客观要求。我们讲，只有两种制度的并存，它才是可以形成相互开放的或是完全开放的态势。由于开放性的政治过程不仅意味着是一种新的政治活动的方式，而且也意味着是政治对人类经济、社会之迅猛发展的一种适应。所以，只有处在一个开放的体系中，人们才会广泛地吸取各种社会制度中的营养，而在单一的制度里，其封闭性极强，再兼之其不断地完善，就一定会出现作茧自缚的性状。届时，整个的人们就只能会被僵死。当然，人们也不会落后到那种程度，自公共性存在诞生以来，企图再搞封闭性的做法，都没能长期地实现，这就表明了制度存在的本身也是具有着一定的蘖生性的。

74. 所以，社会愈发展，则单一性的制度存在便愈会成为不可能。其道理就在于社会的变迁、发展和选择的多样性，就决定了当下的许多存在必是多元结构的。此外,制度间的相互影响,和制度的供给现实,一定是需要多制度的。这样,单一性的制度之存在的任何可能在目前的社会里也就不会存在了。

75. 事实证明,并将继续证明,在一个社会里,其制度的存在应是愈多愈好。贺培育先生讲,社会制度只是一种工具或手段,一种制度就像一项技术。① 因此,对于工具的、手段的或技术的存在岂不是愈多愈好吗?岂不是愈多愈有利吗?而且它们的叠加,也是完全可以适用于同一目标、同一规范、同一组织以及同一设备的,可见就其多制度的并存之效果而言,岂不是也一定会更好吗?所以,我们说,多制度的并存也就是多力量的并存,而且根据制度的效率表明,多制度的并存时的效率之和,一定会是要大于单一的制度的效率的。在一定意义上讲,制度又是承载着极多的知识和能力的一个固定架构。如是观之,制度之愈多,其向好的程度也就是愈大的了,而这些都可谓是不言自明的。

76. 然而,制度也是具有两面性的。这就是说,它既有积极作用的正功能,也有阻碍进步的负功能。如是之,就需要人们通过多制度之法,来以 B 制度之正作用而去掉 A 制度的负作用,再以 C 制度的正作用来去掉 B 制度的负作用,如此连续下去,就会具有极大的正作用迫使负作用愈来愈小。所以,多制度之并存,实在地不仅仅是正作用和负作用的简单相加,其中内含的还要有以正作用之去掉负作用的功能,只是这一点还未能使人们清晰地察知而已。此外,A 制度里的约束,若在 B 制度里时,也有可能会成为一种自由,或 C 制度里的被舍弃的部分,也有可能会在 D 制度里得到扬升,等等。这样,多制度的并存的好处就

---

① 贺培育:《制度学:走向文明与理性的必然审视》,湖南人民出版社 2004 年版,第 136 页

会大大地彰显出来。就某一制度来讲,它或许早已丧失了自己应有的功能,但它的文化的磁滞现象,仍会对未来制度的生成和借鉴具有极大的好处。倘若我们把以上的要点应用于经济,则制度的这种人为设计的规范着人类相互作用的约束,就会因之多项目的并存而减少。于是,我们就可以肯定地说,多制度的并存便可以多多地增长经济,而少制度就会阻碍或多多地约束经济的发展。

77. 我们说,制度本身也是具有创造性的。并且,这种创造性存在是可以超越阶级和超越国界的。同时,就是由于制度的创造性存在才使得它们的本身具有了相当的活力,且这种活力的若想长久地旺盛着存在,其唯一的办法就是要靠其他的制度来为之提供能量。那么,这种制度的创造性又是存在于哪里的呢?我们认为,广泛的多领域的多层面的具有着不断的生产实践的社会,就相当于是为制度的可以多样性提供了一个自由的生成环境,或者说也正是由于这样的环境,才使得任何的制度都要具有自己的创造性或创生性。鉴于如上,制度的创造性就要内生出一个社会里的许多制度来。

78. 此外,对于经济来讲,关于它的所有制度的设计,都应考虑到交易成本或管理费用,否则的话,该制度就会必然地要被弱化掉。若将之应用于政治,上述思想也是适用的。

79. 在当下,人们常称某些国家的政府的不干预似是好事,殊不知就本质而言,它仍是干预,或可理解之是不干预的干预。因为,政治与经济是具有天然的孪生性的。但是,任何经济的存在都似是政治在先的,而更趋先的则又是经济。不难发现,政、经必当为两个制度系统,只不过是它们的紧密度不为外人所明白而已。

80. 通过了上面的路径,我们就会知道,若欲使经济发展,在方法论上,就要首先提供极高明的制度保障。因为,根据制度的帕累托的最优安排,它就要求新制度经济学必须应具有两种制度或多种制度之并存的内容,只有如此,它才能更好地为经济服务。

81. 许多人都知道,和平与发展乃是当今世界的两大主题,而经济的则正是发展的问题,且一遇到发展问题,就自然要联系到多制度的供给。我们说,这里面有一种逻辑的联系。潘叔明先生讲,我国社会主义基本制度建立以后,经过几次曲折表明,即使是社会主义也会发生严重束缚生产力发展的问题,社会主义不会自动发挥其优越性。邓小平说,过去只讲发展生产力,没有讲还要通过改革解放生产力,不完全。只有在解放生产力和发展生产力的基础上,才能做到以往阶级社会所不能达到的社会进步。[①] 我们认为,上述思想已很好地表达了一个制度所具有的狭隘性和束缚性。同时,它还说明了经由改革的方法来达成的两种制度的并存之推动经济的宏大思想,一定是促进社会进步的重大方略。

82. 可是,有人问,若对一个制度不断地进行修正、补充,其作用是否就可以大于两种制度的并存所反映出的功效呢?我们说,从近现代以来综合地看,这种思想是不可行的。因为,任何社会都不是专为一种制度而设计的,多制度的并存恰是当代社会的存在和发展的根基,其制度愈单一,社会就愈萧条;反之,就会繁荣。

83. 因此,我们就要研究制度效应对经济的影响。鉴于世界就是许多机器,使能量单位相互转换[②]的思想,我们讲,当这些能量并存时,

---

① 潘叔明:《一个国家,两种制度》,学习出版社 1999 年版,第 12-13 页

② 佩里·安德森:《后现代的起源》,紫辰译,中国社会科学出版社 2008 年版,第 32 页

它们一定是会起到相互的加强的作用。根据何宜庆先生对中国经济的研究,他指出,在1982—1986年我国GDP增长11.5%,1987—1990年GDP增长7.7%,1991—1999年GDP增长10.4%。[①] 通过回顾性考察,人们就会发现,这一时期正是中国在实行着双轨制度的时期,可见双轨制度的并存之力量确实是巨大的。

84. 经济的存在是一种实践性的活动,因而它便具有了极强的选择性功能,这是尽人皆知的道理。选择性的根源在于人的主观能动性,于是若纯粹地表现为必然性时就会少有选择性。就是由于人们的具有了选择性,兼之以社会发展的具有的不同的层面性,因此在单一制度的条件下,大家才会自然地去寻找选择其他的制度,而这也正是两种制度需要并存或需要相互匹配的一个重要前提。所以,这样的结论就会引致如下的一个事实,即对制度的安排,一定要选择两种以上方可,并且还要留有可继续创新的余地。否则,就不是最佳的。

85. 此外,当下的社会关系之变化的节律,较从前是极大地加快了,这在客观上就必须要有多制度的并存或储备,才是可以适应新的生产力的发展的。

86. 接着,我们说,只有实现了两种制度的契合,它们才会形成在单一制度中所无法达到的经济效果。

87. 契合在经济上的表现形式之一即是股份制。所以,只有搞好公、私合营性的以及内、外合资式的股份制,才是发挥两个积极性的最好形式之一。

88. 阎静波先生讲,俄罗斯由于国有部门比重过大,非国有部门无

① 何宜庆:《虚拟经济与实体经济互动影响研究》,上海交通大学博士论文2004年,第155页

法成长起来,所以当国有企业发生大规模倒闭时,工人即无就业之路。实践证明,没有非国有经济部门的发展,国有部门的改革是难以推进的。①

89. 经过研究,我们发现,两种制度的并存之于经济发展的“双芯”作用,它还可以使得市场经济与计划经济能够相生地和谐地发展起来。所以,在对稳定人民生活无妨碍的情况下当实行市场经济,而在对人民的生活之切身利益的重大方面则应是搞计划经济。总之,是不能搞一刀切的。

90. 可见,任何经济的或社会的发展都是既需要市场的存在,又需要政府的存在,而其二者无疑地是需要它们的并存方好!因为,爱迪生的发明由企业家可以办到,但原子弹的研究则需要政府。前者是民用的,后者则是国家需要的;前者可以在福特公司那里实现,而后者必须要在总统那里才能实现。此即说明市场的力量不是万能的,而政府的力量则是强大的,或说没有国家力量介入的市场经济,它也是不能很好地发展起来的,但政府又不能管太多的事情。

91. 于是,经济的发展之“双芯”既要是企业的市场的,又要是政府的和计划的,二者缺一不可。在原则上,核心的最高科技是不能离开政府的,政府的作用既是桥梁性的保障性的,还是中枢性的。作为企业的市场的则是处于在一般层面上的展开。从某种程度上来看,政府与市场正是社会发展的两条腿,所以就不要只搞政府的计划,也不能放任市场太自由。因为,市场也有它的存在边界,越过之就是政府的领地了。

92. 对于偏执于计划的单一存在或是偏执于市场的单一存在,我

---

① 阎静波:《就业与通胀双重压力下的经济发展战略》,中国社会科学院博士论文1996年,第3页

们认为均属片面性太强。我们知道市场机制和计划体制都是存有发展生产力的方面,但也都有存在失灵的地方,故此万不可一条路线走到黑。比如,有的人看市场经济是只关注它的发展着的有利的一面,却没有和危机时的不利的存在进行加总或比较。若把纯粹的市场经济的某些年的连续的发展和其一次性的大衰退进行正负统合再与纯粹的计划经济的虽看似是较慢的但一直则是正向的存在之和进行相比,其利益到底是孰大孰小呢?我们认为,这些还是需要人们的再研究的。

93. 曹亚芳先生讲,人的类特性恰恰就是自由自觉的活动。自由包含了自主性和选择性,自觉就包含了目的性和计划性。[①] 我们若将之应用于经济,它便表明了经济活动的自觉性也就是要使之目的性的真正合于计划性。所以,自由的市场经济是无论如何也逃不脱计划性的,而自由经济的存在只不过是人类社会的初级阶段,即它没有最高的功能表现。如此一来,在当下的人们的经济活动一方面既要有自由的性质,即要有自主的选择性,又要有其目的性的合于计划性。因此,自由的市场经济与政府的计划经济的各种方面的存在便都是合于人性的,二者并没有什么可以对抗的对立可言。当然,它也告诉人们,只要不强制地单一操作就可以了,即不能一味地搞自由的市场经济,也不能一味地搞计划经济,而是要其二者相生性地相协调。在当今的世界还没有更好的办法出现以前,我们讲,有计划的市场经济当是最妥当的。

94. 说的具体一点,就是企业搞市场,当倾向于优化配置自然资源的要素,而政府搞发展,更当倾向于优化配置政策制度上的要素。如是,二者就可以和谐地向前。当然,政治的存在若不能通过自身来解决

① 曹亚芳:《异化理论研究及其当代意义》,南开大学硕士论文 2003 年,第 11-12 页

时,也可以通过经济的方式来实现;且经济的存在若不能通过自身来解决时,也是可以经由政治的方式来实现的。于是,只要具有了某种意义上的它们的两者的共存,则其就都会具有着许多的相生性,即使为水火也是一样,人们往往只看到了它们的不相容的一面,然而它们仍具相生性。比如,暴雨中的雷电,恰是也可以产生烈火的。

95. 2002年诺贝尔经济学奖金获得者弗农·史密斯,早在哈佛求学之时,就成功地设计了"双向拍卖"的实验机制。之后,又与他人合作证明了市场的制度确实对竞争价格的确定起作用,他们的实验方法第一次实现了"维持市场环境不变,只改变市场制度"的条件,这是在任何现实的观测中都做不到的。① 据此,所有的经济行为,都似当搞一个双向机制,以确保它的运行安全,此中之真意,必将会对经济产生良好影响。当然,人们在制度的配置时,也多要考虑它们的兼容性。总之,当某些问题都带有了普遍性时,就要首先地从制度的背景上去找原因,否则就是没有了根本。

96. 其实,为人民服务的思想是可以应用于经济学的,因为它可以激发最广大的人民群众的积极性和获得最广大的商品市场。综观历史,计划经济与市场经济是不能搞此起彼伏的,它们应是相依相生而共存的,政府要永远地具有政策、科技和国际市场方面的计划的导向性,而企业尤其是小企业应当完全地搞市场化或是搞小的区域下的市场经济。大企业就应是计划的和市场的统合。

97. 这样,我们就可以有充分的理由说,纯粹的市场经济并没有纯粹的优越性,纯粹的计划经济也没用纯粹的优越性,纯粹的优越性当是

① 《诺贝尔经济学奖金获得者讲演集(1978-2007)》,王宏昌译,中国社会科学出版社2008年版,第612页

市场经济和计划经济之并存所共生的,当是两种经济体制相结合的产物。

98. 两种制度之于经济的发展,从前面的实践上看,它是一定地具有了必然性。如是,即为两种制度的并存,所以它也就自然地要为其他的两种制度的并存提供了坚实的基础。

99. 关于社会制度,贺培育先生讲,它是在一定的历史条件下以调节人们间社会关系和社会活动为目标而形成的规范体系。据此,可以说,有多少类型的社会关系的结构和活动的表现,就会相应产生多少种类型的社会制度。① 我们认为,如上的表达就是多种制度的得以并存的理论先机,兼之社会关系的复杂化,在客观上也就要求制度必须存有多样性,而这种多样性的存在无疑地也就是反映了多制度之并存的本身。

100. 制度的存在往往具有强制性。但是,随着社会的发展,其所倡导或禁止的中间地带将会越来越宽泛,即容忍的弹性会被不断地扩大。这就标志着在一种制度的基础上的另一种制度的被楔入的可能当是于思想上的被允许了。

101. 关于两种制度并存的客观必然性,是由于人们的地位的不可能相同,则单一的制度就不可能会使所有的群体都能受益,而这就存在了要改变单一制度的内力。因此,即使在一个牢笼般的制度下,它也要内生其他的制度,只不过是在时间上的早晚而已。就这里所讲的内力而言,它是存在于社会的生产和生产关系之中,并通过群众的不断前进着的思想意识来实现的,这当是一种极大的看似无形的力的牵引或推动。

---

① 贺培育:《制度学:走向文明与理性的必然审视》,湖南人民出版社 2004 年版,第 22-23 页

102. 此外,人类的选择性存在是没有止境的,没有那一次选择就是最后的不可变动的了。这样,对于制度的选择的要义就应是至少须在两种制度之间进行,否则还能称之是选择吗?况且,政府的政策之对于企业或对于农民等等,又都是不可能统一的或是同一的,这就为两种制度之并存又提供了一种必然。首先,政府的政策必定是要倾向于计划的,而对于企业或农民,就又要倾向于自由,此二者表明,这即是两种制度的得以并存的又一实在。或许大家都知道,在制度的生成过程中,它一般是取决于人们的设想或计划,然而设想和计划总是又会有许多个,兼之不同的利益集团也希望会有许多个。如是,则多制度就有了诞生的可能性。同时,由于实施制度的历史条件又不可能是等齐划一的,这也要产生多制度衍生品,或是要产生在多制度暗箱操作下的多样化的缤纷生活。我们言,这是确定的,不用悬疑的。

103. 社会制度的发展过程,一般说来要经过形成时期、成熟时期、衰退时期和瓦解时期的四个阶段,而在这四个阶段里,无时不存在两种制度的并存之实际,如在新制度的形成和成熟期,就恰是旧制度的衰退和瓦解期,而所谓的新制度在其衰退和瓦解期,则更新的制度又已处于了形成和成熟期了。所以,两种制度的并存是不可避免的,只是它们有时不处于同一阶段罢了。再有,尽管人们的各种制度在并存时,会表现出差异或不同,但大家的人性却是应该相通的,这样两种制度便一定会相融或相容于人性的存在之中了,即任何的两种制度都是可以沿着人性的阵地而并存着的,如上的存在,都应是客观的。

104. 当然,两种制度的得以并存,除了上述之外,它还应具有着极多的文化条件。因为,文化的巨大的包容性和它所认同的多元融合,乃是深潜于各个民族心理的结构之中的,而这种存在就一定会维系着并黏结着两种制度的完美并存，并将之绞合在一起。

105. 刘奇洪先生讲，制度就是一种游戏规则，制度的差异决定了不同地区或国家经济发展水平的差异。合理的制度，能够提高生产效率。人们在多次博弈中发现，遵守某种合作规则，要比采取非合作态度获得的利益多，由此就产生了制度。① 通过如上，我们说，关于制度的合作，才是最大的合作，才会形成最大的效果。因此，对于经济的存在，其底线就只有两种制度的并存，才能促进其发展。它的最大表现，就是要有制度创新，而制度创新的本质，也就是意味着在一种制度的基础上再与其他种制度的相容或嫁接。可见，经济的突飞猛进，就必须要有多制度的供给。这样，先进的政治制度与经济资本的结合，才会成为整个社会的得以相生性前进的根本力量。

106. 那么，我们从价值论上又当如何地去看待两种制度的并存之于经济的"双芯"效应呢？首先，经济的发展于竞争中，当是其受制约的可能性最小以及生产要素的得以最优化地配置才好。过去，由于人们在认识能力上的局限，不仅只有一种制度，而且还具有许多缺陷。所以，这也就是需要其他制度来共存或补充的理由。

107. 何宜庆先生讲，实体经济依赖过去，虚拟经济依赖未来。② 我们就是处在过去与未来的两个存在的界面中间，并应是获得两个方面的能量的。经济的存在更多的是实体的，倘若政治的先进性不大于经济，则经济就难以蓬勃起来，或说同一制度下的同一经济就很难较好地发展。

108. 我们讲，上帝为了人们之所以要设立了多项的制度，就是考

---

① 刘奇洪：《中国工业区位演变规律研究》，中国人民大学博士论文 2002 年，第 14 页

② 何宜庆：《虚拟经济与实体经济互动影响研究》，上海交通大学博士论文 2004 年，第 34 页

虑了它的发展需要才设计的。因为,只有在不断的制度竞争中,其社会才能更好地前行。然而,有些人往往又是愿意实行单一的制度的,包括所谓的民主国家。事实还会证明,任何的趋向于多制度并存的社会,才是当今最民主的社会。同时,才是当今发展最快的社会,当然也就是最符合上帝—人民的意志的社会,从而也就是具有了极高的制度效率的社会。

109. 牛润霞先生讲,完全自由放任的市场,或纯粹人为的计划,都会造成错位,只有将市场经济机制与政府的合理干预有效结合起来,才能有效避免之。① 比如,供需失衡也是因制度错位造成的。在原则上,计划的目标当是追求全面的均等的某种最大化,而市场经济不过是追求某个单一存在的最大化而已。所以,只有将之融通才好。其实,市场的或竞争的与计划二者并不存在矛盾,完全的竞争也是寻着一定的计划去进行的,完全的计划的基础也应是充满着市场的竞争的。对于当今的社会而言,它是由政治的和经济的两部分为主组成,这在客观上就必须要存有计划性和自由的市场之二重性。计划的是一种自由,市场的也是一种自由。这些反映在经济上,其"双芯"性的联动的效果就会以最佳形式表现出来。

110. 我们说,把两种制度的并存或结合来应用于经济,并促进它的发展,当是人类文明史上的又一重大实践。

111. 制度是反映着一定的价值观的,一种制度就是一种价值观的反映,或说制度就是规范价值观的存在。我们认为,两种制度的并存,恰是证明了它的对于经济的发展乃是产生了极强的"双芯"的效用的。否则,人们就无法从根本上来解释某些国家的经济之空前繁荣的基于

---

① 牛润霞:《技术变迁中的失业问题研究》,中共中央党校博士论文 2006 年,第 176 页

理论上的诸多问题。

第四节　理论重省

112. 历史总是有着它的自己的连续性的。我们说,A 社会与它生长出的 B 社会并不是水火不相容的;在根本上,A 主义、B 主义和 B 主义所诞生的 C 主义也应是一体的,它们都当是关于逻辑的统一。根据制度学理论,文明的融合,最具有象征意义的还是制度的融合。文明的融合往往以制度的融合为象征。[①] 如此一来,它就为 A、B 两种制度的融合提供了依据,即文明的越来越融合,就要求制度的存在也越来越融合。于是,制度的单一性就被文明的发展给否定掉了。

113. 回顾过去,在历史上,倘若实现了许多伟人间的合作,它就不会有了连年的战争,则今日的世界就一定会更加地富强。所以,现在我们主张,要以 A 制度和 B 制度之并存,就是因为从 A 社会流传下来的私有制还不能完全消除,且要实现平等、自由还需要一定的过程阶段,而只有借助于它们的并存,在利用 A 主义经验、资本和 B 主义政治的先进性方面,才会具有互补性和相生性,其重要的意义乃是在于一党优势的国家会再次地取得更大胜利。

114. 自从人们打倒了皇帝,单一的专制社会就已成为了过去。于是,便代之以公共性存在的形如首脑的政府的和与之未能改变的传统私有制的共存或并存局面。以前,极多的学者很少认识到隐入此间的这两种制度之并存的重要性,往往片面地认为近现代的发展仅仅是资

① 贺培育:《制度学:走向文明与理性的必然审视》,湖南人民出版社 2004 年版,第 145 页

本的力量,这显然是有失妥当的。鉴于上面的思想,我们多在前面的文字中有过阐说,所以于此,便不再赘述。

115. 从近代走到现在,我们人类取得的所有成果,都是建立在它的公共性存在与私有制的并存基础上的,这是毋庸置疑的。其要旨就是单一形式下的或单体繁殖的其自身的免疫力与发展的能力必是要逐渐地弱化下去的。因此,人们就要搞与他者的嫁合,就要与适应他者的存在为存在前提,当我们的整个人类社会都能够做到以适应他者的存在为存在时,人类的社会才能相生性地和谐地更好地发展起来。

116. 公元前的秦始皇,统一货币,统一度量衡,路同宽,车同轨,这即是典型的国内市场的统一手段,他比俾斯麦的类似行为,要早了二千多年。现在许多国家,并不是完全地实行单一制的自由放任的资本主义制度的,而这与德国的早期所为似又是一致的。

117. 张廷伟先生讲,从 1865 到 1873 年,英国人在此时做了一个并不聪明的举动,A.英国的资本并没有投到国内,B.还把大批生铁、铁轨以及机器运往各大洲,C.大量收购美国债券。如此一来,英国国内由于没有足够的资金发展经济,其经济地位就自然而然地被美国迅速代替。① 本段文字十分重要。我们说,资金在哪里,哪里就发展。故,万万不可购买他国债券,而把资金转向他国。具体做法,就是要购买国外产品,只有实体经济发展了,才是真正地发展了。至于金融债券等物则不可贪恋。于是,大量的资金就都要投向国内,物品亦以国内需要为主,大量的外汇只宜购买他国的实物、技术。作为一个国家,是不可以在与他国的虚拟市场上进行博弈的,这是极其危险的。因此,就要避免

① 张廷伟:《经济学的坏脾气:1637-2008 全球经济危机史》,金城出版社 2009 年版,第 148 页

购买他国债券的事件发生。

118. 所以,我们的结论就是,英国没落的原因,值得世人警惕。其实,任何一个国家,只有千方百计地在绝对规模和绝对增长量以及经济竞争实力的绝对第一这三个指标的基础上,敢超美国,它才会具有主导世界的希望。当然,人们也可以按1929年英国之法撤出一部或大部其所购买的美国债券,来用于无息地支援国内的生产建设需要。总之,在当下的国际化进程中,人们既要与之接轨,又要有随时的制动与转轨并能隔绝受外部影响从而能够达到自保的手段和准备。只有如此,才是明智的。

119. 关于许多国家发展的经验和贡献,就在于它允许中小企业的蓬勃向前,然后又要抑制大垄断;同时,经济全球化的势头,也就昭示了两种制度的在国内外的表现。

120. 牛润霞先生讲,我国实行的是"公有制+市场机制=生产力高速发展"的模式。[①] 市场机制有利于生产力的发展,A主义可以用,B主义也可以用。根据现有的经济理论,自由经济是利于增长的,计划经济则是有利于分配的。因此,若把它们二者结合起来,才是一种最好的生产发展形式。于是,两种制度并存的局面既是有利于政治的,又是有利于经济的。

121. 有学者问,两种制度并存的实践,能发展多少年?它对世界的贡献又是什么?我们讲,它的相生性发展会永远地存在下去,其前提就是,当以为人民服务为指导而获取最广大的市场之思想不动摇。对于纯粹的经济来讲,物质资本是重要的,但对于一个国家而言,人力资

① 牛润霞:《技术变迁中的失业问题研究》,中共中央党校博士论文2006年,第182页

本才是最重要的。且驾驭经济就必须要有最先进的政党和政府组成的政治架构的积极推动作用。比如,美国过去的持续发展的源头就是当时的其政府的政治上的先进性与英国的资本主义经验、资本相结合的产物。现在,美国必将衰败下去。这是源于它的美、英嫁接的活力已经过去,且美国的一种制度下的两党存在是没有任何的积极性的,其只会产生经济波动,但是在一党优势的国家却可以避免这些。

122. 可见,凡是能促成先进的政治架构和与资本主义经验、资本相结合的并存体制的,它就决定了其必然的发展,这种发展应是多种因素的共同的引致作用的结果。

123. 以上,我们是沿着历史的脉络展开的。众所周知,关于计划经济与市场经济的争吵在这期间是从未停止过的。我们说,理论上的口诛笔伐并不可怕,但要把它们应用于实际之中,就会使生产者遭殃。因为,既要适应市场,又要适应政府的计划的可能性,便只能存在于至少的两种制度的和平共处的里面。按着“权力平衡”装置规定,任何法律都要经过两个或两个以上机构的批准,这些机构分别具有相反的利益,这样就可以筛选掉可能会损害到其中任何一个机构的正当机会。[①]所以,若将之思想应用于经济,就只能是至少的两种制度的同时并存,它才可以使具有相反的利益集团之间都能获得正当机会。不如此,对于不同的国民来讲,就有可能造成人为的许多的不公平或伤害。

124. 因此,国家就当是市场经济和计划经济的共同体;所以,对于国家而言,既不能一味地实行市场化,也不能一味地实行计划化,它当是要通过计划的比如以货币来作用于价格等。

---

① 贺培育:《制度学:走向文明与理性的必然审视》,湖南人民出版社 2004 年版,第 199 页

125. 我们讲,A 主义总是希望构建一个最后的胜利者,兼之它的制度性的游戏规则,就造成了 A 主义经济的内在的诸多矛盾。然而,B 主义则是希望建立一个以人人平等的利益最大化为最后胜利者的社会,只有这样的社会,它们所形成的市场才会最大。

126. 市场的客观存在,要求每个人都应具有计划性,然而一个偌大的集体倘均采用了如上的计划性时,它就必会变成集体非理性。但是,较少的上述存在又是必要的,且又是回归理性的。因此,就要搞适度的计划性和市场的自由经济之相结合的双制度体系。同时,每一个人又都是具有着自由经济的倾向的,而这也是理性的存在,但当一个偌大的集体都要实行自由经济的体制时,它也会变成集体非理性。所以,在一个国家里是不能完全地实行自由经济的,但较少的自由经济又是必要的,又都是回归理性的。因此,自由经济也要求当有计划性的经济要素来与之相伴,即实行两种制度的并存局面才好。我们发现,当自由经济占 1/3,计划经济占 1/3,自由经济与计划性的经济的交集也占 1/3 时,似是一种最佳的经济状态。可见,完全的市场经济是不行的,完全的计划经济也是不行的,只有实行它们二者的结合,只有实行计划与市场的两种制度的并存或统合,方能达成极有效率的后果,而这些也都是个体理性与集体非理性的联合夹击所逼之就范的。

127. 在一定程度上,计划+市场的合理性,也是反映着政治+经济的合理性。因为,制度资本也恰是政治与经济的嫁合的产物。此外,在市场经济条件下,个人逐利是天经地义的事,所以诚信、道德建设便是需要制度来保障的,而好的制度设定则是政府的责任。① 这就是说,人

① 牛润霞:《技术变迁中的失业问题研究》,中共中央党校博士论文 2006 年,第 128 页

们可以沿着 A 主义一线专心专意搞经济,专心专意去逐利,而沿着 B 主义一线则要搞好政治,还要进行品德教育等,并使之二者能够并存起来。否则,任何的单一行为都是要走向自己的反面的。由上可见,只有沿着两种制度的并存路线前进,才可促进一个民族的全面振兴。

128. 对于资本主义的改造,将是人类未来的大事情。我们认为,改造它的方法,一定不能逃离 A+B 的过程。人们都明白,货币的技术的等等乃是经济的要素性的,而制度的则是更适用于运作方法上的。因此,就要把这些存在进行综合,不可失之偏颇;同时,还要把 A 阶级的思想和 B 阶级的观点进行充分的搅拌,或许会找出一个好的解决之策来。

129. 在当下,全球化是资本扩张的结果。我们既需要 A 主义的发展,又需要 B 主义的稳定,其二者的完美结合当是一个更高的社会形态。因此,对于 A 主义没有打倒的必要,只要在其内部自动地生成一种 B 主义的计划经济的主要成分,兼之以 B 主义的政治的主要成分即可,而 B 主义也是一样,它也要自动地嵌入一些 A 主义的有益的成分即可。我们讲,这乃是一种最有益的结合。首先,在经济上,只能如此。萨缪尔森说,以资本主义为基础,适当掺和社会主义的计划性以及国家政权干预的混合经济,是以之抑制资本主义的萧条和维持资本主义长久繁荣的良方。① 这也正是以两种制度的并存形式来对资本主义所进行的改造的切入之法。我们讲,尽管任何社会都是前进着的,但是任何社会也不是可以永久地存在下去的,虽然以此来说资本主义的死去是残酷的,可若说资本主义的永久存在也是不可能的。这样,我们就从妥协的和博弈的两个方面来论证了 B+A 或 A+B 的必然存在,且如此的

① 米歇尔·博德:《资本主义史 1500-1980》,吴艾美译,东方出版社 1984 年版,第 2 页

世界改造之法既是成本最低的，又是合于近现代以来的真理性的。当然，我们在这里，只起了一些引子的作用，还需要其他学者来进行必要的考证。

130. 如上的，即是反映了一切均要服从于真理的属性，因为它是总的指导方针。我们知道，一条山间新路，虽然既宽且平坦，可终究是存在的时间短，人们走的又少，在开辟出来后不久，便会荒芜的；可是，原先的小路，由于存在的时间已有几百年了，人们走的亦多些，依旧会有一个清晰的路况。我们若以前者比做 B 主义，后者比做 A 主义，并希望人们走 B 主义大路时，只有在事实上，多一些制度的供给，才会有极多的好处的。再有，在许多背景下，或许存在的反对的人们，其不一定就是利益上的受害者，他们更多地似是一种反映在心理上的对过去的认同，而不愿见之削弱或灭亡罢了，这些都是可以理解的。

131. 人类社会经过长期的博弈，兼之以妥协，终于发现，只有先进的理论在前，才会有先进的政党于后；只有先进的政党在前，才会有先进的政治于后，才会有发达的经济。此时，两种制度下一党优势的胜利所能贡献给人类的宝贵财富，一是必要坚定不移地推动两种制度或多种制度的并存与共处，二是切忌去搞形式化的两党制。关于如上的道理，我们已做过全面的阐述。

132. 最后，我们所展示出的未来，必定是 AB 融合+最先进思想(制度)的社会。这本身仍属于多种制度的并存可以提供多种保障，可以提供多种机会的选择之范畴。因为，只有如此，它才可以为发展提供不竭动力。于是，它也就更加地接近于真理的性质了。

133. 走过了前面的路线，即公共性存在+传统私有制，公共性存在+资本主义私有制，计划+市场，政治+经济，B+A，A+B，AB 融合+最先进思想(制度),这些都是我们在掘进两种制度下一党优势的胜利之主题的过程中得以发现的,它要人们强调公共性存在,即政府的巨大作用,或说由政府所表现出的计划的作用当是十分巨大的,没有这种作用,传统的私有制就不可能会发展到目前的以大工业化为背景下的资本主义私有制。

134. 所以,资本主义狂妄叫嚣的唯资本是瞻的思想,即表现为相当的落后了。因此,由其所产生的影响既严重地阻碍了近现代以来的诸多经济发展,又使政、经统合的许多优势不能有效地发挥出来,还导致了许多的社会的负面作用。

135. 通过世界最近几十年来的发展,我们逐步认识到,两种制度的并存,第一是促进了经济之繁荣,第二是又确保了一党优势下的政权之稳定。因此,我们才有理由敢于言改造资本主义社会的方法,即是萨缪尔森的“掺和”之法。这样,先由计划+市场,B+A 再逐步过渡到 A+B,就要成为一种趋势的必然了。

136. 接下来,继续进步的指向就是 AB 融合+最先进的思想(制度)=更高级的社会形态,似是不可存疑的。至此,我们就第一次发现了存在于当今世界的真正动力,乃是政府的公共性存在,若无此,完全依靠私有的资本主义是不可能和平、稳定地发展到今天的。这应是对人类的巨大贡献之一。之二,由于政府的公共性存在及私有制这两种制度的并存,即它们共同地推动了整个社会的进步。倘若有一天,公有制完全代替了私有制,则竞争也就停止了,如此者,仍不利于发展,这也就再次证明,唯有两种或多种制度的并存,才是唯一正确的。

137. 可见,两种制度并存的实践和思想、方法,确是可以推动社会前进的。

第三章　相生性的发展模式(一)

1. 历史的系统的结构的和综合的,才是合乎模式的要求的。自从人类的手脚分工,促成了生产的开始,兼及男女的分工促进了等级秩序的形成,我们的祖先便从荒昧之中,沿着历史的选择压力的指向,一直发展到了今天。因此,我们就要于前面的基础上,顺之理路,在去蔽的过程中,来建构起一种全新的相生性的穗出于苗的可以纵申运行的范式以及理论法则。其目的只有一个,那就是为着人类生命流的永续存在,而时刻准备着。

第一节　历史的选择压力

2. 众所周知,人类从远古走来,是经过了生存、积累、增长和发展这四个模式阶段的。

3. 沈杰先生讲,历史发端于小规模的孤立的狩猎和采集文化,通过种植和畜牧社区的发展形成农耕国家,直至西方出现现代社会而达到顶峰。① 其实,这正是前面文字的另一种写照。马克思曾说,我的观

---

① 沈杰:《现代性、后现代性与社会重构——关于理性化社会及其问题的社会理论研究》,中国社会科学院博士论文 1999 年,第 30 页

点,是把经济社会形态的发展,理解为一个自然史的过程。[①] 可见,这是具有真理性的。因此,发展之路,均是随着条件的变化所产生的巨大的选择压力而有其历史顺序的。这样一来,它才会存有最优之结果。

4. 我们认为,历史的选择压力是循着财富的生成脉络而去的。因为,渔猎与采集的剩余,很快就被人们的农耕所带来的极大丰饶所取缔;之后,资本的存在又彻底地消灭了封建势力,而中和掉资本主义的必将是握有了最先进思想的知识阶级,此时的知识阶级是以最先进思想+科技力量来代替着资本的。财富的生成主脉是劳动,欲望常驱使着劳动,货币和贸易多在增加着财富的繁荣。许多人的最初的财富或许是掠夺来的,然其却不具有长久性。于是,财富所指的深处恰是选择于劳动的过程中的存在了,这似是一种接近到最实际的说法了。

5. 历史上的重农学派和重商主义者都曾有过自己的很好的理论,就今日而言,重农和重商均是起过经济发展的两只轮子的作用。此外,古典理论重生产,新古典理论重交换,我们讲,生产与交换当是交替地推动着人们的发展的。关于生产部门的构成,它既包括实物生产部门,又包括服务部门,其间无不穿插着交换。于是,生产或说即是消费的与交换的共同存在,才是经济的全部生命,而欲求繁荣,就需要生产、流通与信贷、货币的多方位支撑方可实现。

6. 我们讲,经济的、政治的、军事的、文化的等等,只要它们进行结合,则其寄寓者就必会具有着诸多的选择性的特征。首先,经济总是在不断地适应着政治力量和在技术变迁的过程中来向前演进的;其次,政治模式只有与经济模式相协调,才会具有合力性地能促进其发展。在

① 马克思:《资本论》第一卷,郭大力译,人民出版社 1973 年版,第Ⅻ页

当今的政治时代，政治的作用还在于它可有效地推动伦理秩序和文化及文明的发展。同时，国家也日益经济化，政经日趋融合。人们都知道，军备竞赛是要耗经济的，所以军事存在必须要选择经济的发展。根据庇古的研究，在第一次世界大战期间，通过战时的物价和定量控制，均表明它是有利于分配的，从而未对生产造成损害。[①] 于是，经济的物质文明与政治的制度文明和伦理的文化的精神文明之间，就是在相互的选择之中，才推动了发展的。从过去的到现在来看，农民的选择，有时其成本似是最低的，这当是今天的决策者们万不可疏忽的。

7. 看过去，自从手工业开始从农业中分离出来，自然经济即渐次地为简单商品经济所代替。随后，商业革命便成了产业革命的先导，并促进了近代信用制度的建立。在早期工业化阶段，它是以势不可挡的城市化来寻求其平行发展的，比如在英国，到了 1881 年，其农业劳动力所占的比重即由 1801 年的 35. 9%，下降到了 12. 6%。[②] 我们说，这当是人类发展史上的一个最为重要的革命性阶段。

8. 根据《用商品生产商品》的思想，我们说，斯拉法即动摇了局部均衡论的根本。这是因之否定了所谓的边际产品理论，或说在生产领域就不存在有任何的边际效应。此外，他还主张，分配关系的变动是一定要影响到价格的，兼之利润也要受到利息率的决定或影响，这样一来，均衡与非均衡便会处在一种不断的交替的变化之中了。它所反映的乃是经济总在波动中前进的思想。至此，马歇尔的既竞争又均衡的观点便显示出了矛盾。牛润霞先生讲，市场经济中不断进行的结构调

---

① 庇古:《福利经济学》，朱泱译，商务印书馆 2006 年版，第 11-13 页

② 高德步:《英国工业化过程中的劳动力转移》，中国人民大学博士论文 1993 年，第 125 页

整和产业升级的动力主要是来源于供给大于需要所产生的生存压力和创新冲动。[①] 我们说,这是具有极高见地的,总之,资本家之间的竞争会越来越激烈,尽管竞争也可以带来垄断,但垄断仍会被内生着的竞争所粉碎。

9. 在当今世界,影响西方政策的两大思潮仍是由斯密发展起来的自由主义和沿着凯恩斯主义掀起的国家干预主义。这两大主义在经济的历史选择过程中,均表现出了自己的阶段性的活力。目前,凯恩斯理论在一些国家已不起作用了,但在某些国家却仍在发挥着积极的功能。加尔布雷思认为,大公司是计划体系,小公司是市场体系,此即二元体系。因此,斯密的和凯恩斯的思想也多是只能在计划的与市场的选择压力下的运行。

10. 关于企业,世界上只有少数人是风险偏好者,即企业家,只有他们的存在,企业才会出现于专业化的交换经济中,而企业存在的另一个重要元素,即是它的生产成本一定要低于市场价格。否则,它作为价格与产量的函数,便会出现亏损。因为,价格所具有的协调机制,在企业内部是具有粘性的。尽管企业有时可以替代市场,但是决定企业规模大小的原因,仍要考量企业内部成本和市场交易成本变化的影响,若前者小则宜扩大,这乃是一个基本的原则。另外,企业追求最大限度之利润的说法,如今已不再适用;管理部门更多的是追求稳定的有计划的增长,这似成了一种固定的常识。袁东明先生讲,一般来说,某个行业中厂商的数量是内生的,但外商企业在其中的比重则是由汇率所决定

① 牛润霞:《技术变迁中的失业问题研究》,中共中央党校博士论文2006年,第40页

的。[1] 伴随着每一萧条和繁荣的到来，都会自然地淘汰一批企业和生成一批新的企业。我们说，正是由于企业的存在兼之科技的相助才共同地推动了社会的进步。因此，研究企业，意义重大。

11. 在较早的发展阶段，无不存在着环境的压力。穆勒讲，在亚洲的许多国家里，财产总是有被专制的政府或贪婪和蛮横的官员掠夺的危机，因此拥有钱财既不能保全生命，又不能免除重大灾难。[2] 这或许就是东方的发展滞后于西方的原因之一。然而，经济的力量也自有其存在的条件，比如商业便利处，即是地方性工业的重要的起源条件。另外，极度的富饶之所也易产生新兴工业。鉴于迟发展效应的确实存在和残酷，所以就要人们尽可能早地去谋求发展才是。因为，资本主义制度正是迫切地需要人们去投身于赚钱的事业中去，况且致富也是为了上帝，尽管经济的必须是掠夺的和竞赛的，但过程可以忽略不计。就发展着的经济来讲，它是具有链条性和丛生性的，在枝节问题面前，其都是兼有自动修复的功能的，或说经济的存在，在波动的过程中，均会具有弥合性。如此一来，环境的压力本身也就有了一定的合理性。

12. 可见，每一个新的发展都是在超越中向前的。马尔萨斯曾认为，在呈几何级数增长的人口与呈算数级增长的生活资料之间，必然会存在着无法避免的矛盾，但是他的推论却未能实现。因为，资本可以抵消人口增加所带来的不利影响，并且这也为城市的发展铺平了道路。许多人都会讲，小农经济不会发育成大市场，故现代经济就一定要先搞城市发展，才是最适宜的。据康蒙斯的研究，美国的城市化用了一百

---

① 袁东明：《西方失业回滞理论研究》，北京大学博士论文 2003 年，第 38 页

② 穆勒：《政治经济学原理》上卷，赵荣潜译，商务印书馆 2005 年版，第 456 页

年。[1] 我们还要继续努力，倘若中国的农业人口能由现在的水平下降到它的总人口数的7%，那无疑就是一个天大的胜利了。

13. 按着资本主义的逻辑，平等交换是其发展的必然诉求，而在前资本主义时代，交换主体则是不平等的。经过文艺复兴，人们在精神法律上的人人平等，便引发了经济上的等价交换原则。但是，过程的平等，并不一定就能走向结果的平等，这就是要求人们还要再次地去修正资本主义制度，再去向更高水平迈进。于是，依自利原则，能使收益率各处相等的学说便是不能立住脚了。同样，科斯定理也未能显示出过程与结果的统一的平等。相反，适度的投机，却具有平抑物价的作用。所以，不平等的任何存在，都是被掩盖在了平等的形式之下的，故平等说仍属一种理念的或初始的范畴。

14. 就分配问题的源头而言，它也当是合历史的。尽管其中包涵了许多痛苦，但它却正是获得幸福的基础。从古至今，贫富二者均对其所处的时代不满，这就必须要使之置于发展的轨道上去，所以发展即成为一种必需，而经济又可以简说是，劳动→产品→分配，反映在其中的效率与福利，往往会具有同时的提高趋势。由于生产和消费的社会性，一旦由于人们的收入差距的增大，所导致生产或消费的链条的某一巨大环节的中断，社会系统就会出问题，因此财富的适度的均等化当是有利于整个社会的。但是，随着经济的增长，工人的工资将会越来越向着不利于工人的方向变动，所以国家必须要对此予以严管和干预。在商品世界里，差异可以形成贸易，在人们的思想中，差异也可以产生进步。中国的今日之发展，在许多方面是得益于农民工的存在的，农民工的微

---

① 康芒斯:《制度经济学》，于树生译，商务印书馆 1997 年版，第 564 页

笑,是在市场经济的具有卷入性的背景下,才开始绽放的。中国的发展在对待农民工的问题上,较英国的过去,真是要文明一万倍。

15. 所有的经济发展,都是具有其历史的惯性的,这乃是源于它的社会性存在。关于资本的推动说,似是资本主义的理论基石,可是它往往要与地利、人和统一在一起方能起作用,不然的话,光有资本是无用的。目前,资本在发展中国家是相对稀缺的,所谓的"不发达"也即是资本的相对不足造成的。原则上,减税是可以刺激劳动与资本的供给的,这就要求落后国家需谨慎地处理好其间的各方面关系。

16. 哈罗德-多马认为,资本的不断形成是经济增长的唯一决定因素,但现实中,技术进步比资本贡献率更大。[①] 我们讲,资本、技术、人力等起作用的过程都应是具有它的历史顺序的,而不是一个想当然的独立存在,且科技的不平衡发展又是一特定的规律,同时科学共同体与企业共同体所遵循的原则也是不可能一致的。在全球劳动再分工中,发达国家沿着价值链向产业高端移动,不发达国家则处于其低端。反映资本的机器和机器体系,不仅代表了一种生产力,标志着大工业的诞生,它还将引起社会关系的变革或革命,其间最重要的作用仍是人,而原始资本的积累的作用,将逐渐让位于科技的蓬勃运动,最终必是由人来统驭一切。这些恰是反映了它们三者的存在程序。一般来讲,技术进步是可以扩大就业的,它是通过发明来创造利润的,或说技术变迁是一定能够预期利润的,即利润是产生于劳动的生产力之中的。对于服务业而言,劳动便成了其利润的唯一来源。罗宾逊还推论出了资本家

---

① 牛润霞:《技术变迁中的失业问题研究》,中共中央党校博士论文 2006 年,第 30-31 页

的消费和投资乃是决定其利润的存在主张。[①] 我们想,这些都是极有道理的。对于技术进步所引致的需求下降,然后又上升,以及再上升的过程,也是顺着就业减少到价格降低,一直到在业者的工资之上升而一路前行的,其中无疑地必是合于了历史的过程的选择压力的,这当是不用再赘述的。

17. 稀缺产生供给,偏好导致需求,而选择就是在其中进行的。原则上,无需求就无生产,只有新供给,才有新流动,且需求与供给的规律无论如何还是具有着多方面的先进性的。就市场而言,它所讲的供求关系只能是调节一小部分而已,因为大多数的产品是存在于企业之中的,而贸易必是由生产决定的,但贸易也是可以决定繁荣的。按着传统理论,倘若是出口贸易大于进口时,国家就会贫穷。从现在来看,消费量大,价格仍可以维持不动,且传统市场的作用会越来越小,直至仅能起到标价的功用为止。如上的,也正是历史的选择压力下的一种自然结果。

18. 根据有关理论,不同的经济部门,是具有着不同的劳动生产率的,并且不同部门使用的劳动比例也是不相等的,而这既会形成产业结构的演变,还会形成劳动力在不同部门之间的转移,于是经济的发展就在此间自动完成。因为,劳动生产率是决定着供求关系的,而供求关系又是决定价格的力量。尽管它会存在有一定的迟滞性,然而市场与效率,又是不能直接挂钩的,它是要求某种中介才能产生作用。此外,初级产品部门的特征是成本递增的,而制造业部门是成本递减的,前者价格由供求决定,后者则由成本决定。兼之,重工业是倾向于资本密集型

---

① 罗宾逊:《现代经济学导论》,陈彪如译,商务印书馆 2002 年版,第 ii 页

的等等特点，都反映着发展是在不同部门之间的具有较高的生产率的存在条件下，才可获得足够的动力的。近年来，有人称知识经济为第四产业，鉴于上述，它也当是存有了许多的积极意义。

19. 事实上，经济中的变化与波动都是一种选择过程的反映，而人们之间形成的自发交换与自发合作，多是以一种本能的存在来弥补着经济上的或许的漏洞，且这些即可为发展把道路铺平。首先，关于利率在投资期间的波动，它当是起着阀门的作用。我们认为，它更多地也是一种契约的产物，其间就包含了为使利率自身的存在，它就必须要有一个促进发展和抑制发展过快的某个度，当然这个度又似是历史的长期过程所形成的，其虽与储蓄有关，但储蓄却要第一位地先与此正相关。利率可增减投资，投资可改变价格和劳动生产率，但价格变动与生产率之变动往往又具有成反比的关系，如此一来，选择的压力就会自动地产生。这无疑会有利于发展。对于价格体系而言，它又可以称为损益体系，倘若因投资或其他理由而引起的价格上涨，则于企业和国家定是十分有利的，倘若发达国家的增长率下降，对于弱国来讲，则是最不利的。这些也是发展中国家理当注意到的。

20. 布阿吉尔贝尔在他的《论财富、货币和租税的性质》一书中，提出了自然秩序的思想，这是一个伟大的思想，然而在今天，真正的自然秩序正在衰弱；于是，关于人的发展的力量便相对地上升着了。

21. 张海鸥先生讲，人的经济属性的目的性主要涉及的是主观动机的最大化，最大化不仅是一种动力，更主要的是一种生存与发展的压力。只有首先萌发人的最大化动机，才有最大化的实现过程，这两者构成一种必然的关系。[①] 于是,某人的进步也就要停正于他的追求。为此,人类才设计了必要的换届制度,这无论如何都是非常英明的。鉴于市场经济是以无数人的分散决策为特征,所以不确定性的报酬往往会比确定了的报酬更能激发人们的工作热情和效率,因为他们会通过专业化的途径来使压力转化为动能。但是,在我们的有关教科书上,对此却言之太少了。

22. 关于产权问题,它又称为法人财产权,这种存在,既是历史的发展的产物,又在推动着历史的发展,其未来的指向着福利的和资源的等方面的意义将会越来越大。

23. 瓦尔拉斯曾将经济发展定义为在一个人口增长的国家中,来降低制成品的稀少性。然后又得出一条结论,即随着经济的发展,工资将基本保持不变,地租会显著上升,而利息会大幅降低。[②] 其实,他所言说的仍是属于增长的范畴,而增长除了自我之助成的方式之外,它还含有外在性。于是,政治的、约束性的避免盲目的扩张以及激励的和妥协的等等,就都在推动着经济的增长了,进而使失业率得以下降。至此,经济上的在历练了风雨雷电之后的进步,即用较低的价格来换货物的目标,便在有些地方和时段得以自由地实现着。我们说,这是人类所取得的一个初步胜利。

24. 那么,我们又该如何地去评价这些经由了历史的选择压力所产生的诸多存在呢?首先,我们说,在一个真正的绝对的平等的社会里,那是最无生命力的;并且,最优化下的均衡,也是不可能长久的;至

① 张海鸥:《人的经济属性问题研究》,中国人民大学博士论文 2007 年,第 21–22 页

② 瓦尔拉斯:《纯粹经济学要义》,蔡受百译,商务印书馆 1989 年版,第 10–11 页

于所谓的合理制度,也只不过即是能使个人的收益率在不断地去接近着社会的收益率而已,它不可能会与之均等。这里的关键就是要不断地去扩大生产,因为生产的意义,永远要大于消费,或说不能以消费去追赶生产。总之,非均衡的、波动的相互超越着的更是合于发展的实际。

25. 有人讲,欲研究现代经济,当首先要明白工业革命的发展理路;我们讲,这是对的。统观历史,第一次产业革命是带有血腥味道的,它是英国靠圈地和殖民掠夺来完成起步的。然而,第二次产业革命则带有了现代文明的性质,因为它是靠科技发展来完成的,而后者则是在前者的分工、机器体系和诸多重大的理论的发现与有关发明的基础上促成的。紧接着,它们又导致了第三次产业革命。所以,社会的经济的发展应更多地是表现为人力的作用,资本则只具有点推动的功能,科技就是相当于发动机的作用了。故,产业的连续发展,一定需要科技的存在,但是影响经济增长的根本力量,还一定是效益,尽管其中会有价格的、恶性竞争的、通胀的诸多负作用,只要效益增长了,经济的发展就是良性的,且存在于此间的超越性和否定性也就必是空前的。

26. 实践表明,宽松的宏观经济政策之于经济是十分有力的。同时,人口问题不应成为阻碍采用机器来代替手工生产的理由。因此,搞劳动密集型的企业,迟早要走上落后的道路,并且极易引发经济危机等重大事故。关于战争的存在,它在科技上的应用,若能转入和平时期的生产,也是会有巨大的正向的推动力的,此时的重工业完全可以为轻工服务。此外,股市和国际贸易也必当要建立在实体经济的基础上,才是安全的,不然则有国家破产的危险。有的学者讲,市场经济存在产生失业的内在因素,也正是对失业的恐惧,才激发了人们的竞争心、敬业精神和创新精神,并激励人们投资,为人口资源转化为人力资本创造了条件。[1] 我们认为,以上的看法,都是妥当的。

27. 接着,我们再看分工与资本的权力性问题。就根本的意义上讲,分工的存在是居于首位的,资本只是后来才起作用的,或称是只起到了某些推动的作用,现在它又只能屈从于技能和知识的权力了。可见,资本的作用会越来越小,它最好的方向当是去转化为和谐万邦或和谐万民的力量,不然的话,人们总有一天就会彻底地抛弃那些所谓的资本。

28. 可是,无论如何,自由与竞争是不可分割的。我们认为,自由主义只是相对于经济的处于良好的增长时态才是适当的,即它也是应有存在条件的。倘经济出了问题,或曰如人一样在患了病的时候,还仍然放任不管,那就是犯罪的了。当然,自由主义的存在对于经济弱国也是十分有害的,因为它只适用于具有了竞争力的强国,而对于不发达的国家,言自由或自由贸易,简直就是无异于开门揖盗,这时的人们如无保护措施的话,就会有如白痴一样了。此外,自由的市场的调配资源的能力,似不是绝对地大的,而个人的自由的偏好也是难以形成集中的力量的。因此,信息与货币就是成了调配资源的主力,所以它便与市场的或是计划的没有了太大的即时关系,其中的道理就是,只要某一信息表明着某一存在可以产生巨大的利益,则不论是市场的还是计划的都要运用货币来积极地追逐而去,这似是无疑的。可见,即使是"生产结构的不平衡",也"是因货币因素的变动来促成"的。[2] 综上,自由的与竞

---

① 牛润霞:《技术变迁中的失业问题研究》,中共中央党校博士论文 2006 年,第 126 页

② 施建生:《通货膨胀与失业》,正中书局 1989 年版,第 6 页

争的存在,更多地当是成为一种环境要素为宜,而不能使之作为某种生产的要素来左右未来的经济建构。之后,我们讲,厉以宁先生所言的"产权改革比价格改革更重要"①一语,应是十分地鞭辟入里的。因为,它可以极大地提高我们的认识水平。

29. 下面,我们还要在方法论上,继续对前述的观点进行阐述。第一,长期的经济活动,其间必存有一股人为的或自然的协调力量,否则所谓的治理便不能实现,而政治作为经济的手段,也就无法施展;当然,那些渴望开拓的人也就难有用武之地。戴维·赫尔德讲,自由主义民主的制约——私人资本积累的要求所产生的制约——一直限制着政策选择。② 这就是说,在历史的选择过程中,民主与资本都未能绝对地起过全面的有利的作用。第二,关于国家干预,我们说,它是具有两重性的。其一,市场需要政府,政府要管经济,即使是对于自由态的经济的生产或流通,政府都要有适度的干预,否则自由经济就会在耗尽自己的全部优势后,来埋葬自己;其二,政府要在谋发展和谋保障的过程中,来瓦解垄断,尽快地让它由独大型再生新枝,不然就是对某一经济巨树的无形摧残。政府的放任不管是一剂毒害发展的最烈的汤药。当然,国家在消费的时候,它也应像普通人一样,不可享有特权。这里极重要的乃是大规模的国家建设投入的资金,应与股市蒸发的资金相等,才是最合道理的,因为超过它或小于它都是不合逻辑的。

30. 再有,政治的作用当在于能有力地去凝结计划经济和市场经济的长处,而不是偏颇地择一而行。历史上的许多政府,不知上述道理,看似聪明的首脑,实是在犯着最为低下的错误。我们说,西斯蒙第

① 厉以宁:《转型发展理论》,同心出版社 1996 年版,第 16-17 页

② 赫尔德:《民主的模式》,黄继荣译,中央编译出版社 1998 年版,第 172 页

的关于按比例发展的思想,或许就是关于计划体系的源头。就国家来讲,它必须当有计划于发展,它必须要为发展提供市场和消费源泉,任何以市场经济为由,而无作为者,都可称之是人民的蛀虫。于是,企业搞市场,重在优化自然资源;政府搞计划,重在优化指导政策的相互促进与相互资生的路线也就明晰了。我们还可以设想,企业计划与国家计划是可以通过某种撮合的办法来统一起来的,这样政府之计划的便达成了归于市场的和谐。为此,就要求各企业在国家给予保密的情况下,把自己的信息,完全地向政府公开,或者是国家设立一个完全的"黑箱"也可以。总之,无论是企业,还是国家,无论是市场的,还是按比例发展的,其形上的主线一定当是渐渐地要归于计划。非计划的等等都是无序的。

31. 李嘉图认为,劳动分工乃是经济发展的理论基础。有的思想家讲,让社会整体产生进步的简单方法就是分工。[①] 我们说,这是既言道又言术,可谓妙极!在市场经济中,人们常将资本的生产和流通当作它的最本质特征,并以为市场的主体也是资本,且之所有的生产力也无不是资本的生产力等等,应是不完全的,其所看到的只是囿于点推动的层面。因为,任何经济追逐的是效益,而效益的存在并不完全地会转化为资本,且资本也是手段,所以就难有所谓根本上的某些特征,至于资本能表现为生产力,只要稍一思索,也是不着边际的。看经典,谁都不会否认劳动的创造资本的过程,而劳动只是人的本能。在英国从1550—1750年,它的人口持续增长,多被称作"人口革命"。[②] 因此,其

① 帕累托:《二八法则》,许庆胜译,华文出版社2004年版,第52页

② 高德步:《英国工业化过程中的劳动力转移》,中国人民大学博士论文1993年,第10页

工业革命的爆发,若无此前提,必定是不可能实现的,故资本的力量并不具有根本的主体性。

32. 经济行为,往往是要搞一些预测的,因为它是人们谋划活动的起点,且做预测,只可依据发展的惯性而为之,方是极为妥当的,舍此便没有了根据。于是,实证的主观的长期的思想都要向短期的惯性靠拢。

33. 关于工业布局,尤其是"跨国工业区位的选择,更要体现文化距离、政治距离和经济距离。"①如此,才是全面的考虑。同时,城市化发展速度要与工业化发展的速度相匹配,即"城市化率与工业化率之比(城市化率/工业化率)的合理范围应控制在1.4—2.5"②才是适宜的,其间涉及的财富增长的问题,应是与人口的增长基本保持一致的,这样就可以避免用国家的名义来制造奢靡了。此外,它还要考虑失业问题,不然经济的结构就会有产生畸形的趋势。

34. 发展的基础在劳动。随着人们的简朴的生活方式与土地的产品而结合成的巨大的财富,便导致了资本的积累。在现代,资产阶级的积累越来越采取了生产资本的形式,而投入到经济的运行中。于是,它便深受市场价格、企业成本、税收政策、利率、人口背景、融资的难易程度以及汇率的综合影响,有时是迫不得已地去寻机寻利。此刻,操纵资本的人似是最为辛苦的,但资本自身却不会显现有任何的积极性。

35. 就市场而言,它的边际分析是要不断地变化的。比如,看似供求的调节,实是由价格和价值的相互作用来共同地拨动的,但两种产品的相对价格,不仅要取决于劳动对生产资料的比例,还要取决于这些生

---

① 刘奇洪:《中国工业区位演变规律研究》,中国人民大学博士论文2002年,第10页

② 曾旸:《中国的经济增长与就业增长非一致研究》,中山大学硕士论文2005年,第31页

产资料本身被生产时所使用的比例等。另外，心理成本也是可以换算的。因为，在经济活动中，它是存在着一个用最小的价格品来做替代的原则的。

36. 知识、科技推动文明、进步是无疑的，新需求形成新繁荣也是肯定的。经济需要社会的、政治的、文化的、教育的等等的全面支撑，否则它只想通过工艺的协调，或追求高技术与制度的共生性等，应是不可能完成的。

37. 在穆勒那里，利润递减是一条规律，但事实上，当今的世界，利润的表达却并没有递减，而这恰是反映了一种经济的自救性的成功。所以，我们说，此即为对穆勒问题的最好解决或解答。

38. 由贷款多倾向于生产，我们知道，它对增加工人的工资的意义是不大的。因此，若想统筹生产与消费，则之主要环节便是在于工薪的适度的伸缩。然而，工资或利润的存在，又是可以取决于外部条件的。这样，我们就找到了一条把经济之内外连续起来的管道，此对于反映劳动力价值和资本所得以及串联或并联全部的经济存在都是具有着十分的重要意义的。比如，对于贫穷的改变，我们就可以把它和提高人的素质挂起钩来。如是之，即为我们解决许多问题而提供了某种捷径。

39. 综上，我们已经看到了历史的选择压力所引致的发展的基本理路。但是，作为哲学的表达，就当还要再给出其根本性的或本体论意义上的考察，才是妥当的，否则就是欠完满的。根据边沁和马歇尔的思想，人类行为的两个动机即快乐—满足是具有起动的性质的，而痛苦—牺牲则会做出制动的效果。并且，在人类发展的最初阶段，虽然是人类的欲望引起了人们的活动，但以后每前进新的一步，就都被认为是新的人类活动的发展，又激发了新的愿望，而不是新的欲望的发展又导致了新的人类活动。[①] 于是,人的需要的欲望与实践的结合,便促发了经济运行的起点,此时作为一种追求的思想即与之载体形成了无比的力量,进而就达成了物质与人性的统一。从此,生产便得以有规律地发展了起来。

40. 此外,人类的闲暇也是可以推动社会进步的一把钥匙,凡是予人民以极多的时间上的空余的社会,其发展的速度就快!同时,勤奋的劳动精神和节俭所导致的积累,又都是人类最伟大的最纯洁的存在之本。舍此,人性的光辉便难以永续地存在下去。但是,到了现代,无购买力或少购买力,也是会对经济的发展产生不利之影响。因此,我们看经济问题,当万不可离开社会,或说万不可离开某些背景。

41. 关于资本积累的最前因问题,它应是发生在资本主义的生产方式的确定之前,然后才表现为握有资本和劳动力。其间,政权的支持力度是巨大的,即权力本身是含有生产性的,比如英国的原始积累就是通过圈地和殖民掠夺来完成的,否则它便不能用货币来购买到活劳动。总之,用货币购买的方法,总比用强权来奴役的制度可算作是一个发展着的进步了。

42. 至此,生产的存在和它的各种关系,就要被迫地服从于资本很长时间。在资本主义社会,黄金具有硬推动的作用,但是表现为资本的持续的源头还是来源于民众或说是来源于民众的储蓄的不断供应。在我国,资本不足,则是由劳动生产率的低下造成的,因为我国的公民总是乐于储蓄的,故与之无大相关。

43. 黄达先生讲,商品生产的基础是社会分工与私有制。[②] 但是,

---

① 马歇尔:《经济学原理》,陈瑞华译,陕西人民出版社 2006 年版,第 108 页

② 黄达:《货币银行学》,中国人民大学出版社 2000 年版,第 30 页

创业与冒险仍是属于欲望的继续。帝国主义搞霸权,极力要求经济的快速发展,可是它的较长期增长之后,势必会要受到方方面面的严重制约和束缚,这恰是经过了有关的诺贝尔经济学奖金获奖者所证明的。

44. 生产成本是物价的原因,而企业规模又要取决于它的最小成本。成本有时具有刚性,即使是改变了产权关系,或调整了个人偏好,乃至增减了赋税,包括劳动创新等多是对之无有太大意义的。知识、技术、禀赋、生产关系等等均可以作用于经济的许多方面,但对于生产成本,或说对于进行初始生产的生产之前的成本,似乎是永难起到撼动的作用,而这或许是超出了市场的界限。因为,市场也是有边界的,它就像每一个企业都有自己的边界一样。市场的界限终止于价格失灵的地方,在这些地方,则正是各种组织发挥作用的起点。[①] 于是,我们在上面便找到了许多的这样的起点。

45. 有人讲,发展和增长乃是近代和现代的经济现象。[②] 并且,社会总是趋向于进步的。纵览以往,斯密的以生产为中心,李嘉图的以分配为中心,奥地利学派的以交换为中心和某些人预言的要以资源为中心的思想和存在关系,其实都是在历史的选择压力下的沿着其必然的过程而自然安排的。因此,这也就必是要合乎逻辑的。我们言,如此的过程,仅仅是预示着相生性的发展模式的开始。

---

① 牛润霞:《技术变迁中的失业问题研究》,中共中央党校博士论文 2006 年,第 155 页

② 《诺贝尔经济学奖金获得者讲演集》下卷,王宏昌译,中国社会科学出版社 1997 年版,第 429 页

第二节　货币似水

46. 货币似水一语，只是引子。我们于此，意在以之而导出经济学的万象之源的那个太极、两仪和四象等等所构建的具有着诸多的存在之综合的美妙体系。

47. 马克思认为，劳动力问题当是一切经济理论的出发点。因为，所有的出卖劳动的本质，无疑地只能是时时在表现着出卖一种劳动的力而已，而这也正是马克思主义与资本主义教条的关键区别①之一。杨玉成先生在他的研究文章中讲，能力是基本的，能力使事情发生，能力通过产生规则来显示自身。② 于是，经济的一切存在就都要取决于劳动的能力，即劳动力。否则，任何的经济运行就不可能发生。

48. 贺培育先生说，物质文明中的物质是人化了的物。③ 这反映在我们的观点上，即是表示经济学中的物，应都是人化了的存在，故其绝无无人化的物，也绝无物的无人化，即它一定是物与人化的结合。于是，物的存在才被人们所检阅、所关注、所使用或欣赏，因之它才具有价值。所以，我们便按着产生于李景源先生的思想，统称经济学中的物为价值物。④

49. 根据我们的研究，所有的经济存在和发展，均是要经由或依靠一定的制度方能助成的。制度本身既有保障的推动作用，又有激励着

---

① 《新帕尔格雷夫经济学大辞典》三卷，经济科学出版社 1996 年版，第 95 页

② 杨玉成：《当代西方经济学方法论新进展研究》，福建师范大学博士论文 2002 年，第 35 页

③ 贺培育：《制度学：走向文明与理性的必然审视》，湖南人民出版社 2004 年版，第 53 页

④ 李景源：《史前认识研究》，湖南教育出版社 1989 年版，第 102 页

的牵引作用。1993年诺贝尔经济学奖金获得者道格拉斯·诺思曾讲,制度的形成,是经济业绩的潜在决定因素。总之,在经济的存在要素之中,是绝不可离开制度的。

50. 至于货币,它首先是使实体经济动起来的力量源泉。货币可以把产品由生产地流向市场,又从市场流向消费者,而消费者通过再次地获得之,又重新开始这种运行。所以,我们看到的是物流,实际上却是货币流在起作用;同样,看起来是企业在引导物流,实际上乃是政府主导的货币流在起作用并管控着企业。于是,物流就是被货币流夹杂在中间的了,此时的货币流就是真如水流了,在实体经济的正常的运转中,它便似江河之载舟。可是,在虚拟经济的比如股市之中,它便要常处于蒸发态了,而这恰是令人十分恐惧的。然而,在经济危机的时候,货币还会如低温下的要成为冰一般的凝固;届时,政府或许会通过下雨的方式来普润万民,也会有重点地进行灌溉。货币的存在,有时常以储蓄为潮,有时既要汹涌澎湃,有时也要涓涓细流,或一滴一滴地供给禾苗,有时则必须要排涝,有时必须要为缓解"旱情"而开闸多放,有时还必须要跨行业、跨地区地来调剂,有时还要从他国来引流。凡是有适当的货币流的地方,经济就发展。关于货币似水的思想,乃是我们的对于经济学的详密研究后的结果。

51. 综合以上,我们即说,劳动力、价值物、制度和货币便构成了经济学的最基本的四大要素,为了更有意义的比喻,我们权且称之是经济学的四象。

52. 关于经济学的两仪,我们说,它就是人和物。因为,熊彼特讲,经济行为可以被定义为人们为了获取物品的行为。① 在当今,经济学

① 熊彼特:《经济发展理论》,叶华译,九州出版社2007年版,第3页

的太极，我们可以沿着阴阳鱼的思想，把它理解成是实体经济和虚拟经济的相含回互的圆图。

即

此图中的白者代实体经济，黑者代虚拟经济，其间的小圆似是可以代表人的居中的地位，然不在实指的范围内。

53. 这样，我们就可以从无限繁杂的经济活动的万千现象中解放出来，只要顺此太极、两仪和四象的生成之路，就可以把任何的经济百态来条理清楚。因此，经济学的太极生两仪，而由两仪再生四象，如此变化下去，就可以到达无穷了。当然，我们也可以画一草图，如下：

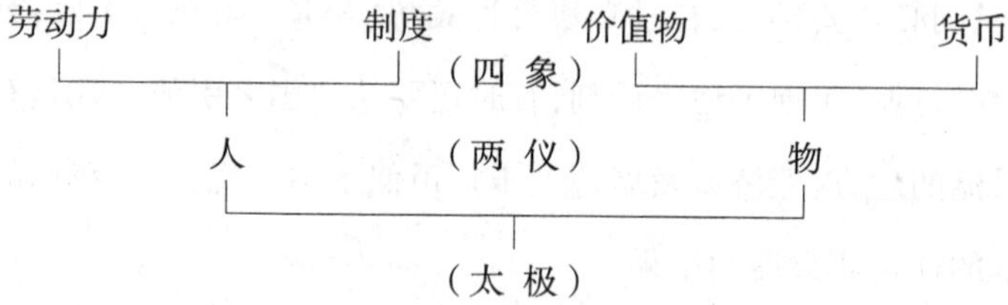

54. 至此，我们便可以把经济学恢复到了一个本初的原始状态，然后再沿之相生成的路线，就会发现，它也当是有着自己的根本的清晰的体系的。

55. 首先，我们还要再逐一地谈一下这个经济学中的四大要素。其一，关于劳动力，它应是人的劳动能力的总称，包括体力或脑力兼之精神力等等，在一定程度上，它又是可以代表着经济学中的具体的人的实在,而这反映在生产力中,便是它的决定性因素。其二,关于价值物,即是物的融入了劳动力的在自然属性之上的社会实体,它一方面是要表现为物的价值化,另一方面又要表现为价值化的物,它就是被人化的物,在某种意义上,它又可以回归于物。其三,关于货币,它一方面既是价值物的价格标度,又是价值物的可以存在和发展的源流,总之它是不能离开价值物的存在。其四,至于经济学上的制度,它当是一种人力影响下的开放性的规矩、秩序、约束以及人与自然、和人力所及的自然之间或劳动力与价值物包括货币之间的得以相生共处的类如环境的要素或尺度等等。

56. 接下来,我们就可以展开原生着的四象之相生的具有着经济学上的骨干意义的几个重要的路线图。

首先,设 A 代表劳动力,B 代表货币,C 代表价值物,D 代表制度。

于是,A+B=劳动力+货币=工资、劳动力的价值或价格,

A+C=劳动力+价值物=企业生产、产品、消费,

A+D=劳动力+制度=劳动力市场,

B+C=货币+价值物=厂房、设备、物价、交换,

B+D=货币+制度=信用、银行储蓄放贷、交易所行为、虚拟经济等,

C+D=价值物+制度=所有权、产权等。

57. 因此,生产、消费、工资、物价、厂房、设备、信用、储蓄、劳动力市场以及产权问题等等,便呼之而出,且之生成的基本要素,又是绝对地清楚的。如此一来,我们再看经济就必是明晰着的。当然,对于出现的情况,我们也可以迅速地就能找到它的症结了;比如,对于银行系统或股票市场,不管其多么纷繁闪烁,我们只要理顺货币与制度的存在,则它的所有问题,也就会迎刃而解了,至于劳动力市场等等也是这样。

58. 还有,A+B+C=劳动力+货币+价值物,我们就要分别地进行讨论了。相对于劳动力总量A而言,即A分别地与货币B和价值物C的关系,如图:

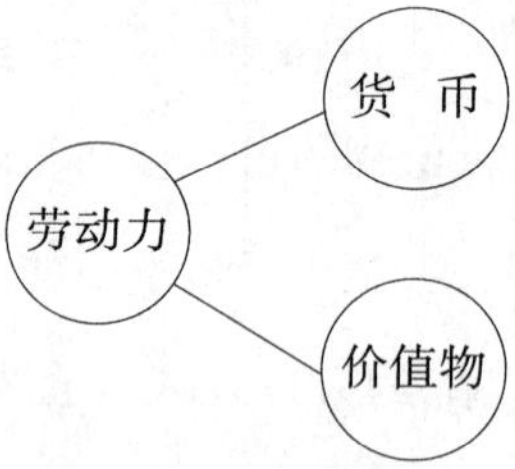

它就是A+B与A+C的组合,或说就是反映着工资和产品的关系,所以工资当与产品或说当与计件产品挂钩,这是其一。然而,相对于货币总量B,即B分别地与劳动力A和价值物C的关系,如图:

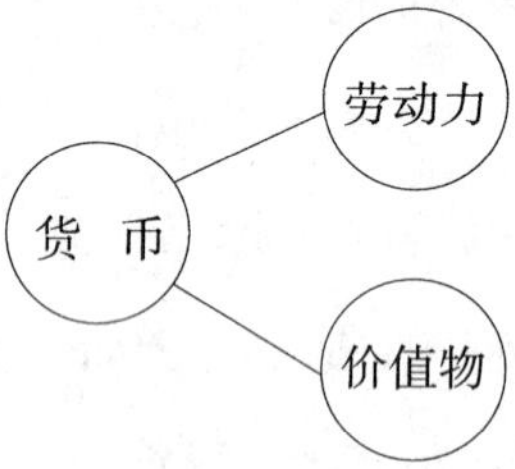

它就是B+A和B+C的关系了,B+A即A+B仍为工资,但B+C则表现为物价,因此工资问题还要和物价挂钩。于是,在企业里,工人工资除了要与产品计件有关外,还要与销售价格挂钩,如此一来,就似是对企业主和工人双方而言,便当是趋于公平了一些。其三,若相对于价值物C,即C分别地与劳动力A和货币B的关系,如图:

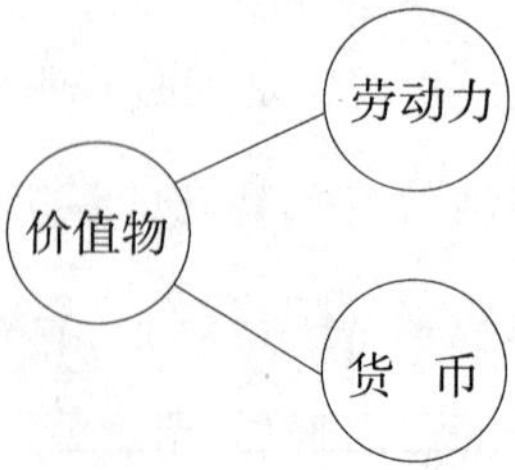

它便是反映了 C+A 和 C+B 的关系了,也就是 A+C 和 B+C,其间所说的无疑就是产品要与物价相挂钩的问题。综合以上,工资与产品、工资与物价、物价与产品就组成了一个相含回互的关系图,如下:

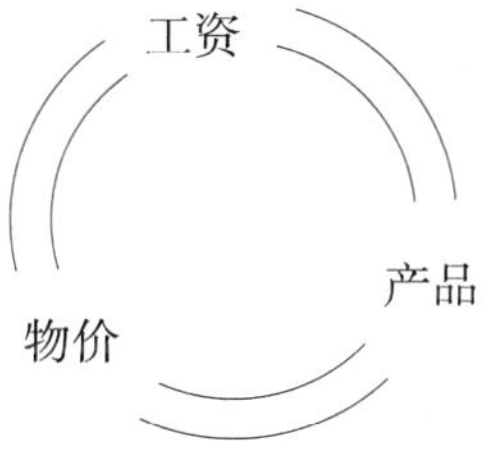

可见,考虑工资问题,就要和产品与物价统筹起来才是相宜的;考虑物价问题,就要和工资与产品(成本)统筹起来才是相宜的;考虑产品(成本),就要和工资与物价统筹起来才是相宜的。这样,人们就会由一对一的简单关系,要逐渐地走向了全面一些。

59. 当然,我们从中还可以发现其他的重要问题。比如,在下图里面:

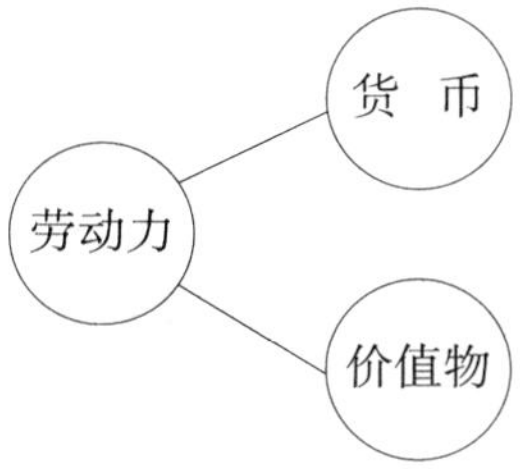

对于货币和价值物的关系,其不仅仅是要表现为物价的,它还可以表现为通货膨胀的或通货紧缩的问题,或是能形成经济危机的。因此,物价之中便隐藏了许多真义,即物价上涨,通胀要来,物价下跌,就要通缩,而物与价格脱节,则经济危机也就要来到了。于是,只有物价平稳,似乎才是发展的坦途。但是,更重要的,还是需有劳动力出场,只要劳动力持有者能均衡地把握有货币和价值物,则一切问题都能够解决。

60. 另外,在下图里面:

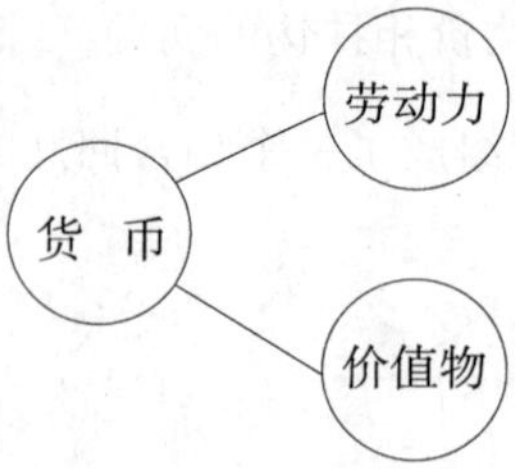

劳动力与价值物的关系,就更显微妙,它既反映了生产产品问题,又反映了劳动力的消费问题。当产品过剩,劳动力失业,当产品不足,劳动力会增加。当劳动力与价值物脱节,则整个社会就会瘫痪。可是,此时若有货币出场,让之均衡地调剂劳动力和价值物,则一切问题也似是可以解决的。

61. 同样,在下图里面:

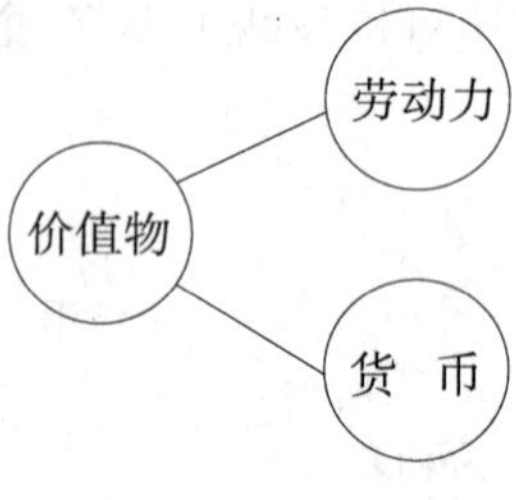

对于劳动力与货币的关系问题的更为引申的意义,只要稍加思索,其道理便是当自明的。

62. 通过如上的阐述,我们应发现,劳动力的存在,按着历史的逻辑,它应是属于第一位的。这样,我们即找到了根本,所以价值物和货币就只是为之服务的。可是,现代人,多是重物的或是拜金的,于是也就轻贱了人们自己。

63. 关于 A+B+D=劳动力+货币+制度,我们也要分别地进行讨论。

相对于下图而言,

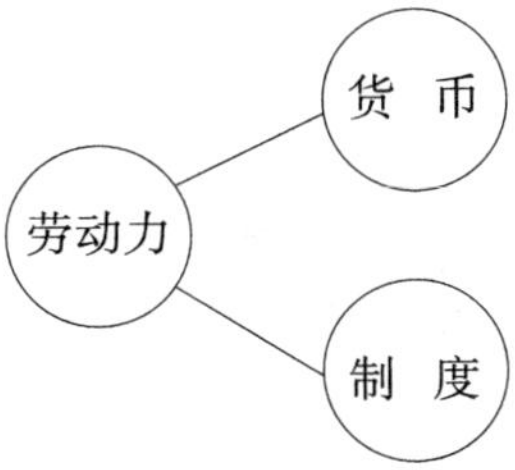

它即是工资与劳动力市场的关系;再相对于下图而言,

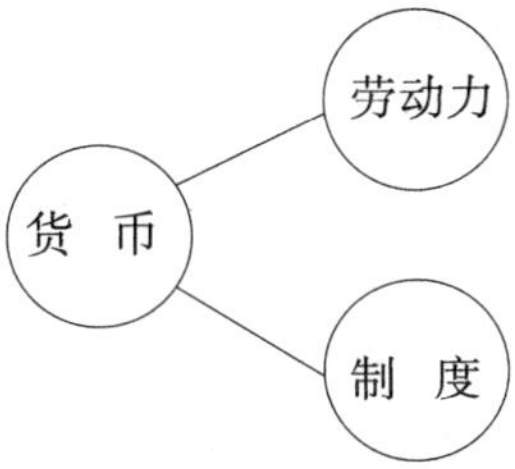

它即是工资与货币市场(我们把货币与制度的结合称为货币市场)的关系;若再相对于下图而言,

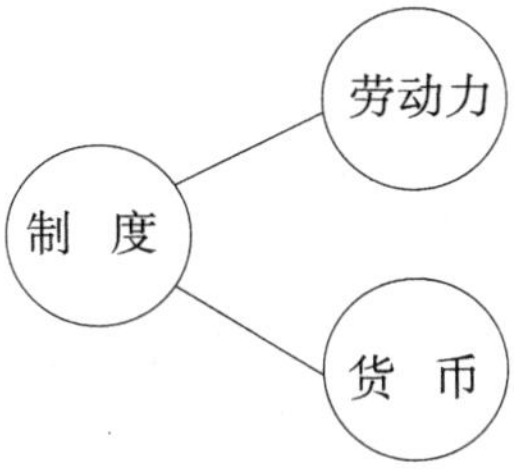

它即是劳动力市场与货币市场的关系。于是,上述就可以组成一个相含回互的图形,如下:

64. 接下来,我们继续讨论,B+C+D=货币+价值物+制度。若以货

币为主，则有下图出现，

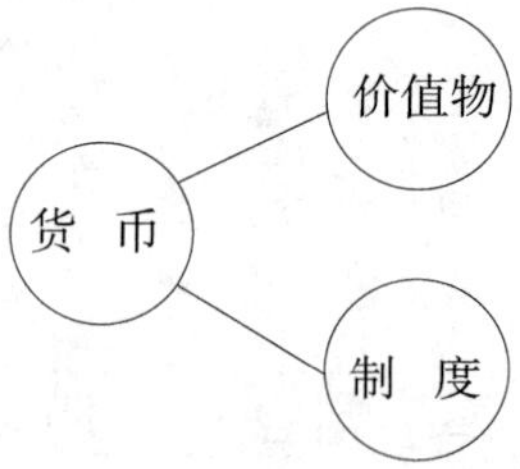

此即物价与货币市场的关系；若以价值物为主，则亦有下图出现，

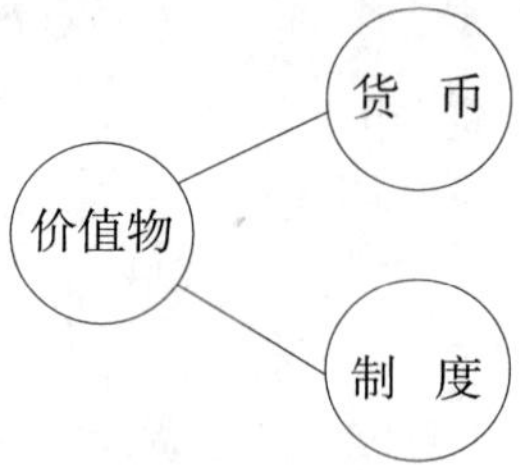

此即物价与产权的关系；若以制度为主，则亦有下图出现，

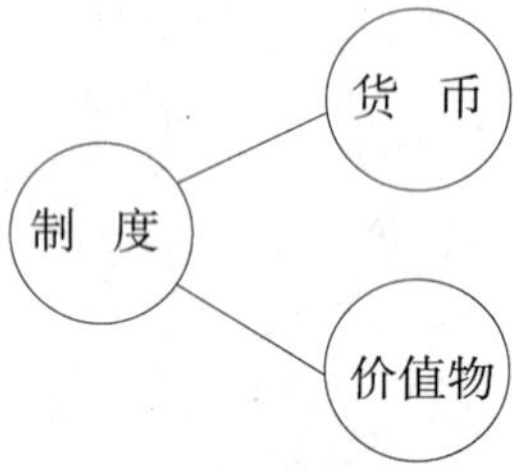

此即货币市场与产权的关系。因此，它们就可以形成一个相含回互的图形，如下：

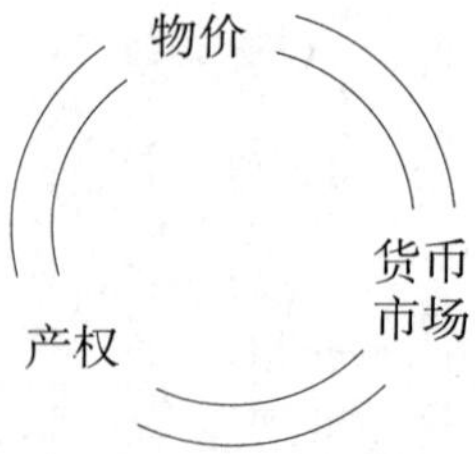

65. 鉴于以上，我们就可以把 A+B+C、A+B+D、B+C+D 所形成的图

形并列在一起,如下:

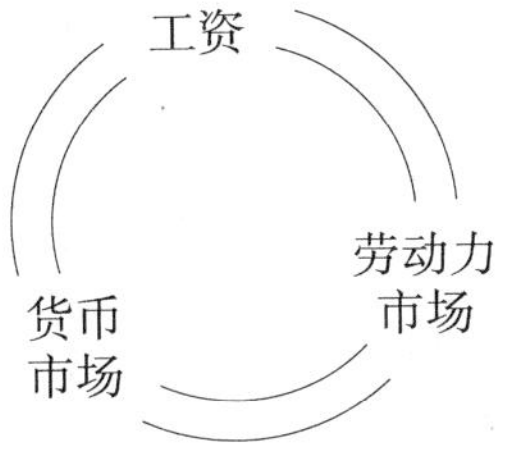

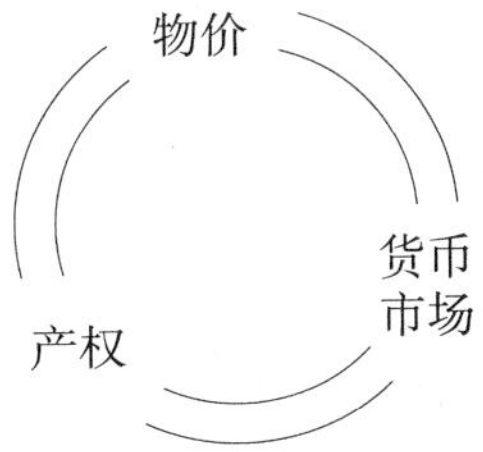

此时,它们之间的关系就可以大白于天下了。首先,确定工资的要素就当在产品、物价的基础上,还应加进劳动力市场和货币市场的存在,否则就不可以完全地确定工资,这就是说,当下的工资制度必是有着极大的问题了。此外,工资由于和物价与货币市场有关,所以产权问题,也当包括到工资里面来。于是,工资的形成就是,计件效益+物价要素+劳动力市场影响+货币市场指数+产权的份数。其二,物价的形成,既要从工资和产品(成本)的两个方面来考虑,还要扩大到产权和货币市场上去,兼之物价的与货币市场和工资有关,所以它也要把劳动力市场包括进来。这样,物价的形成要素,就包括了工资、产品(成本)、货币市场指数、劳动力市场影响和产权的成分。其三,关于产品(成本)、货币市场、劳动力市场、产权等,均要以相联系的扩张型思想来考虑,否则就会失之于偏颇。

66. 以上,我们是具体地在经济学之太极生两仪(人、物),两仪生四象(劳动力、货币、价值物和制度)的基础上,所衍生出的几种最基本的骨干存在,它们包括了 A+B、A+C、A+D、B+C、B+D、C+D、A+B+C、A+B+D、B+C+D。当然,还可以向下再衍生出 A+B+C+D、A+B+(B+C)、A+B+(B+D)、A+B+(C+D)……(A+B)+(A+C)、(A+B)+(A+D)、(A+B)+(B+C)、(A+B)+(C+D)……(A+B)+(A+C)+(A+D)、(A+B)+(A+C)+(B+C)、(A+B)+(A+C)+(B+D)、(A+B)+(A+C)+(C+D)、(A+

B)+(A+D)+(B+C)、(A+B)+(A+D)+(B+D)……

67. 因此,按着如上的思想理路,以太极为始,经两仪、四象之说去发展,则后世贤人就会再次建构起一座新的经济学大厦。我们期待着这种新的建构的辉煌出现。这是由于,当下的经济学,多是看不到根本,多是看不到脉络,多是横空出世,不着边际。然而,倘若开卷,还是有益的。但是,对于非系统的思考者来讲,真是不知该如何是好地去排列或组合的。于是,在经济生活中,人们往往会出现顾此失彼的许多荒唐的事情。这便是我们的愁处。这也便是我们要艰辛地使经济学重新回归于本初的思想之不懈的驱动力的源头。

68. 现在,我们还要回到如上的体系,去探究其中的某些基本的道理。比如,在 A+B+(B+C)中,就涉及了劳动力与厂房、设备的关系,按着先前的理论,厂房、设备是资本家的,它似是与劳动者的劳动力无关的,然而它又确实明明地显示着其间是必有一定的联系的。

69. 在 A+B+(B+D)中,劳动力与货币市场的联系又是极大的,可是在现有理论中,阐述到此的则是很少的。在此中间,它告诉人们的道理是,如欲管理货币市场,就当首先要调整制度,然后才可着手货币,这乃是一种固定的顺序关系,故万万不可颠倒以后再为之。

70. 在 A+B+(C+D)中,劳动力或工资与产权的关系,便第一次被暴露了出来。我们认为,这必将是今后的白领阶层所要致力于进击的要点。……

71. 通过以上,许多的在现有的理论体系中所模糊不能清楚的东西,以及在当下人们所未能发现的存在,就势必要自然地开显出来了。

72. 鉴于前者的文字,我们就会发现,只有当劳动力作用于物,价值物才会与货币相伴。而且,看经济问题,最好要联系到三个方面,才是妥当的。比如,笼统地只谈通胀和失业问题,就意义不大,还应把是否发展考虑进去,方能完满,即只要经济发展,存在上述关系也是未尝不可的。同时,人与物之间又是怎样取得联系的呢?我们说,一要靠欲想,二要借助于货币。这样,我们就能打通与那些存在者之间的关系了。否则,事物之间便似是孤立着的。

73. 按着 B+C 结合的观点,物价的存在都应是货币的表现,它与繁荣似是无关的。于是,货币在生产的阶段,就应与之相匹配,不然便会出现问题,而出现问题以后的调整,我们言,其最终仍要归于货币,尽管维克赛尔或许不会同意我们的观点,[①]但那也是徒劳的。因为,弗里德曼认为,在 10 年以上的较长时段的发展中,货币量只对价格产生影响,而对真实的经济产出则是没有作用的。[②] 可见,B+C 的结合当是具有重大意义的,并且 B+C 的表现本身也是一种制度化了的存在,故其在许多方面是必要存有一定的稳定性的。

74. 根据自相似体的长成说,我们就可以把经济的体系比作是,由价值物所构成的可喻为一株苗木,劳动力的存在就似是太阳的或适宜的温度能量,货币便如水可滋养之,而制度就是其所需要的气候、环境或出生时的约束等等。这样,经济的存在,便如下图:

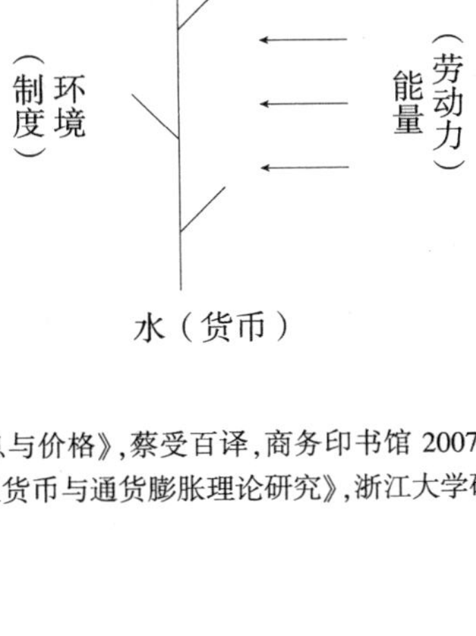

① 维克赛尔:《利息与价格》,蔡受百译,商务印书馆 2007 年版,第 3 页

② 邱营:《弗里德曼货币与通货膨胀理论研究》,浙江大学硕士论文 2008 年,第 21 页

75. 沿着经济学的太极、两仪和四象的所指，我们一路走来，大家对之所产生的诸多有益的存在，似是可以豁然地明白了其中的许多真谛。于是，经济学的四个基本的原生性要素，若能与周敦颐所说的水、火、木、金结合起来，然后再加入土，则一个新的经济学的五行运转图，便会得以铸成。那时，一切的经济的无限演化也就都要“万变不离其宗”了，而这也正是经济学史上的一次伟大胜利。

76. 因此，我们便要着手为之逐一地定性，和确定一个初始的相生着的方向，并来开始建构。首先，我们说货币似水，这是由于其具有流动性，能蒸发，且又会凝固，兼之储蓄就更有了许多的如溪流的聚积功能等。其次，就是价值物，因为前者我们已讲述过，价值物的存在就是犹如一株苗木，故之必属于木。第三，劳动力的存在由于它是具有着生产者的性质，此当如土；另外，它的存在本身又是一个消费着的过程，此点即如火。所以，劳动力便是身兼火与土的性质了。此时，制度必是为金的，比如人们常讲铁的纪律一语，其实这种存在即是制度，故制度的性质一定属于金。这样，货币、价值物、劳动力和制度便是分别属于水、木、火(土)和金了。

77. 接下来，我们便去寻找它们之间的一个相生着的初始关系。科斯曾讲，按照普兰特的意见去推论，物价的系统并不是万能的。[①] 因为，管理的协调的或说是依于制度的存在必是要居于价格之先的。但是，价格的存在又是具有方向性的，即它是与物流的方向是同一的，这就是说它必要从存在价值物的场所，来指向消费者的应用领域的。于是，货币流也就一定要经由消费者，再去流向生产价值物的企业了。可

---

① 《诺贝尔经济学奖金获得者讲演集》下卷，王宏昌译，中国社会科学出版社 1997 年版，第 146 页

见,货币流也是具有方向性的。依据以上,我们就可以说,货币是相生着价值物的,价值物是相生着消费者的,消费是为了生产,即消费是相生于生产的,而生产的存在又是相生着秩序或规范的,或说生产力是决定与相生了生产关系的,即是相生着制度的,制度又是可以相生着货币的存在的。所以,我们便可以把其中的关系系统构成如下的一个相生性的草图:

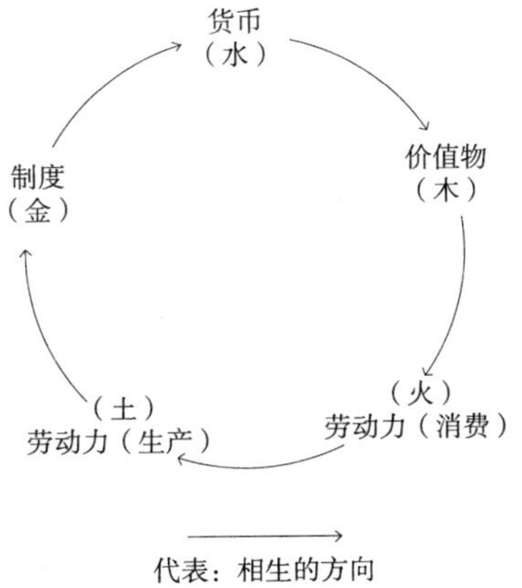

78. 倘若我们把价值物的存在理解为一个市场,把产生制度的地方代表为政府,把劳动力分解为生产和消费的话,则上图就可以演变为:

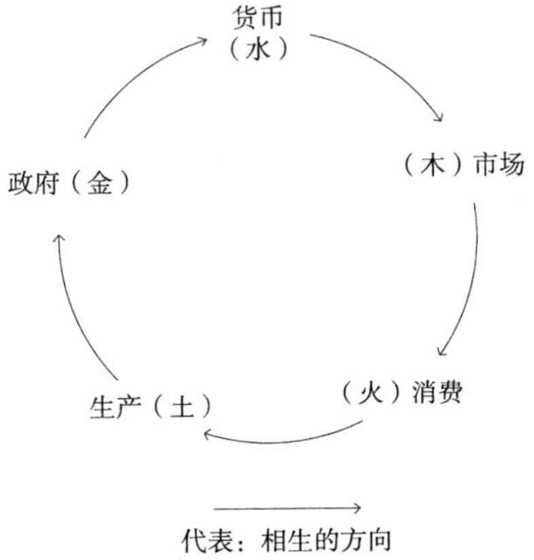

79. 自然,它们之间的相互的干预性的图示,也可以表示为:

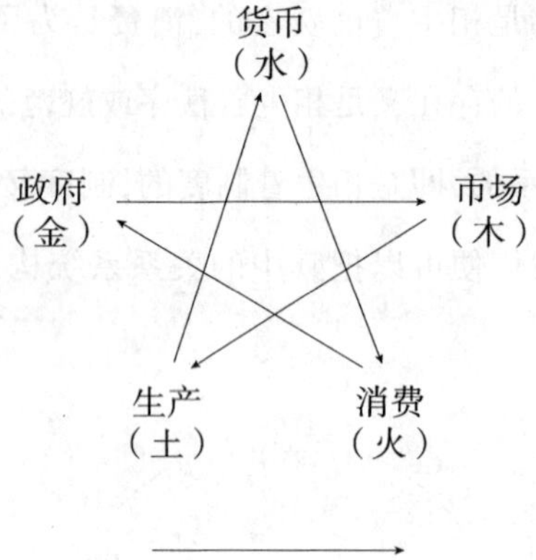

代表:干预的方向

80. 同样,它们之间的相互的制约性的关系,也可以表示为:

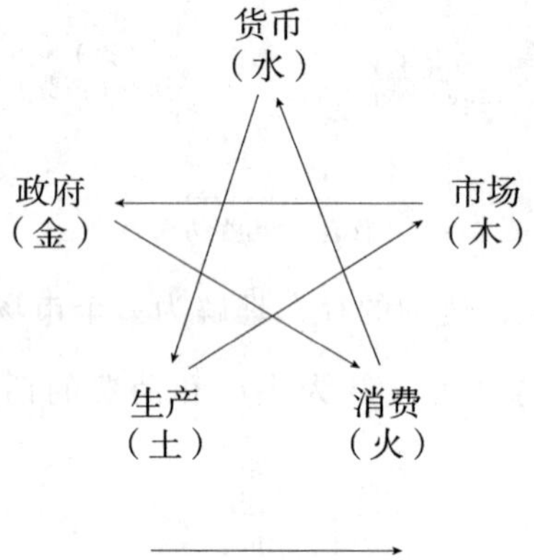

代表:受制于的方向

81. 我们认为,上述诸图中的水、木、火、土、金,还可以把相关的利率、储蓄、货币市场、一般商品、生产资料、工资、资本、技术、劳动力市场和税率、汇率等等分别地寄存于其中,因为只有如此,我们所绘就的图样,才会具有更多的积极意义。

82. 至此,经济学史上的五行运转图,便得以大功告成。

83. 关于其中的指导性意义,比如供求问题、计划与市场问题、通胀与紧缩问题、失业问题或经济危机等,均可以从中找到某种解决的关键,这当是不言自明的了。所以,它的存在虽是简而约的,但却可以翻转出极多的精妙思想来。

84. 经济学上的五行运转图既出,乃是理论上的巨大成功。然之在社会上,要永远地存在下去,它除了五行之间要相互地资生之外,还需要每一行的关于自身的相生性存在。这就是说,除了要有水生木、木生火、火生土、土生金、金生水的链条之外,它还要有各关节点上的水生水、木生木、火生火、土生土、金生金的每一个的独立的存在方好。否则,五行之中的任何之一倘若不存在了,那么这个五行体系的运转也就要完结。我们想,这其中的道理,应是浅见易懂的。如此一来,我们还要研究其中的水、木、火、土、金的各自的相生着的存在根脉。

85. 第一,我们言,如水的货币之自身的相生性问题。货币在有差别的社会里,最有意义,它在生产和消费之间起着媒介的作用。由于生产才有借贷,由于消费才有储蓄,国家就是通过纸币和信用来创造着对商品和劳动的需要的。货币的职能就是为发展来筹资的,虽赚利息不如赚利润,然人们还是极多地选择了前者。在历史上,货币资本曾发挥过第一驱动力的作用,且交换的货币有时也具有本原性的内容。故货币可推动生产,又可牵引消费,总之货币流应是愈快愈好。就货币的尺度而言,它多是表现在实体经济之中的,其价值与效用成正比,与数量成反比。它一方面既是劳动的代表,一方面又是商品的代表。可是,一旦贸易过度,货币就会表现稀缺;而资本货币之供应一旦过剩,就又会陷入萧条与危机。于是,通货稳定,乃是发展的前提。货币的存在有时仅仅是名义的或是专指数量的,货币一定是发展或增长的营养剂,许多经营者常受货币的幻觉来影响,进而由货币波动就导致了生产的或产品的波动。人们多余之物,似都要换成钱,而人们的钱,又多是要换成价值物或一定量的服务。钱在穷人手里是收入,在富人手里是资本,这在当代已是一种认识上的错误。目前,纸币已成为了购买所有的活劳动的凭据了。可见,金钱的生命力就是在于获得别人的劳动,并且它本身也具有繁衍性,即货币是可以产生货币的。依照如上的路线,人们就会自然地看到,货币是可以永续地存在下去的,只要人们愿意就可以了。

86. 第二,我们讲,如火如土的劳动力的自相生的问题。作为经济而言,它的系统必会存有一个长期的近似地等于劳动力的增长速度的正的增长率,这当是不容置疑的。于是,劳动力的自相生问题便与经济的发展相协同了起来。凡是经济的都是因人而始的,经济的体系或主体首先是人,故劳动力的存在,应是五行之中的内在的逻辑起点,即经济应以劳动力为中心,所以生产力的最活跃的元素只能是劳动力,而经济的发展也首先是要对劳动力的需求,其缘由就是在于它有极多的支配力,它可以挟持所有的非人力资本,当下世间的一切都似是在为之服务的。大家不难看出,人口的增长,定将在一定程度上推动着财富的增长,而人口的缺少,必会产出真正的贫困。故,劳动力的生命流倘若无有外来星体的巨大灾难降临的话,它或许可以再称霸地球无数年。

87. 第三,我们言,关于制度之金的自相生的存在问题。在这里,制度的表现是一种约束,发展一定需要有多重制度的供给,因为只有如此,它们才可以抵消某种相互的磁滞性的存在。制度是因人的生命流而存在于社会的各个方面的,它或许可以有如货币,只要人们愿意,就可以永远地相生下去。

88. 第四,我们谈价值物的自相生问题。就目前的人们的智慧来讲，在农、林、牧、渔的层面上，进行相生性的生产似是不成问题的。然而，对于如何地去相生石油或天然气的存在等等，就是无能为力的。可是，当下的极多产品又都是以之作为第一存在的。我们讲，倘若有一天，地球上的这些不可再生的资源，在人们的生命流之趋向于无限的过程中，它们是注定要耗用殆尽的，而这又是一定的。届时，我们人类的经济链条或称五行之运转，就会在价值物的点上，因之自身缺少相生性而减慢速度或回到农业社会。总之，今日世界的昙花，是不会持久地开放的。

89. 鉴于以上，我们的整个人类既要看到经济的五行运转所带来的极多辉煌之处，又要清醒地看到，联系五行的关节点之一的价值物的存在，由于其中的某些化石产品的等等的不具有永久的相生性，所以今后的人们退出现在的幸福生活之时段的日子，定将为期不远了。

第三节　一般的发展谱系

90. 经济的发展谱系，当是取决于它的动力学系统。我们在这里所讲的“一般的”意义，乃是相对于相生性的发展模式的更高级别之存在而言说着的。当然，一般的发展谱系也是我们要走向相生性发展模式的一个基本的必需。

91. 于是，本文就先来阐说经济发展的动力学问题。首先，我们认为，不平等的非均衡的存在，当是发展之动力的基础。只要在此之上，才会有超越、竞争、分工、交换、引进等等，总之这些都是含有方法性的。

92. 比如，列宁曾指出，彼此互为“市场”的各种工业部门，不是均衡地发展着，而是互相超越着，[①]这种超越就是一种发展的力量。陈其人先生讲，竞争作为一种外力，它是可以促使资本家改进技术和扩大生产的。[②] 当然，分工和交换也是具有如上的作用，而我国的在改革开放中的"引进"思想，无疑也是极多地利于发展的，或者说，引进也是一种超越之路。

93. 另外，我们还发现，扩大生活资料不是大问题，只有生产资料和固定资产的更新，才是决定发展导向的力量。这就是说，经济存在的内质要有活力，就应是着眼于生产资料的新生产和固定资产的再更新的。不然，纯陷于生活资料的发展，将是无有出路的。在我国，农村改革的成功也是极大地推动了当时的发展的。可见，贯穿于其中的，应多是在某种压力或激励的共同作用下，方能起着推动的作用。

94. 经济动力学的存在也是需要环境的。它包括价格、货币、制度、计划以及诸要素的和谐等。如，厉以宁先生讲，放开价格，中国的发展才有动力。[③] 并且，货币的如水的作用，又是无时不在的，而人类的制度和经济存在的关系表明，制度的存在对于经济既有推动之力，又是具有牵引之功的。故，杨小凯认为，制度变化才是经济发展的动力。[④] 同样，计划的存在对于自由经济出现的矛盾，必会产生某种巨大的排解作用，于是矛盾推动说就只能让位于和谐理论。

95. 根据哈罗德—多马模型，其结论是，经济增长的根本动力在于

---

① 刘国平：《当代两种制度国家经济关系新探》，四川人民出版社 1987 年版，第 5 页

② 陈其人：《美国两党制剖析》，商务印书馆 1984 年版，第 112 页

③ 厉以宁：《转型发展理论》，同心出版社 1996 年版，第 16–17 页

④ 牛润霞：《技术变迁中的失业问题研究》，中共中央党校博士论文 2006 年，第 155 页

资本的积累,资本积累越多,经济增长速度越快。① 简言之,他们所说的经济发展的动力乃是在于资本,而资本的妙处则是在于它的再生性。资本主要是用来投资的,何宜庆先生讲,无论是虚拟经济部门还是实体经济部门,其经济增长的主要动力是来自于投资的。② 于是,民营化的私人投资的动力也就更加地显现了出来。

96. 然而,投资的根源又在哪里呢?有人说,盈利是投资的动因,可是由之再向前推论呢。马克斯·韦伯讲,近代资本主义扩张的首要动力是资本主义精神,而不是资本。③ 且勤劳、节俭、禁欲等等确为经济的发展做过贡献。在当下,不能只满足于做工资收入的人们,就有可能产生此种精神。在精神的世界里,还有心愿、自私或贪欲,而贪欲的增长自促成了生产的增长以后,它往往又与生产的增长多是保持了一致的。当然,欲望的升级也是会引起消费品结构的升级的。④ 此外,意识的先进作用也是可以形成经济的巨大的推动力量的。故,资本是在精神包括欲望和预期的牵引下,才由需求来导致发展的,这似是一条路线。然而,经济的原因,无论如何还是要从人性中去寻找的,所以张海鸥先生讲,整体收益最大化的原初动力是来自于人的欲望的,但欲望的产生却是依赖于人的价值观和理性判断的。⑤ 这样一来,哈罗德—多马模型的根源即是由资本导向至精神、意识和欲望,便直指着价值观

① 张辉:《中国人力资本贡献率的实证研究》,东北财经大学硕士论文 2007 年,第 18 页

② 何宜庆:《虚拟经济与实体经济互动影响研究》,上海交通大学博士论文 2004 年,第 166 页

③ 马克斯·韦伯:《新教伦理与资本主义精神》,于晓译,陕西师范大学出版社 2005 年版,第 25 页

④ 牛润霞:《技术变迁中的失业问题研究》,中共中央党校博士论文 2006 年,第 54 页

⑤ 张海鸥:《人的经济属性问题研究》,中国人民大学博士论文 2007 年,第 26 页

了。因为,理性的判断在价值观那里是多余的。

97. 我们说,哈罗德—多马模型中的资本也是当含有人力的。因为,左中海先生讲,资本包括人力、金融和物质资本三种。[①] 接着,索罗模型,其结论为,经济增长的源泉是技术进步和资本—劳动力构成的增长;卢卡斯模型,其结论为,经济增长的源泉是人力资本的积累。可见,它们都是含有劳动力或是人力的。所以,这三者的精魂便都是含有着劳动力的存在。于是,劳动力的实在就构成了经济发展之动力的本原。因此,知识、科技、发明、企业主体、供给、工资、提薪问题等,就都是属于劳动力的范畴了。

98. 比如,曾有人讲,知识是最强有力的生产发动机,[②]而科学技术则是促进产业结构优化及推动社会发展的最终力量。[③] 同时,经济进步的源泉是发明[④]等等。我们认为,如上的存在都是关于劳动力的各种发挥,它们倘若脱离了人或人的劳动力,则之一定就是不会具有独立性了。

99. 显而易见,企业的主体或市场的供给也都是围绕着人的,或是围绕着人的劳动力才展开的。万劲松先生讲,只有人的劳动才是社会发展的根本动力,[⑤]而工资则只是鼓励劳动和提高利润的宝器。因此,看一个工业企业是否具有生命力的指标,就是要观之能否确保有不断

---

① 左中海:《中国经济发展中的资本形成问题研究》,西北大学博士论文 1994 年,第 2 页

② 《诺贝尔经济学奖金获得者讲演集》中卷,王宏昌译,中国社会科学出版社 1997 年版,第 76 页

③ 万长松:《产业哲学引论》,东北大学出版社 2008 年版,第 15 页

④ 《诺贝尔经济学奖金获得者讲演集》上卷,王宏昌译,中国社会科学出版社 1997 年版,第 164 页

⑤ 万劲松:《对劳动和劳动价值理论的深化认识与思考》,中国人民大学硕士论文 2002 年,第 17 页

地提高工人薪水的潜质要素,若有便是极好的。总之,这些都是围绕着劳动力,并是为其服务的。

100. 现在,我们回到竞争问题的讨论。克拉克讲,竞争是市场经济发展的推动力。[①] 可是,为什么要竞争呢?他又讲,对利润的追求,推动了资本家之间的竞争。故,对利润的追求才是引发竞争的动力源。于是,萧国亮教授认为,对利润的最大追求,即是世界经济的发展动力。[②] 且利润既是对创新性竞争的激励,也是对新意识上的竞争的赞许。这样,它便与价值观取得了某种联系。然而,利润又是来源于哪里的呢?奈特讲,利润的真正来源是不确定性,仅有变化和进步是不足以产生利润的,因为变化和进步的结果并不是其本身的结果,而是不确定性的结果。[③] 因此,竞争来源于对利润的追求,而利润又来源于不确定性。所以,我们便找到了这一过程的根源,应是直指着不确定性的。

101. 综合上述,一个新的经济学的动力系统,便得以产生,它就是价值观—劳动力—不确定性。但是,不确定性确实有时又是难以确定的,于是为了表述上的方便,我们仍可将之回归于利润。这样,其系统的存在就是价值观—劳动力—利润。如是,似更明白清晰。

102. 据此,我们便在哈罗德—多马模型、索罗模型和卢卡斯模型的基础上,重新建构了经济学的动力系统,即劳动力是依赖于价值观的指导,而去从事着追求利润的有目的的活动的——这便是经济之发展的起动和连续着的力量源泉。

103. 有了经济动力学系统上的支持,再言发展,就会有脉络可以

---

① 克拉克:《财富的分配》,邵大海译,南海出版公司 2007 年版,第 236 页

② 萧国亮:《世界经济史》,北京大学出版社 2007 年版,第 6 页

③ 奈特:《风险、不确定性和利润》,王宇译,中国人民大学出版社 2005 年版,第 7 页

遵循。当然,在阐述发展的思想时,我们也要提到它的存在前提。这就像魁奈强调,自由放任的对外贸易,国内谷物的高价格,以及减轻对农场主的赋税,乃是发展农业生产的三个必要条件①是一样的。因此,我们即要先研究条件的或是前提的影响。第一,发展的条件,应是狭义资本的增加,必须要先于并超过人口的增长。② 第二,所谓的发展的前提则包括工资上升、技术进步以及分工、协作与交换的实现,兼之具有充足货币资本与短暂的失业等等。于是,发展即是经济、社会、文化和政治的全面过程。③ 积累经验,研习最先进知识,经由发明并能物化为人们所使用时,也是发展的必须。此外,冒险精神、信用和创新的并存,亦为发展之内在要素。故经济的增长,应是看作为综合条件的结果,且之所有的要素又都是和谐地共同地起作用的,发展的每一阶段,也都是基于前一阶段的。可见,经济的发展一定是要受到力量、路径和政策的共同作用下,才能不断地向前或向上的。

104. 根据一般的直接的理路,我们说,发展首先要有人,而人的存在和发展才是经济的实质和根基。其实,连最初的固定资本也是直接用劳动形成的。④ 且人的所有活动和财富都要表现为劳动力的劳动,可见劳动是内生着发展的机器。所以,增加劳动,使人口资源向人力资源转移,并促进国民所得增长,沿着资本与劳动力相互推动的方向,则一定是会极大地有利于发展的。其间,还要制度、人力保障共进,生产、消费等比例进行,工厂规模要适当照顾工人数量,自由的与计划的相结

---

① 《魁奈〈经济表〉及著作选》,晏智杰译,华夏出版社 2006 年版,第 6 页

② 瓦尔拉斯:《纯粹经济学要义》,蔡受百译,商务印书馆 1989 年版,第 14 页

③ 潘叔明:《一个国家,两种制度》,学习出版社 1999 年版,第 6 页

④ 高德步:《英国工业化过程中的劳动力转移》,中国人民大学博士论文 1993 年,第 68 页

合,兼之要时刻关注人口、资本与技术的协调关系,并要聘请到高人来实施经济管理等。

105. 厉以宁先生讲,经济发展的标志,即是人均实际收入的增长。[①] 于是,报酬递增,又是发展的必然,当政府投资时,就会引起国民收入的成倍的提高效应。但发展有时也要取决于低工资的,比如大量农民工进城,就是明显地推动了经济的发展。就理论上而言,工资上涨的原因,当是建立在对新的劳动之需求基础上的,这是便包含了对劳动力的需求应是随着资本的扩大方可上升的思想。所以,货币资本的形成,又要反映为一个分配的问题,即它与实物资本一样都要以流通顺畅为条件。否则,资本就不能扩张,从长期来讲,对劳动力也是不利的。然而,工资又是刚性的。故欲使利润上升,就只能提高生产率。因此,高工资虽可以引致高的生产力,但其必须要与高技术和大资本挂钩,不然资本家就会迫使人们以加速的方式通过比拼素质,来获取竞争效益。届时,工资与物价的相生性就会受到伤害。

106. 接下来,我们讲,科学技术的存在也是属于生产力的,因为它当是劳动力的知识与实践才能的表现。大家都知道,近现代以来,经济的发展一定是要相依于技术的。贺培育先生认为,社会进步应是依赖于生产力的,而发展生产力就必须要依赖于科技。[②] 这是由于,科技的存在,它可以使成本下降,而提高劳动的生产效率,即较高的生产率的存在,应是寄托在科学与技术之上的。可见,随着科技的发展,成本下降似是一种必然。于是,科技进步就成了经济增长的引擎,并将长期地

---

① 厉以宁:《转型发展理论》,同心出版社 1996 年版,第 14 页

② 贺培育:《制度学:走向文明与理性的必然审视》,湖南人民出版社 2004 年版,第 62 页

发挥作用。

107. 今日的科学与技术,其本身已经形成了一种产业,故技术产业化的重点,便只能放在高技术的层面之上了。一般来讲,科学是技术的源泉,而分工又是科学的前提。科技往往具有异化的功能,并能时时地在左右着劳动、市场与竞争。

108. 在现代企业之中,任何的投入与产出,其间必要依赖于技术的相关参数。因为,只要有高新技术的冲击,企业就要面临着快速的投资,以期望在未来获得更大的收益,而技术进步的第一阶段,即在一个相对的时期之内,其生产率迅速提高,成本急剧下降,工资率变化较小,所以剩余利润就会显示最大。之后,便要降下去。于是,技术进步对于资本家来讲,其最大的利益是产生在第一阶段的,而整个资本主义的发展,都是建立在这些个无数次的第一阶段的基础之上的。

109. 关于投资与生产问题。首先,我们讲,资本的本性就是发展。这是因为,资本的根柢既生产剩余价值,剩余价值又要转化为资本,然后再投资,再生产资本。所以,资本的形成和它的点推动之作用,乃是大生产的开始。

110. 其次,资本的存在目的只能是为了生产。因此,研究经济万不可脱离生产而言发展,否则就会进入到现象的谜团之中去了。如上所说,资本应是直接地针对着生产才会产生效益。在某种程度上讲,资本主义就是生产主义,似是妥当的,且此间的资本,必是包含着人、物、货币和制度等等。

111. 可见,发展必须要有资本的积累和集中。黄达先生讲,初级市场筹集到的资金主要用于投资。初级市场也可称为资金创造市场。

筹资人只要筹到资金,就尽可放心使用。[1] 此间结果,就会加速生产的发展,必是无疑的。按着收入=消费+投资的观点,投资就是预示了发展,而投资的方向则应主要放在工业化的实现方面,这就是说,要让新兴工业起领跑作用,尽管新产品有时会有某些方面的迟滞性,但若其既时尚又耐用,一旦达于产业结构的趋于合理,则之快速地跨越式推动经济的发展,便会存在于不可逆的实践当中。

112. 熊彼特认为,发展就是生产要素重新组合后的创新。[2] 故内化的生产力、创业之主动、就业的大幅提升,就会既推动生产,又能带动消费。当然,生产又是发展的绝对基础。可是,发展的又必须是消费的,这就要处理好生产的社会性和消费的不完全性所造成的梯度发展之缓慢的问题。因此,有市场,才有生产;有休闲,才可拉动消费;由家庭、个人消费而指向国家消费,便是清晰发展的另一个理路。

113. 然而,供给对于价格的影响,是要远远大于需求的。[3] 此即表明,价格上的下降,在一个常态之中,是不太可能的。于是,它便逼迫着生产的供给方面,必须要走发展的道路。这样,价格便会影响决策,成本就要导引方向。事实上,市场的高妙,仅仅是在于它的自由定价的系统,可其仍有失灵的许多方面。为此,有的学者建议,各行业之间,应建立价格的协商制度,真是具有莫大的利处。

114. 发展需要交换的存在。一般来讲,交换是在利己和利他之间进行的。尽管交换有时也会产生许多误导,但其仍是发展的必须,其前提便是购买者的边际效用一定当以生产者的成本为依据。不然,交易

---

① 黄达:《货币银行学》,中国人民大学出版社 2000 年版,第 122 页
② 熊彼特:《经济发展理论》,叶华译,九州出版社 2007 年版,第 563 页
③ 米塞斯:《货币与信用原理》,台湾银行 1967 年版,第 112 页

就难以繁荣下去。鉴于交换的长久存在,倘若经济的各部门之间能够实现有计划的按比例地扩大再生产,即是属于有秩序下的发展了。我们认为,那或许就是人类的集体理性的有可能的表现之一。当然,为着交换的获利更多,根据斯泰克伯格模型,[①]人们还应首先地采取行动,因为这样便能取得极多的优势。

115. 艾哈德认为,经济发展的基石,乃是在于通货稳定。[②] 比如,当新的固定资本开始存在时,虽然在更新或维修方面没有做出任何实际支出,但是也要从中拨出一部分作为摊提基金。这时与平衡产量对照之下总需求将感到不足,于是经济陷入衰退。正相反,当重置或维修突然大批到期,所需数额超出了当时的摊提率时,一个繁荣时期即开始到来。[③] 如上,便是人为造成的通货不稳定的后果。因此,货币之法是具有着牵引作用的,且增加货币量也是可以提高生产率的。此即言,高资本形成,将通过高生产率,来达成收入的增加,或收入的增加也可以加大投资也是一样的。当然,其间若能伴随着减税、低息或许更有利,对于外商更是如此。

116. 关于产业革命,即是指科技成果的全面工业化,或称工业革命。在十八世纪下半叶,以蒸汽动力和纺织机为代表,属第一次产业高潮,第二次是于十九世纪末叶,以电力和内燃机为代表,第三次是于二十世纪中叶,以核动力和电子计算机为代表。现在,它正朝着航天、信息和生命科学为代表的方向发展。我们说,产业革命的前提,应是需要资本积累的,而原始的最纯洁的节俭所形成的积累,当是在资本主义的

---

① 余永定:《西方经济学》,经济科学出版社 2002 年版,第 145 页

② 艾哈德:《来自竞争的繁荣》,祝世康译,商务印书馆 1983 年版,第Ⅸ页

③ 罗宾逊:《经济学论文集》,顾准译,商务印书馆 1984 年版,第 42 页

生产方式确定以前就存在着了。根据我们的考察,封建社会的土地私有和资本主义社会所具有的资本私有是存在着根本上的不同的。因为,后者的资本有许多是由个人努力所获得,这便与国家的恩赐或分封等无有大关系,于是这种状况,就为它的发展提供了最大的自由的自主性。

117. 在目前,发展是于低成本和高效率的共同作用下,才得以实现的。为此,城市发展的高效率,就要相依于“三农”的低成本。这样,农村人口的向城市转移,以及城市化的可以带动发展,兼之统一市场的形成,就促进了城市的开放等等思想,便应运而生。就某些地区而言,其行政长官还为之出台了许多的地方性制度或法规,因此它便成了该地发展的核心要素。

118. 以上,即是投资和生产在一般的发展过程中,所必须要展开的局域系统。

119. 下面,谈一下竞争。首先,竞争是存在于一切的发展过程之中的,尽管它只是一个手段,然之竞争的问题本身,就是反映着一个根本的发展问题。所以,发展必须要依赖于竞争。自然,竞争也要依赖于信息。然而,竞争也当是要建立在利益的合理分配的基础之上的。且只有高效率,才有竞争力;只有激烈的竞争,才会更有利于提高生产力;或说,愈是竞争,投资环境就愈好,进而就愈能发展。可见,竞争以及竞争之中的创新,似比资本更重要。但非常可惜,竞争又只能是在市场的边界发挥作用,兼之技术的存在变数,竞争的手法,愈来愈残酷。

120. 竞争相对性定律表明,(A)竞争是相对于两个或两个以上的经济系统而言的,(B)两个经济系统在一定意义上竞争,在另一种意义上不一定竞争,甚至协同,(C)竞争是相对于某一价值观而言的。[①] 于是,竞争就会时而出现非均衡,但也会在极小的一段时间里它是要呈现着均衡的状态的。可无论怎样讲,发展的常态必是某种长期的不均衡。因此,普遍的自由态,就会被大规模的垄断所代替,进而导致竞争出现畸形。我们说,自由竞争乃是资本主义初期的事情,今基本上已不存在,故其多已成为了垄断。在当下,完全竞争已不真实,倘若人们还仍以之思想来指导工作的话,则必是难有正确的主张。

121. 我们认为,发展的存在,必是要开始于增长的,或说是开始于企业的发展的。熊彼特讲,我们所说的发展,即是被定义为能执行新的组合,于是它便包括(A)引进一种新的产品,(B)采用一种新的生产方法,(C)打开一个新的市场,(D)征服或者控制某种新的供给来源,(E)造成一种垄断或打破之。[②] 作为经营者来讲,如上的五个方面,都当是要认真做到的。1971 年诺奖得主西蒙·库斯涅茨讲,现代经济增长的六大特征是,(A)发达国家中人均产值和人口的高增长率——两者都是这些国家中以前可观察的速率和世界其他地方的速率的大倍数,(B)生产率也是过去速率的大倍数,(C)经济的结构变换速率是高的,(D)社会结构和意识形态也迅速变化,(E)借助于增大的技术力量,(F)现代经济增长的传播。[③] 因此,经济增长,就会引致收入的增加,市场的开拓以及货币化等。

122. 其实,经济增长的根本仍是在于效益,而效益的存在又是建立在效率基础之上的,所以它往往与规模无关。效益多被人表示为财

---

① 昝廷全:《产业经济系统研究》,科学出版社 2002 年版,第 148 页

② 熊彼特:《经济发展理论》,叶华译,九州出版社 2007 年版,第 147-149 页

③ 《诺贝尔经济学奖金获得者讲演集》上卷,王宏昌译,中国社会科学出版社 1997 年版,第 99-100 页

富或与之挂钩,然增加财富,除了提高效率之外,还要在于投资。比如,投资于发明,更利于增长;二战后,欧洲的增长乃是源于它适时地追补了一份发明清单。可见,技术应是增长的长期因素。此外,机器与组织形式的结合,也是增长的基础,因为组织形式也能提高生产力,即效率往往会存在于组织之中。如是,长期的增长就要适应必需的效率,而不是把它看做一种简单的配置。

123. 增长的经济原则,一定要求产出大于投入,这样企业的成本就必是要低于市场的,而最好的企业就是要低于其他的企业的,故企业之获利,就是它集中了市场内外的各种有利的存在,它可以使别人的财富变成有利于交换自己的物品,它可以使劳动中的财富再增值,它必须要保持着贸易的顺差等增加财富的方法。

124. 何宜庆先生曾推导出了实体经济价值增值系统之平稳运行的充要条件。[1] 在他的很好的思想上,人们不难发现,由于实体经济的价格是由成本加成法取得的,所以其利润就只能是之前后的差值,而虚拟经济的价值仅限于是由观念的预期取得,因此它的来源就只能是未来的增长与现在的差值。这便指明了实体经济的利润之来源当是现在减去过去的差值,而虚拟经济的利润则是未来减去现在的差值。故关于增长的真谛问题,便得以阐发清楚。

125. 研究增长,必要涉及分工。因为,分工的存在和改善,必是有利于发展的,且之分工水平愈高,则工业化的水平也就会愈高,故分工有时与其他的条件相比,它的效果或许会更好些。分工不仅会提高生产率,还能加快资本的投入。根据分工定律,即分工是受经济系统的系

① 何宜庆:《虚拟经济与实体经济互动影响研究》,上海交通大学博士论文 2004 年,第 42 页

统化水平及其资源位的限制的。[1] 因此,产业系统的分岔,也就成了分工的先决条件。当然,它还要因于交换能力,或是相互依赖的需求。这样,知识、工艺的分解,专业化与集团的并存,包括市场的可以获取最大效率的瞬间均衡,以及生产率的反作用于分工,经济的与金融的发展之同步等等,都要金钱在为获取相对优势的前提下,来完成那美妙的分工的不断衍生。否则,分工就会停止,而发展也就没有了可以蔓延的存在性。

126. 此外,理性、知识、教育、公平、政府保障等都很重要。比如,有人讲,资本主义发生的根本动力是在于理性化,资本主义的存在,则是理性化的结果。[2] 我们认为,这是不无道理的,然似乎又不完全。因为,关于追求最大利润的思想,现正在被代理人制的以追求一定比例的利润思想所代替;可是,其间又冒出了要以追求上市公司的最大价值化,来做为其追求的最大目标了,很显见,这就不能不使人担忧起来。再有,知识一定是知识经济的起点,似是无疑的,而可编码的知识和经验知识,就尤为显得直接且极为地重要了。对于培训、教育能产生收益之说,事实表明,大学教育对效率之改善是有益的,而中小学教育对于效率改善则是具有不利的影响。[3] 就原则上而言,资本与教育当是具有同等的意义,教育投资定会有利地影响到生产率的不断提高上来。按着克拉克的思想,我们要测定社会是否公正,就必须要测定社会是否

---

① 昝廷全:《产业经济系统研究》,科学出版社 2002 年版,第 14 页

② 沈杰:《现代性、后现代性与社会重构——关于理性化社会及其问题的社会理论研究》,中国社会科学院博士论文 1999 年,第 10 页

③ 张辉:《中国人力资本贡献率的实证研究》,东北财经大学硕士论文 2007 年,第 29 页

为人类谋福利。[①] 这样,在公正的原则下,发展才会有后劲。同时,幼儿的纤带、老人的拐杖,在经济学上的表述,只能是由政府提供的东西,才可来引导着其发展。此间道理,恐是不言自喻的。

127. 再有,就是看经济的有关指标问题。比如,左中海先生讲,罗斯托的“起飞”理论的基本条件就是资本的积累率要达到10%以上。[②] 我们言,这无疑是十分妥当的。因为,它是能够通过有关的推导就可以得出的。我们曾设计过一个模型,其结论就是要想获得100%的利益,至少要有10%的积累。如此一来,罗斯托的“起飞”理论就是成立的。之后,朴圣相在《增长与发展》一书中,又分析了资本生产增长率的存在,在发达国家里,该比率平均为10%。[③] 这看似简单的数字,经济学家们为之得来却是费了很多心血的。为此,谨望后世贤人均能默识之而有所应用。

128. 亚述·路易斯说,从发达国家生产增长率的增加能预测不发达国家的初级产品出口的增长率为前者的2/3,不多也不少。[④] 我们讲,每一次的新的增长性的生产,都应是在生产着一个扩大的倍数,其至少要大于1。否则,增长的意义就不显著。张辉先生讲,物质资本无论在哪个模型中,对经济增长的贡献率都在70%以上。我们国家的增长主要是高投入的带动的高增长。[⑤] 接着,他又说,我国人力资本的贡

---

① 克拉克:《财富的分配》,邵大海译,南海出版公司2007年版,第26页

② 左中海:《中国经济发展中的资本形成问题研究》,西北大学博士论文1994年,第6页

③ 左中海:《中国经济发展中的资本形成问题研究》,西北大学博士论文1994年,第8页

④ 《诺贝尔经济学奖金获得者讲演集》中卷,王宏昌译,中国社会科学出版社1997年版,第48页

⑤ 张辉:《中国人力资本贡献率的实证研究》,东北财经大学硕士论文2007年,第40页

献率平均仅为8.26%,教育贡献率则达到了20.56%。然而,在1909和1949年之间的美国,其经济中每小时劳动的总产值是增加了一倍的,而那个增加额的约7/8可以归功于“最广义的技术变化”,只有余下的1/8能归功于通常的资本密集性的提高。[①] 因此,我们便可以通过如上的数据,来发现极多的问题,或是在那些方面能够起到警醒的作用。

129. 综上,我们把投资、技术和劳动力称为硬推动,把预期称为软推动。软推动往往具有超前性,而这种超前性多是依赖于惯性的预测来决定的。小罗伯特·卢卡斯讲,当经济充分就业时,使用古典模型,反之使用价格黏性模型。在长期情况下使用古典模型,在短期使用价格黏性模型。[②] 我们说,如此是有道理的。因为,自我调节与均衡恰是经济上的丛生性和自我解救性的表现,且现代经济的利润尚未出现递减,也正是反映了经济的自救性的重要存在,而其能够实现这些,乃是在于企业家的利用了价格的自动调控,兼之创新起了共同的作用。所以,由原料、动力、市场到科技、信息、智力再发展到经济、社会、环境,就似是体现了一条向前的路线。

130. 均衡理论是传统的核心,但发展则是要在非均衡态下的通过相互的超越,才是可以实现的。因为,沉沦中的回滞作用,也会引致奋起。当下的发展,主要是指从不发达而迈向现代化的,且发展只是作为实现现代化的手段来考虑的,故其中必是含有着悲悯的情愫了。

131. 现在,我们必须要展开两个逻辑:(A)资本的发展是按照由技术决定的工业发展之逻辑来展开的,它表现为新机器、新产品、新部门、

---

① 《诺贝尔经济学奖金获得者讲演集》下卷,王宏昌译,中国社会科学出版社1997年版,第17页

② 小罗伯特·卢卡斯:《经济周期模型》,姚志勇译,中国人民大学出版社2003年版,第91页

新产业的不断出现,表现为生产资料优先增长的必要性,表现为技术革命对劳动力的解放。[1]（B)资本主义生产的逻辑可概括为:

$$M\rightarrow C\rightarrow\begin{cases}mp\\ IP\end{cases}\rightarrow P\rightarrow C'\rightarrow M'$$

这就是说,某个工厂主用一笔钱 M,去购买他从事生产 P 所必需的商品 C,包括生产工具(mp,或者称不变资本 C)和劳动力(IP,或者称可变资本 V),他得到一种其价值大于 C 价值的新商品 C′,由此出现了利润△M=M ′-M。[2] 我们言,倘若把如上的两逻辑进行适当的糅合,或许就是今日之发展所需要的某种轮廓了。

132. 一般的发展,在现有的人们的思想意识之下,它只要不出现超额的失业,或是通胀,就算是比较好的了。那么,它的运行谱系又该是怎样的呢?我们说,互为市场的各个工业部门之间的在非均衡态的情况下,它们的相互的超越着的行为,就一定是构成了发展的主脉,而具体的表象多可反映在资本、制度或是辩论的以及争议的等等之上的。比如,当某一企业单位的科研取得了一定的突破性的成功之后,本单位就会随着实践应用的需要,而使之处于一个相对的改进或完善的以及保护和保密的状态之中。然而,其他企业由于竞争的需要,它们都会在时时地关注着别的企业的突破性发展。当某一企业的科研发展在完成了有关方面的突破性的成功之信息被其他企业单位接收后,则这些企业就会掀起一个更大规模的竞赛性角逐。于是,各个企业之间就会在如上的相互的超越之过程里面去推动了发展——因此,这便是反映了

① 杨健生:《经济危机理论的演变》,中国经济出版社 2008 年版,第 212 页

② 米歇尔·博德:《资本主义史 1500-1980》,吴艾美译,东方出版社 1984 年版,第 143 页

一般的发展模式。

133. 当然,前述的所有的为我们所梳理的系统,也就会自动地生成着处于相生性的发展模式之前的谱系存在了。

134. 在此,我们要强调,关于经济发展的动力学系统,当是决定着一般的发展谱系的绝对的东西。只有当这个动力系统首先地存在了,其后的发展才会自然地合逻辑地展开。

第四节 可持续战略的回滞效应

135. 可持续战略一说,也是一种关于发展的布局思想,它是旨在谋求全球性的经济和所有人的可以坚持连续性发展,以期达到既满足当代人的需要,并兼及人际平等,又不对后代人满足其需要的能力构成危害,进而实现代际公平。在发展内容上,则是希图经济、自然和社会之间的协调等等。

136. 我们说,这是何等好的一个宏大方案?! 然而,张孝德先生认为,将可持续发展提升到战略的高度,在世界各国实施,尽管这是一个十分重要的举措,但从模式演化的角度来看时,当代工业化遇到的困难,仅仅依靠某种战略是不够的,必须要在有关模式的具体创新中方可解决。① 不如此,则任何的可持续之实践,便不可能成功,原因就在于其中必会存有极大的回滞效应。

137. 回滞或称回滞效应,首先是一个物理学的概念。将一块铁置于磁场中,铁块会产生磁性,当磁场消失后,铁块的磁性却仍然存在,而

① 张孝德:《模式的结构与演化——兼论中国经济模式的选择与创新》,中国人民大学博士论文 2000 年,第 4 页

且将长时间持续,这种现象即被称之为回滞效应。[①] 我们讲,所有的经济活动都是具有着相互的回滞作用的,因此其回滞的效应就不再是单向的。正是由于这种相互的回滞作用的存在,发展的一方在达到了一定的程度之后,就会走向衰退,而衰退的一方,在其持续的过程中,也就可以扭转局面而通向发展。故一切的经济活动都是在回滞的力和反作用力的共同的作用下的结果。所以,鉴于回滞的效应,经济学上才得以出现了极多的悖论。可见,回滞的存在或许即是那些的悖论之源。

138. 通过回滞的物理现象,人们知道,如果有一存在之持续接受某种回滞的力量,则其本身的磁性就会有可能超过影响它的外来的场的影响了,尤其是在外来的场之减弱的时候更是如此。届时,所谓的回滞之磁便会日益强大到可以反作用于外来的磁场。于是,由被影响的处于服从地位的积累起来的回滞之和,就会变成处于主导的地位了。这样,它就会起反作用,而原来的发展的便会走向衰退,原来的衰退的也就会走向发展。我们说,这当是不用存疑的。

139. 至此,可持续之说,其最终就必要会毁于它的在某一高点之前的崩溃。

140. 可持续战略,在根本上,仍是以耗损他者来实现的,其目的无非是欲在某一线性的前提下,来实现它所希冀的最大或连续的辉煌。根据一般的常识,这在长期的或说是在可持续的范畴内,当是绝对不可能的。因为,可持续之论绝没有市场经济的基础,而经济的波动性和周期性的危机,就会使人清晰地看到可持续战略乃是近于一种痴说。

141. 就可持续说的发展空间来看,发达国家绝不会放弃原有的利

① 袁东明:《西方失业回滞理论研究》,北京大学博士论文 2003 年,第 23 页

益,而发展中国家又一定要确保自己的经济增长,于是它们的前行理路便不可能相同。这样一来,可持续说就会被分裂,就会在一国与他国的竞争之中,被各行其是地淡化掉了。因为,若在可持续的借口下,推行经济上的全球化,那无疑是强国对后起国家的一种竞争力的合法打击。此时,它所宣称的人际公平,或是族际的公平等等,便是不可能实现了,其间的道理就是可持续并不会存在于所有的不平等的世界的各个层面之中。比如,弱者总是为着强者的可持续来服务的,而强者从未允许弱者经过可持续发展来达到与自己并肩的程度。

142. 再有,从可持续的时间观念上看,其要既满足当代人的需要,又不对后代人满足其需要的能力构成危害——应是不能契合于它的战略思想的。因为,就某一战略来讲,它一定是要有计划的或是兼及方法的,然之所言,若与持续的或称连续不间断的时间挂钩,它便无论如何也不可能付诸一种可供实施的展开,这就相当于人一定不会住在海市蜃楼中是一样的。否则,在代际公平的问题上,持此说者,就当拿出一个方案来。可是,人们喊了多少年可持续之说,竟连一个有计划的可行的东西也未曾出现过。因于上,有位诺奖得主讲,在政府赤字用于垫付生产性投资的程度上,后代也受到了赤字支付的利益。那么,让后代偿还赤字支付也许和各代人之间的公平原则无矛盾。① 显然,这是十分荒谬的。第一,它是强加给后人的;第二,后代人所享受的必是前代人所享受利益之后的利益,然其却要承担之产生全部利益的垫付赤字,真是实难公平的。

143. 此外,现代工业化经济所遇到的三大困境,即人口膨胀、资源

① 《诺贝尔经济学奖金获得者讲演集》中卷,王宏昌译,中国社会科学出版社 1997 年版,第 296 页

短缺和环境污染,也是可持续说不能面对的或称之是不能够解决的。因为,它在这三者之间毫无协调的能力。我们讲,对于有限的并已经短缺的资源和无限的生命流且已膨胀的人口的存在,它是一定无法解决代际间的可持续的公平分配问题的。可见,它只能是一种想象的,然是难以实行的。另外,现代经济主要是依赖化石能源的,可是它与其他之能源的衔接就未必会按着可持续而连接起来。这是因为,比如石油枯竭以后,它所适用的系统不一定就会适用于其他的系统。根据一般的研究,随着经济总量的扩大,其发展的速度一定要降下来,这当是一个不能争的必然事实。此时,若仍有人还要讲他的在速度上的可坚持连续的保持在一个增长或更大增长的鬼话,那就难免会具有着反自然倾向的性质了。

144. 从可持续说的内容看,它所指望的经济、自然和社会之间的存在着的某种可连续的力量,无非是它们各自的系统内部的力量或是加上外部的环境的力量等。然而,稍一思考,人们就会发展,这些力是绝难同向的,若将其再与上述的工业化经济所遇到的三大困境相联系,则可持续说,在最深层意义上的作用,就只能是表现为零了,即在不触动原有模式的前提下,通过实施以控制和治理为主的可持续发展战略,虽在一定程度上可以缓解遇到的问题,但从根本上想解决之应是不可能的。① 如上的话语,尽管十分温香柔和,但其见地却是极高明又深刻的。所以,我们认为,可持续说的毫无功用的面目也就袒露无余。

145. 接下来,我们还要从经济学的角度来彻底地解构它,一旦解构成立,则之与自然的或社会的联系也就完结了。自此,可持续说就到

① 张孝德:《模式的结构与演化——兼论中国经济模式的选择与创新》,中国人民大学博士论文 2000 年,第 80 页

了它的应该是寿终正寝的时候了。当然,上述的思想,均已阐明了这里的观点。

146. 我们讲,可持续说,是不存有竞争之基础的,而不存有竞争基础的所谓的连续等等,必是难有活力的,即是不可以持续的。因为,在加尔布雷斯看来,竞争本身必然会走向卖方控制,届时就不可再有价格上的竞争了。[①] 于是,可持续便会被阻断。所以,可持续说就是真的失去了竞争性的。就物价而言,它的每一次上涨都是与经济增长的持续了一定时间相联系的,这是其一。其二,艾哈德认为,物价上涨的原因有三:第一,工资增加超过了生产率的增长;第二,资本家任意提价;第三,政府为弥补财政赤字而制造通货膨胀。[②] 因此,整个社会的物价,便不可抗拒地趋向着上升了。[③] 也就是在这种不良的上升的过程中,由于工会、资本家和政府之间各怀鬼胎,即工资、提价和通胀之间的不可避免的矛盾,它们便在物价的良性的持续上涨了一段时间之后,而终于会走向衰微无疑。于是,由物价带动的增长,或是由增长带动的物价,便在上升的通道里,不得已而回归于从前,故看似的可持续的发展也就必要回归于过去的低点。

147. 垄断的存在,势必会对国民造成巨大的伤害,所以政府多要实施反垄断。反垄断就是意味着,任何的个人不应当存有足以压倒别人自由的那么大的权力。一般来讲,垄断往往会有三种形式:(A)独立公司联合起来,(B)大公司控股中小企业,(C)独家经营的大公司在市场上占据垄断地位。在这三种形式中,任何一种看起来,都是会有利于

① 罗宾逊:《经济学论文集》,顾准译,商务印书馆 1984 年版,第 161 页
② 艾哈德:《来自竞争的繁荣》,祝世康译,商务印书馆 1983 年版,第ⅵ页
③ 托宾:《十年来的新经济学》,钟淦恩译,商务印书馆 1980 年版,第 37 页

可持续的发展的。但是,政府又不允许它长期地存在。这样,可持续论就是既无有了自由的竞争的基础,同时也无有了可持续的垄断基础。

148. 关于资本的存在,它一定是发展生产力的显著力量,但从资本主义的历史上看,资本于生产力的增长过程中,也是伴随着许多的陷阱的。资本最根本的特点,就是它的再生性,兼之劳动力的生命流的存在,似乎天下就可以永享可持续的发展了,然而自然资源往往不具有再生性。如是,连续的发展就会受制于木桶效应。还有,由于私人资本,只具有使生产单向地出现过剩的趋势,它很少有使资金回流到劳动者的需求一方的秉习,这便使得在危机爆发后,人们的既不能实行凯恩斯的刺激主张,也不能再采用自由的放任政策了。所以,言资本能推动可持续之说,就是不能成立的。因为,资本不能确保自然资源的长久的与之匹配,且之还要产生相对的过剩,可稍一治理,它又要造出许多的诸如滞涨等问题来。故,资本于可持续一定是无能为力的。

149. 在经济现代化的条件下,它所不可或缺的资金积累,通常有三个来源:一是通过自由资本市场筹集资金,二是提高物价,三是国家投资。① 但是,按照李嘉图的说法,由于资本积累和由此而产生的各行业的资本一旦过量,就必会导致利润下降。因此,对于言可持续者来讲,随着其资金的或是资本的累积,反而要使之利润下降,这无疑也是他们所不愿乐见的。况且,对于整个社会来讲,有时的新的投资也不一定就是能够增加就业的。请问,诸如此类的建立在资本金之上的投资,对于人们所企盼的可持续之论,还会有积极的意义吗? 答案必是否定的。

150. 经济增长与高就业多是相联系的,但它们常被经济危机所打

---

① 艾哈德:《来自竞争的繁荣》,祝世康译,商务印书馆 1983 年版,第ⅷ页

断。人们处在萧条的时候,从不高喊什么可持续发展,然在趋于恢复以后,就来大肆渲染这个东西了。我们说,这是极为有害的。因为,此时它可以为无约束的增长开辟通道,从而使发展变得无有节制,并会走向工业过度。这样,人们就一定要治疗上述着的增长癖好。否则,企业家在追求他们的可持续的增长的同时,就会一直走向全面的经济危机。谁都知道,没有什么比危机是更可怕的了。

151. 马克思说,我们都像西欧大陆其他各国一样,不仅有资本主义生产的发展苦着我们,而且有资本主义生产发展不够的情形苦着我们。① 这里的"发展苦着我们"似是指生产过剩的苦着我们,而"发展不够的苦着我们"似是指生产不充分之前的所谓的可以持续的那一阶段,也是在苦着我们。原则上,资本主义的最有利之际当是指其生产的高度发展,然尚未出现过剩的时期,而此时,资本主义无论如何都是居于一种可持续的增长着的状态之中的。可是,由于它依然在苦着我们,故这种增长就不会太长,就会被各种的危机所回滞,其结果就是如昙花一现,在达到了顶点之后,便一定要走向衰退。有的学者认为,增长的极限,或许会在今后的100年中发生;有的学者认为,石油资源或许还可以使用40年,但无论怎样,可持续说因于危机的存在,它本身就是不可能连续的。所以,100年也好,40年也好,10-20年一次的危机也好,都注定了可持续之说的绝对的不可持续性,且这当是十分清晰的了。

152. 根据科斯的观点,企业家必须要以低成本进行额外的扩张。因此,企业的规模才会扩大。但是,如此一来,该企业的效率便会呈现下降的趋势。首先,随着企业规模的扩大,企业家功能收益便会递减,也就是说,在企业内用于组织额外交易的费用会增加。其次,随着组织

① 马克思:《资本论》第一卷,郭大力译,人民出版社1973年版,第Ⅺ页

交易的增加,企业家越来越无法将生产要素用在价值最大之处,此即讲,就是无法充分利用生产要素,等等。如上,便是反映了经济的发展,必定不能持续。于是,可持续即会在发展的过程中被其自身所僵化。俄国哲学家尼古拉·别尔嘉耶夫讲,在精神里,有潜在的无限,精神固有渴望上的无限。但是,在任何的客体化里,都是有限获得胜利,即发生的是束缚。[①] 所以,可持续在其获得了有限的胜利后,就一定要走向它的反面去了。总之,它是挣脱不掉那发生着的束缚的。

153. 还曾有人把可持续寄托在科技的或是知识的有关存在上,但从理论的角度看,这些也都是不能实现他们的预期的。因为,技术进步和生产率提高会使经济增长。同时,它也会造成技术性失业以及需求水平的下降,从而使增长的速度下降,这种现象,即被称之是“创造性破坏”。[②] 此外,科技的发展也是有着它们自身的周期性的,它们除了发展之外,在主流方面也有停滞期,即它是不会形成一种持续的推动力的。根据杨玉成先生的研究,就导致经济问题的认识论而言,人类所面对的基本的认识上的不确定性,即知识总是易误的,不确定的和脆弱的,并且总是被校正的,于是这就会使之在一个非决定的世界和经济中,必须要存有知识的连续创造、破坏和毁灭[③]的性质。可见,知识的存在也是常令人产生悲哀的。在当下,人们只看到了它的许多的优点,而对于它的反面却不能涉及。故两分法,在对科技、知识、文明、先进性等视点上,多不能展开,这也是人类的一个弱项。

---

① 尼古拉·别尔嘉耶夫:《精神与实在》,张百春译,中国城市出版社 2002 年版,第 53 页

② 夏明:《结构转变中的劳动力转移和经济增长》,中国人民大学博士论文 2000 年版,第 36 页

③ 杨玉成:《当代西方科技哲学与经济学方法论》,中国社会科学院博士后研究报告 2006 年,第 112 页

154. 我们讲,发展之所以不可持续,乃是源于它只能存在于某种惯性之中,一旦某种惯性的存在终结了,则其所谓的发展也就要停止。比如,价格的上涨在一段时间内也会导致产品需求的增长,而这就是一种经济惯性。据此,我们就可以确定出一个惯性系数 R,若将之应用到经济生活中去,它就会对未来能有一个较准确的预测。所以,这也是一个极重要的经济学方法。我们设产品价格从 A 上涨到 A′停止,需求量则由 a 增加到了 a′,然后它才开始下降。于是,$R=(A'-A)/(a'-a)$。在长期的实践中,倘若人们能把 R 确定下来,则其它的就是非常容易解决的了。因此,发展的存在也就是可以简化为增长的存在,即它也只能是一个一定阶段的定值,或说它绝不会具有惯性之外的无限的可持续性。否则,就是有悖于常理了。

155. 于是,我们再谈预期的问题。根据惯性理论,发展当是可以预期的,然而衰退的存在,就似是难以先知的,因为它一定具有陡然性。比如,某些企业家开始预计未来的价格上涨时,就会加快产品的积累的过程,但长期的可持续上涨又是不能存在的,这样其欲望就会被市场的波动性所打碎。所以,在经济领域,发展与衰退,扩张或缩减,包括繁荣与萧条等等,都应是交替地进行的。如是,可持续论就纯为无稽之谈的。

156. 有人讲,过去的经济史所反映的不都是在波动中的连续增长吗?我们认为,这是对的。然而,过去的连续着的增长,它在今后就一定地也是要可持续下去吗?其实不然。比如,北京地区的一棵古槐,在过去的时间里,它已长到了 30 米或 50 米高。请问,在今后的日子里,它还有可能再持续地向上无限地增长吗?或说它还能再长到 100 米或 500 米高吗?显然这是不行的。因为,在一定的基础之上的累积,是不会永远地持续下去的。倘若我们把资本主义比做一架机器,则其中的道理就会更明显了,此乃是源于一架机器它是绝对不会可以无限地持续地永动下去的。那么,真有一种可持续的力量吗?如冬小麦在春天里的生长,它一定是可持续的。可是,到了麦收的季节,这种可持续性也就会必然要完结的。

157. 当然,也会有人问,可持续的起点,又是在哪里的呢?从目前看,没有谁对此做过回答,故可持续论乃是一个还无有关于起点的发展说。因此,人们便不能从起点切入开展研究。按着投资之不可逆的观点,我们讲,它似是某种可持续的开始,但是它的有效性又是具有一定的时间段的。当然,我们也可以认为,所有的投资即是可持续性的居于各个时刻之上的起点。如此一来,可持续说似是因我们而有了起点。殊不知,若仅从投资就言能可持续者,鉴于我们从前的阐述,其必是不会成立的。这样,可持续论就又只能回到它那不可持续的轨道上去了。

158. 那么,可持续性发展,也当是具有方向性上的兼及速度的。不然,即是胡闹。因为,不受限制的增长,正是人们企求获得最大利益的前提,于是它往往会被人们视之为与可持续增长是同一的东西。此间是说,可持续论与最大利益化应是不矛盾的。然而,它的存在又是绝对有害的。因此,人们对增长加以限制的发展,似是好的。可是,在这里进行限制的尺度又是什么呢?有人认为,应由自然对增长加以限制。众所周知,人、自然和社会之间,自然的力量正是日益缩小的,且缩小着的力量又当如何能对增长的起作用呢?可见,这也是不行的。我们讲,发展的存在最好应是受制于一定的速度,只有速度得当,才可避免生产过剩,进而不会发生经济危机。但是,任何的发展速度的存在,它又只能是存在于某一拐点之前的,于是可持续性存在于碰壁之先,沿着人们的经济属性就会发现,它应是不愿受到约束的。至此,我们讲的可持续所必需的要受制于一定的速度等,即会被其自身的增长来强制地粉末掉了,并终于泛滥开去,而使之彻底地走向荒废。

159. 批判是为了进步。人们应广泛地研究号称可持续过程中所存在着的悖论性,并要对之存在进行全面的警醒。届时,即可发现,可持续说只不过是一种漏洞百出的"美好"愿望。其一,由于资本加之技术的作用,它们是可以形成较高的生产率的,进而使生产者的利润最大化成为可能。同时,由于技术发展的间歇性加之生产者欲使之成本最小化,这就会倒逼消费者的支出,亦要形成最小化,从而就使发展被阻断于不能实现的消费之沟堑中了。其中道理,当是不言自明的。其二,可持续发展被定义为"是既满足当代人的需要,又不对后代人满足其需要的能力构成危害的发展",这个定义在逻辑上是不对称的。[①] 请问,如此的存在,它还能有什么积极意义呢?

160. 我们讲,经济的存在,必是要依赖于一个体系的,而此时的条件就显得尤为重要了。比如,利润最大化,要以成本最小化为前提,这就要导致工资的增长总是须低于生产率的,于是工人和企业主之间的人际公平,便会无从谈起。况且,在经济的体系之中,倘若某一环节,譬如石油的有一天的枯竭,也就势必要停止建立在它基础之上的那种持续,而这些,当是不用再论说的。所以,关于经济增长,势必要形成均衡增长,并会带动长期的高增长率的或称是可持续论者,便明显地存有着极多的谬误了。

161. 杨建生先生讲,边际效用递减理论,实际上就是对西方经济

① 陈昌曙:《哲学视野中的可持续发展》,中国社会科学出版社 2000 年版,第 4-5 页

学“欲望无穷”这个前提的一个批判。[①] 这样,真正的财富、快乐、知识与价值可以持续增加[②]的思想,便会失之根基,因为所有的这些都是来源于欲望的。故,发展在经历了一段时间以后,操纵发展的人,由于受欲望递减所致,其也便会随之而递减起来,而如此的内因,也就在发展的体系当中来生成着一个由消减到消亡的存在了。这样,我们即找到了可持续说之不可能存在的本初,乃是在于人。当然,有些人的炫耀性的消费,或许会延长一些所谓的可持续,但其已完全丧失意义。

162. 目前,资本主义已进入到了一个金融垄断的新阶段,在金融垄断资本主义条件下,资本主义实现了历史性进步。金融垄断资本是资本对人类社会生产的最高统治。[③] 因此,鉴于这种最高统治,则可持续性发展也就再无任何的活力了。于是,它也就标志着可持续说的走到了历史的尽头。

163. 下面,我们继续用回滞性理论,再来剖析可持续论的不可能。利奥塔曾讲,目前以发展等名义来巩固自身的制度,是具有着非人性的;并且,在这里,发展预示了一种矛盾。[④] 其实,可持续性发展之说是无时无处不在表现着矛盾的。另外,任何发展都必须要遇到否定,这是无疑的。鉴于可持续性在发展过程中的诸多矛盾,它所遇到的否定性就会更强大,按着黑格尔的观点,发展、否定性发展、对立面的转化等,就会导致某一个方向上的持续是不可能永远地存在下去的,因为它会产生足以扭转原发展之方向的逆发展。于是,可持续的发展就要被它

---

① 杨健生:《经济危机理论的演变》,中国经济出版社 2008 年版,第 213 页

② 帕累托:《二八法则》,许庆胜译,华文出版社 2004 年版,第 34 页

③ 傅皓辉:《经济危机根本原因研究》,中国人民大学博士论文 2007 年,第 152 页

④ 佩里·安德森:《后现代性的起源》,紫辰译,中国社会科学出版社 2008 年版,第 38 页

的逆发展而改变方向。如是之,可持续一说也就终结了自己的可持续之路。

164. 现代经济学告诉我们,增长也会有负面影响。有时这种负面影响甚至很大。[①] 因此,看似的经济增长,均会有负向的结果。如此一来,可持续说倘若成立,它岂不是一路要发生极多的负面影响,并在最终还要产生那极多的负面的后果吗?而这些则是我们所不愿看到的。傅皓辉先生讲,生产力前所未有的提高,又源源不断地形成了生产的阻碍,且生产与阻碍生产的手段又是同时发生的。[②] 那么,生产又为什么要同时生产着它的阻碍呢?这恐怕就是在发展过程中的负面影响所造成的。于是,在发展的躯体里,便内生着一个负面的影响力,即一个阻止它的增长的障碍存在,进而就会使之如同患有了癌病一样,让其不能健康下去。

165. 厉以宁先生讲,在中国发展的巨大阻力,应是在于传统的社会结构之制约。[③] 这在我们社会里的可持续就一定是较难摆脱的。当然,我们也不对可持续理论抱有什么希望。因为,经济的存在,多是短期辉煌,时间一长,就会在相反力量的作用下,而使之走向它的对立面。比如,需求决定价格,价格决定生产,生产决定投资,投资决定股市上涨,股市上涨之后的下跌决定消费减少,消费减少决定价格下跌,价格下跌决定产品过剩,产品过剩决定需求减少。所以,只要是经济的或是发展的,则之运行的方向就一定是含有着相悖性的。因此,可持续说,必会走向不可持续便是固然的。

---

① 肖康:《经济增长和失业关系研究》,武汉大学硕士论文 2005 年,第 38 页

② 傅皓辉:《经济危机根本原因研究》,中国人民大学博士论文 2007 年,第 132 页

③ 厉以宁:《转型发展理论》,同心出版社 1996 年版,第 4-5 页

166. 综合以上,可持续论便是体无完肤了。在当下,言可持续者似正在使之变为一种口号,它就像前清的人们所曾喊过的“吾皇万岁”一样。然而,无论如何,可持续论之所梦想的“万岁”,也是不可能的。至此,我们便为相生性的发展模式的确立,又剪除了一大“美妙”的毒害。

第四章　相生性的发展模式(二)

1. 我们从前的历史,多是人类向着自然去索取的,总是表现为单向的。然而,人类的生命流若想永续下去,大家就应首先以关爱大地母亲为始,来相生一切。届时,我们的未来,才会归依于终极之不灭。

第一节　以人为王

2. 从远古走来,在近一二千年的时间里,天地内外,唯我独尊。于是,万物只能以人为王。

3. 在起初的阶段,作为人类的我们,或许与万物是平等的,或许还要受着虫蛇虎豹的蹂躏。但是,人们自从掌握了火以后,便逐渐发达起来。那时,原野里奔跑着的,可以为人提供肉食,在树林中可以为人提供果实。可见,一面享受着熟的肉制品,一面又享受着新鲜水果的生活,当是绝对地幸福的。

4. 然而,这天赐的一切,随着人们的只要求的为我,而不知道要对他者以给予或保护,结果便把自己推向了畜牧和农耕。自此,食肉的生活就让位给了多吃粮食,还要兼之辛苦的劳作了。接着,粮食生产有了极大的发展,酿酒业也兴盛了起来。当时,富人们享受着美酒,穷人们却要忍受着饥饿。

5. 农业社会,人们主要是从地表来获取衣食的,在这个以我为王的社会里,大量的植被遭到了破坏,土地越来越贫瘠。但人们仍不知道要对他者以给予或保护。最近一二百年,人类开始向地下挖掘,冶铁业、煤炭业、化石资源的利用等蓬勃兴起。一方面在地上的人,多已享受到了当代文明;一方面在地下的人,其死亡的消息几乎是从未间断过。当然,处于地上地下的人们之食品的不安全、环境的污染、交通事故的频发、奇异疾病的出现等等,也是呈上升趋势的。可是,此时的人们仍在无尽地向着万物去猎取,仍不知道要对之以给予或保护。

6. 显而易见,在万物以我为王的社会里,人们多是以自私的形式,于追求幸福和发展的名义下,无度地在消耗着他物,同时有些人也开始过上了奢靡的生活。但是,总体来讲,人类所要面临着的灾难,还是显露了端倪。为此,我们就必须要有所戒惕。

7. 威廉·配第讲,土地是财富之母,劳动是财富之父。[①] 他第一次有意识地把商品的价值源泉归为劳动,并开创了现代经济学。因此,真实的物,便导向了价值,而这里所说的物——财富,无不是用来"生我"的。其后世的贤人,在谈到剥削之概念时,多指人的活劳动是被剥削的,即只讲了财富之父的问题,可从未有人言过土地这一财富之母的功绩。试问,倘若无有土地,当时的人们又何以去劳动呢?而财富又何以产生呢?总之,人们对于土地的贡献经常是视而不见的。因此,刀耕火种了多少年。即使在现代,大地也不过是一只会产奶的牛羊,人们还是在不断地巧取豪夺之。据有些农匠称,今日的土地,若不施用化肥,庄稼等几乎是难有收成的。可见,土地的营养已被世世代代的人们给榨干净了,我们为此感到心疼。

① 威廉·配第:《赋税论》,邱霞译,华夏出版社 2006 年版,第 91 页

8. 关于财富，一般仅限于衣食等物，因为这是人的生存基础。然而，真正的财富，却又包括人们的全部享受，是生活必需品、非必需品以及能满足人们身体官能的快乐的一切物品。[1] 这样，关于人类的享受本性便被暴露了出来。于是，土地所生产的人的生活的必需品，即会被演化成了非必需品，或是被演化成为了能满足人们身体官能快乐的物品。随着人们的所谓进步，其必需品所占的比重越来越小，就恩格尔系数来言，在当今世界，多在30—50之间。这就反映了一个问题，即财富于人的意义是为着生命的延续呢？还是为着奢靡的快娱呢？那么，人类为着官能的快乐，又为什么要耗费掉那极多的万物来满足于一己之躯呢？人类的这个弊端又是产生在哪里呢？在万物以人为王的社会，人类就应该这样丑陋地表现自己吗？此等性状还望人们能够深思之，并痛改之。

9. 熊彼特认为，经济活动，它的意义总是在于满足需要。[2] 关于这里的需要，无疑地总是从人来指向物的，且这就是他的经济的总方向。满足需要，对于饥苦的人来讲，提供的必是衣食之物，这当是具有着永恒的意义；然而，满足需要，对于衣食无忧的人来讲，提供的必是非必需品或是奢侈品了，这样的行为，对于整个的人类来讲，似不具有积极意义。其最可恶的——若对于凶杀者而言，为之提供刀械或是毒药，也属一种满足需要，如此之后果，便是一种犯罪。因此，对于人类的未来，就不能笼统地以满足需要来作为经济上的值得自豪的事情了。我们希望所有的满足需要，都当退回到最简单的状态中去。人类不能盲目地去

① 布阿吉尔贝尔：《论财富、货币和租税的性质》，何纯武译，商务印书馆1979年版，第97页

② 熊彼特：《经济发展理论》，叶华译，九州出版社2007年版，第21页

满足任何品种的需要;比如,去满足整个的人类之趋于自杀的需要,此中道理,似是浅显的。

10. 我们讲,人类的满足自己的必需品的发展,应是极其稳定的。但是,这本应稳定的发展,却被人们的非必需品或专供享乐的物品之生产搞得不得安宁,并因之而产生通胀、失业等等。其实,这里的症结就是在于人们以发展的名义,来发展了那些人的非必需品所造成的。就现在的经济学来看,存有极多的问题,主要是盲目的增长可以大于一切,尽管此间有许多矛盾和不合理,尽管极大多数的生产是只为少数人进行的,尽管极多的产品对于人类的生存是无有意义的,尽管许多的产品是以耗用其他产品为前提,而无谓地消耗着人们的体力和脑力的,但其在GDP的数值上,若仍能表现为是发展的,则人们就会不遗余力地去争取。可是,就在人们忙于建造这沙中之塔的时候,若某一环节出现了问题,则整个的体系便要轰然倒塌而去了。余下的,却仍是那必需品的生产在维系着整个的社会。故,可享乐的东西之生产,似是搞乱经济和不让人们安闲的最大痛处。

11. 目前,人们所追求的各种形式的生产力的发展和物品的增加,其目的仍是在于为着"生我"的,即仅是单向地为着人类自身的需要的,而这也恰是身为王者的人们之霸道所在。此时的人们,所有的发展的管道,都填充满了其所需要的物,然后通过生产力的挤压再送到人主的身边。几乎所有的物,都是表现为臣服的、默默无声的,但有时还要装出笑脸来;它们从高山上走出,从深海里走出,从大地的骨髓中走出,从其他精灵的心脑中走出,在当今的手段下,一切的血淋淋的残酷,均被掩盖在文明的机器的杀手背面了。之后,它们又伴有美女之形象的包装,便可供人肆意地或是浪漫地有时是高雅地去消费着了。人们就是在这样的情景之中,过着他们的幸福生活的。

12. 马克思说,把劳动看作物,劳动是商品。[①] 在这里,他将人和劳动仿佛是进行了分离的,于是享受物的人,就似是在享受着某一独立的劳动,而与人无关了。很显然,这看起来,一定是为了表述上的方便才做了如此的安排的。否则,以马克思的智慧,他一定会把劳动的这种仅表现为人的某一功能的存在隐去,而重新回到人的这个主体上来的。因此,某一人所享受到的他者的劳动,实际上应是在对另一人的作为物的奴役和使用。可见,万物的被征服的边界已是扩大到了人的范围里来了。如是,整个人类的一部分便成了另一部分的物,所有的人都没有逃出如此的命运。比如,较低层的按摩工人是在作为物来服务着他者的,而较高层的达官也是一样的。总之,当今的任何一人,均已变成了另外之人的可享用之物了。

13. 这样,我们就便于理解经济活动的总量,用国民生产总值表示时的意义。因为,其中既有非人的万物的新生的价值,又包含了人的作为物的价值,这就是人类的耗用他物与人的自我耗费之和的表现。从此,人类在打压其他的物的同时,也是在打压着同类的自己。我们认为,这乃是人类作为一个集体的反动之后的又一反动。在我们所知的空间,还没有任何的一个灵物,会像我们人类一样去残酷地肢解或是羞辱和毁灭着其它的万物的。即使在所谓的地狱中的种种冷血和残忍,也不过是人的恶的观念的表露。凡是以演说他者的暴戾或淫秽的,其根源就在于那些始作俑者。我们讲,倘若没有这些坏人思想的传播,世界或许要好得多。因此,在任何的文学作品中的关于丑恶一类的种种

① 马克思:《1844年经济学哲学手稿》,中央编译局译,人民出版社2000年版,第18页

技法的等等描写,其本身就是在犯罪的。

14. 有的学者说,我们只能以人为主体。于是,经济的就必要来服务于人。此中看法,在人的争做主人的过程中,无疑是正确的,但其会有永远的意义吗?答案一定是否定的。比如,一群奴隶,在打到了统治者后,自己就会变成奴隶主,接着他们就像原先的统治者一样,去虐待其他的奴隶,结果就势必会被后起的奴隶们所推翻。其实,这与人的作为万物之王后的情况是一样的。看似文明的人,对其他的万物来讲,包括对自己的同类,是有着太多的比一般的虫蛇虎豹们更卑劣的摧残手段的。那么,这些受苦的万物们,又是如何地来颠覆人们的统治呢?按着某些科学的预测,极多的物种将会在人的高压之下相继死去,其结果,就是万物的首先被毁弃,最后就将引致人类在万物为无的情况下,也就只能自我地焚灭掉,这就叫万物不存,人将焉附?

15. 同样,人是万物的尺度的观念,也应做些修正。只要稍加思考,人与他者的共为尺度的主张,就当是更加妥切的。

16. 从前的经济史,一切生产都是人们在一定社会形式中进行的对自然的占有。[①] 其间,再经过一些转化,就完成了某一私人的对自然的占有。于是,自然的公有性质,就被操纵着生产者的人们给转移了。我们认为,这似是代表了一种恶。首先,对自然的占有,或只对自然的掠夺,看似是人的能力的扩大,实际上却是人的对自然的拥有的减少,而人之生存是万不可离开自然的。另外,自然的在被人们占有之前,它们是具有着无形的相互融贯的增长的性质的,可之一旦被人们在某一阶段上进行了占有或破坏,它所造成的生态灾难,即是要不断地向着人们释放出来。再有,兼之对自然的私有化,其所造成的对于人们的非所

① 陈辉:《经济学的秘密在于人》,西南师范大学硕士论文 2002 年,第 30 页

有者而言,又是极大的不公平的。至此,它便要引起人与神的共怒,必是一定的。

17. 姚慧琴先生讲,凯恩斯革命性地指出,就总的产量和就业水平而言,不存在把自利行为导向社会最优解的看不见的手。[①] 因为,自利者,虽可在人类的群体之间形成秩序和竞争,但其对于毫无抵抗力的自然的万物来说,则是会使之处于非秩序性的混乱和无可竞争性的被掠夺的状态。加上人群间的自利竞争一定要走向垄断,垄断者与就业者之间的矛盾,垄断者与政府的矛盾,就业者与政府的矛盾,就会叠加增强。如是,所谓的最优解问题,便真的是看不见了。于是,人与自然、人与人、人与其他的万物,就均要因人的自利而不能有利于他者。

18. 马克斯·韦伯认为,人被赚钱动机所左右,把获利作为人生的最终目的,这些看似是极其非理性的,但它却是资本主义的一条首要原则。[②] 可见,资本主义的首要原则与极其非理性总是紧密地捆绑在一起的。

19. 人的自私的获利欲望或手段是非常地强有力的,这或许就是整个人类在万物面前的得以称王的内质与显现。然而,又有什么能满足人类的欲望呢?即使有一种是可以满足了,但过不了多长时间,由于人们的喜新厌旧的性质,很快地那个满足就又过时了。这就是说,人的欲壑是难填的。那么,整个人类的欲壑,就更是无能满足的了。所以,不管上帝为人类准备了什么,人类总是会在不满足中,来把它击破。如此,日久年深,人们就会把矛头指向上帝。于是,自然资源在人类的不

① 姚慧琴:《经济危机成因理论研究》,西北大学博士论文 2001 年,第 22 页

② 马克斯·韦伯:《新教伦理与资本主义精神》,于晓译,陕西师范大学出版社 2005 年版,第 15 页

断的享用中,便逐渐地要被消耗尽了。他们把一个丰腴烂漫的地球搞得百孔千疮,就连那深海的底下也不放过。我们可以断言,人类在不久的将来,便会要彻底地与上帝反目为仇的。

20. 根据有关研究,在经济实践中,通过创造财富来满足人的心里欲望或感受,也是它的一个重要目的。[①] 这就是说,不仅财富,就连创造财富的过程也是可以寄托于欲望的或是感受上去了。因此,欲望的以物来异化人或是以之心来迫害人的负面效应,便要持久地在无法克制的状态下去泛滥着了。故抑制每一个人的负面欲望,当是人类得以有序存在的第一个大问题。

21. 除了欲望之外,近现代以来,技术的高度发展,也在成倍地扩大着"生我"的物质。比如,在 1770 年,大不列颠联合王国的技术成就的生产率和手工劳动生产率的比例是 4:1,到了 1840 年,这个比例就提高到了 108:1。[②] 从此开始,为王者的人类就有了大量的得以消费的基础,因之万物也就成了人的更多的是表现为欢娱的商品了。然而,这种存在,似是对生产者稍为有利,在原则上讲,它已违反了人的本来目的。其中的道理即是,任何的经济增长,都不过是一种手段而已。这样,人类所追求的最大增长率,或许就要成为加速衰败的工具了。

22. 人是具有自然属性和社会属性的存在,当其意欲于物时,在现代就能成批地和不受季节限制地来生产物,然之却是以"自损"的方式来获取自满足的,这便不同于自然界的生成万物的方式。所以,自然界能孕育生养各种物,但是人却不能,其一损自然,一损自己,损之又损,只是为了自满足。由于人们的对自满足的需要程度的不同,就会引发

① 陈辉:《经济学的秘密在于人》,西南师范大学硕士论文 2002 年,第 9 页

② 《马恩全集・第四卷・哲学的贫困》,人民出版社 1958 年版,第 135 页

不同方面的对于他者的占有，如此一来，即会隐藏诸多的差异和怨恨的火种。那么，人类怎样才能如自然一样地来生成万物呢？这就需要我们去建立一套新的发展模式。另外，人是具有社会性的，其重要点乃是在于它可以集中各方力量，以及确定更高级的运作方程。倘若人的生产如能同自然一样时，人类就可以无劳无忧了。

23. 过去的历史，依着布阿吉尔贝尔的说法，若以财富来论，则人们即是以破坏财富本身的方法去追求富裕的。[①] 我们认为，此间所言，极为精当。这就像有的学者称，万物的发展往往是以破坏的形式来为自己开辟道路[②]是一样的。总之，在万物以人为王的社会里，人类的对于他者来讲，极多的表现就是破坏。这种破坏应是从人类在掌握了火以后就开始的，时至现代，则愈演愈烈，甚至敢在自己居住的地球上，起爆了原子弹或氢弹。于是，这些破坏者们便获得了极多的快乐和富足，并为自己的发展开辟了道路。当然，他们也为自己开挖了极好的葬身之处。

24. 由此可见，工业化既把人类带上了富裕的峰巅，又把人类引向了毁灭的边缘。工业文明，不会永存。[③] 这样，作为王者的人类就有可能在享用了处于极点位置上的富有的同时，便会非常快地要堕入到那自我死去的深渊里了。因为，此刻其已临着绝崖，工业文明在这里全然无有了任何的可以防止坠落的方法。人类是沿着工业文明的方向，一步一步地走上了它的所谓的发展着的具有了许多的幸福之路的，这时

---

① 布阿吉尔贝尔：《论财富、货币和赋税的性质》，何纯武译，商务印书馆 1979 年版，第 133 页

② 何宜庆：《虚拟经济与实体经济互动影响研究》，上海交通大学博士论文 2004 年，第 4 页

③ 陈昌曙：《哲学视野中的可持续发展》，中国社会科学出版社 2000 年版，第 28 页

的万物在人们眼前堆积如山,然在远处却已空空如也。工业文明在过去的历史上可谓一片辉煌,但过去的辉煌会在将来的岁月里能继续地放射祥光且能明耀于后世吗?按照它的生成理路,即是借着他物的能事来照亮自己的愚蠢做法,一旦其他物的不能供给,则之毁亡的日期也就必然来到。工业文明把人类高高地托起,又把人类重重地摔下。工业文明的一面似是极度的美丽,但它的另一面,导向人类的却是无尽的黑暗。原由就是,总有一天,工业文明会把整个的地球资源都统统地吸吮榨干。

25. 于是,人的一边生产,又要一边阻止破坏的想法,就会显得幼稚了。其实,人的任何生产,都是建立在破坏的基础上的。人们不仅破坏自然,而且也在破坏自己,并且这种破坏的力量是可以排山倒海的,因此人们便在破坏之中,获得了“生我”的一切。在当今世界,发达的国家以全球化的手段或姿态笼罩一切,来为一己之利去走向对各地的破坏,即使是弱国的处于自给自足状态下的经济,它们也在走向一条作茧自缚式的自取灭亡之路。这就是说,只要人们无尽地取之于他,来满足于己,到头来,任何人都会随着他者的变为硝烟而要完全地来灰化自己的。鉴于以上,我们讲,工业化的或是技术的推动,虽在摧折他物的时候,人类获得了短暂的利益,但它却正像某人的吸食鸦片一样,定会长久地贻害自己。

26. 按着一般的规律,任何的存在,迟早是要走向它的反面的,定是无疑的。故高度的以吸食他者为前提的现代的以人为霸主的社会,也是要走向自己的反面的。届时,万物或许会再次获得新生,人与物或许会再次获得平等的地位。从前面的文字,我们可以知道,工业文明必将会把它所开创的全部文明给磁滞消解掉,人们将厌弃奇技淫巧,包括曾鼓舞着人们走到现在的竞争、分工、自利等思想也将被彻底淘汰。因为,在一个经历了浩大的工业劫难之后的社会,满目废墟,人们的一切都要从头再来。这必是以往之发展的后果,整个的人类存在都要面临着被彻底地否定。

27. 张海鸥先生讲,在日常生活中,人们的具体“经济”目标常常体现在“物质利益”的追求上,但人们的种种“经济”行为的最终目的并非在于“物质利益”,而是在于物质彼岸的“精神快乐”。[①] 我们说,在日常生活中,就当下来看,人们极多地还是迷于物的,既然迷于物的解脱是在那物的彼岸,倘若人们在今天就能觉醒,明天即可沿着舟渡的通道而达到了精神的彼岸,则人们就真的都是大智慧者了。我们盼望着人们在万物的被毁灭之前,能从迷物中清晰地去走向那圣美的精神殿堂,则人们又都是极大的幸福者了。否则,仅限于物的发展,必是存有内卷性的。因此,它是不利于人的质的飞跃的。

28. 从现有的发展过程中观察,总需求必会在某一个梯度内充实填满以后,才会进行到下一步。那么,在万物以人为王的社会里,人们的现在的这一需求梯度是否已经充满了呢?是否可以向着更高的方向去发展了呢?大家可谓仁者见仁,智者见智,而更多的既仁且智的学者们认为,似是可以通过知识经济的路径,来继续以最少的投入去获取最大的效益。然再一思考,它仍是没有离开那纯粹的索取物的轨道,即仍是以万物的“生我”为主要存在的。于是,我们就只能真挚地祈盼着今后的贤达之士了,希望他们来把满足万物的需要,也纳入进人们的生活的归宿之中。

---

① 张海鸥:《人的经济属性问题研究》,中国人民大学博士论文 2007 年,第 19-20 页

29. 凯恩斯认为,消费乃是一切经济活动之唯一目的,唯一对象。①我们讲,这里必是混杂了某种荒谬。因为,人的全部的经济活动绝不是以所有的消费来进行统驭的,人的生存性消费是必需的,但过度的工业生产之依赖极多的他物所引致的诸如炫耀性的消费等,则肯定不是其唯一的目的。无穷的消费似是人所欲望的,但无穷的消费若导致资源的趋近于无的结果,则是人们所不愿见到的。故消费一旦失去其所寄寓的本源了,则之后面的目的性的存在,也就灰飞烟灭了。所以,为了消费,当以生成着消费之基础的万物,作为它的唯一目的,才是妥当的。这就像人们若以消费苹果为目的时,就应先以生成和保护苹果树为最终的目的是一样的。由此,我们即可推论,只有先利他,方可利我。不然,利我之说,就是空穴来风。

30. 关于市场是经济发展的动因之说,似是符合人的社会属性的,而供需说就是源于人的自然属性了。此时的市场的或供需的都是建立在对自然之万物的单向的索取之后所形成的。所以,其间必存有一个在人类漫长的岁月里的自然万物之匮乏的或穷尽的时期,届时的市场以及人们的彼此之间的供需又会是在哪里呢?可以想见,今天的市场,定是埋葬着人类未来之自身的一个巨大的万人坑。在近现代以来,城市发展是十分地快速的,城市的生成是有着它的在一定阶段之上的合理性的,但随着它的日益成为消费中心,它的最终结果,还是要没落下去的,尽管它有时可以会成为今后的某种相生着他者的一个策源地,然之存在的时间仍不可以太长太久。

31. 鉴于以上,需求的、供给的、市场的、商品的、化石资源的、资本

① 凯恩斯:《就业利息与货币通论》,徐毓枬译,商务印书馆 1983 年版,第 9 页

的、投资的、生产的、分工的、技术的、为了自身之幸福的、以国家为名义的等等,即均是关于过去的,或已成为经济学之历史的东西。它们的理论作为一种文化的痕迹还会永远保存下去。

32. 通过剖析万物的以人为王的仅是“生我”的存在及根源来看,人类的极多弊端似是就在于其极端的自私性,兼之其极端的短视性上。因为,单方面的无度的向着万物的只是豪夺巧取,倘不停止的话,总有一天,即会使所有的人们都要坠进那暗无天日的洞窟里去,这绝非危言耸听。

第二节　造福他者

33. 造福他者,即是我生万物,这将会成为人们获得彻底解放的开始。

34. 根据前面的文字,大家知道,通过单向的强有力的连续的工业化的向着万物的索取,整个的人类均已取得了当今的霸主地位。但是,处于巅峰期的存在,恐怕会是“小命”不长的。因此,为着人之生命流的永远长在,我们就必须要重新来设计其今后的运行指向。

35. 造福他者,首先就是要我生万物,然后再以之来生我。不然,统统地竭泽而渔,整个的地球也是会要被消耗掉的。于是,为着消费鸡蛋,就要以相生母鸡为前提;为着消费粮食,就要以肥沃土地为前提……。只有这样,才能从根本上解决问题。可见,造福他者,乃是具有着特别的重要性,即它必是人类趋向于长生久视的另一法宝。

36. 人类自从诞生始,都是以贪婪地“拿来主义”过生活的,可是在高尚的人性之中,在一定时段上,人们的利他的精神往往又是可以战胜纯粹的利己主义行为的,而这在当代的社会里,就物质存在而言,已是具备了完全的条件,因此这个世界上的最伟大的灵物,欲开始反哺他者的时代就要来到。

37. 沈杰先生讲,人类对自然的责任是什么?① 我们认为,这不仅是一个道德问题,它还时刻地关乎到人们的生存与生命。自然,首先当是我们所有人的一个家,在这个家里,它提供给我们衣食住行的所有一切;自然,又是我们躯体的一部分,我们以自然而生,死后又归于自然,自然既在我们生前,也在我们身后;自然,又是我们所有的精神,它可以外显为山川流水,还可以成长为无数的优秀穆斯林,等等。自然是无限大,其间也包涵着无限小,它是所有的无形的鼻祖,又是所有有形的先导,我们的过去多是崇拜自然,犹如崇拜上帝一样,然而在向其祈祷的时候,那些礼拜者们并不是真诚地希望去向自然贡献一些什么,更多地则是希望从自然的怀抱里来获得什么,比如希望获得长命百岁,或是希望获得福禄等等。其实,他们的所有的表现,仍是一种在庄严笼罩下的向着自然的巧取。如此者,我们言,它并不是人类的对于自然的责任。鉴于上,大家就会知道,面对自然,所有的有血有肉者均应热爱之,均应保护之,均应珍惜之,均应相生之。我们对待自然,就当像是对待自己的家一般,就当像是对待自己的身体一般,就当像是对待自己的信仰一般。这样,人们才会有造福自然的种种心欲产生。人类造福自然一分,自然就会以百倍来回报。否则,自然也会对人类有所惩罚。

38. 我们的人类,作为这个世界上的最伟大的生命存在,其对自然,其对万物的极多的责任,就应是来造福它,因为自然养育了我们,因

① 沈杰:《现代性、后现代性与社会重构——关于理性化社会及其问题的社会理论研究》,中国社会科学院博士论文 1999 年,第 88 页

为万物生长了我们，因为自然万物发展了我们，所以我们必须要予以回报，且这些在善的指令下的回报，即是造福他者的最简单形式。人们多是以真善美来自居的，只有如此，其伟大的品质才会彰显。过去，万物以人为王是真；现在，若人们能够造福他者，能够造福万物，则即是善；未来，若人与自然、人与万物均能相依相生，则之存在就一定是大美！我们人类所追寻的就当是那大美世界。否则，人类仅在一个真的世界里生存是没有意义的，没有意义的生存也是难以长久的，因此只有通过善，通过造福他者，人类才可以进入美的未来。在当下，人类关于真善美的这三者，独得其一，于是为了善，为了美，人们就必须要走造福他者之路。

39. 马克思指出，痛苦是快乐的源泉。① 人们离开了自私自利的思想，把自己的通过用力向大自然，向别人的他者来获取的财物，按着一定的比例或份额来转化为利他利万物的行为，其心中多是会含有一些痛楚的。我们讲，这些痛楚都是由历史的积弊所造成的，都是经由历史的陋习所导致的，它不仅铸成了今日的欲想着的造福他者的人们的痛楚，它也铸成了整个的人类的痛楚，它也铸成了整个自然的痛楚，它也铸成了整个万物的痛楚，而这个痛楚之源，就是人们在自利和利他的选择上，只是因于选择了自利的缘故。于是，天下的无数的存在者，就都走进了各自的自私与自利的堡垒里去了。结果，人群之间的争斗不断，革命的暴力也不断，穷苦者多是打碎了富人的因自利而积聚的财富“粮仓”，此时的大资产者们就不得不来利他了—这种利他的所为，乃是出于一种被迫。可是，大自然呢？它们受到了整个人类的因于自私与自利的攻击，处处在痛苦，时时在呻吟，然而它们也终于会发怒的，它

① 龙福元：《产业革命论》，吉林大学出版社 2008 年版，第 20 页

们已或多或少地让人们看到了自然的存在威力。请问,此时的人们若再不觉醒,还更待何时呢?我们是要主动地利他或称是来造福他者,还是要在挨到了惩罚之后,才不得已地去利他呢?我们讲,为了人类将来的快乐,大家就一定要勇于承受痛楚,只有如此,才是贤明的。其实,只要养成了习惯,人们在造福他者的同时,马克思所言的痛苦也就是不会再现的了。从此,人类就会从自私自利的歧途中走向利他的康庄大路。届时,人们在利他的社会里之幸福,就要比在利己的小圈圈里,强过万倍。于是,人人都富足,人人都欣悦,人人都是佛祖。

40. 一般来讲,经济的存在都是具有杠杆作用的,其每一个动作 A,都会产生另一个结果 B,B 又会传导给 C,直至它的作用消失为止。可是,当这个杠杆的作用若只是发挥在一个仅“为我”的封闭的苑囿里,就无论如何都不会对他者起到好的作用。因此,人们若在利他之际,即在造福他者的同时,其所得到的恩泽就将是取之不竭的了。以上是讲,在经济活动中,只要我们在利己的时候,也能适当地做着利他或利万物的事,则万物就会对人更有利,即他者就会对我们更有利。不难设想,再过几十年或上百年,若我们仍一味地利己,而向他者索取,那时的大自然或许就会无物来给予我们了。要避免这些,通过经济的杠杆作用,倘能把人们的利己的另一面来指向利他,来指向利于自然,则现在的世界就必会有一个彻底的改观。当然,这也是欲造福他者的人们,所应需要的一种经济上的行为或手段。

41. 在从前的经济理论中,经济的发展多是由利己来实现的,它是要通过交换才可以来完成利他的,这种方式,在资本主义社会炽烈了几百年。正如我们的有关文字所言,它一方面已积累了许多的财富,另一方面也对万物造成了巨大的破坏,且其破坏的结果,就一定要反过来会极大地消减着人们的生产。那么,怎么办呢?我们讲,只能通过造福他者的办法,来补偿人们过去的所曾破坏的一切。届时,被伤害者一旦能恢复了元气,它们就又会无偿地为人类做奉献。由纯粹的利己过渡到纯粹的利他是要有一个过程的,人们在利己时会品尝到低级的快乐,一旦能过渡到利他的方向中来,人们就会品尝到高尚的快乐。经利己到利他,经万物以人为王到人的造福他者的转变,我们希望在今后的一百年里,无论如何都要完成。因为,转变的时间愈晚,则人们所要付出的就愈多,且对万物的破坏也就愈大,而人类所要遭受到的伤害也就愈痛。这些都在客观上,要求我们要有计划的逐步地把由利己的过去,来转换到利他的造福万物的轨道上来。

42. 自然似是无语,万物似是无声,但是它们也有生命,它们的生命当是人类之生命的生命。人类的这些较自然而晚出的生命,在最近数百年里,可谓疯狂至极,他们板结土地,阻断河水,向地心攻击,他们破坏环境,砍伐树木,毒杀其他生灵……。我们若把自然比做一个最高级之灵物的健康的躯体,则今日人们的所作所为,就似是寄生在这健康躯体里的癌变病毒,随着这些病毒的扩散,一旦自然的躯体死亡了,则这些作为比拟着的成为了病毒的所有人,也就必要随之僵尸而亡去。那样的话,人类就会在自然的消灭之后,也要彻底匿迹了。可见,爱自然即是爱自己,造福他者即是造福自己,倘若能利万物,就是最大的利自己,因为我们不管是在过去,还是在未来,都不能离开自然万物的他者的生与育。我们人类永远是天地万物的孩子,永远都长不大,所以我们理当深深地爱着并造福那些看似是我们人类之外的他者。如此一来,即是人类在走向进步,即是人类在走向光明,即是由自在的会向着自为的方面发展了。那时,人类才会看到真正的希望。

43. 因此,人类的关爱性存在就十分地重要了,它不仅要关爱自己、家人、同事、朋友,其更应关爱自然、万物等他者,哪怕是一草一蚁。这样我们人类的德行,就可以向着万物,向着天地,向着所有的他者来辐射仁,来辐射义了。只要我们对万物的他者能以关爱之心而有德,并有仁,且有义,则造福他者,反哺自然,孝忠天地也就是极其理性的事情。在此背景下,人类还会以恶意的行为去破坏他者吗?还会无情地去虐待他者吗?还会丧心病狂地去杀戮他者吗?我们讲,上述的丑陋行为就再也不会发生,其间的理由当是自明的。

44. 马尔萨斯认为,人口的增减是与自然相吻合的,同样经济的发展也是应与自然的存在相吻合的。① 我们讲,马氏之言是具有真理性的。因为,人口的生命是必要依于自然的,故其只能是在相依于自然之后的吻合,这种吻合是人类的一个被动的表现。人类在自然面前看似会有一时的欢娱之逞,但在长久的时段上,就必是无能的或是乏力的。同样,人类的经济发展也是要在受制于自然之后的存在,自然对经济宽大为怀,它就发展;反之,它就要完蛋。故,经济的存在也是被动地来与自然相吻合的。有位大师讲,人定胜天;有的学者认为,人的尤其是科技的力量似是无限的,于是天地自然与万物的他者就是可以被征服的了。不曾想,一旦发生地震,发生干旱,发生洪涝灾害,发生春冻等等,人类还是无能为力的,所以人们还是应放下其高傲矜持的心态,还当要谦恭卑下一些才好,因为人类只不过是存在于自然之上的某些类如寄生的活动之物而已,至于其经济就更是如此了。

45. 在目前,人们造福他者的首要任务,就是应采取保护自然的手段,来使之免遭破坏,不保护而言造福之便是一句空话。当然,在保护

① 马尔萨斯:《人口原理》,丁伟译,敦煌文艺出版社 2007 年版,第 232 页

的同时，自然资源也是越用越少，为此任何人都会产生忧虑。于是，便有知识人采取使有限的资源与科技结合，来缓解物的稀缺性，我们想，这也不失为一种方法，但终不是长久之计，故造福他者的路，一是很长，二是极艰难，三是要有条件的。比如，对于农、林、牧、渔之产品的消费，似是在造福他者的简单的情况下能易于解决，可是对于不可再生的化石资源，人们若想永久地既使用它，又造福它，确是万分地费着思想的。

46. 关于投资问题，施建生先生认为，我们所要的投资必须是有利可图的，必须是新的就业水准已经建立以后可继续进行的投资。① 很显见，这是优先于"利我"的投资，但其中的"可继续进行"一语却另有深意。我们认为，如此的投资在经济的巨大的波动状态下，或是在未来之资源缺乏的情况下，定难维持下去，因此为着就业的考虑，人们在投资之时，既要有一部分资金投到"利我"的方面中来，还要把一部分资金投到"利他"的项目上去。如是，在短期看，人类似是有所失的，在长期看，则是必有所多得的。我们向政府建言，凡是投资者都必须要考虑上述的两个方面，否则政府就应不予支持。当然，为着造福他者，我们的专门研究人员，还要开设许多的可实际展开的细则，并让人们在投资中通过利他的举措，能看到比纯粹的利己的所做而带来的利益更大时，则人们就必然要导向了利他的行业中去。到时，造福他者的非利己的善行就会普遍地盛行开来。

47. 我们言发展，就是要在各个方面来推动生产力的提高。可是，过去的陈腐观念，竟把生产力即生产过程中人与自然的关系这个主旨，来强行地扭转到人们的控制和征服自然的能力上来了。于是，人与自然的和谐相生的理念便被一扫而光，而仅仅变异为人的一种对自然万

① 施建生：《通货膨胀与失业》，正中书局 1989 年版，第 44 页

物之他者的控制和征服了。关于人们的控制和征服,或是征服后的控制,都是一种带有反自由的血腥性的,故现代出现的万物以人为王的事实,乃是依据了被谬误的生产力的学说的。为此,我们必须要大声呐喊,所有的人们一定要回到关于生产力的本意上来,即人与自然的关系是相生相依的,它理当抛弃人的只在于征服自然的陋习。只有如此,作为生产力之一的劳动者,才可以永续地能获得生产资料,否则劳动者就要遭厄运,至少是面临失业之危机。可见,就生产力之阐释的人与自然的关系,在未来的经济学的发展过程里,便要绝对地更正成是一种相生着的关系。作为人类来讲,在对自然进行了长达数千年的劫取之后,当下的最重要的责任之一就是要造福它们。故,对于今后的生产力来讲,它就当是造福自然的学说,而不再是有关征服的学说了。如是,人们就可以在造福自然的过程中,来实现自己应得的利润,并以之来发展自己。这样的发展,才是最圣洁的最伟大的发展。不然,靠勒索自然的发展,终不是什么光彩的事。因此,我们就要强制性地来造福他者。

48. 为着造福他者,而有利于自然万物,我们可以想见,城市化的存在,也不过是一种阶段性的过度罢了。城市化存在的最大意义,就是它可以把整个的人类文明由农耕的表现,转变为了工业的或是现代的存在,进而能提高人们的先进思想。因为,人类不经此路径,就难以跳跃性地发展起来。可是,城市的存在,由于占据了人们的生存空间的最好的风水宝地,鉴于它在完成了自己的历史使命之后,又会形成人类再前进的包袱,所以在未来的一个不太长的时间段里,我们就可以断言,平原城市的灭亡也是不可避免的,而其最好的去处,就是向着山区或浅山区的地下发展,只有在那里,只有在大面积的山区,才是将来的巨大城市的所在地。至于其中的道理,仍是在于我们要造福他者,而自然也一定会造福我们的因由。

49. 庇古认为，在英国，财富的分配极不平均，可以大幅消减许多的高收入，而对经济福利不会造成什么损害。① 我们讲，这当是实现人际之间平等的要法之一，倘若政府将之在人与自然两者间再平等一些，则意义就是更大的了。现在的人们更多地是关注人与人之间的不平等，而很少有心存人与自然之间的不平等的，这样一来，自然就只能是处在永远的被人压迫的地位了，而如此的人压迫自然或虐待自然，其实在根本上也正是人类在严重地损害着自己。所以，公平的意义就要反映到各个层面上去，它不仅要反映在穷人、富人之间，它还应反映在人与自然之间，人与动物之间和人与植物等等的万物之间。人没有什么可以值得骄傲的，人当与所有的物是平等的，千万不可蹂躏万物。

50. 根据以上，在非经济的领域里，也是可以实践造福他者的思想的，而这种实践乃是推动一切的人们去感恩，去报恩的，乃是去补偿大自然或是万物的对于人类的数千万年以来的使之生和使之长的无价情义的。比如，造福他者的制度化和强力手段一旦在政府间形成，则之较某个企业的一些慈善捐助会有万倍以上的推动功效。沿着经济学上的“外生”或“内生”的条件或因素的可以互相转化的道理，人们就一定会明白造福他者的未来的伟大意义了。据载，1974 年的诺奖得主是把经济分析已联系到社会的、人口的和制度的条件了，是扩大到了包括像法律构架之类的因素。我们讲，这尽管比以前是迈进了一大步，但仍有极度狭隘性，这就是它并未广泛地联系到自然的万物，并没有言及要造福他者，所以内敛式的联系迟早还是要颓萎下去的。因为，我们的这个世界是无限广阔的，是无限开放的，要言及人，就必须要言及物，就必须要

① 庇古：《福利经济学》，朱泱译，商务印书馆 2006 年版，第 117 页

言及万物,就必须要造福万物,于是其他的万物才会来资生像我们这样的灵物。

51. 就人的存在价值来讲,万物生我,我也必当生万物,而这正是人们要造福他者的最直接意义。根据经济学的发展动力来看,造福他者的这一价值观的确立,定是人类之劳动者在临于危亡之际又获新生、又得新利的基本前提,因为杀鸡取卵,必定不如养鸡捡蛋。我们人类的过去的近乎所有的经济表现,在面对自然的万物的他者之时,都是采取了杀鸡取卵的方式来进行的,我们认为这是一种低能的与其他低等动物无异的过于简单的所为,而采取类如养鸡并造福它的相生之法,此时即会含有了文明的成分在里面,且造福他者的利润——那些我们所养的鸡所生的蛋——才是人类可以永享的成果。总之,通过从前的杀鸡取卵与今后的要造福鸡和来捡蛋的方法之比较,哪种方式更适合于人类的未来?我们认为,这似是不用再详说的了。

52. 造福他者,乃是我们人类要向着万物的方向去资生之的一个主动的善举,这种的资生对象当是他者的全部,即包括环境、土地、矿产、海洋、大气、外太空以及所有的灵物,如爬虫、菌类、豺狼、飞鸟和那些废弃物,等等。有位学者讲,发达国家认识不到依靠是相互的道理。其实,在万物以人为王的社会里,作为强者的发达着的人类来讲,也多是认识不到依靠是相互的道理,为此人类已经付出了血的代价。真实的情况,乃是人绝不可能会单一地独立地存在下去,倘若天上的星星已昏暗,空中已无日月可见,地上已不能再生万物,河流已枯竭或已腐臭,动物已灭绝,则人类还可以独存吗?届时,人类的这个“王者”之存在的意义又在哪里呢?我们想,其除了孤寂和恐惧,兼之悲伤与无限的痛苦,及万般的自责之外,人类也是一无所有的。因此,为了避免上述悲剧的发生,所有的人们就都应快快觉悟。

53. 曹亚芳先生认为,如果只追求物质需要的满足,而不是以……求善、求美作为生活的目的,那他们就是异化了的人,他们就越来越远离了人的本性。[①] 基于上,我们就可以说,这乃是一种"缺失化",即异化的存在乃是因某一方面的"缺失"而变性变异所致。所以,为了我们人性的纯洁和生命的永在,为了我们的免于被异化或被缺失化,我们就应以造福他者来求善,就应以他者和我的相互的造福来求美,舍此就是荒唐的。在当下,由于劳动必要作用于物,必要表现为物化后存在,于是人的若以造福万物的心态和善行去与物合,则物的回馈于人的也就必是能使之快娱的,这在现代物理学上,应是可以证明的。

54. 当然,造福他者也不仅仅是一种只表现为物化着的劳动,比如关于环境问题,我们只要不破坏,只要不进行所谓的"开发",只要人们的劳动不再去涉及那原始的物,如此一来,也就是对万物的最大的造福了。历史上的宗教多是主张要造福他者的,如佛教的《金光明经》,即是言要舍己利他和慈悲济世的,而这些思想,用我们现在的话语来讲,也就是要造福他者。舍己利他是一种最伟大的人类运动,目前的人们做到"舍己"已十分困难,然而严酷的客观,迫使人们为了自身的存在,终于要在十分的不得已的情况下来"利他"了,这乃是当代所有人们的必需选择,故"利他"实是在"利己"的思想,便会慢慢展开,时间一久,积善成习,则慈悲济世的大好局面就当形成。因此,我们首要任务的便是不能再祈求佛祖,只给予我们人类带来好处,而是要向佛祖忏悔,并向佛祖保证,我们应开始向着所有的他者来做贡献了。

55. 经济学上的需求,在人们获得了极大的满足之后,似是应有递

---

① 曹亚芳:《异化理论研究及其当代意义》,南开大学硕士论文 2003 年,第 25 页

减的趋向。我们讲,在整个的人类之年龄日益成熟的时段,人们的对于物的占有的欲望等等,也会逐步地少起来,而这时的人们,就会由追逐物质的需求,开始转向精神的享受,并由精神来彻底地指导着人们去再生他者,去造福他者,去善养世界。因为,精神享受的根本是只在于过程的。这样,资本主义的关于纯粹的要占有的思想,便会被完全地粉碎了。

56. 牛润霞先生讲,一个组织领域里的成就所带来的智力和价值的后果,会蔓延到其他的组织中。[①] 我们认为,这即是人类之能够造福他者的基础,其理由就是,我们完全可以把要万物的生我的存在,通过有关杠杆的作用,而指向着自然的他者中去,这样人们的智力之相生他者的顺应自然之道的所行所为,便是完全地能够做好的,故由人的惠及物的路线就是一定能走得通的。同时,由于经济的体系是开放的,其受外界的影响也是随时的,于是人类之造福他者的有益的回报,就又要极快地来指向着我们人类了。所以,人类之造福他者就像是春耕播种一样,其最终的大丰收的果实,只能是归于人类,只能是人类才能享受到。

57. 当然,人类到了现在,一定要实施造福他者的方案或手段,也当是人们之命运所预先设定的。这就是讲,在人们先前的理性之中,似乎征服自然乃是一种必须,而在今后的日子里,反哺自然也会成为一种不可变更的指南,不然人类的生命之流就有可能会中断,所以为着人们的自身的生命而展开的一切,也就一定会包含在他们的那些自己的命运里面了。同时,由于现在的经济过剩,人们已经完全有能力来造福他者了,况且这也是解决经济危机和创造未来生命之永续存在的一个有

① 牛润霞:《技术变迁中的失业问题研究》,中共中央党校博士论文 2006 年,第 16 页

利的时段与条件,因为在朝不保夕的岁月里,要人们去造福他者也确是很难的。于是,今日若不造福他者,恐怕人类就要错过一次最好的天赐的良机了。

58. 弗兰柯·莫迪里安尼讲,当前消费不仅决定于当前收入,还决定于先前的高峰收入。消费是正常的"永久的",而不是当前的收入来决定。[①] 因此,为了生命之永久的消费,就一定要有永久的收入来做补充,而不造福他者,不资生他者,则他者的永久性存在又怎么会可能呢?由上可见,造福他者,乃是人类之获得永久性的收入的唯一良法。故,造福他者的发展,才是发展着的发展,而只为自我的发展,则有可能是发展着的塌陷。因为,短时间内的发展,并不意味着就是永远的胜利。

59. 萧伯纳说,进步在于提出不合理的要求。[②] 那么,人们为什么会提出旨在进步的这些看似是不合理的要求呢?我们认为,只有突破了某个所谓的"理"的范畴,才会是真正的发展的壮大着的或是向前的。否则,虽然会合于理,但却是囿于框框之内的,因此相对于人们的未来而言,则是无有进步的。故,凡是局限于某一"窠臼"之内的"理"的存在之中的,其至多只是具有填充的意义,即它一定是不会存有向十方发展的要件。比如,在一个坚壳之中的种子,若不能突破束缚着它的那个"理",则之稍长时间以后,就会死亡掉了,此时还何谈发展?因此,发展的就必须是对一定的临界的束缚的突破,就必须是在此基础之上的新生和成长,而这些对于具有束缚发展之理的存在来讲,即是不合理的,然而事实表明,只有如此者,才是最合天理的。所以,在习惯性的

① 《诺贝尔经济学奖金获得者讲演集》中卷,王宏昌译,中国社会科学出版社 1997 年版,第 275 页

② 帕累托:《二八法则》,许庆胜译,华文出版社 2004 年版,第 31 页

自私着的人们面前去展开利他的造福理论,多是会被人们所耻笑为不合理的。根据以上,人们还能说,造福他者的思想是不合未来之理的吗?我们认为,造福他者恰是人们之再次地得以能够进步的基础。

60. 另外,我们还知道,内生的多是在自相似体的作用下的存在,只有当内生的与外在的或与外生的共同地形成合力时,一个大的发展才会真正到来。现在的人们是极大地正需要着那些外在的或外生的他者来与之共同地并和谐地进步的。这就像是只有男女的相悦和相爱,才会有人类的繁衍是一样的。一男子在文明社会里,只有对某一女子表现出关心,并能显示出可造福她的力量时,则此女子才会反过来相生这一男子,不然就不会有媾合的婚姻,人类的发展也就要失去根本。这些阐述,也就是人的在本性上的要造福他者的可以体验到的存在。

61. 造福他者,乃是我们人类欲实现全面的相生系统,而必须要做的最后的和最高级别的各种准备,比如退耕还林、禁渔和低碳生活的主张,都是具有巅峰意义的。

62. 在前面的文字中,我们言经济学中的五行运转,必会因价值物里的不可再生资源的彻底枯竭,而有可能要停滞下来。届时,人类就要遭遇大难。然而,今日的我们若采取造福他者的方法,就可以使不能再生者会得以永存,其具体的理路有三:(1)各国的政府要统一行动起来,对于那些不可再生的资源,要实施一部分(比如1/3)永久地不可开发,要实施一部分(比如1/3)只可作为实验性的研究着的开发,因为这些不可再生的资源,比如石油再过千万年,或许它的用途就不仅仅是在于做燃料了,它有可能会变性为人类的血液。(2)政府也可以实行极高的价格,来保护之。(3)随着科技水平的日益提高,对于那些化石等不可再生的资源,人们势必就要寻找广泛的替代产品,当这些替代产品在经济生活中日益成熟,且其成本就会越来越低,一旦它跌至化石产品的成本以下时,则类似的如同石油等的开采,也就会立即停止。从此,也就为人类保留住了这些不可再生的东西。如是之,我们也就解决了价值物的,由于某些不可再生的原因,所导致的不能参与长期的五行循环的问题。我们讲,这一思想的实践成功,就当是造福他者之理论的完全胜利。

63. 然而,物物之间的循环,沿着人类生命流的延续,总会有某些东西是要被逐出其存在的系统的。这样,物的存在,于可供人们的选择上,终将要越来越少。所以,人类的未来,就必须要有新之又新的极其高明的相生之法不断涌现,方可推动人类的永续向前!

第三节　相生性理论的展开

64. 我们说,相生性理论的出现,也是在历史的选择压力之下的产物,因为就一般的发展谱系而言,其所反映着的经济学的五行运转,虽可在造福他者的背景当中,会再延续起来,然由于物的有限性和人的生命流的无限性,它就必定会要求具有更高的相生之法来应运而生。

65. 实践表明,在大量的单向地纯粹地以消耗物为基础上的可持续之说已经破产,且万物以人为王的时代也已过时,因此相生性理论的实质,即关于天、地、万物和人的系统规则,或曰一个新的大的发展模式,就不得不由我们提出来,以期承担起它对未来的诸多责任。

66. 关于相生性理论,仅从相生一语来谈,它是包含了相互产生之意,其中的生,既表示前后关系,又表示一种转化的功能,故相生乃是循着依赖,循着依赖物质的自然属性而规定着的继续所产生的生化系统。

于是,相生就要依赖某种结构,而在这种结构中,还会出现互补的相互的利他的诸多善行,可见在相生的程序里,以我之心一旦置入于他者之腹,则就必会有极多的创新的冲动,这又是推动人类社会之前进的内在活力。所以,相生出新,相生可以激活他者,就会纯属于必然。

67. 相生具有超人之力。没有生,就没有事物的萌发和长成,在五行当中的每一行,都是具有生我、我生的关系,因此相生即是泛指着事物间的相互促进,比如后面的阶段,乃是由前面的阶段助推而成,或说后者的阶段必要相依于前面的过程等等。所以,相生既要他者生我,又要我生他者,只有如是生生不息,方可达到人类的生命流之永续存在的目的。由上可知,相生就是相互产生,相互转化,相互促进,相互作用,相互影响,相互依存,相互为好,相互共赢,并能相辅相成,而相生性理论的实在,就是于此架构层面上的更大与更好的发挥。

68. 我们认为,关于经济模式的问题,当用陈述的语句来表达,对此它就要上合历史,还必须要适用于未来。沿着经典的思想来看,相生性的根柢乃是必有着元理论的性质,即它应是属有某种理论的背景,或是可解释某一理论的理论。鉴于此,有的学者称,现代经济的发展,乃是取决于有效率的合理的经济行为与和谐的社会关系的共同作用之说,就显得有些不够完善了,因为它还应包括人们当相生他者,再由他者来相生之的内容,否则当下的任何的所谓的不依赖于相生性的发展就只能是短命的。

69. 众所周知,所有的经济存在都是运动着的,并且是相互联系的,在这其中,一定要含有相生性的脉冲,不然就难有人与物的经济环境的对其过程的有利影响。非常明显,经济的环境又多是由非经济的要素所促成的,在实体经济中,它是以现在的利益和过去的成本为依托,来推动人们的生命之走向未来的,因此我们就要相生过去,并以现在来相生未来。当然,经济的还可以分为多种形态,即它们之间也必是相生的,但可惜的是就目前而言,公共部分的相生他者的份额还是太少,所以为着久远计,这一部分还理应再加大一些才好。一般来讲,多样化的东西与一体化的存在,也是自然地要相生着的,然而绝对地为了追求最大利润者的行径,就是不会合于相生性的理论了。

70. 王沪宁先生讲,经济发展是以满足人类生存需要的基本生产部类的关系的充分发展,并在这个基础上促进科学技术,教育水平的前进。[①] 所以,为了生存,为了生之永存,人们就必须要以相生之法来达至长生久视,故相生他者,譬如科学技术和教育的存在,都是要以人们的生存为最大的。于是,不言而喻,人类的再发展,就只能是要依于相生性的理论存在了,因为可持续论已走向穷途,且如石油再过几十年就会殆尽了,这就要求现在的人们必须要考虑相生性的问题。好在目前的工人阶级和知识分子均已得到了地位的极大提高,而如此者当是人类的再发展的重要标识。我们言,这才会引起真正的大范围的基础上的发展,因为其中必有极多的相生性。

71. 知识经济似是为相生性的发展,提供了一个很好的前提,故它所依赖的技术进步,虽然在某一时期减低了就业,但其所形成的资本积累,仍会再起到扩大就业的作用。就科技对生产促进的速度较资本更快的意义来观察,以科技而求摆脱资本的时代或许就要到来。总之,社会愈发展,就愈会与资本脱钩。另外,具有长期的相生性的牢不可破的东西,又只会存在于实体的生产当中,其与虚拟的各种现象应是毫不相关的。

---

① 王沪宁:《比较政治分析》,上海人民出版社 1987 年版,第 258 页

72. 人们必须清楚地知道,相生性的发展,才是可以避免发展中的矛盾的有效良方,比如每一发展着的逆发展即是表示不相生,它就要引发倒退,然而倘若通过相生之法,就可以使逆发展成为再发展的提升力量。人类的发展多是源于生活的,因此它又是基于过去的,故新生活一定是要建立在某一相生着的基础之上的。弗兰柯·莫迪里安尼认为,消费是依赖于生命资源的。[①] 那么,为了这个生命的持久,人们若不去相生它,岂不就是要被耗尽了吗? 可是,在具体的日常生活中,人们又该如何去处理这些关系呢? 我们讲,一种思想的消亡也许正是会预示着某种新生,倘若大多数人都摆脱了为自己的赚钱的欲望,或许就能够开始来相生着他者了。但无论如何,社会的发展方向已明,人们只能通过相生的路线,才可以是趋上和趋前的。并且,全球性市场,恐怕是一时一刻也不能离开某种预定的相生性的,不然其要想存在下去,那又是万难的,这些似是毋庸怀疑的。

73. 根据历史的经验,我们知道,要想实现生产力的转变,更要实现意识思想方面的首先改换,因为这才是一条关于发展的内生的路线。其实,竞争也是可以协调的,即竞争之中也是会含有相生性的,包括相互的敌对者之间,也无不是含有相生着的要素的,只是从前的人们,尚未达到如此高的认识程度。于是,看似无序的存在,便要统统地走向那相互影响着的轨迹,即一般的盲目的或是相互倾轧着的纷乱者们,就都要归于相生性的方面上来。这样,所有的企业家,所有的经营机制就均是要在协调之中来相依相生了。

74. 在原则上,经济学所反映的一定是合目的性的统一,而这种统

---

① 《诺贝尔经济学奖金获得者讲演集》中卷,王宏昌译,中国社会科学出版社 1997 年版,第 295 页

一的之所以成立,其先天的东西就必为它们的可以相依相生的存在无疑。可见,要实现经济的目的,就只能从人出发,然人若不能相生,生人之物亦不能相生时,则所谓的发展就会自掘进路而成墓冢。因此,我们所言说着的相生性的发展模式,就是既要考虑人的目的性,又要兼及自然万物的生存性,并要使之二者相合。所以,未来的精英们就应做到,第一要以人本为先,并能带来所有公民们的幸福;第二又要考虑在人本之前,来相生万物的他者。只有如此,人与物的各自的生生不息,以及人与物的交合着的相互的生生不息,才会达于永久。

75. 那么,相生性的发生模式,在方法论上,又是该如何地去展开呢?我们主张,作为天地之间的人和万物的他者,均应相互资生,进而相互助长,以期达到相互促进和相互协调的目的。于是,对于先天的相生者,人们就更当敬畏之,并竭尽全力再相生之;对于后天的相生者,人们就更当珍爱之,并竭尽全力再相生之。我们讲,只宜如此,才可先天相生后天,后天又可相生先天,而存活于其中的芸芸众生,就会在这连续的相生之中得无限的恩泽,进而方能使生命永远有力。所以,人之生,全是依赖于先天和后天的相依和相生的存在而已。

76. 当然,对于各种相生,比如同性相生、异性相生,兴衰相生等,尽管其间或许会有一些表面的、现象的、短时间上的看似的非相生的存在,但在长时间的根本上,它们却是无不含有着相生性的。所以,在这里的相生或许就是要以强来生弱,或许就是要谋求均能平等。于是之,在经由了相生的过程后的所有存在,便都会达到共生的层面上去了。

77. 相生是有序的,是依着相关的理路来进行的,是依次地资生着对方的,有时它可以遥隔万里地去相生,有时它还需要亦奇亦正的作用来相生,有时它还需要先得道,再相生等等。总之,相生者之间也是有着它们自己的特殊的规律或是一系列的相关条件的。故,相生亦有直捷之法,亦有间接之法,且还要因时、因人、因地、因天、因物、因背景而宜。在当下,相生的意义还包括有互帮与互补的互相提升的关系等。于是,我们就不能只充做一种仅会消费着他物的存在者,更要成为能相生其他对象的开拓将领。

78. 相生性理论的展开,更多地反映着的当是它要成为整个人类的一种集体的行动,其与政府和市场经济相联系,就是要国家提供政策,企业不仅要供给资金,还要带头来相生万物。相生性的初级表现,就是要相生沙漠、大海、高山、沼泽、荒滩、废弃的矿山、矿坑、矿井、油田、雪原、峡谷、峭壁、险峰、古洞和易损的建筑物品等等,其运行的基本的脉络就是 A 者生我,我再生 B,B 再生 D,D 再生 A,其间还要有 A、我、B、D 的各自的再相生。因此,处于相生之中的“我”,就不能以享有某种幸福为由去拒绝助生 B,倘若如此,若没有 B,就难生 D,就难生 A,于是“我”也就失去了处在上游的能够来资生“俺们”的基础。故相生性发展模式的最高所指,就是要完成人类的某种质的飞跃,即是要使“我”得以永续相生。非常显见,先天的 A 者之生我,乃是希望以我再来生他者,而不是要以我成为享乐中心。未来的人类应是他者生我和我生他者的中坚力量,应是相生系统的关键,在目前主要地就是我当生他者,经过了长时间以后,他者也就自然地会来更好地生我了。

79. 沿着上面的思想,我们讲,政治转向经济相生之,经济再转向社会相生之,其后社会再转向自然相生之,自然的势必也会娱悦政治,这些就是反映了一条含有着相生性的发展路线了。又如,历史上的棉纺工业推动了蒸汽机的发展,其又推动了煤炭(钢铁)业的发展,之后它又推动了火车(轮船)的发展,接着这些又推动了航天业的发展,经由航天业的育种再回过头来又有力地推动了棉农的发展,这也是一条相生的路线。还有,资本家剥削工人得利,国家向资本家课税,又以转移支付的方式还给了工人一部分,此间也是含有了一定的相生性。再如,地球资源是可以资生人类的,人们若能从太空里获取超级能量再来相生地球,并能使之再来相生人类,这也应是一条相生的路线。

80. 根据前述,人们就会发现,只有从事着长远的谋划者,才会容易产生相生性的考虑,而这个长远所及的,就是当以人类的生命流的存在和发展为前提。这样一来,政府的政策就要具有长期性、宽泛性和自由性了。然而,经济的长远存在,又是取决于人力和技术的,所以技术的存在也当具有相生性,也当有利于万物他者的才好。因为,资本主义生产过程的本质是价值增值,工人的劳动会起主要作用,但是对于物的增殖,若有相生性的技术出现,其效果就会极大地好起来,所以仅靠资本主义的现有理论来成就相生性的发展之说,则是万万不可能的。

81. 对于人类来讲,相生性的建构,只宜在不断地演进中方可完成,因为真正的发展当是结构性的或是兼有骨骼性的,而这些又绝不可能一蹴而就。比如,发展的策源地之转移,定是由于行业的发展出现了重大变化才实现转移的,因此抢占行业制高点,即十分重要,而相生性的发展就同时会伴有新行业之出现。其实,二战后形成的信息、生物、空间、新材料、新能源和海洋这六大高技术群,即为相生性的发展拉开了很好的序幕。于是,作为某一大国的发展,就必须要具有相生性,就必须要编制有关的经济最优计划。我们言,从长期来看,只有相生的,才有可能是最优的。

82. 因此,对于经济学的各要素,就要进行科学的配置,就要实现各种经济要素的相生性合并,就要使之在方向、速度和流量上均具有相依于一定的顺序的促进和协调性才好。所以,人们就要把发展的力量归类,且关于它的协整与修正也就是为了要使其走向彼此之相生的目的。我们认为,只要依着上述的理路,则其存有的相生性就会自动显现出来。同时,由于人类只有通过劳动才能完成利己与利他的统一,于是劳动或知识也就成了相生他者的天然推手,因此用相生性理论来代替可持续说也就只能是一个必然了。故此,我们要解决好人的生存与发展的矛盾问题,就只需采取相生之法,并且在相生之过程中,还要有适当的尺度,还要按一定的比例来进行,等等。

83. 依着帕累托的思想,我们主张相生性的发展的内力,应是集中在那20%的具有最先进作用的成分上。这样看似是少数的进步,却可以使相生性的发展能尽快地去超越某个临界线的束缚,而我们的过去之发展都是未能突破其临界线的,所以若欲相生性地发展,就必须要剔除那积重的部分,就要利用较少的成本去换取那相生着的最大效益。

84. 接着,相生有益的价值理念,就会在人们的头脑中形成,于是他者会促进我的事业,我又会相生地帮助他者,经过了如此的相生性的转化的过程,我与他者就均可达至相互的永存了。另外,相生性思想也是合于生态学的,由于每一物都是占据一定的空间位置,并都是具有特殊的作用的,只要它们能相依地协同进化,也即是归于人类之相生性理论的伟大胜利。然后,我们再转入到经济的话题。

85. 加尔布雷思说,最好的经济体系是对人民所最需要的做最大限度的供应这样一个体系。[①] 但是,对于相生性理论来讲,这里的最需要的,恰是应为必需的,而他的最大限度的供应说,也应改为最适度的或是最适宜的。因为,只有适度的,即是适应于必须的需要的,才有可

① 加尔布雷思:《经济学和公共目标》,蔡受百译,商务印书馆1980年版,第9页

能是相生的。可见,关于最大限度的供应思想,应是非相生态的。故,适度的相生系统才是经济运行中的良性的发展系统。然而,过去的"经济增长不可能是公众的幸福",①所以人类的未来就必须要以相生性的主张来展开,且经济的发展主要是看在从一般性的状态来转向到相生性的坦途之拐点后的增长,因为只有如此,人类才会以生命流的永远澎湃为胜利,而不是以取得某一瞬间的所谓的最大的占有为胜利,于是惟有相生之善举,才会具有永恒的意义。

86. 根据有关阐述,通过对经济增长因素的度量分析发现,全要素投入(资本、劳动力)仅能解释不到一半的经济增长率,即使加上衡量技术投入的因素(主要用劳动力素质的提高来衡量),仍然有一半左右的增长率(索洛余量)不能解释,而只能用全要素生产率来笼统地概括,这是不能令人满意的。此即言,除了资本、劳动力和技术以外,还有对增长有重要贡献的因素被忽视了。② 那么,对于其中的被忽视的那一半的经济增长率有着巨大贡献的重要因素又在哪里呢?我们能否说,它们就是相生着现代经济的所有的万物他者呢?当然,这还需要人们去论证,但是如此者,也是绝对地有可能的。

87. 我们认为,未来经济之活力一定是具有着相生性的诸多要素在起作用,故人们的长远的竞争力也必要来源于相生性的他者存在,谁具有了他者的强大的相生之力,谁就能获得真正的发展。在根本上讲,任何的人和物都是要与相生性的存在具有着千丝万缕的联系的,于是经济的看似是可以由人来作用,但在很大程度上它又不是由人来影响

---

① 加尔布雷思:《经济学和公共目标》,蔡受百译,商务印书馆 1980 年版,第ⅵ页

② 蔡中华:《产业结构与经济增长关系研究中的几个问题》,北京师范大学博士论文 2006 年,第 19 页

的,所以只有用相生之法,才可以推动经济的要素之协同促进。

88. 人是具有超生命的性质的,其本身似会先验地知道一些相生性的理论之无比重要的,因为经济的发展首先是以人的发展为前提的,而人本身由于具有彼此的相生性,所以经济发展也就必当要以之相生性再来相生之。这样的话,平等的交换一说,便会由在交易的过程中的平等来转化到结果上的平等了。所以,欲有真正的平等,就只有在相生性的条件下,在较长的时间里,才是可以完成的。另外,价格系统的协调资源的办法,也是一种落后,解决它的处方亦只宜用相生的法术,才是最积极的。当然,经济的存在,也是具有着它的自组织的相生性的结构系统的,倘若没有这个结构系统了,人类的经济存在便要早已崩溃。人们都知道,在经济活动当中,作用力和反作用力乃是相等的,可见只有我的相生他者,他者才会生我,否则他者亡,人类也就亡了。因于上,我们的未来,就终要由人的社会的属性来起作用,所以它就必然地要考虑到相生性的问题,此间的理由就是,人的社会属性定是要发展到高于其自然的属性的,而这些也是不言自明的。

89. 关于自然界,我们讲,它的生成万物的法则,乃是具有着完全的相生性的,且之不是以自损为前提的,这就要求我们的以人为尺度的发展,还当兼及人与物的共同的和谐,方能显现相生性的存在。由于人的所为是受着先天与后天的共同制约的,故其只有沿着相生的路线前行,才可得永生,而这又是不用悬疑的。

90. 根据我们的研究,经济学的初始概念应是劳动力一语,因为它是关于人的代表,而这个初始的概念,又可以作为最基本的或是中心的概念来使用。由于劳动力的载体是要永续地存在下去的,为了这个目的,人们就必须要把万物的他者也应导入到这个存在中来。因此,具有双向性的相生系统就当一定地会自觉地存在着并起作用了。如是之，我们就可以说相生性理论,无疑地就要归到元理论的范畴里面去了。

91. 在相生性的理论中,一般意义上的劳动,或许只是作为证实快乐的东西。然而,只有人的劳动才是社会发展的根本动力,所以我们便得以确认,关于经济的相生性的起点,即是在于新的劳动力的生成;同时,劳动力的存在或波动也就是一切经济行为的动力源。这就是说,劳动创造和人口再生就决定了人类的必须要走向相生性的未来的发展之路,乃是一种自然的方向。

92. 就经济而论,它当是谋求无限扩大的,它是可以在各个维度上进行蔓延舒展的。我们言,这就是其具有相生性能力的基础。非常明显,国家对于经济增长和推动相生性发展是具有着决定性的作用的。另外,国家体制若能进入到政治系统的相生性的架构中来,它定会为维护世界和平能提供基本的保障。一般而言,生产会创造需求,但在相生性的存在之中,人们就当以他者的需要为需求了。在当下,生产所创造的需求欲望是可以通过一些技术手段来实现的,我们讲相生性的存在于某一时段也是可以利用高科技的法子来解决他者的需要的。但是,在非相生性的社会里,所有人的欲望都是可以表现为具有无限性的,因为他们认为生产力的发展也是可以具有无限性的,或说资本的发展生产力也是可以没有边界了。然而,其生产力一旦失去了可以操作的对象,如在无石油的情景下,目前的汽车业之再发展,又是怎么可能的呢?所以,这就要我们来把发展生产力的方向牵引到相生性的模式轨道上来,才是一个稳妥的方略。

93. 由上可见,发展到了一定的时期以后,上天就会要人们自动地来诞生我们的这一相生性的理论,其包括所有的万物他者也必会要走向相生性的路线。况且,人们还知道,经济的自然史的过程乃是决定人的意志、意识和意图的东西,即自然的是决定人的。这就要求我们只能是去相生自然,而不能一味地去征服自然和要自然的专为我的来服务,其理由在于,比如人类若把石油等都烧掉,就是减少了地球的质量,也是破坏着它的丰腴的美满度了,于是其在别的星体面前就会显得如同昔日的美女而在今天却没有了水分后的枯萎憔悴一般。这时,作为我们的人类,若再不去相生他者,就会被其他的更为智慧的生命存在所耻笑,或说人类只不过是仅会啃噬地球的某一寄生者罢了。

94. 现在,让我们回到经济学的较早的概念里去吧!我们言,分工也是具有相生性的,当然信息就更有相生性了,且信息又一定会包括理论的或知识的存在。同时,自由也是可以产生无穷动力的源泉之一,而相生性的根本无论如何也是会有益于自由的。此外,经济的绝对地又是要表现为场的,其间之要素就必是会相互牵连地来相生着的,不然它们就无以成为我们这个世界里的有机存在。自然,相生着的一切又都是反映着某种能势之相互融通与增加的过程的,其实就连经济的存在环境也是积蕴着大量的能势的,只是它们的相生性存在,还不为我们所能清晰地观察到而已。

95. 综上,我们讲,迄今为止的所有的经济活动,无不是为了人类的生命流的自相似体的连续存在而提供着能势的。通过这些的能势,(1)人们的自相似体得以连续,(2)生命得以延长,(3)具有幸福感的享受得以增加,(4)精神文明得以光大。因此,凡是经济的行为,就都是为了人们而提供能势的系统的过程或工程,于是按着能势的法则,人们与他者就只能要相互依生和相互助长了。

96. 下者,我们讲关于相生性理论当中的较为艰深的部分,因为只有通过它,才可以完成前面文字中的未能解决的问题。比如,对于不可再生资源之如何再生和对于万物的日益的减少问题的抑制等等。根据《空间哲学》思想,人类所处的环境之中,一方面是存有着大量的万物他者,它们有形、有名,是由分子、原子等组成,是有质量性的和可以感知的,如山川、河流、树木、星体、农产品、工业设施等等,对于这些物的质量形态,在哲学上为了表达简洁,我们又可以称之为"有"。另一方,则存在有大量的不为我们所感知的能量,它既可存在于物质里面或外围,又可以安逸在空间的任意的维度之中,它没有粒子性,不显质量,人们对它完全没有感觉,它的极大的部分是先天的,极少的部分是由后天转化去的,譬如今天的人们所燃烧的石油、柴草、煤炭等就是转化为能量了。再如,核爆所释放出的巨大的火光、冲击波等也是能量,只是这些能量随着时间的延长,慢慢地已不为人们再能知道罢了,这就是一般人所常称的变为"没有"了,在哲学上为了表达方便,人们又把这种物的能量形态称之为"无"。在无限的空间到处都是充满着这种能量的"无"。

97.《空间哲学》讲,在空间的最深处,人们所言指的普朗克尺度,应是它的最大尺度。在这里,弦与能量经过无限的缠绕,便形成了物质的胚胎,于是它的公式表达就是Ⓔ=m,因此我们说,这就是从"没有"的"无"的能量之中,所能产生出物质的一条最重要的路线。关于从"无"的真空之中来直接取得物质和能量的第一人,就是世界著名物理学家、中国科学院院士赵忠尧教授。[①] 我们说,他已经为人类开启了一扇从"空无之中"来获取物质的大门。在量子力学中的由波向粒子的方面而来的也是反映了能量的生成着物质的存在的。

---

① 谭长流:《空间哲学》,九州出版社 2009 年版,第 11 页

98. 我们认为,《空间哲学》的作者所推导出的Ⓔ=m 和赵忠尧教授的第一实践,兼及量子力学的波粒二象性理论与爱因斯坦的 $E=mc^2$ 的综合,就已完整地解释了老子的"有无相生"的最高妙思想。过去的人们往往知道从有到无的路线,但很少知道从无到有的路线。比如,爱因斯坦的 $mc^2=E$ 就是从有到无去的,这在量子力学中就是由粒子到波的过程。然而,赵忠尧教授的第一实践则是从无到有而来的路线,这在量子力学中就是由波到粒子的过程。我们说,从有到无而去的总公式就是 $mc^2=E$,而从无到有的总公式就是Ⓔ=m,且所有的未来的希望都是要集中在Ⓔ=m 之中,因为只有沿着Ⓔ=m 的路线,人类才可以相生出自己所需要的一切。

99. 2010 年 3 月 28 日,《参考消息》第七版有《阳光+空气,可生产生物燃料》一文。它说,美国辛辛那提大学的科学家研究出一种把太阳能转化为碳水化合物的新技术,这种技术可用来生产生物燃料。科学家指出,该技术的最大好处在于可以优化能源生产方式,减少空气中二氧化碳的含量,并能把产生的碳水化合物用来生产乙醇和其他生物燃料,而且不需要占有耕地。科学家认为,只要解决了新技术在更高级别和更复杂领域内的应有,未来该技术还可用于生产石油甚至粮食。

100. 小结一下上面的文字,我们就可以说,最大的相生性存在即是有无相生了。从前的人们只会把物质的有消耗掉,变成了"没有";那么,未来呢?,我们的人类就必须要沿着赵忠尧教授的路线,就必须要沿着应用阳光+空气的路线来生产碳水化合物,来生产乙醇和其他生物质料,包括生产石油和粮食,一旦这些都做到了,则由无来生有的美好的未来社会即是真正地到来了。我们言,经由此法,所有的已知的东西都可以被我们相生出来,即使那些已经枯竭的资源也会被我们相生出来，至于其他的极多的我们所未知的东西，也可以被我们相生出来。这样的话，人们沿着由无生有的路线，沿着由Ⓔ=m 的路线，在其从前的基础上，应用以无生有的技术，就不用再愁什么物品的或说是不可再生资源的等等的匮乏的情状出现了。那时，在我们的身边由于有着无限的能量，所以它就会有着无限的物，即只要人们愿意获取任意的物质，也就可以随时地能得到了。

101. 根据前面的内容，我们的整个的人类精英，为着未来的美好的丰裕的发展存在，就必须要把努力的方向，引导到由无来生成有的路径上来，就要沿着老子的有无相生之以无生有的路径，就要沿着赵忠尧的路径，就要沿着阳光+空气的路径，就要沿着《空间哲学》的Ⓔ=m 的路径去奋斗。届时，我们的人类就会完成一个极大的相生着的体系或系统，从而也就完成了我生他者和他者生我的共生的和谐局面。

102. 为了建构起一个全新的大相生系统，我们还要必须地展开一些未被许多人所认识到的概念内容。比如，我们看似是在吃着粮食和使用着物品，但在根本上呢？我们言，每一个人都是在汲取着粮食中的能量和在享受着物品的功用。因为，我们吃粮食，胃的力量和胃酸等是不可以消费掉组成粮食的有关原子的。同样，使用物品，就与看电视相似，人们只关注它的显象能力，即与它的物质存在无关。所以，我们现在的对于物的占有，只是要获得其所具有的能量和功用罢了。

103. 在人类的未来，从前的经济学中的竞争、供求、市场、私有制等都对大的相生性系统不起作用。我们所恐惧的只是人类的目前的无度的将许多的物质经过燃烧或分解等手段，而使之变性到“没有”的方面上去。因为，这在我们还没有实现由无来生成有的时候，便是一种自毁前程与基础的事情，在很大程度上，我们必须要利用现有的物质前提和技术支撑,不然即是难到达那以无而生有的崇高的目的地。

104. 众所周知,人的胎儿皆由母体生,生之后,又要靠植物的生氧气和食物再来使之长,此即植物的“生”人,植物的“生”动物,因为植物生产氧气。可见,人与物乃是互根的和互生的。于是,相生有益、有序、出新,人与天、地、万物和外太空、外星之间的相生体系就可以建立起来。譬如,人生万物,万物生大地(地球),大地生天(外太空或其他星体),天又生人,即是大的相生性系统的一个方面。因此,人的需要就是从天上和能量中得来,人的工作就也要来相生天,天也要来相生大地,大地也要来相生万物,万物又要来相生人,这即是大的相生性系统的另一个方面。同时,人也要自相生,物也要自相生,地也要自相生,天也要自相生,如是之,则大的相生性系统即可构成如下:

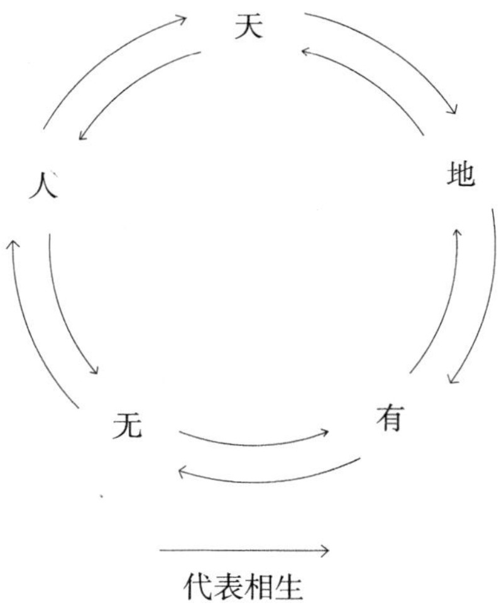

这里的天,代指气候、阳光、外太空、其他星体、所有的空域中的能量(无),即整个的空间环境或更高级的生命存在,等等。

地,是指人类的立脚点,包括土地,可以是地球,也可以是其它的人类宜居的天体。

有，是物的质量形态，包括万物的他者，这些都是人类所能感知的。

无，是物的能量形态，它乃是先天的，或是经由了物的变性而去的，或是隐含于物质体中的不被人类所感知的，但可以为我们的生命能提供不竭的动力之源的，只是无有质量性的真实存在。

人，是通过利他来利己的具有一定意识、智慧等级的能动性灵物，其所需的都是能量的无的，那些人们的看似是在消耗着物，实是在吮食着物之中的或是之周围的能量，能量的形态是无的。

105. 关于天、地相生和大地与万物（有）的相生问题，人们是容易理解的，而于有无相生，人与无的相生，人与天的相生问题，往往又会使人费思想的。在此，我们可以举一些例子来说明之。比如，从前所述的具有物的质量形态的树木（有）它能释放出氧气，而氧气又是人所必需的，当然氧气还不属于无，但氧气的两个氧原子之间是一定会含有能量的无的，这样一来，树生氧气，氧气中含有能量的无，这个能量的无随着氧气被人呼吸，于是它也就起到了生人的目的，这即是一条有→无→人的路线。此外，关于人生天的问题，它就可以反映在人对自然环境的保护，包括不允许向空中排放黑烟等等，这即是一条人→天的表现。我们若把上面的这些串联起来，它们就是有→无→人→天。

106. 那么，天又如何生人呢？这当是一个简单的问题了。比如，阳光、适宜的温度等等都是上天对人的恩赐，这就是说，倘若无天的对于人的一切的有利的存在，则人就不能生，当然就更不能长了。这便是反映了天→人的思想。接着，就是人→无→有，比如人的排出的 CO_2，又是可以生物的，即 CO_2 对于树木的生长又是十分有利的，虽然 CO_2 不是无，但在 CO_2 之中却是一定会含有能量的无的。这样，人→无→有就可以自然地相生成功。至此，我们就完成了天→地→有（万物）→无

(能量)→人→天的路线,以及天→人→无(能量)→有(万物)→地→天的系统。所以,我们构建的相生性的大系统必然要相依相生,且能永远相生。

107. 随着上述的脉络一路走来,关于大的相生性的两仪生四象的图示,也就一定会显现在人们的眼前,其中的太极就是一个有无互含的合体,于是我们将其草绘如下:

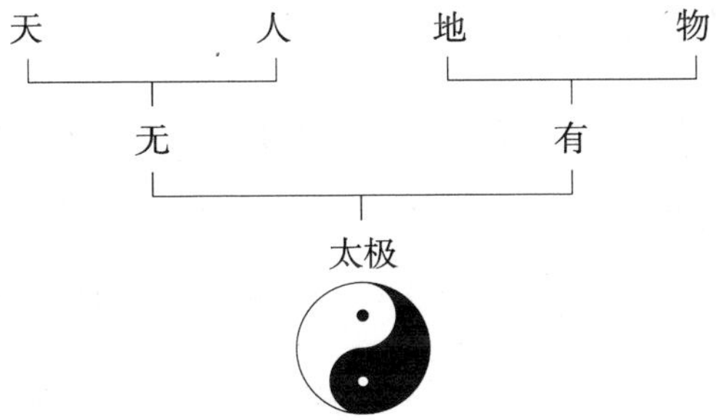

108. 因此,人+物(生产、消费、造福他者、生我),

人+地(肥沃土壤、小区域建设、保护地球),

人+天(保护臭氧层、抑制天气变暖、防止雾霾),

物+地(地球上的石油等被烧掉变性为能量,就会使地球质量变轻,其势能就会减少,进而运转的轨道就要缩小,于是与从前相比它就要更多地是靠近了太阳,所以地球就会变暖,或许有一天人类便不能承受了),

物+天(物的变性而去,它所占有的空间,必要大量的能量来补充,这就会加剧地球空域的能量的不平衡。因为,$1cm^3$ 的外来能量是要大于 $1cm^3$ 的物质所代表的能量的数百万倍以上的),

地+天(草原沙漠化、天气干旱)。

以上,均是人们所要研究的相生着的对象。然而,它们还包括,人+物+地,人+物+天,人+地+天,物+地+天,以及人+物+地+天的综合的等等的各种相生着的万象便会层出不穷。总之,这就是反映了和规划着的一个极大的系统的具有相生性的发展模式的前景。

第四节 人类的质的飞跃

109. 我们沿着全新之发展模式的具有未来意义的有无相生的思想出发,一旦以无而生有(即以物的能量形态又还原回了物的质量形态)变成现实,则人类就标志着已经完成了其本质上的实现了飞跃。

110. 然而,在此之前,我们还要有许多的工作要做。首先,大家必须认识到,人类是具有着进步的本能的。因为,人们的一个欲望或希望的满足,不过是向某一个新的追求前进了一步而已。在人类进步的每一阶段中,人类注定是要设计和发明以及从事新的事业,而在完成这些新的事业之后,还要以新的精力从事其他新的事业。[①] 所以,我们说,整个的人类就是在“追新”的过程中,求生活的。按着米歇尔·博德的观点,他认为,从发现美洲到开发空间,[②]就正是在表明着人类的突飞猛进。同时,就目前的人类的大发展而言,它已到了接近于某一个终极的高点,于是此时,客观的世界,它就需要有一全新的理论出现,来指导着人们走向那彻底的质的飞跃进程。可以设想,在将来的那一天,只要人们的质的飞跃能得以实现了,则它就会使人几近于神仙,但是仅靠财富的增加,却又是不能完成向着质的方面来演进的。

111. 另外,在知识面前,人人平等,这又是十分地有利于人的质的

---

① 马歇尔:《经济学原理》,陈瑞华译,陕西人民出版社 2006 年版,第 109 页

② 米歇尔·博德:《资本主义史 1500-1980》,吴艾美译,东方出版社 1984 年版,第 299 页

飞跃的。因此,知识就必将会转化为生产力,进而即可形成知识经济,这样一来,人们就当放弃某些过去的传统,经由知识的天桥来达到人类的幸福彼岸。故纯粹的物的金钱的资本的意义,就或许要被大幅贬值,它的未来只能是要被充当为,服从于人的知识的智慧的一个形下的存在而已,总之原有的资本的东西必会多多地要淡出人们的视线,一定是无疑的。所以,我们说,目前阶段的人们,最重要的就是需去除那囚困了数代人的由货币、物和制度等所铸就的围城,而只宜这样,人类才可以向着质的飞跃的方面来迈出第一步,不然就会被现有的经济模式永远地束缚住。在一定意义上讲,我们在适当的时候,就必须要打碎当下的混乱的所谓的各种的过时的模式,来建构起我们的相生性的发展体系。如是之,真正的未来的科学,就当是以超越的知识、顶级的智略和精深的认识洞悉能力等为主了。据考察,世界上主要的发达国家一半以上的 GDP 都是以知识为基础而实现的,①此即为人的质的飞跃展现了一个美好的前景。

112. 当然,技术进步更是具有加快向着质的方面来飞跃的趋势的。因为,技术进步乃是经济结构的得以转变的发动机,且在科技之中,又是蕴有着巨大的价值力的。于是,自然而然,它又会推动着劳动生产率的成倍的提高,这样的话,人们就能以之来不断地建设着未来了。

113. 关于发展,它主要的应是表现为人的质的全面的优化,而人的全面的向着质的优化着的路径去发展,又当是经济发展的绝对的最好的归宿,只有人的全面的发展了,才可以完成其质的飞跃。一般来讲,制度的对经济的影响,主要是以有利于它的发展为前提的,不然其

---

① 万长松:《产业哲学引论》,东北大学出版社 2008 年版,第 143 页

便难以解决许多的前进中的问题,如此也就昭示了制度的存在,也会促进或推动人的向着质的方面的飞跃。我们言,从人的角度来研究发展,就必须要依归于相生性的前行理路,就必须要以完成人的质的飞跃作为实现其永续性存在的基础,所以过去的模式,都会在不远的将来要彻底地结束。因为,经济从不会在原有的模式中去谋质变的,故依相生性理论来实现人的质的飞跃,便是一种必然。

114. 实现人类质的飞跃,根据惯性理论,它乃是源于长期繁衍的需要,包括衣食住行的需要和长时段的成功的需要之诸种,而这也正是对人的未来的进行极深刻思索的一条必当践履的路线。很显然,人类的欲向质的方面之飞跃,也是因由当今的资源、环境等等的压迫下的产物,不然人类就要倒退下去或是要被灭掉的。这样一来,人的如此的能动的相生性的存在之法,就可以避免未来的厄运,因此我们就必须要自觉地来实现其某种质的飞跃。事实表明,人是可以消亡的,其生命之流的延续不是通过工业化等就可以实现的,这就预示着人类的无质的飞跃是不行的。于是,遵循以往的规律或是去逾越那可度量的风险,均是不能引起人们的在本质上的飞跃的,所以我们就当用全新的主张来夺取今后的胜利。在当下,现代性的存在就是要极大地提高生产力,而今日人们所成就的阳光+空气,可生产生物燃料,在未来该技术还可以生产石油甚至粮食等等,便是映现出了人们的向着质的方面去飞跃的许多曙光。

115. 就经济而言,它的进化更是需要有人的在质的方面之趋升,且经济的本身恰是具有了某种可以推动其前行的能力,这在一定程度上,它便要自发地来催生和助成人之质的有关向着大能的层面去涌动。鉴于生产资料的多是具有天然性的,人又是需要自由的,这些就都要摆脱目前的处于经济运行中的反映为私有的霸占性,其后果便只能来引领着人们去走向那质的飞跃。再有,人类的总需求只有两个来源:(1)现在消费,(2)现在准备未来消费。[①] 我们言,质的飞跃,必会在准备着的未来的过程中而付诸实现,故准备未来,准备未来的生命之能永续存在所进行的发展,就是已趋于质的飞跃着的层面上去了。可见,由于人类的未来的需要之使然,其最终的方向,便只能去完成人们自己的本质性的向着优化的要求而转变了,不然便无处去。

116. 还有,未来仍然是要由劳动来创造的,于是在这种创造之中,各种可能的异化的出现便不可避免。所以,我们说,异化又是从进步中产生出来的,异化的过程也就当含有质变的成分之推动的作用;此即言,每一进步又都会蕴有某一新的异化。如是之,异化便不能一概而论,或称它就是都属于有负面影响的。很显然,异化之中也必隐有正向的某些质变的情地。从前的经济学讲,人力资源是从供给中来刺激进步的,且较高级别的人才又一定会具有按指数型增长的趋势。因此,我们综合以上,则劳动的未来,便只能是指向着人类的质的飞跃了。这样,以往的一切就都将过去,全新的局面便要到来。

117. 我们认为,对生命的热情,才是所有的经济活动的起点,且生命的本身就是一种动力推动着动力而无不显现为动力的存在,它的所有存在直指动力。因是之,生命的本能就会引致人们的走向自己的质的方面的飞跃。此外,人的超生命的本质,就是要以规律而合于目的,而人的目的就是要实现其生命流之存在的达到永远,倘不实现质的飞跃,永远的永续的欲望便是痴想。当然,人的新的生活又是源于精神的,且还是具有质的变化的性质的。从原则上讲,信奉又多是可以产生

① 凯恩斯:《就业利息和货币通论》,徐毓枬译,商务印书馆 1983 年版,第 91 页

123. 然而,我们的人类在处理好与他者的各种关系的相生性的发展的同时,还必须要考虑到某些对抗性的问题。因为,处理好对抗问题也是发展之必须,只有当所有的人们均能够对抗着会危及自己的那些摧残力量时,其才会更好地向着质的飞跃的方面无障碍地发展,才会具有更大的相生他者的意义。比如,为了对抗地球之“末日说”,据北京晚报2010年3月11日第25版记载,俄罗斯正计划建造“诺亚方舟”。此外,人们还应构想未来巨厦,以抵抗地球上所发生的多种灾变,不然覆巢之下,便无完卵。因此,我们今日的地球上的数十亿人口,就都要为对抗地球本身的和外来的致命打击,而确实地做好相应的准备。

124. 按着方法论的方向,去研究人类的质的飞跃问题,还要涉及到相生性的自觉的有计划的系统的科学的等等方面,因为它会起着极大的推动作用。此外,就是要实现具有大跨度性的迈进,如未来的产业就必须是全新的,它就像是今日的工业要超越过去的农业是一样的,其只有超越了当下的工业,并使当下的所有的工业都成为过去时,才是具有了再一次的真正的飞跃意义。当然,目前的农业和工业,应仍是人们之生活的一部分,只是要由极少数的人去完成罢了。

125. 从历史的角度来讲,渔牧或狩猎的年代,似是具有原始社会的一些性质的,当时的人们主要地就是在做着这些事项,来维持生活的。到了大规模的农业生产期,似是具有了封建社会的一些性质,当时的人们的主要的就是从事农田的耕作了,而这时的渔猎工作就很少进行。到了工业化阶段,似是相近于资本主义社会,这时的人们主要的多是在从事着工厂里的生产。在发达国家,农业人口只占到了7%左右,而这时的渔猎竟完全地变为了一种娱乐。

126. 在目前的社会,由于大量的资本和先进技术,兼之最为精英的众多的人力推动,已造成了多次的生产过剩,并产生了经济危机。那么,如何解决这个问题?我们言,就只能实现相生性的大发展,这就如同原始人从渔猎社会进入到农业社会,又从农业社会进入到工业社会一样。所以,一旦工业社会能进入到一个更高级别的社会形态,则参加工业生产的人数就会逐渐地减少下来,若其有如当今发达社会之农业只用了7%的人口来从事经营的话,则工业生产的过剩和大量的失业问题就可以得到解决了。于是,具有更高级的有计划按比例的存在,就会成为一种自然,届时资本主义社会的所有的不合理的东西,便可以被我们消去。

127. 在更高级别的社会形态里,似是相当于马克思的共产主义社会,此时知识的存在与掌握必定是一个共同的共有的不分差异的与资本的存在是极大不相同的了。从工业经济进入到更高级别的生存形态,当是要经历科学的发展阶段,文化的提升阶段和精神的纯粹阶段,其中的科学发展阶段就似是相当于社会主义的初级阶段,此时要多设各种的精细专业的科学研究院,还要广设综合性的超大型的研究院。比如,在中国的最近几十年里,就要逐步地再建成极多极多个的科学院所,每个院所至少要有数千人或一万人以上;即使这样,我们说,从事科研的人数还仍应增加,因为此时大量的产品已不是由工厂生产,而是由科研院所一边进行科研和一边来进行生产了。同时,财政收入的大部分也要用于科研。另外,还要进行大学改革。大学行为在有一定的进校门槛后,当实行以兴趣学习为主,兼及国家培养和允许必要的可自我修正的予学生以自由发展的原则。但是,每个学生又要有一定的知识储备。所以,比如 个院校可以总共设计300个科目,每人只要自愿修完其中的25-30个学科,就可以毕业了,且无时间限制。同时,学生在跃又是要以相生性的系统的存在为前提的。在相生性的实践过程中，向着虚无的空间要产品，当是完成质的飞跃的一个最重要的基本步骤，即它应是通向质的飞跃的必由之路。根据以上，则质变性的发展所要经过的自发的、自觉的和自由的三个阶段之表述，便可以告一段落。因此，人们在本质上的实现，也就是其已具有了完全的自由性的存在。

132. 我们说，关于用之不竭的核能思想，似是庞古在1920年的预见，然而在无限的时间里，核能或许也不能久存。所以，人类的未来仍当指向以无所代表的看不见摸不着的能量所在，而所有的国家的执政者的理想，也都是宜建立有如天堂一般的社会。届时，质的发展之一，如蛋白的植物化等等似已十分普遍，可谓信手拈来，且国与国之间应不会相互地存有军队、武器等，整个的人类应是一体，其所要对抗的就只是来自地球自身的和来自其外部的对于人类的威胁和恐怖。于是，发达国家就当实现空际化，不发达国家则要向地下发展，以求解决人类的永存问题。当然，我们还可以建造一个新的地球来永居之。总的来讲，人类为了实现永恒，就必须要有神仙一样的思想和居所与提供各种给养的全方位力量。

133. 据参考消息2010年8月11日第七版载，英国理论物理学家史蒂芬·霍金警告，人类若不能在未来两个世纪内殖民外太空，就会永远灭绝。他表示，人类能长久生存的唯一机会就是搬离地球，开始住到别的星球上。霍金说，我看到人类有极大的危险，人类正进入历史上越来越危险的时代。接着，他又说，人类遗传密码中携带着自私与侵略的本能，这在过去曾是存活的优势，但人类很难在未来100年内避免灾难。为此，众多专家称，“地球末日说”不可信，短期内移居外星球也不现实。我们讲，霍金之论当一分为二：一方面，他是不知道世界上还有着可以使人类能永续地存在下去的相生性的发展理论;另一方面,耸人听闻的东西或许也会加快我们的向着质变的方面去前行的速率。

134. 那么,我们又该如何地去走向未来呢?倘若大家能因袭着人类的先进的惯性,兼及之美好思想的无限扩展的能力,则居住在现有的大城市的生活方式,就要让位于向着地下和山区里的洞穴中求发展,因为借助山体的洞穴就可以在水平的方向上便能获得地表以内的热能,而这与向地下发展,当是同一理路。于是,人们就要广用如玻璃类的不可锈蚀掉的产品,对于钢铁,若在没有产生不生锈的方法之前,就要停用停产,不然它就会毁坏我们所要建造的永居之所,这是其一。其二,就是人类要有合成蛋白的能力,要广泛地通过对植物的变性之法而为我所用,并能使之来过生活的。当然,大量的生活资料,在未来还是要从无限的能量中来获取的。因此,我们的人类就要既造天宫,又要建造地府,其过渡的阶段可以利用核能,但最终还是当用以无来生成有的方法,进而解决之。

135. 总体来讲,我们人类要有抵御一万年以上的地球之发生灾变的准备;同时,也要开辟出其他的可宜我们生存的星体上的居住区。然而,确保人类能在地球上的可以永续地发展下去,当是人类的最高智慧者们所必须要考虑的课题。所以,在地球未发生巨大的变故之前,只要人们能依着相生性的发展模式,通过有无相生之法,就一定可以解决人们的生命流的长生久视的问题。自然,此时还要避免战争,各国均应签署真正的和平宪法,即把所有的军事开支都要应用于建造人类的未来的所需要的工程上去,并要禁止任何的如对不可再生资源的使用性燃烧,或说是禁止所有的使不可再生物的变为无的做法,还要禁止在地球上再进行核试验,以及环境污染等。接着,就是要面对地球的发生了巨大的事变之后，作为一个整体的人类所要应对的实际，届时的人们就只能在地府中生活，或是在近地的天宫里生活了；当然，也可以到外星上去生活，或是在外太空的某一空域中生活。但是，无论如何，人们都不能离开相生性的利他之后的再利我的行为准则，即只有实践了有无相生之法，人们才可以在上述的存在中来自造能量，来自造环境，或是来自造物的宜人的生存空间。

136. 通过上面的有无相生的理论，和变性的以无而生有的应用能量来转化为质量物的思想，即使地球出现了严重的年龄老化等问题，人类也是可以能使其焕发出那昔日的青春的光彩的。所以，人类在相生性的有关主张指导下，便可以永远地无忧矣！

第五章　经济危机的起爆区位(一)

1. 对于实体经济而言,最令人恐惧的就是其恶性的经济危机。然而,过去的许多学者,仍未能找出其发病的端点。随着我们对帕累托理论的再思考的深入,大家就可以在直观的图示的帮助下,能很好地确定出有关危机的起爆区位了,进而便可以精准地量化出它的有关参数。这样一来,我们即找到了抑制经济危机的锁钥。于是,只要人们的技术工作做得好,就基本上可以对之放心无虞了。

第一节　陈说两茫茫

2. 我们做经济危机方面的哲学研究,既要考察它自身的危机过程史,又要考察它的有些关于理论体系上的历史。当然,更要确定一个逻辑上的起点或体系,尽管这个体系又多为开放性的。据说,凯恩斯先生也并不是一位受过高度严格训练的经济学家,[1]且在经济学中,任何极具独创性的观点,又都会在某些方面是错误的,[2]因此虚假知识就不是作为偶然性的错误了,而是作为必不可少的谬误才产生的。[3] 为了表

---

① 施建生:《通货膨胀与失业》,正中书局 1989 年版,第 68 页

② 奈特:《风险、不确定性和利润》,王宇译,中国人民大学出版社 2005 年版,第 10 页

③ 曹亚芳:《异化理论研究及其当代意义》,南开大学硕士论文 2003 年,第 27 页

达上的方便,我们在此即把2008年以前的那些关于经济危机的理论统称为陈说,虽然其鸣亦善,但多不实用,可是又都很有道理。

3. 经济危机指的是由于生产相对过剩而引起的供给与需求、生产与消费严重失衡,生产和再生产发生困难,无法顺利进行,经济运行处于混乱和萧条状态。在原则上,它又可以分为生产水平出现绝对下降,出现负增长,以及经济增长表现为相对下降,是增长性的衰退两种,其表现就是产品过剩和失业并存,于是大批工厂、企业倒闭,普天之下冷瑟无生气。

4. 对于纯理论而言,它一定是要脱离社会制度和历史文化等诸因素,而能适合于一切经济规矩的理论,似乎只有“纯”,它才可具有广泛的应用性。另外,这些理论,往往又需要有超现实性的严格假定,如此者,便决定了其与实际的或实践的乃是具有了相脱离的性质,故陈说着的纯理论就会无大用,或说意义不大。一般来看,现今所见的危机说都不能对实践有决定意义,这是因为它们多从理论到理论,而不能完成从理论到实际的具体任务及发挥作用,所以这些便不能成功。我们知道,经由了极多次蒸馏过的经济学危机论,确实没有解决好它所涉及的任何问题,这当是我们的前人应值得反思的。

5. 在认识论上看,经济危机的要害就是流通不畅,它往往表现为商业上的极度的不景气,于是在生产的一方就会有过剩的产品存在着。所以,危机的初级形式就是买和卖的脱节。根据有关研究,马克思曾将危机成因追溯到货币流通手段所造成的供求分离。① 接着,在此基础上,姚慧琴先生将其又阐释为供求裂变。她说,第一次供求裂变是由商品形式本身所引起的在量上和结构上的失衡。第二次裂变是由货币流

① 姚慧琴:《经济危机成因理论研究》,西北大学博士论文2001年,第7页

通手段导致的买卖脱节。第三次裂变是由货币支付手段导致的债权债务危机。这三次裂变形成了危机的内因,然内因不会引发危机,导致危机的成因只能是外生因素的冲击。第四次裂变是由资本引起的质的裂变。可见,货币的惹祸的成分是极大的。

6. 在市场经济中,存有商品生产和流通的矛盾是必然的,商品一方面要生产,一方面要流通,而流通的要素就是必须要有货币来寄寓其中,故光有生产的而没有流通的商品,哪怕是有一点点,也当要表现为过剩。所以,过剩是相对于流通停止或减缓之后的商品存在,它不一定非要有极多的库存,在心理上,哪怕是库存量的1/100,只要是不能流通起来,即卖不出去,企业主也认为是过剩的。因此,过剩并不完全是一个实指的量的较大的概念,而是多含有心理要素在内的。

7. 非货币投资过度论认为,经济危机的根子在生产领域。我们说,有些危机的根子并不在生产领域,因为在没有流通存在情况下的生产是不可能的。只要生产是相对于流通的,它就不可能有绝对的过剩,这就像生产的流水线一旦出现问题,则生产就必须要马上中止是一个道理。在企业里,生产和流通的连结其实就是一条流水线,资本家不可能在流通出现问题之后,还会继续生产,这就是说,在流通正常时,没有过剩,在流通不正常时,也没有过剩。那么,经济危机时的过剩又是存在于哪里的呢?我们言,那只能是凝固在市场里的未能售出的,或是库存的,或是在途的商品之和,兼之以心里放大的数目。

8. 经济危机是生产的社会化与消费的私人占有之间的矛盾引起的,这是许多人的观点。西斯蒙弟认为,生产决定收入,但生产本身不能立即转化为收入,只有产品实现后才能转化为收入。收入决定着支出,支出决定着消费,因而收入和消费决定着生产。如此一来,生产的过程即是消费的过程，或说生产不会距离消费太远，而所谓的由生产的社会化所造成的过剩，又只能是消费被突然中止后造成的处于某个繁荣点上的存在。繁荣的凝固即是过剩。凝固的原因当是市场里的货币被快速蒸发造成的。

9. 但是，斯威齐却指出，可能过剩的生产能力被利用，会酿成危机。同样，可能过剩的生产能力不被利用，导致经济停滞，此二者都要形成危机。如此之，只要发展，危机就是不可避免的了。然而，我们却不敢完全苟同，因为相对于生产而言，自有管控它的天然渠道。比如，尽管某些学者认为，从人的欲望无穷出发，推导出生产力的发展也是无止境的。生产力的发展离不开资本，因此资本发展生产力也是没有边界的—这些话语，看起来似是有道理的。接着，杨健生先生讲，有充分需要的人缺乏支付能力，有充分支付能力的人缺乏需要，这两种人的需要总和就构成了经济中总需求的限制，这就是生产力的边界。① 可见，生产与消费的矛盾是可以被真正的理性经济人能够内敛地平衡掉的。另外，只要生产能力出现相对过剩之后，它就一定会限制对新的投资的刺激，这样也会束缚生产力的再发展。

10. 根据以往的经验，为着生产的积累和消费的比例，大概为 30/70，即 30%为积累，用于生产；70%为消费。这在管理学上，不失为一种方法。但是，生产的呈几何级数的增长和消费的呈算术级数的增长本身，就会很快地打破了 30/70 这种平衡，进而造成生产与消费的矛盾。当然，这种矛盾与生产的社会性和消费的私人占有之间或许也是有联系的。但无论如何，只要生产与消费之间缺少了人们所必需的具有相当数额的福利性安排，让它们彼此地能合于其相互的目的性，一定是非

① 杨健生：《经济危机理论的演变》，中国经济出版社 2008 年版，第 195 页

常困难的。

11. 康蒙斯讲,斯密和李嘉图的个人主义学派的老经济学家们说,不可能有普遍的生产过剩这种事……。可是,这种说法是由于在理论上撇开了货币,以及不知道现代大规模的集体买卖。相反地,买卖学派则把论点从某种商品的供求转移到了在一切商品上的货币和信用的供求—大家同时都在生产过剩。[①] 况且,资本往往会具有无限扩张的冲动,从而能带动生产要无限制地疯长。这样看来,过剩就似是必然的了。于是,哈维认为,战后资本主义陷入了积累过剩的长期危机之中。[②]

12. 依着最先进的思想,市场当是在操纵着生产和消费的即供与需的中枢关键。在供、需之间若没有市场的环节,就不会构成相关的因果关系。因为,在后现代社会里,市场创造自己的供应,其规模之大是任何抵制市场的实践者都无法控制的。这就反映在供、需双方都只能到市场里去寻找自己的发展存在了。故市场这个最大的媒介物,就要一方面来抑制资本、生产和呈几何级数的增长,一方面又要带动消费,并尽可能地要使其二者协调起来。

13. 凯恩斯曾提出过三个著名的心理规律,即边际消费倾向递减规律、资本边际效率递减规律和流动偏好。他还反复证明了大萧条的出现是由于总需求剧烈下降所造成的,而不是由于供给方面的因素。如股市崩溃,货币性冲击又加剧了需求的下降。可见,凯氏的需求不足论,并不是指由经济增长过程中的需求不足造成的,而是在货币供应链

---

① 康芒斯:《制度经济学》,于树生译,商务印书馆 1997 年版,第 576-577 页

② 佩里·安德森:《后现代性的起源》,紫辰译,中国社会科学出版社 2008 年版,第 82 页

中断后出现的需求之严重不足造成的。于是,人们在追问这个原因时,就会发现,它其实是货币量的供应不足才造成的,这样政府只要管好货币供应就可以了。关于凯氏的有效需求不足论,其形上的存在应是危机爆发后的现象,而绝不是其之前的存在——此点,有许多人未能注意到,故而常把有效需求不足前置于危机之先来理解,这是一个明显的错误。如上,凯氏本人当是自明的,他之所以要这样,无非是为政府干预经济来造势的。

14. 凯恩斯的学说与弗里德曼的观点是绝对不匹配的。接着,新凯恩斯主义论证了价格粘性、工资粘性和利率粘性。当需求充足,厂商不会轻易降价,而是通过降产量和减少就业来实行之。当劳动力过剩时,厂商一般不会采取降低工资来解决此类问题。高利率带来高风险,易使企业破产。如上,都是有道理的。于是,刘易斯的观点,就不攻自破了。因为,刘易斯认为,资本主义部门由于把剩余再投资于创造新资本而扩大,并吸引更多的人就业,剩余越来越多,资本形成也越来越大,这个过程一直要持续到剩余劳动力消失为止——可是,就在这一过程中,失业由于时滞的原因等,永远也不会消失,除非这一存在结束,否则便不成立。

15. 就经济周期表现为就业量与产量的周期性波动问题,新古典经济学家与凯恩斯主义经济学家对之解释存在着明显的矛盾。前者认为,劳动供给对于工资的变动是无弹性的;后者则认为,劳动供给对于工资的变动是富有弹性的。结果,卢卡斯证明,长期劳动供给对于工资变动的反应没有弹性,短期劳动供给对于工资变动富有弹性。另外,卢卡斯对凯恩斯主义通过变动财政政策与货币政策来影响产量与就业的主张深恶痛绝。他认为,由于社会存在经济上的自然增长率和自然失业率,在长期上,不存在通货膨胀率与失业率之间的替代问题。因为,所有的经济活动,在长期的过程中都是变性的,都是与原初的存在具有悖论性。故凯氏一说,仅能在短期上,才可表现有一些时效性。

16. 现在,人们一般都认为,萨伊定律是传统失业理论的基石。萨伊定律的基本内涵就是"供给会自己给自己创造需求"。接着,静态均衡理论体系断言,经由资本主义自由竞争下的市场价格机构的自动调节作用,资本主义经济可以实现所谓的充分就业的均衡。1976年诺奖得主弗里德曼讲,一个高度静态的刚性经济可能给每个人一个固定位置,而一个动态的、高度进步的经济,提供永远在变化的机会和培育灵活性,可能有一个高的自然失业率。① 倘若我们把上述三者进行捏合,那将是非常困难的。

17. 有的学者称,失业是工人自己造成的。当然,也有人讲,危机的存在多是资本家的人为的。我们认为,资本家解雇员工,形成失业,也是其追求利润最大化的全面表现之一。鉴于此,资本家就不可能靠自身来欲想解决充分就业的问题。这就是说,利润的存在,才是决定就业和失业的关键。对于资本家而言,当生产处于巅峰的饱和之际,也就是其获得利润最大化之时。因此,利润最大化的存在即是实现充分就业和形成失业的分水岭。

18. 马克思通过研究货币到资本的转化,证明这种转化是建立在劳动力的买卖上的。在这里,他以劳动力、创造价值的属性代替了劳动。② 我们讲,马克思的观点就表明了货币成为资本的界面,即是劳动

---

① 《诺贝尔经济学奖金获得者讲演集》上卷,王宏昌译,中国社会科学出版社1997年版,第293页

② 马克思:《资本论》第二卷,郭大力译,人民出版社1973年版,第XXⅡ页

力的买卖。于是,它就指出了资本主义经济危机的尖锐性:其一方面是说,货币与劳动力结合后形成资本;一方面又说,随着生产过剩的到来,则资本又还原为劳动力和货币,此时的货币便表现为过剩的商品,而被还原出的劳动力就是失业工人。因此,只要经济危机一到来,就必定会出现大批的失业工人面对着许多的剩余产品之尴尬的局面。所以,企业本身是无法解决这一矛盾的。那么,人有没有控制经济危机的能力呢?我们讲是有的,但是人们不相信自己,只是相信资本这个东西,因此经济危机便只能是周期性地发生着。

19. 于是,资本主义的经济史,就应当是长期恶化的失业与长期恶化的劳动短缺之交替出现的过程状态。①

20. 众所周知,一般均衡的数学模型,即是完全竞争的一般均衡,它所反映的对利润最大化的追求便是企业发展的力量,然需求约束又一定是制约发展的力量,其二者并存,即使形成均衡,也是瞬时的,需求受约束是整个社会的稳定存在,而这些存在或许就是危机形成的根源之一。因为,一方受约束,一方又可以无限地去追求利润最大化,所以就会造成社会上的最大的不均衡。故一般均衡在发展的过程中或用数学来表达时便不能成立。根据以上,我们还知道,生产者和消费者的行为方式,往往是相向的,于是它们便会形成市场经济条件下的相悖的原因了,这样我们就找到了经济上的诸矛盾之存在的根源。

21. 关于资本的规则问题,我们说,只要进入了它的游戏系统,一切就会体现为经济上的资本的所产生的铁律或现象。依着资本的性质,它要疯狂地生产便是正常的了,因此有危机于生产过剩和失业之中

① 《诺贝尔经济学奖金获得者讲演集》下卷,王宏昌译,中国社会科学出版社 1997 年版,第 7 页

也就不足为奇了。可见,由于资本、资本市场以及它的规则,就必然会出现过剩或膨胀的等等问题。

22. 穆勒讲,过剩现象,并不在于缺乏市场,而是新增资本未能找到新的投向,这显然是极有道理的。可是,大多数激进主义和自由主义思想都把某种特定的不平等看做是正当的和必要的,如物质上的不平等被视之是提供了有效的生产的经济动力——以此观之,把经济危机看做是社会的必需也似是可以的。只是不平等或不公平的存在一定要反映到分配的制度中去,就会导致广大普通劳动者的收入和消费要日益减少,即不能实现大量的有效的消费,其负作用还是要大于某些所谓的动力的。如是之,我们又可以把经济危机言归于资本家追求个人利益与全体民众要共同地获得幸福之间所存在的矛盾上去了。

23. 根据有关学者的观点,美国的经济现实告诉人们,纯粹市场加上公司制度可以充分利用规模经济和劳动分工的潜力,而经济理论却告诉人们,如果有规模经济,市场就会失灵,因而需要政府干预。① 同时,阿罗认为,企业存在的必要性与"市场失灵"有关。市场上的信息不完全乃是市场失灵的主要原因。综上细想,巨大的分工规模的扩张,在一个自由经济的发展过程中,由于不存在一种力量可以使经济进程在碰壁之前就能受到约束而停止,所以其后果便只能爆发危机了。固然,农业减产,工业品不易长期存储,以及经济和文化的严重悖理等,都有可能诱发危机。

24. 在《政治经济学原理》一书中,穆勒的观点很清楚:(1)农业社会也曾有过周期性的危机,但后来则没有了;(2)由于投机性的存在便

① 牛润霞:《技术变迁中的失业问题研究》,中共中央党校博士论文 2006 年,第 154 页

催生了经济危机;(3)经济危机不是生产过剩,而是信用收缩的结果;(4)投机的原因是生产的发展、积累增加、利率降低,才使人们转向投机冒险。这里就有一个问题,难道在生产高度发展的年代 里,应该实行高利率政策吗?实行高利率,看似是减缓了经济的运行速度,然而它不又是为着更大的发展再准备力量吗?等等。就经济危机的诱因问题的阐述,我们说,这应是罗雪尔的贡献,他的大致思想是,(A)过剩与匮乏之间的难以调剂,(B)有购买力,却没有购买愿望,(C)财富分配发生巨变,(D)各部门之间的收益差太大,(E)外贸过程中出现问题,(F)对利好的估计太好,(G)纸币发行太多,都会诱发危机。在今日社会,现代企业管理层,已不以追求最大利润为前提了,但是它们却希望推动虚拟的股市价格来为自己的薪水增值,这从另一方面,就会有利于爆发虚拟的经济危机。故危机的产生,必是其内外因素的综合所致,无疑。

25. 许多人都知道,工厂内部和银行系统都是具有暗箱操作的性质。然而,在经济环境较好的背景下,任何小的子系统的失衡,都不会引起蝴蝶效应,只是其程度加大,失去控制后,才会出问题。另外,对于资本家而言,若工人的工资太少,从根本上来说,对其也是不利的,关于这一点,必须要有一个资本家的集体觉醒,才可有利于在危机前避免危机。

26. 危机是萧条的开始,就美国而言,在已往的一个世纪中,其开始萧条的出发点分别为 1873 年,1893 年,1907 年,1929 年,1957 年和 1974 年。危机的表现就是,工业、商业和金融业的崩溃连在一起,即实体经济一出问题,工厂倒闭,必然连带商业,进而要殃及银行而造成货币危机。关于危机的种类,若因农产品歉收而导致的银行支付困难所形成的危机,似是容易解决的;若因金融系统造成的也是好办的;若纯粹由工业本身的生产而引起的危机,则是最难解决的。对此,我们必须要有清醒的认识。在危机爆发后,人们所产生的恐慌情绪会加大危机的有害性,此时生产和需求双双下降。对于经济的垄断时期而言,它所带来的危机,要远远大于自由资本主义初期时的危机影响;有时的经济危机,还可以产生政治危机,甚至会带来革命,届时大量资本就会流失国外。当然,在经济危机时分,也会有利于经济环境的修复,但这种修复的存在又是极其痛苦的。

27. 在危机之中,绝没有一个侥幸的“他者”,危机在国家之间具有强烈的传导性,它往往会受到国内外的多方面的事件的夹击,而这种夹击又会加深危机的灾难程度。在实际上,一国的经济危机,必然会牵连到他国而使之受到影响,这个他国就是与之密切的,因此也是受影响最重的一环,之后才会有第二、三环之说。可见,危机是不存在封闭性的。它是通过金融、债务、贸易、区域而在国际间传递。比如,1825 年的危机,就是在英、法、美、德这几个关系密切的国家中连锁性地发生的。于是,经济全球化,就必然会造成风险的或危机的全球化。

28. 经济危机会使企业的弱者消亡,也会使企业的强者更强,而普遍的民众都要遭殃。我们言,实体危机,才是真正的要害性危机。在现代,社会经济的崩溃速度,普遍地加快了,能挺过危机的企业,都会具有成为垄断性的企业的可能。如此一来,危机就多是对弱者来发威的怪物了。

29. 然而,熊彼特认为,危机的发生一定是企业创新的结果。我们说,大的危机或许应为大的创新做大的准备,而小的危机或许就是为创新所做的小的准备。关于创新的替代,原则上可以成为产业升级的诱因,所以熊彼特又称此为“创造性毁灭的过程”。从危机动力学看,每一次危机都是一次经济的蜕变,都是一次向前向上的为了助跑而进行的后退。有了这一思路,则任何的危机之来临,人们也就不会再有恐慌了,而每一次危机都为一种产业的结构的解构和重构准备了条件与素材,这当是十分宝贵的。借危机能成功转型者,实为日本之高明所在,这样,危机的发生,即为恢复生产的合理的比例关系,以及为生产的新的增长扫清了道路。就客观而言,也只有危机,才能成就真正的变化,否则维持不变的力量,确是十分巨大的。

30. 罗宾斯认为,经济学家的工作是解释现实,根据旧前提得出新推论,也属经济发现。① 在当今,维持城市各阶级、市民间的存在,从经济学上讲,只有一个货币;尽管这个货币,如卢卡斯所讲是中性的,但若没有了它,则之一切也就不会发生。因此,政府与个人之间实是一关于货币的某种保有量的关系,且政府与企业之间也实是一种通过货币来购买其产品的关系。然而,市场经济的正常运转只是适用于初级的满足个人消费的繁荣,这离国家繁荣还有距离。于是,我们就要以国家消费,来促成国家层面上的繁荣为上。为此,国家消费就要不计利润的影响。

31. 进过上面的表述,我们发现,为了达到形上的源头,就必须要警惕经济推理中各种常见的思维谬误。比如,(A)后此谬误,(B)不能保持其他条件不变,(C)合成谬误。② 令人可喜的是,欧肯已经查到了国民经济学的患病之处,即上个世纪的历史主义、实用主义、实证主义和精神上的其他运动,使真理观念相对化,并且由此而掩盖了"日常经验"和"科学的经验"之间的巨大的决定性的重要的距离。③ 所以,有人便做了总结,他们把三十年代内,鼓吹市场经济自行调节的,传统资产阶级庸俗经济学的失效,称作资产阶级经济理论的第一次危机;把六十

① 罗宾斯:《经济科学的性质和意义》,朱泱译,商务印书馆 2007 年版,第 88 页
② 萨缪尔森:《经济学》,萧琛译,人民邮电出版社 2006 年版,第 3 页
③ 欧肯:《国民经济学基础》,左大培译,商务印书馆 1995 年版,第 297 页

年代后期以来,凯恩斯理论的失效,称作资产阶级经济理论的第二次危机。第一次危机是由那种不能解释相关就业存在的理论而产生,第二次危机则是由这种解释就业内容的理论而产生——可见,真是一路的茫茫的糊涂。

32. 于是,我们就要清晰经济危机的分析理路,包括其性质和目标,对象和范围,来源和形成方式,前提和预设,结构和发展,检验和评价,真理性和进步性等。我们说,经济危机具有破坏性,也有矫正经济发展的性质;其研究的对象就是一方面的生产过剩和一方面的失业之相互并存;其来源和形成就是人性和资本相互叠加的产物,或说是由需求向欲望转换的结果;其前提就是人的具有经济属性;其结构就是以实体经济的发展为主,虚拟经济的膨胀为辅;经济危机的评价标准就是看需求律的量变;解决这个问题的进步性就是避免危机的持续的向负面的发展。因此,经济危机就是生产的危机,萧条即是商业的萧条,复苏即是信用的复苏,繁荣便是资本的繁荣。

33. 关于经济危机,必须要言及它的周期性问题。一般来讲,基钦周期即存货波动为4.5年,朱格拉周期即固定资产波动为9年,库兹涅茨周期即投资波动为18年,而康德拉杰弗周期即创新波动为54年,其间多含有倍数关系,这样一来,往往会形成某种迭合,从而加深周期的强度。就平均而言,中国经济周期的长度为5.2年,这与中国经济五年计划息息相关。由此看出,经济的周期也是可以合于人的计划性的。

34. 穆勒讲,现在(1848年)农业社会的周期性的经济危机,已经看不到了①——我们可以去设想,随着人类社会的年龄增长,其必然地是会摆脱经济危机的矛盾的,即过剩和失业总是要被消除的。综上,我们

① 穆勒:《政治经济学原理》上卷,赵荣潜译,商务印书馆2005年版,第31页

在认识了经济危机的各种现象后，就会发现西斯蒙弟的“只有产品实现”一语的意义十分重大。因为，产品不能实现即卖不出去，才是导致生产过剩和形成失业的根源。所以，人们只有实现产出，或说“只有产品实现”，即产品卖出后可转化为收入的所指，才是成为观察危机的最重要点。于是，实现产出，就将成为我们今后不可须臾离开的术语了。

35. 接下来，我们便以靠近本体论的方式，再来阐说有关的经济危机的原由问题。首先，我们说，货币资本与实物资本的形成，都必须要以流通领域的顺畅为条件，当是确定无疑的。但是，在消费领域，它又是存有梯级状态的，在形成一个消费梯级时，需要有数类消费品来共同组成，在这一阶梯逐渐得到满足后，才有可能形成更高一级的消费，且更高一级的消费又是由与其相适应的数类产品构成。在消费梯级转变的过程中，就会形成有些产品产量过剩和原有消费基本满足，但新消费却不畅的局面。这或许又是一个有碍流通的理由根据。

36. 其次，从生产和消费的关系来看，生产往往过快，而消费的习惯或速度一般很难赶上，这就与生产按几何级数增加，而市场的扩大至多不过按算术级进行是相契合的。于是，生产和消费不能等比例进行，它的原由还在于，生产会有信贷支持，但消费多是由工资来决定所造成的，因此二者便不能匹配。

37. 目前，越来越多的国家已卷入到了资本主义的轨道，生产得以空前发展。兼之资本最重要的特点就是它的再生性，其一旦与劳动相结合，工业的增加便可以无限制地进行下去，并可获得巨额的规模收益。但是，总需求的稳定状态，又将使资本无限增殖的本性逐渐丧失空间，随着每一次需求的趋稳，资本在其向前惯性的作用下，必然造成某种程度的过剩，又是极具可能性的。然无论如何，资本发展的受限制，仍是在于人的需求即受客观约束所致。生产者和消费者各唱各的调,这些看似是自由态,结果必是一团糟的。

38. 萨伊讲,如果一个国家处在繁盛状态,国民再生产总量必定超过国民消费总量。① 可是,好景不长,随着生产的衰颓,艰难困苦就要自然产生。届时,人们买的所以少,是因为他们所赚的利润减少,而他们的利润所以减少,或是因为使用生产手段有所困难,或是因为生产手段本身出了毛病。有人称,资本主义的财富是建立在工人阶级的最彻底的贫困基础之上的,且生产的提高,不管怎样总归要走向饱和,如是之,一方面饱和与一方面的最彻底的贫困或许就是最初形成危机的一个原因。

39. 过剩产品难以售出,一定会出问题。就历史的本源和起点来看,任何资本都是劳动的成果,都是劳动的延伸,都是劳动的另一种存在方式。所以,这些历史的劳动和当下的劳动便共同地产生了今天的物质成果,形成了今天的产品。对于现在来讲,由于历史上的劳动会被目前所转化,因此它们的总和就一定会大于当下的劳动之和。这样,就会产生大量的产品剩余。故看似是今天的生产过剩,其实质乃是包含了历史上人类劳动的延续的结果了。此外,储蓄是消费的剩余,贮藏是消费和投资的剩余。可是,储蓄资金多难与剩余产品进行挂钩性的对接消费,而“贮藏”之物则会在瞬时有可能击垮所有的消费市场。对这一点,人们要有清醒的认识。

40. 对于固定资本的扩大而言,必会引发投机,且任何一个盈利企业主都希望把自己的再投资应用到自己的企业中,这样他就会比其他者获得了更大的投资,如此一来,某一行业与其他行业之间的相容性一

---

① 萨伊:《政治经济学概论》,陈福生译,商务印书馆 1997 年版,第 150 页

旦遭到破坏,即原有的按比例关系而存在的计划性,便难以执行,进而就有可能要导致新的过剩性危机。可见,依着比例关系而存在着的计划性,当是十分重要的。

41. 一般而言,提高工资即是提高效率。但工资刚性,即易于上升,不易下降的特点,又要屈服于资本家的利润刚性。同样,利润刚性,又会极大地提高物价,或称价格刚性,即它的易于上升和不易下降的特点;如此一来,价格上涨,生产就要下降,这在一定程度上是正常的。然而,若价格上涨,使得产品不能售出,此时尽管生产已经下降,但仍会出现剩余。接着,价格就要降下来,全面的物价走低,当是工人获利最多的时候,而这时也是工人面临着失业的时候,因为人们往往买涨不买跌,只要消费者的集体拒绝购买,商品在很少的情况下,也会显现为过剩,于是失业也要相伴而生。所以,在危机时,人民困苦是必然的,因为此时此刻并没有真正的大量的绝对的富足的过剩。

42. 根据上述,供大于求时,买方不买。可是,在供不应求时,也有卖方惜售的情况,这样供求关系的失调就会被错误地放大,引起恐慌。在生产领域,设备增加和生产量增加之间,生产和消费之间,产品的进出口之间,新旧产业之间,工农之间,实体经济和虚拟经济之间,都存在着一定的失调而被错误地放大的问题,其根源是在于投资不均衡,尤其是具有挽救性的投资所造成的失调更严重。失调往往会造成比如实体经济和虚拟经济的脱节,这反映在政府和企业之间,它们的博弈一旦不能平和相处,危机就要自然而生。

43. 所以,政府行为过度,或企业行为过度,或政府与企业行为同时过度,则经济的这个人的附体就要出问题,直接的过程就是投资过度,进而引发劳动过度,接着便是大量的工人的无事可做,因此失业增加,危机便要到来。

44. 此外,卢卡斯认为,如果技术冲击足够大,那么就会产生经济周期一样的动态结果。[1] 这里的原由就是,每一个科学技术的新发现,一旦与私人劳动结合起来,或进行必要的技改,就会发生翻天覆地的变化。比如,推动一个面粉磨要用十个人的劳动,后来发现可以利用风力或水力就可以节省下这十个人的劳动。据统计,在 1840 年,大不列颠联合王国的技术成就的生产率和手工劳动生产率的比例已达到了 108:1。[2] 在当代,这些就足以抑制因资源的价格飙升所造成的实体经济中出现的利润率之危机的继续蔓延。我们认为,科技创新和消费的梯度学说,即是周期性理论得以存在的一个前提。每一次科技创新都会推动新的周期形成,而只有在满足了新的梯度之后,这一周期的形成才可以完成,正是由于它们的相互作用,才交替地出现着周期性的过程。

45. 关于一国对他国的资本输出问题,必会使他国得到一定的发展。当资本输入国出现危机时,必会殃及资本输出国。对于具有高度垄断性的资本主义国家而言,此时它或是要承受货币短缺、流通困难、信用紧缩、部分企业破产的局面,或是要转嫁危机,而进行战争。战争往往又会使贸易中断,因之原料昂贵,于是又要引起生产的可能性吃紧以及中断,这些都是十分可怕的。

46. 有人问,为什么生产过剩了,人们却又益发地贫困了呢?杨健生讲,一般人类生产都要求按照人的需要来发展生产,但是资本主义的生产则要求按照其自身的不断增殖的逻辑来扩大生产力。[3] 且资本家

---

① 小罗伯特·卢卡斯:《经济周期模型》,姚志勇译,中国人民大学出版社 2003 年版,第 95 页

② 《马恩全集·第四卷·哲学的贫困》,人民出版社 1958 年版,第 135 页

③ 杨健生:《经济危机理论的演变》,中国经济出版社 2008 年版,第 202 页

一定是可以通过生产的方法,来使其资本或财富来增大的,可是工人却不能通过劳动来使自身的价值增大一点点。这样,问题就可以清楚了一些。阿马蒂亚·森指出,形成饥荒的根本原因,是饥民们没有购买力。[①] 于是,一边有充足的食品,一边多是行乞之民,这同经济危机时的情况大致相似。

47. 姚慧琴讲,市场化和社会化为引发普遍的经济危机奠定了基础。[②] 当然,经济自身的增长,以及其制度的和技术的周期性存在,兼之具有供求的相同预测,就势必要助成某一阶段的市场饱和,于是经济从顶点开始便向衰退转移。不难看出,经济危机的生产过剩必是相对于大量的失业和货币短缺所造成,这似乎已成了理性人的观点。有人说,制造业也会制造危机;内生危机是生产造成的,外生危机是货币造成的,此间绝对有道理。然危机起爆的内核,一定是生产的单向增长造成的不能实现有效产出;同时,外加货币的急速的衰微,就必要引致危机是一定无疑的。

48. 在经济危机时,人们投下 6 先令,只有 5 先令的收入。此时,资本家的流动资金大多都要趋于零,因为它们都已经变成了过剩产品的存在形式。普遍的是人们均已无有了安全感,于是之扰动,又会加重危机。就这样,在若干年萧条之后,由于生产能力的短缺,它又要再激起新投资,并再激起新繁荣。

49. 综合前述,危机的形上所指,当为分工和私有制。另外,资本是在竞争中扩张的,是在信用的支持下扩大的,因此资本主义的经济危

---

① 《诺贝尔经济学奖金获得者讲演集 1978-2007》,王宏昌译,中国社会科学出版社 2008 年版,第 588 页

② 姚慧琴:《经济危机成因理论研究》,西北大学博士论文 2001 年,第 9 页

机的发生就离不开竞争和信用这两个重要的引擎。自然，经济的内卷化，以及物质文明和精神文明的严重矛盾也是引致危机不可忽视的因素。可是，人口密度的增大作为危机的根源，就目前来看，似是减弱了，故不再提及。

50. 然而，人力资本却更多地显示，经济危机是人自己造成的，且人具有使自己不断陷入厄运之境的陋习。我们再细看，就会发现，经济危机的本质或许就是隐匿在人的心中，就是其经济属性促成的，它的外力条件便是资本的推动。另外，随着人的智力的提高，人们的劳动既生产财富，也创造了我们的生活和社会关系以及各种制度，因此它也就必然要创造过剩的失业。

51. 人作为自然进化基础的产物，原本也是一物，然而人之为人的特性却又在他对物的超越性。① 此即说，由于人的物性，其必会为物所困，必会为物所累，必会为物之极大丰富到过剩而使自己失业，但由于人的又具有超越性，故他还可以想办法来摆脱之。从历史上看，人的负面发展，包括把资本赋予人格化等等，就深刻地昭显了生产过剩或称经济危机必是人的放纵的产物，同时又是人的受制约的产物。因为，人口的增长问题与经济的同期性之存在，又是绝难匹配的。

52. 当今社会，人们多在全力地促生产力的发展，我们讲，生产力与人的欲望的增长存在不能捆绑。因为，生产过剩，恰是人们的欲望过剩的物质表现。可是，人的购买能力却不是能够与人的欲望共始终的，即它们多是处在相互脱节的状态之中的。于是，购买欲望在购买力的压迫下，会逐渐被放弃。可见，欲望的精神的是可以从正反两个方面来挟持经济的。俄国人尼古拉·别尔嘉耶夫讲，精神具有历史的生存，所

---

① 陈辉:《经济学的秘密在于人》，西南师范大学硕士论文 2002 年，第 14 页

以才有精神的危机。① 我们言,精神的危机是否会导致经济的危机呢?理性的崩溃是否就会产生经济的崩溃呢?倘若把理性纯粹化,是否又可以避免经济危机呢?答案应是肯定的。如此一来,我们就解决了关于经济危机的在根本性上的问题。

53. 那末,又有如何的方略来消解经济的危机呢?我们言,在生产和消费之间都要实行社会化,这就是说,既要满足个人消费,还要满足国家消费,乃是国际上的消费,同时还要以适量的货币资本来确保流通的顺畅。当然,若以消费来决定生产,就是更美妙的事了。此外,还要预设众多的投机之门,即新的生产或行业所带来的赚钱机会,以及必须要开创出某种全新的具有普遍吸引力的长期的投资方式,只有如此,或说不经营从存货中赚钱的业务,方可从根本上摆脱危机。

54. 为了达到上述目的,人们就要借助事前估计和事后计算这两个概念工具,建立所谓的动态的序列模型,进行科学管理和规划,以利消除过剩之危机。自然而然,我们还要建构系统的理性,因为片段的所谓理性在太大的手段和目的之间,是不能够实现统一的。在具体的经济工作中,依着系统的思想,它还要求,当有一项连贯的经济的安全政策,或者是建构一套危机的预警机制,以及企业家的全面的良知系统,最好是形成一个可以抑制危机的法律。不如此,危机的后果真是太可怕的。总之,我们就是要使理性合目的,就是要使生产合于消费,并在理性的影响下,有计划地再经由改变某些结构,来彻底地矫正和灭绝危机。

55. 经济就如一棵生产着的果树,我们必须要剪除掉那些会引起失业的枝条。这样,形成危机的失业,就可以在它显象的阶段或之前便

① 尼古拉·别尔嘉耶夫:《精神与实在》,张百春译,中国城市出版社 2002 年版,第 172 页

可以通过相关的制度建设来予转化掉了。控制失业即是要使就业人口降至不可再失业的状态为止。同样,为了避免生产过剩,即是要使以生产的发展态为主导转化为以正常的需求态为主导方好。倘如上的二者能够结合,则经济的就必要和谐。进一步推理,人们若能悠闲地来自我地生产自己的所需,加上以生态经济来取代消费经济,或许那令人厌恶的危机,就再难有可以蘖生的地方了。

56. 为了止住危机,从企业做起也是有方法的。政府若能使垄断的寡头们开明起来,也是可以抑制危机的。在经济上,只研究动力学,不研究它的制动学说,是远远不够的。自由的动力说和自由的自灭的制动说,均已不适用于当下的社会。吉普夫法则认为,资源(人、货物、时间、技能,或任何有生产力的东西)总会自我调节,以求将工作量减少。[①] 这似是对的。可是,只要有资本推动,就必然会有危机产生,这就要求政府和企业主均当长期地进行分流和减少工业企业中的可能会引起失业的在生产人数。

57. 经研究发现,行业之间必存有一定的比例关系问题,所以有计划按比例一说,就要修正为按比例基础上的有计划,如是之,才更具有合理性。另外,在生产设备与生产能力,生产与消费,进出口与市场容量,商品价值和价格方面,最好等比例,这是关于在按比例发展基础上的又一进步。否则,一现失衡,就会出问题。在原则上,大型企业都是在搞计划的。倘若有极多的企业都在实行与国家有联系的计划化,则经济危机这个东西,人们或许就会不知为何物了。

58. 众所周知,自由经济是相对于发展时期而言,才或许有效。只要发展一停止,则自由的表现就会收敛得无影无踪了,而危机倘若出

---

① 李汉昭:《帕累托 80/20 效率法则》,海潮出版社 2001 年版,第 16 页

现，政府不加干预，就像人得了病，家里不给予治疗是一样的，其分明便是愚蠢的。因此，在危机到来的时候，若人们仍再提倡自由竞争或自由调节者，无疑就是糊涂虫。马克思认为，大规模投资是摆脱经济危机的起点。① 为了挽救企业和银行，此时的政府就要大量放贷给企业、给金融机构，而这也正合凯恩斯的思想。所以，通过流入资金，采取低利率政策，并用财政手段，兼之公共工程计划，都是应对危机的良方。

59. 科学技术也可以挽救经济危机。在非危机的时段，人们应有意识地强制性地去发展科学技术，并使之能引领经济的跨越式发展，因为在跨越式发展中，极有可能会逾越过某一次的危机形成。西斯蒙弟认为，从危机到复苏，根本不是由于工人消费增加的结果，照例危机的出路是从生产资料的销售量扩大开始的，推向复苏和高涨的动力是固定资本的更新。因此，不是个人消费的增加决定生产的扩大，恰恰相反，是生产的扩大引起个人消费的增长。一般来讲，固定资本的转变，又是困难的。但是，形成新的固定资本的设备生产等，若有了新的科技支撑，则又是相对地容易起来。可见，由于去危机的需要，它是会催生新的发明的。这样，新科技的出现，便是危机之过去的希望了。

60. 我们讲，对于经济危机要与恩格尔系数联系起来，若在危机之时，人们的生活水平仍在温饱阶段一线，就是可以容忍的。于是，人们只要把农业、服务业稳定好，并最好是能形成新的第四或第五产业来，则单一的工业品过剩危机就是很好对付的。此外，危机之时，也正为实现劳动转型提供了绝佳的机会，而这些则要政府强有力的组织，包括企业，也都要被置于政府的严格的管控之下才好。如是，解决失业问题和企业的发展便要成为头等大事。至于萧条的缓和，则可以通过消费财

① 姚慧琴:《经济危机成因理论研究》，西北大学博士论文 2001 年，第 27 页

货市场中价格保持不再下跌,资本价值可以维持不变和实际投资量不再跌落三个方面,表现出来——复苏就要开始了。

61. 在危机时,人们的眼光要看外面,不管是他国的危机加重,还是其走向繁荣,都会对一个清醒者有利。根据对 1847 年危机的研究,若有一国出现繁荣,就可以将商品涌入之,以缓解自己的危机;倘若他国出现了更大的危机,则之境外的市场就会被削弱,而这也会有利于人们向这些地方倾销,关键是看如何把握。中国也要学习罗斯福新政的经验,即在危机之时,务要阻断国外影响,并要强有力地计划国内的发展和刺激企业复兴,以保持民生的正常进行。就一定程度而言,保护主义是很自然的事,它是无论如何都不可能避免的。从 1929－1933 年的危机中,人们发现,实体经济催生的虚拟泡沫,必要反过来摧毁实体经济。故任何一种催生的存在,一定会具有某种反过来又去摧毁那催生者的可能。

62. 灾难可以拯救灾难,危机也可以拯救危机。资本主义必须前趋,只有如此,它才可以一个新生的姿态去获得某些更为阳光的生命。我们言,资本主义只有发展,如同原始人从渔猎社会进入到农业社会,又从农业社会进入到工业社会一样,所以一旦工业社会能进步到更高级的社会形态,则资本主义所有的诸如危机等等的矛盾,也就会得到彻底的解决了。于是,解决危机的办法,就是要永远前进,就是要不懈地发展!

63. 请问,解决经济危机问题,还会有其他的“大纵深理论”吗?事实在说,摆脱资本主义经济危机是不可以永远地会在其内部能找到答案的,这就像渔猎的人们永远不能因之而走向工业的机械化又是一样的。在学术上,经济的分析,多是由得自于一系列的假设来推论而构成。这就造成了过去的陈说者们,极难走出那个不断危机的泥潭沼泽。

所以,陷在危机的池塘里,研究危机的意义不大。历史已经证明,那些过去的关于危机的理论,几乎是轮番获胜,然后又轮番地失败了——它显示给人们的东西,总是难免会有茫然的不能清晰之感。

第二节　帕累托思想的经济学再造

64. 帕累托(1849—1923),意大利经济学家,为洛桑学派的主要代表人之一。他是1893年被任命为洛桑大学政治经济学教授的,因之对意大利20%的人口拥有80%的财产的观察而著名,此后他的这一成果被其他学者概括为帕累托法则(20/80法则)他认为,社会分层结构的存在是普遍和永恒的,但这并不意味着,社会上层成员和下层成员的地位是凝固不变的。帕累托法则,最初只限定于经济学方面,之后便被推广到社会生活的各个领域。

65. 关于经济危机的问题,帕累托未能深及。沿着前面的文字,我们知道,生产的威势,要远远地大于市场的反馈的作用力,其原由就是资本的推动与影响,且资本具有持久性,历史上的资本已积累甚丰,这便是今日之所有的发展的前提。当然,资本的持久的存在,也是会造成生产过剩的。凡勃伦讲,为什么对商品进行消费,必然会引起对商品进行累积的动机呢?其动机就是竞赛,就是为了博得荣誉。① 如是之,人类的既消费又累积的习性,或许也是可以催成生产过剩的。我们说,技术进步,包括对工人提高工资等,都是提高生产效率的手段或工具。其后果,便必然要引致失业和生产过剩,这是无疑的。故危机总是与生产最相关,而市场失灵只不过是它的一个集中表现。

---

① 凡勃伦:《有闲阶级论》,钱厚默译,南海出版公司2007年版,第40页

66. 从帕累托的思想来看,经济科学一定不是纯理论性的,它更是指向实际的和具有应用的功能。就我们而言,为了美好的理论而奋斗,又不做纯粹理论的无谓的争辩,恰是在于我们要做的当为解决经济危机的实际问题,故此才冒昧地做了一些必需的相关论说而已。这便要求我们在认识方法上当有一些超越的东西,更重要的则在于通过改造的方法来使得关于经济的学界,能够面貌一新才好。为此,我们就要将动态的、或然的因素,在不发生逆反应的情况下,而融入于相关的经济理论中,来再生我们的观念体系。这样一来,我们就能达到前述的目的。

67. 帕累托发现,如果20%的人口享有80%的财富,那么就可以预测,其中10%的人拥有65%的财富,而50%的财富是由5%的人所拥有。在这里重点不是百分比,而在于一项事实:财富在人口的分配中是不平衡的,这是可预测的。[①] 因此,只要有20/80法则的存在,就会有一种天然的不平衡,所以在一定意义上,出于非经济思想的考虑,即在过程中所要求的分配均衡之法,只能是一个短暂的现象。20/80法则主张:以一个小的诱因、投入和努力,通常可以产生大的结果、产出或酬劳。比如,典型的模式就有:80%的产出,来自于20%的投入;80%的结果,归因于20%的起因;80%的成绩,归功于20%的努力;80%的营业额,来源于20%的产品;80%的营业额,来源于20%的客户;80%的罪行,由20%的罪犯施行;80%的交通事故,由20%的汽车狂人引起;20%的已婚者,占离婚人数的80%;20%的孩子,达到了80%的教育水准等。于是,平等便是一种幻想了。据研究,帕累托的不均等的有关法则,也可以解释财富所有与品质不良的分布结果,可见帕累托的思想确有高明之处。

① 李汉昭:《帕累托80/20效率法则》,海潮出版社2001年版,第4页

68. 关于 20/80 法则的三大假设：第一个假设是，具备事前判断关键与非关键事务的各种信息，否则就无法判断关键少数与一般多数；第二个假设是，所找到的关键事务或环节是可调控的，即它所涉及的关键因素是人类群体理性选择的结果，它是一种人类决策可改变、可利用的规律，否则就不会具有可预测性；第三个假设是，少数关键要素与多数一般要素这两者之间独立不相关。细想起来，帕累托法则，一定是具有某种历史的轨迹之延伸，不然便没有逻辑的可循性。从常理上看，任何一个增长的机制里面必是要含有衰落的成分的，如经济的持续、稳定的增长，必然会形成由 2→8 的态势。可是，发展的反作用力，又必然地会在将来的某一时期形成由 8→2 的局面。所以，在经济危机理论中，只要解决好了在由 8→2 的过程中，所出现的失业问题，则一切的困难也就可以解决了。因为，我们不怕过剩，只怕在过剩之中出现失业。

69. 概率理论告诉我们，所有的 20/80 法则的应用不可能都是随机发生的，应该有一些深奥的含意或原因隐藏于它的背后。为此，帕累托陷入苦思，想找出一套方法来研究 20/80 法则影响的社会。① 但是，他终于没有成功，这个历史的责任的许多任务便落在了我们的肩上。关于多数，它们只能造成少许的影响；而少数，它们却可以造成主要的、重大的影响。这反映在当下的民主的生活中，就可以说多数者只会产生少数，它只能完成一个选少数的任务；最后，多数者还是要把自己交给少数。如上的现象，帕累托或许是能够知道的，可其形上的存在，又是什么呢？20/80 法则就难以说得清楚。帕累托思想的遗憾，在表达图形上，更是让人苦不堪言。比如，

① 帕累托：《二八法则》，许庆胜译，华文出版社 2004 年版，第 11 页

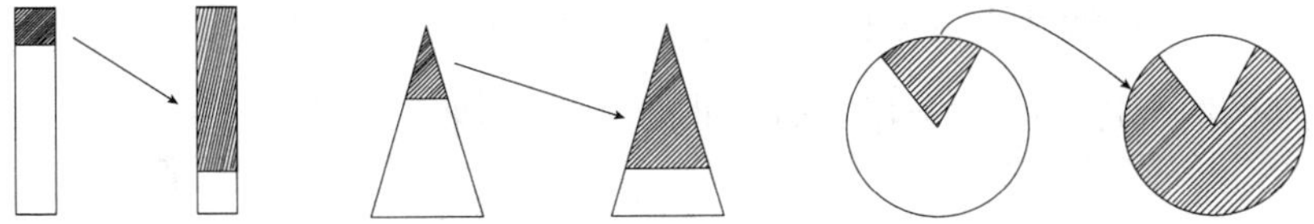

70. 根据以上的形状来表达,真是太麻烦。于是,我们便创造了如下的图示(A):

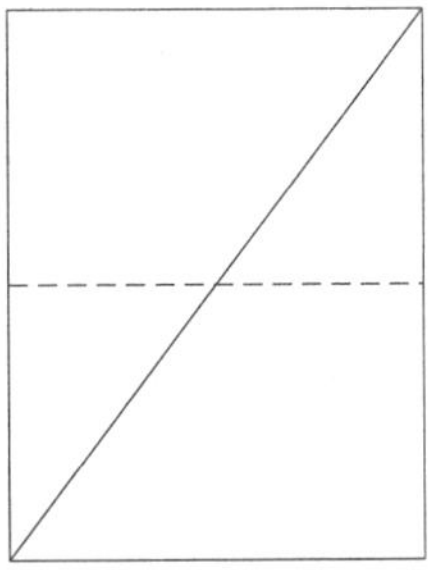

71. 我们知道,依着20/80法则来思考,它只能是一个大略的估计,就统计学来说,精确的20/80关系不太可能出现。在习惯上,20/80法则所讨论的只是顶端的20%,而非底部的20%。[①] 可是,帕累托等人却未能就此而展开。我们认为,它的最好的表达只能是存在于我们的图示(A)中。当然,该图的成立,也正是以帕累托之思想为前提的。因此,20/80法则,在我们的图示(A)的里面,严格来讲,就宜表现为25/75了;即,

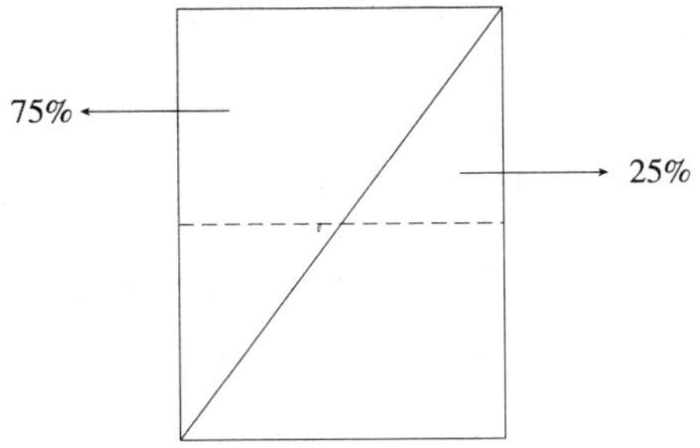

① 李汉昭:《帕累托80/20效率法则》,海潮出版社2001年版,第4页

72. 由数字表达见解很好,由图示来表达见解就更好！比如,由下面的图1就可以演变出许多的有意思的图示来。

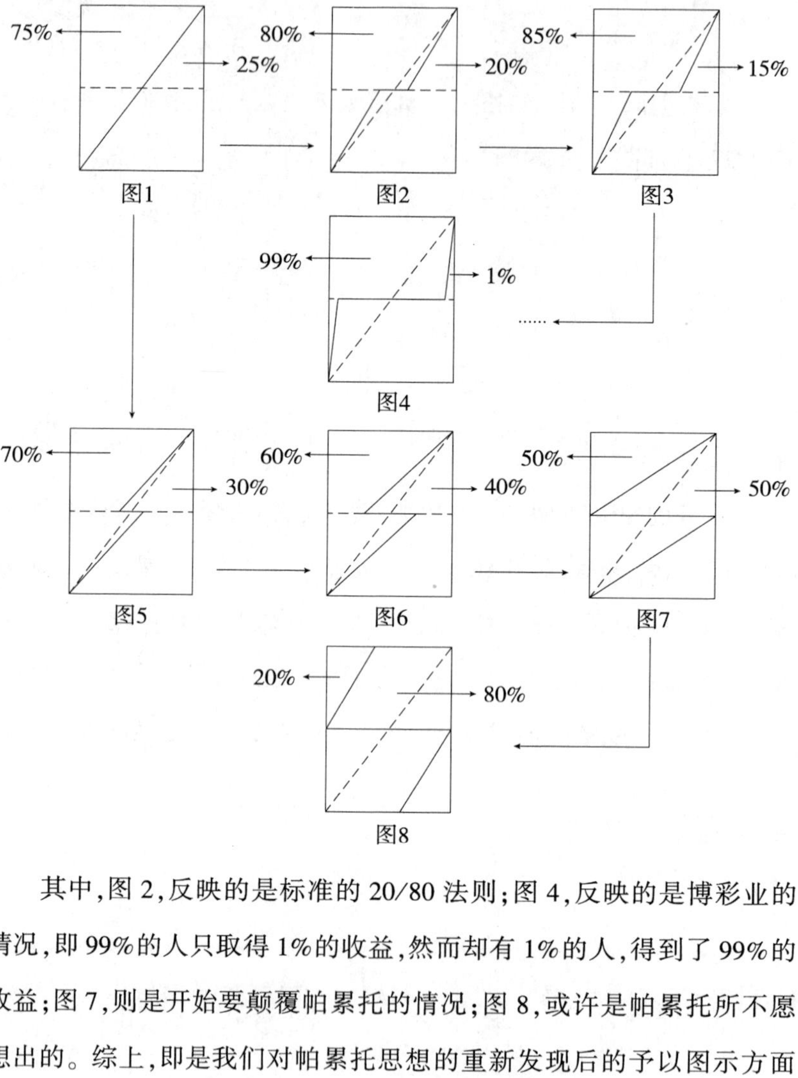

其中,图2,反映的是标准的20/80法则;图4,反映的是博彩业的情况,即99%的人只取得1%的收益,然而却有1%的人,得到了99%的收益;图7,则是开始要颠覆帕累托的情况;图8,或许是帕累托所不愿想出的。综上,即是我们对帕累托思想的重新发现后的予以图示方面的阐说,或称之为一种更高意义上的全面的再造。

73. 接着,我们回归经济学。在此之前,关于对帕累托思想之改造的图示(A)所代表的意义,我们还要再做阐说。见下图:

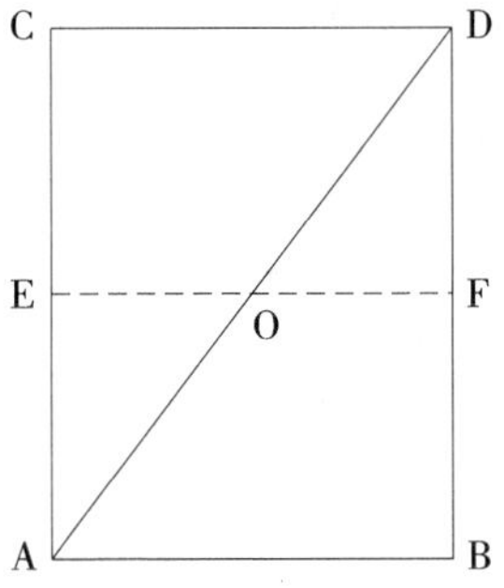

在四边形 ABCD 中,AD 是它的一条对角线,EF 是该四边形的中线。于是,三角形 DOF 的这个 25%的面积所代指的存在,便对应着梯形 CEOD 的这个 75%的面积所代指的存在;依理推之,梯形 OABF 的这个 75%便对映者三角形 EAO 的这个 25%。这里,在三角形 DAB 中,梯形 OABF 的这个 75%与三角形 DOF 的这个 25%的关系,当是含有逐渐助成的推演趋势;同样,在三角形 CAD 中,梯形 CEOD 的这个 75%,则必是由三角形 EAO 来壮大的结果。可见,三角形 CAD 与三角形 DAB 的这种颠倒的对应存在,一旦被规范到四边形 ABCD 之中,经中线 EF 再做化分之后,则它们的各部分之间,就可以分别地代指了许多的靠近帕累托之思想所反映出的现象了。在四边形 ABCD 中,它的中线 EF 所含有的 EO 和 OF 是相等的,我们不妨称其为均衡线。很自然,在梯形 OABF 向着三角形 DOF 的生成过程中,OF 又是它们之间的一个相互的临界的表达。同样道理,在三角形 EAO 向着梯形 CEOD 的发展过程中,EO 一线也是一个彼此的临界之线。所以,EF 在四边形 ABCD 中,它既是相对于左右而言的均衡,又是相对于上下而言的临界。非常明显,在四边形 ABCD 之中的各个部分,人们还可以赋予它许多的精彩内容。

74. 比如,魁奈的《经济表》曾为研究重农主义,提供了很好的方法。当时,他就直斥路易十五继承了祸国殃民的重商主义政策。同时。

他还否认了手工业和商业的生产性。现在，我们若把农业、商业和工业（手工业）共同地反映在我们前述的图示中，它就是如下的样子：即，

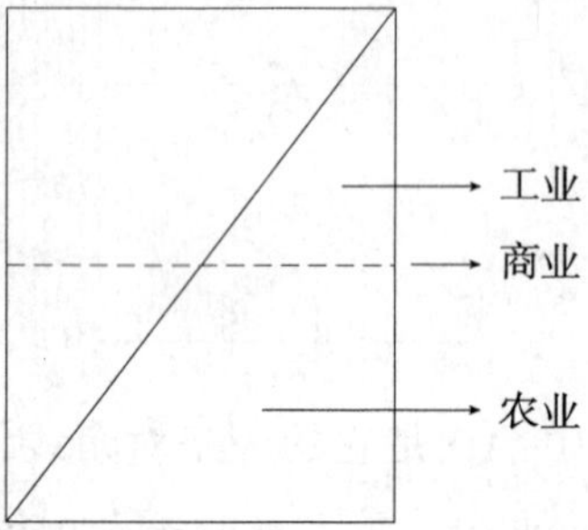

此外，在经济领域中，关于生产规模和消费的同步性问题，我们认为，它也只能是居于下图之中：

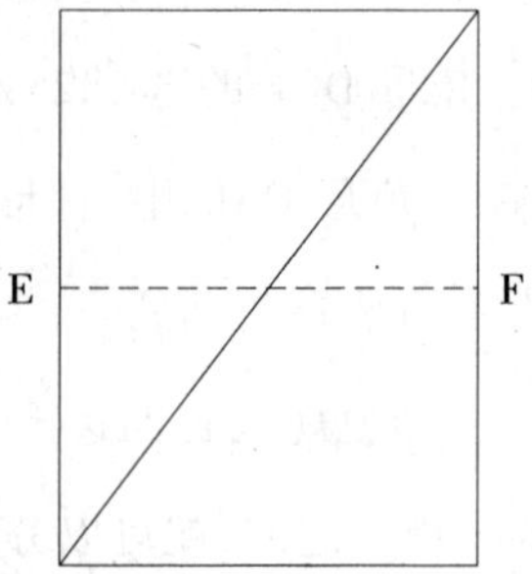

即在它的 EF 一线。这就是说，均衡是可以存在的，但它又是瞬息即逝的。因为在 EF 附近，均衡的存在时间不会太长。根据我们所设计的如下的图示：

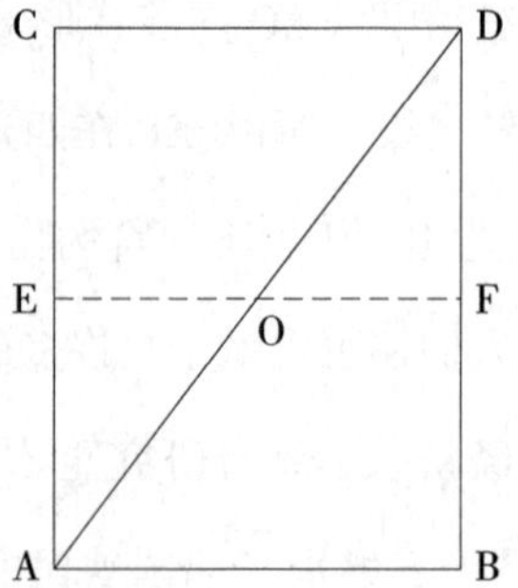

在研究原因与结果之间,就可以发现,少数的投入能发挥极大的影响力,其一定是建立在多数的投入仅只产生了较少作用基础上的。凭空的以少数投入而能发挥极大影响力的是不存在的,这就像投入三角形 DOF 的所代表的力量,能产生梯形 CEOD 的结果,实是建立在梯形 OABF 的投入仅只产生了三角形 EAO 的基础上是一样的,而这里的投入的三角形 DOF 能产生梯形 CEOD,也必须是要在梯形 OABF 的基础上,成功跃过 EF 中的 OF 所代表的临界线,方是可能的。否则,与 20/80 相关的东西,就难以实现。我们言,这是确定不移的。

75. 关于经济学上的创新问题,或称增加创新性劳动的投入,是能够改变边际收益递减的趋势的。因为,若要防止陷入某一专业化陷阱的前提,就是要在其达到效用的最高点时,当又有新的技术出现,才可使之继续上升,不然就难免要生颓势。在原则上,创新又可分为:A. 传统要素主导型;B. 现代要素主导型两种。即,

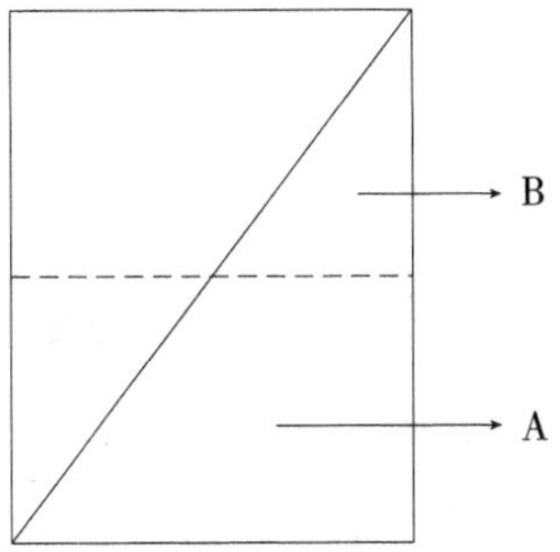

由此可见,传统要素主导型的创新,是会引起创造性的毁灭的过程的,而现代要素主导型的创新,则会产生明显的扩大就业的效应。但是,无论哪一种创新,随着时间的延续,它们都会变得不合时宜。当然,历史进步的行程永远都不会结束。我们言,即使在极高的层面,也必会出现关于帕累托思想之改造过后的存在。因此,对于我们的图示(A)

的构建,便是在20/80理论的基础之上,我们所进行的一种全面的理论创新,或可称之为“再造”。

76. 在现实生活中,人们通过对帕累托思想之改造,来欲达到某一提升的目的是正常的。根据我们所再造的模型,便能更好地解释经济过程中的前进性问题。如图:

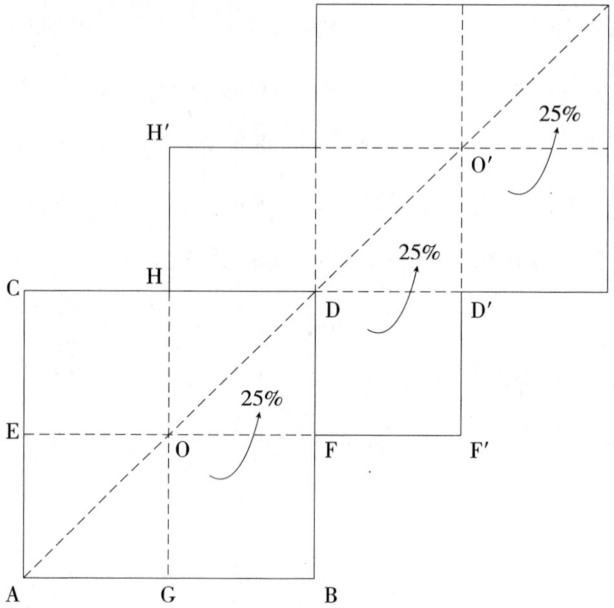

其中,三角形DOF,代表25%的投入,它便可以实现梯形CEOD这个75%的产出。我们称四边形OGBF为三角形OAG的扩大部分,即是其生产规模的再充分部分,而三角形DOF则是以四边形OGBF为基础的增生存在,即为新生成的活力表现,所以它才实现了四边形CEOH和三角形HOD的产出;其中四边形CEOH占50%,三角形HOD占25%。那么,此时的四边形CEOH所代表的50%的意义,又在何处呢?我们说,它会被企业主当作资本金而投放到四边形DFF′D′的位置上来;如是之,以其为基础又会生成一个新的活力部分,即一个新的25%的存在,这就是三角形 DD′O′。之后,沿此新生的25%,又可以实现更新的75%的产出;依着上面的路线,则之新的经济发展就可以不断地向上而去。

77. 下面。我们再谈经济危机问题。根据 AD-AS 模型所述及的相关思想可知,一旦就业量给定,则总供给量就给定了。所以,我们言,关于就业量问题的研究,或许就是解决经济危机问题的根本。因为,只有总供给才能密切总需求;这样一来,失业的源头就必然清楚。依着帕累托的观点,失业的和非失业的劳动力所对应的消费等,也必会合于20/80定律,无疑。刘易斯认为,资本主义部门由于把剩余再投资于创造新资本而扩大,并吸收更多的人就业,剩余越来越多,资本形成也越来越大,这个过程要一直持续到剩余劳动力消失为止。可是,在事实上,失业却仍然存在,这便是由于不断的时滞的作用之不能结束,故失业就一定会出现于下图:

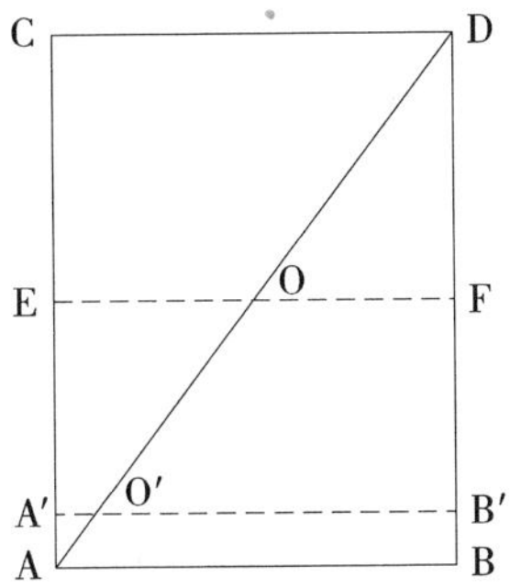

即靠近它的 AB 一线。因为,在 AB 一线的梯形 O′ABB′所代表的劳动力,仅能实现三角形 A′AO′的这样一点点的产出,所以在这个区位,就一定会形成大量的失业,乃是毋庸再言的了。

78. 至此,帕累托思想的经济学再造,便得以完成,而其后展的学说,则可以在下一节的《依着图示的向度》中再叙明白。我们就此要表达的是,真正的帕累托思想的经济学再造的极有意义之处,就是其成功

地建构起了它的如下的模型:即,

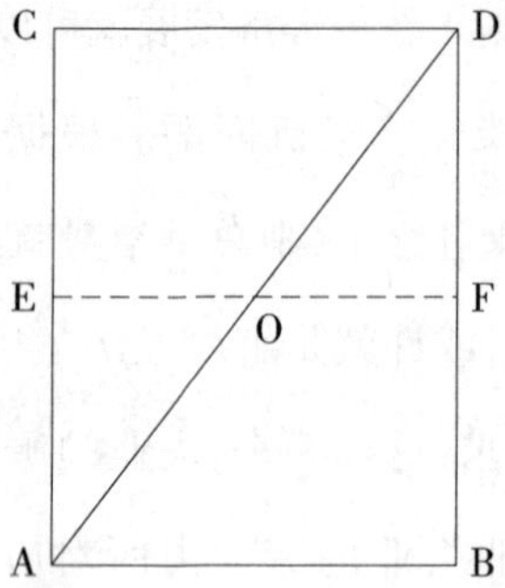

第三节　依着图示的向度

79. 关于经济危机的起爆区位之说,联系我们所演绎的过程,在理解上为了方便,它与某些图示的"层位",如底部位置等,有时是共用的,含有一个意思。因为,如此之表达,就学术的存在而言,更容易展开。

80. 胡塞尔认为,本质是可以通过直观来获得的。我们讲,帕累托的思想本质,完全可以通过上一节的图示(A),来直观地得到解决。〔今后凡涉及此图时,仍用图(A)表示〕然而,传统哲学认为,本质只有通过抽象之法才可获得,但这与作为过程的存在,又是不能矛盾的。比如,关于我们所绘制的图示(A),也是经过了大量的抽象之后才来到人间的。于是,它的本身就可以成为一种科学的解释工具,或称为一种理论的方法,其形式与意义之间便会存有天然的逻辑关系。卢卡斯曾说,一个有用的模型……能够确切地描述出经济随时间发展的过程。[①] 我们言,根据图示(A),在其保有的各自的范畴内,只要大家能够领悟之精义,则它

① 小罗伯特·卢卡斯:《经济周期模型》,姚志勇译,中国人民大学出版社 2003 年版,第 7 页

的对于人类的贡献,就会逐渐地被经济学家们所接受。

81. 接着,我们就图示的表达,来展开许多思想。假若在不久的将来,人们都习惯于用图示(A),来代替那标准的 20/80 的精确所指,即如下图:

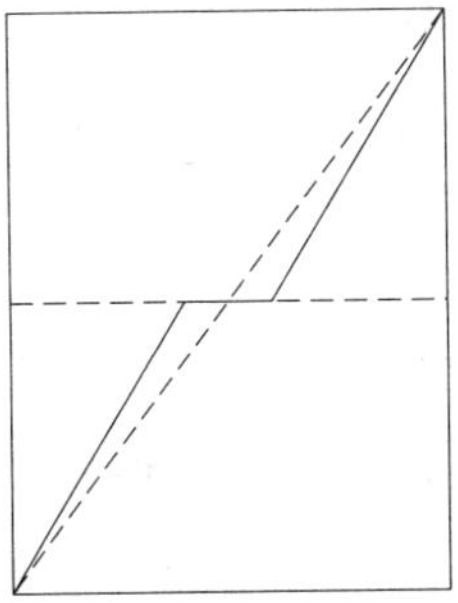

则所有的沿着帕累托思想的再造后的经济学体系就会简明得多了。比如,根据下图:

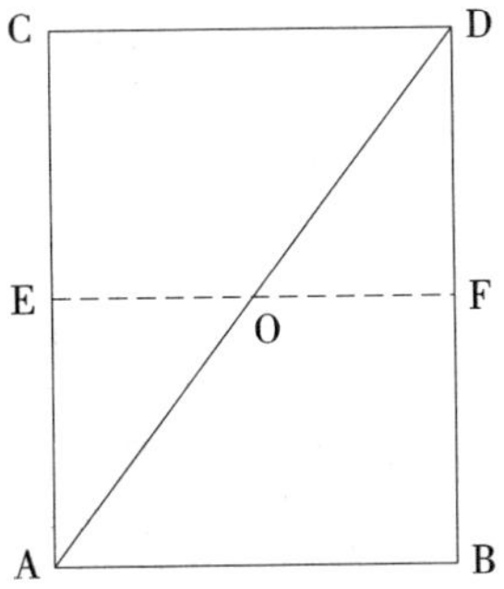

图 1

即依图 1,较少的人数,获得了较多的财富;较小的努力,获得了较大的收益;较少的劳动力,实现了较多的产出;较少的投入,实现了较多的产值;关键的一小部分,实现了较大的盈利;较少的商品,获得了较多的利润等等,都是反映在图 1 的三角形 DOF 和梯形 CEOD 的对应关系上的。其中,三角形 DOF 就是代表着那些较少的一小部分,而梯形 CEOD 就是代表着那些获得了较多(大)的部分。不难看出,在图 1 中,其上半部分正好是反映了 20/80 的法则的。但是,对于其下半部分呢?我们说,它正是 20/80 之法则的得于存在的前提,即只有以较多(大)的存在,在换取了较少的一小部分的基础上,帕累托的 20/80 的思想才能成立。这就是说,只有梯形 OABF 与三角形 EAO 的对应存在,才会构建三角形 DOF 与 梯形 CEOD 的对应存在,且三角形 DOF 一定是建立在梯形 OABF 的基础之上的;同样,梯形 CEOD 一定是建立在三角形 EAO 的基础之上的。如是之,我们就再一次地寻到了 20/80 法则的之所以存在的源头。

82. 依照图 1 所示,我们若把三角形 CAD 分别代表财富、收益,实现产出、产值和利润,把三角形 DAB 分别代表人数、努力、劳动力和投入,则三角形 CAD 的部分,就均是由实现产出的部分转化而来的,而投入的人数之努力,很显然就是具有商品性的劳动力的代称。一般来讲,劳动力是指能够提供一定质和量的劳动的能力,购买劳动力是一件有利可图的事。在现实生活中,劳动力的质量随着其价格的下降而下降,随着其价格的上升而提高,这是一个规律。鉴于上,我们说,在图 1 中,以四边形的对角线 DA 为界,其左面,便是代表着实现的产出,而右面就是代表着劳动力了。于是,在靠近 CD 一线较少的劳动力,就实现了较多的产出,在靠近 EF 一线,劳动力与实现产出,基本上是等价的,在靠近 AB 一线,则有较多的劳动力,却只实现了较少的产出。若单位劳动力实现的产出至少时,就一定会形成失业。此时,单位劳动力之所以实现的产出至少,也是因其技术水平至低造成的。我们讲,任何经济的发展,都会存有图 1 的景观,只是大量的失业,必要在该图的 AB 一线形成罢了。

83. 威廉 · 配第讲,如果把国家比喻成人的身体,那么其血液和养分就是农业产品和工业产品,而商人们只是促进国家的血液和养分循环的静脉血管和动脉血管而已,他们本身是不生产任何的。① 这在图 1 的表示中,说商人们是居于 EF 一线的存在,似是妥当的。可是,到了二十世纪后半叶,人们就认为平衡只不过是一种幻想;如此一来,所谓临界——就是指某一存在一旦发展到某一点时,再多加一点点努力,就能收到极大回馈之说,便为颠覆平衡的杠杆。至于由公到私的界面,便是它们的股份制的存在;由经济危机到政治危机的界面,就只能是失业工人的大量生成和它的长期存在了。

84. 有人说,资本主义既是创造性的,又是破坏性的。② 它创造了财富,也形成了贫困。所以,失业与生产过剩是共存的。因此,要避免失业,就要防范生产过剩。防范生产过剩就要使产品顺畅地走向个体消费、国家消费和全球消费。但是,生产的各个方面都有精确的相互制约的关系,然生产与消费之间由于有市场的交换之界面,便不能有很好的衔接;这样一来,生产和消费之间就有可能出现脱节,进而物品失衡,人员失业。于是,经济增长与失业往往会密切相关。故发展的本身只要不考虑失业问题,就会造成经济结构的畸形,其后果就会出现资本增加,生产能力却下降等不正常的对应情状。

85. 届时,资本家失业,也就不可避免。在原则上,获取剩余收入的人,就是资本家,这些人很少,但却占有了大部分财富。资本家失业,就是破产,就是要承担法律责任。工人的一部分便是由小资本家或其他资本家的失业而沦变来的。我们认为,资本家失业和经济惯性都是一种新理论,经济惯性反映在失业问题上也是一样的,当失业来临时,

① 威廉·配第:《赋税论》,邱霞译,华夏出版社 2006 年版,第 19 页

② 米歇尔·博德:《资本主义史 1500-1980》,吴艾美译,东方出版社 1984 年版,第 302 页

往往会出现扩大化的失业现象;当经济情况趋好后,就会出现储备劳动力的现象,这些都是经济学上的惯性所致。所以,要有计划的适度的不产生过剩的竞争,才是最有益的。林达尔说,决定资本主义经济动态过程的是资本家的计划……。[①] 我们言,要努力地抑制每一次的生产过剩,因为它的存在必会引致更大的垄断和更惨烈的竞争。

86. 刘奇洪先生讲,真正的发展权蕴藏在民间,来自底层的自发秩序和自组织形式,往往是人类行为的理性选择。[②] 同时,一个社会的人口增加,主要是处在社会底层的人口增长率较高来拉动的。然而,资本可以抵消人口增加所带来的不利影响,这就为大城市的存在提供了依据。可是,无论如何,从传统底层就业中走出来的劳动者,当多会处于被淘汰的地位,似是无疑的。因此,来自底层的应是一个具有旺盛的生命力与极度衰败相交织着的甚为复杂的存在。

87. 从一定程度上讲,失业的存在是有益的。市场经济内生失业,也正是对失业的恐惧,才激发了人们的竞争心、敬业和创新精神,并激励人们投资,为人口资源转化为人力资本创造了条件。当然,对于失业理论的微观基础——局内人和局外人之说,似不具有多大意义。因为,在危机到来之时,局内人多要变成局外人的,而在生产上升期间,局外人也是可以成为局内人的。

88. 庇古认为,企业愈多地依赖于短期信贷……,在艰苦时期愈有可能倒闭。[③] 康蒙斯讲,生产过剩和失业的波动,对大公司比较对小雇主更为激烈。因此,金融资本主义就会引起比以前更多的失业。金融

① 林达尔:《货币和资本理论的研究》,陈福生译,商务印书馆 1963 年版,第ⅶ页

② 刘奇洪:《中国工业区位演变规律研究》,中国人民大学博士论文 2002 年,第 130 页

③ 庇古:《福利经济学》,朱泱译,商务印书馆 2006 年版,第 173 页

资本主义是世界资本主义。[1] 如是,我们言,在经济危机的时段,鼓励人们有乐观的情绪等,应是很困难的。这是因为,信息的渲染和煽动是极具经济的破坏性的。

89. 对于生产过剩的抑制,在销售条件上要用限额的方法,包括稳定一般物价水平和不许浪费等等,都是可以防止生产过剩和失业循环的。危机到来时,若以大量的储存在国外的外汇等,作为向国内的投资,就一定会带动国内就业和消费国内产品;我们认为,此规模愈大愈好。历史证明,仅靠市场机制,是难以消灭失业问题的,且在那图 1 的 AB 一线,又是无论如何都要随时地发生着失业的。可见,从农业部门向工业部门转移劳动力完毕后,在工业内部仍然存在着劳动力的转移问题,这个转移必然要从生产率低的领域转向生产率高的领域,倘若不能实现这个转移,就一定要形成失业。

90. 经济发展、科技进步,出现失业是必然的,它应由全社会统一消化,应由政府解决。有人称,失业是一种天赋闲暇,是一种补偿性休息,为此政府就要保障失业者以必需的消费,似是有道理的。危机时的要害是许多人找不到工作,这样一来,天下就可能出现动乱,我们说,此事当是政府最为恐惧的。庞巴维克认为,经济理论问题所研究的完全是发生的原因,而社会和政治问题所研究的主要是效果。[2] 此便昭示,在图 1 之中的三角形 DOF 当是由经济学来研究的,而靠近它的 AB 一线所累积的失业问题,就只能是由政府来解决了。所以,获得国家帮助,或不惜以国家的信用为抵押来向未来支付货币等,都会利于度过困难时期。总之,国家的力量是十分强大的。

---

① 康芒斯:《制度经济学》,于树生译,商务印书馆 1997 年版,第 582 页

② 庞巴维克:《资本与利息》,何昆曾译,商务印书馆 1959 年版,第 2 页

91. 一国的政府,既要管理国防、司法、行政,还要管科技、教育、文卫等等。斯密对政府的定位被人们形象地称之是市场经济的"守夜人"。后来,又被赋予了"裁判"的职能。此外,还需要再加入"瓶颈疏通人"和"价值导航人"的职能。[①] 我们认为,政府的最重要的任务就是当完成对失业者的劳动转移。关于国家对于经济事务的干预程度愈低,获利和效率表现愈佳的观点,是不具有普遍性的。它只能适用于图1之中的三角形DOF所代表的那一小部分;而对于梯形OABF所代表的绝大多数的企业来讲,没有政府的干预是不可能的。如此一来,我们就为政府的工作,找准了楔入点。综上,依据规律的必然性,只要其所具有的条件符合于规律的前提,则之未来便必是可确定的。所以,依着图1的向度,它也就必是要适用于我们的关于在其AB一线的新发现。

92. 因此,经济增长必要伴随着劳动力的转移,一方面的经济增长和一方面的劳动力转移,就构成了经济结构的转变。一般而言,均衡增长与均衡地转移失业,当是同时存在的。否则,只顾片面增长,迟早会出问题。根据下图:

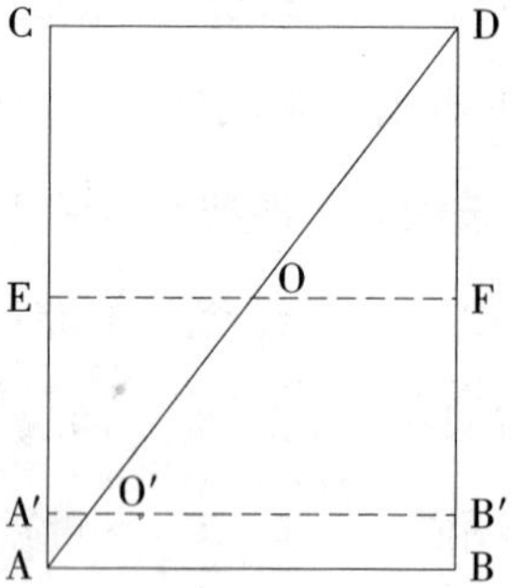

图2

① 牛润霞:《技术变迁中的失业问题研究》,中共中央党校博士论文2006年,第173页

即依图2可知,成功的结构转变,其核心就是劳动力的成功转移。尽管它是建立在技术进步的基础上的,然扩大就业和加速劳动力之转移,又必会反过来加速技术的进步,这当是确定的。所以,对于图2的靠近AB一线的那个小的四边形A′ABB′所代表的便包含了两部分,①小梯形O′ABB′,即要形成失业的人群和②由小三角形A′AO′来代指的只实现了那极小的产出部分;为了描述方便,我们权且把它们合在一起。如是,对于这一部分,即关于靠近AB一线的小四边形A′ABB′,或称S_{AB},要么就需把它调整掉,要么就只能把它升级上去。因为,为了发展,人们当随时地剔除或转移那些会带来消极作用的部分,比如这里的S_{AB}。我们讲,只有在不断地剔除或转移S_{AB}的过程中,才能谋发展;即若欲发展,必当先有剔除或转移,且转移失业的工作,要永续进行,其道理就是,进步的行程永远都不能结束。

93. 以就业维持就业,以就业扩大就业,这就必须要形成关于就业的循环体系。为了避免失业,只有通过劳动力的重新调配,即把在图2里靠近AB一线的S_{AB}中的劳动力,当重新分配到它的以上的那些层面之间去,方是妥当的。如是,就要使劳动之分布与实现产出的分布大致地相匹配。舍此,无有他法。

94. 我们认为,危机前的失业,都是可以通过制度性的改革来解决的。当下的人们,应首先研究趋于危机爆发时的失业,即从生产领域中被大批地挤出工人而形成的失业;此与在生产发展过程中,关于劳动力市场的供需所形成的差额而导致的失业是完全不同的。这样,一方面的生产过剩和一方面的失业形成,就会使流通受到货币的限制,所以在经济危机之时,就宜加大货币的投放量。同期,国家也可以转移支付过剩产品。此时,政府就应当为普通劳动力,从贬值了的技能和知识市场,向高价位的新技能和新知识市场之转移,提供基本的教育和培训机会;而在职培训,对促使结构性失业和摩擦性失业的减少,也是功不可没的。在图 2 的 S_{AB} 中,若能对之主要的人员进行必要的为了转移失业而进行的有针对性的技能之提高的指导,往往会起到跳跃性的作用,因为它可以使之能上升至新的台阶,并可进入到较高的层级中去。

95. 于是,政府就要承担起为转移在 S_{AB} 处的失业,而进行制度建设的责任;即失业问题,当由政府来管。根据一般理论,政府在市场机制能够解决的问题上发挥作用,就是越位;而在市场无能为力的环节上,不能发挥作用,即缺位。如是之,市场经济就要不断扩大生产,而政府干预就要不断地转移失业。只要上述配合得好,则经济危机就不会出现。因此,生产就会趋向繁荣,但却不会出现失业。没有失业的过剩是富裕的有益的过剩。资本主义的历史表明,靠纯粹的市场是不能解决失业问题的,它只能由政府的有计划的步骤来完成之。

96. 生产的增长,一定会导致经济系统的某些部门要不断地做出调整,这是必然的。海叶克曾讲,我们不能阻止大量失业重新出现。①然而,通过调整的转移之法,阻止失业,又是极为轻松平常的事了,其关键就是经济上的控制结构和改造目前的相关制度。这样的话,我们在今后的发展中,就会消灭失业。

97. 我们知道,经济危机的极大害处就是劳动力与资源的无法配置,即工人不知道干什么,或说企业主在原有技术基础上的人与资源的配置已经失效。这样,大工业的本性就决定了工人一定要面临失业的

① 《诺贝尔经济学奖金获得者讲演集》上卷,王宏昌译,中国社会科学出版社 1997 年版,第 225 页

威胁,且价格粘性和工资粘性又都会加大排挤劳动力的态势,进而形成失业。根据下图:

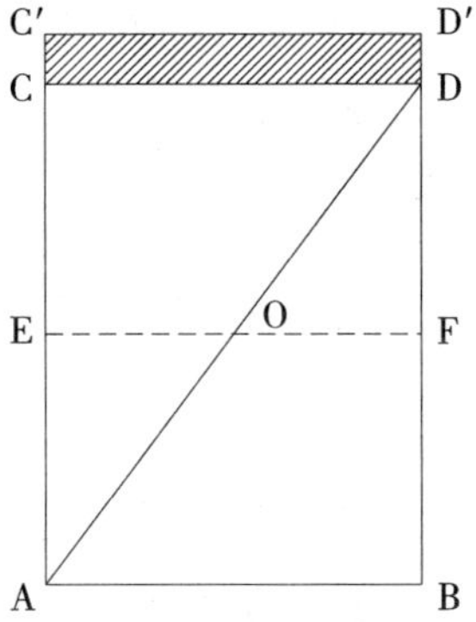

图 3

即依图 3 可知,结构性失业是由经济变化引起的,是劳动力的需求相对低于其供给。若反映在图 3 的 CD 一线能向上变动,它就可以使得在三角形 DOF 范围内的企业对劳动力的需求大于供给,实现充分就业;而在 EF 一线,则是劳动力的需求和供给的平衡线。可是,在梯形 OABF 的范围内的企业,必是需求小于供给,出现失业,并且愈向下愈至 AB 一线,失业的存在就愈严重。可见,结构性失业是由经济的迅速变化所引起的。

98. 很显然,失业是由于劳动的分布与需求的分布不能相同,而产生的结果。于是,在图 3 中,劳动力从 AB 一线向上转移至 EF 一线,再向上转移至三角形 DOF 中来,就是一个自然的路径。人们定会发现,资本和劳动从低利产业移动到高利产业,必会有一个调整的滞后期,这就表明失业已在所难免。因此,不论一个产业在某一年是否表现好坏,均很难预言它在 7-8 年以后的状况。我们讲,经济的发展,首先是要适用于对劳动力的需求,然后才是适用资本和增长利润,否则出现失业之后,一切就都要完结。按照传统理论,产业衰落,失业必然增加;另外,达不到平均水平的劳动力,也会失业。同时,在劳动力市场上,还存在着简单劳动力驱逐复杂、综合、创新劳动力的规律。所以,随着生产的技术的变革,人们就会不断地把大量的资本和大批的工人从一个生产部门投放到另一个生产部门。接着,大工业的本性,又决定了劳动的交换、职能的更动和工人的全面流动性。所有这些,都为从图 3 的 AB 一线的向上的转移失业,提供了详尽的佐证。

99. 失业永远不是均匀地分布于整个的经济社会,其原由就是,劳动市场已被分割为不同的职业、产业和地区,不同部门的失业数量不可能相同。在历史上,因生产力布局,高校布局等之存在不均衡,都会导致上述情况的产生。随着科学成为技术发展的源泉,处于上游经济的国家,新的就业机会的增加,一般会较其他国家快一些,这当是能够理解的。

100. 关于失业问题,我们认为,还应追溯到分工与发展之互动中去求解。根据图 2 可知,在 AB 一线的 S_{AB}所表示的,当为分工基础上较为落后的区位,因之竞争力就弱。希克斯指出,经济增长过程中必定伴随着某些特定的劳动的短缺。① 但是,这种短缺所需要的技能与劳动者实有的技能又是不匹配的。于是,新的结构性失业就会随着这种短缺而出现,即短缺与失业是并存的。故任何一个增长的机制里面,必包含有衰落的成分,如经济一增长,其衰退的表现就是有失业发生。所以,人们就要首先解决失业问题,而不是抑制生产的问题。尽管经济增长率上升,失业率会下降,但其并不具有永恒性。这就是说,发展的核

① 张晓楹:《西方结构性失业理论与实践的研究及其对中国的启示》,中国人民大学博士论文 2004 年,第 21 页

心,必为劳动力向着先进的部门去转移无疑,且这种转移还要成为一种常态。

101. 此外,揭示失业的根源,还要从技术变迁与劳动生产率提高之间的密切关系入手。因为,失业表明,技术变迁必会导致经济上的某种转换,而这种转换又一定具有合理性,所以产生一定程度上的失业,便属正常现象。于是,技术发展的不平衡性和可复制性,便必会为发生劳动的拥堵,而埋下伏笔。可见,失业的原因就是,生产者竞相利用科技在创造为自己的利益优势时,也为他人掘好了陷阱。当然,我们还要承认,技术进步又是结构转变的发动机。为此,大幅度地提高创新劳动力在社会总劳动力中的比重,当是避免引发失业的善举之一。

102. 失业,并不可怕,我们的观点是只要不形成积淀就好。因此,产品之极大丰富,却没有失业的存在,则经济危机就不会出现。所以,经济发展的关键就是要抑制失业。我们讲,抑制失业的办法就是要自动地转移在图 2 中表示的靠近 AB 一线的 S_{AB}所指代的居于最底层的失业之爆发区的存在;只有这样,才可以保持长期发展,而不出现危机后的诸种问题。危机后的失业之蔓延,如洪水猛兽,要抑制它,只能事前缓释之。故对失业问题,我们只宜采用在结构上的转移大法。其道理就是,劳动力的转移之功,会显著地大于资本之转移的效用。根据图 1 可知,若三角形 DOF 作为投入的部分,梯形 CEOD 作为它的实现产出的部分,即投入 1,可以实现的产出为 3 时,则任何的危机都不会对其产生影响。如上者,便是我们的所阐说之思想的有益的存在了。

103. 就原则来讲,真正的生产过剩,应是劳动力于失业之后的现象;若不出现失业,即不会发展成为危机后的过剩。当今世界,劳动已经不仅仅是谋生的手段,而是成了生活本身的第一需要。因此,就不可以存在失业。但是,劳动又使工人卷入了生产过剩的追猎行径,跟随生产过剩而来的是同样急剧的生产衰落。所以,工人的毁灭和贫困化是他的劳动的产物和他生产的财富的产物。[①] 于是,劳动的产品,同劳动相对立。劳动的产品是物化的劳动,人的失业就是相当于物的被弃用,这在生产过剩的时段尤其显著。此时的人,已不是人,而是物;人不仅已被异化为物,而且已被异化为物的奴隶。

104. 关于异化,它是具有双重性的,一方面标志着社会的进步,一方面又构成社会发展的阻碍。马克思讲,劳动产品越来越作为异化自己的东西与工人相对立。[②] 这就是工人劳动产生的物质的极大过剩和工人失业之并存的来源。工人在失业之前,已经历了工资下降到极其可怜的最低限度的一个阶段,这在图 2 的靠近 AB 一线的 S_{AB} 中,是最为明显的。异化,反映在资本家身上,就是他的追求利润最大化,却走向了自己的反面,最终使产品的生产达到最大化,其结果便是工人与自己同时失业。如上,均是人的目的性违背了与经济规律的协调性之产物。因此,在经济危机时,资本家的流动资金等等一般都要趋于零,这是由于它们都变成了过剩的产品存在形式,故其也就无有所谓的利润了。

105. 通过以上,我们说,承担发展的主体就只能是政府了,政府应是起着推动市场经济与社会协调发展之功能。所以,劳动力从一个等级向更高等级的转移,就不是市场机制能够解决的。这就是说,市场机制是一定会形成失业的存在的,但是它却不能解决这个问题。因此,失

① 马克思:《1844 年经济学哲学手稿》,中央编译局译,人民出版社 2000 年版,第 12 页

② 马克思:《1844 年经济学哲学手稿》,中央编译局译,人民出版社 2000 年版,第 11 页

业才会不断地大量地冒出来。然而,此时的政府却没有意识到这些;政府认为,解决失业问题也是可以靠市场能够化解的,有了这种思想认识上的误区,它便是贻害了近二百年来的大批的失业者。根据图 2 可知,市场失败的原因,就是靠近它的 AB 一线的 S_{AB}所蕴含的失业者,未能及时完成其向上的提升;倘若政府能在此施加援手,则一切便会相安无事。于是,对于 S_{AB}的存在就必须要由政府来实现转移,否则就会引爆经济危机。

106. 在市场经济中,不断进行的结构调整和产业升级的动力,主要是来源于供给大于需求产生的生存压力和创新冲动。然而,对于劳动力而言,要避免危机出现的办法,就只能是发展。比如,从渔猎社会发展到农业社会,农业社会又发展到工业社会。倘若今日的工业社会继续发展了,其所用的工人如同当下的发达国家之农业所需的人数时,则现代的失业问题就可以永不存在。根据图 2,我们知道,最容易形成失业的部位一定是存在于 S_{AB}里面的。所以,只要将之调控到不可再有失业的状态,则关于失业的问题,就可以在经济的发展过程中,自动地解除掉了。

107. 我们言,作为理论模型,必须反映某种最本质的联系。关于图 1 这样一个体系的构筑,当是我们的一大发现,而极多的社会和经济现象,便均是存在于图 2 和图 3 这样的深层的结构规律之中。就有关事件能否演变成危机,且这种危机是否也内含一定的结构,根据图 2 可知,它既是经济的含有了事件所演变成的危机的存在,在 S_{AB}的区位,其又是这种危机所显现的自然结构。故危机者,必是存在于该结构之中,一定无疑。那么,根据下图:

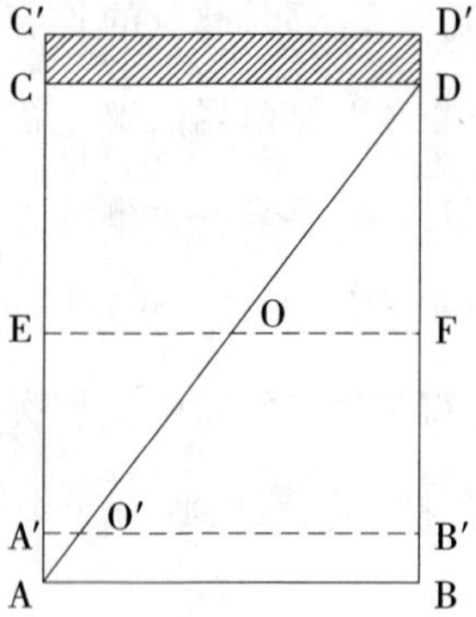

图 4

即在图 4 中,随之经济沿着 CD 一线的向上增长,就一定会在靠近 AB 一线的 S_{AB}处形成失业吗?我们讲,这是肯定的。然而,在 S_{AB}处的失业的存在,就一定会形成危机吗?如果说生产过剩与失业的并存就是危机之特征的话,那也是肯定的,只是在这里会有着危机的不同程度罢了。这是因为,在图 4 中,只要 CD 向上发展至 C′D′一线,则靠近 AB 一线至 A′B′的存在,就会被发展所抛弃,所以关于它的 S_{AB}之区位的失业就是必然的。

108. 倘若一个国家的主导产业,在被迫地进入到了收益的递减陷阱时,它便无法避免失业的大量产生,这反映在图 4 中,就是靠近 AB 一线者,将首先会遭遇到边际收益之递减的打击。此时,假使再有撤资、倾销或石油价格暴涨等,就都会加速危机的到来。

109. 通过观察图 1-4,则在 AB 一线集聚着大批的简单劳动力,此一事实,便是十分清楚的了。这就从图示的结构上表明,经济危机的产生的本质就为,在 S_{AB}的区位上的人们是极少地或是不能实现产出的,兼之货币的空前匮乏和随之而来的大批失业的表现。比如,债务人无法偿还债款,引起信用链条中断等等,均是以不能实现产出在先所造成的。于是，我们就找到了经济危机的起爆区位。

110. 首先，我们讲，经济危机一定是从局部开始的，它一定是有着起爆点的。只要有局部的危机，经市场性传导，便可能蔓延开来。关于农业收成成因论，也是讲述局部危机的一种。就比例失调成因理论来看，当一个企业造成失业，失业又会带来商品购买行为的紧缩，使别的企业生产的产品实现困难，这又会引起更多的工人失业，导致更大范围的产品实现困难，最终普遍的生产过剩危机就会产生——这些当是有道理的。上述文字，不是从生产过剩谈起，而是先从失业来切入的。我们言，只有在失业条件下的过剩，才是危机态的过剩。此是说，不是生产过剩造成了失业，而是由于失业才造成了真正的过剩。生产过剩造成失业是现象，只有因失业造成的过剩，才是本质。因此，研究经济危机，就要避开现象，而直接从失业导入。由所谓的生产过剩酿成的失业当表示着是繁荣的顶点，由失业形成的过剩就必是危机的开始。如是，我们就理清了失业乃是造成过剩的这一根本问题的原因所在。

111. 有的学者称，局部过剩现象是由于劳动力在这些部门或行业发生拥堵而导致的必然结果，如果适时通导，至少大规模的失业是不应该发生的。[①] 这些如反映在图 2 中，就是靠近 AB 一线的 S_{AB}所代表的区位。因此，在 S_{AB}处若不适时进行通导或转移，则在那里形成失业就会演变为一种常态。

112. 其次，经济危机应是从个别的企业扩展而来。在所有的企业中，必会有类如图 2 于 AB 一线之 S_{AB}所代表的企业来产生失业；同样，在一个企业中，也必会有类如图 2 于 AB 一线之 S_{AB}所代表的部门来产

① 牛润霞：《技术变迁中的失业问题研究》，中共中央党校博士论文 2006 年，第 19 页

生失业。这就是结构性失业的特点。一般来讲,失业还包括摩擦型失业和需求不足型失业,但上述两种不会引起危机,即只有结构性失业扩大时,才会引发危机,而这里的结构,就包含在我们的图2之中。从图1-4可知,在它们那里,处处都是表现为非均衡的,而非自愿性失业则是对上述非均衡进行再扰动的一种加剧失衡的力量能动,其根本原因就是发展的强迫所致,这就如图4之CD一线的向上运动,必要扰动至AB一线而形成失业是一样的。根据风险守恒定律,我们说它完全适用于图2的靠近AB一线的S_{AB}所代表的劳动力再不能扩大或实现产出的事实。因为,存在于S_{AB}处的境况,应是源于供求的绝对的不能均衡,或说很少有人乃至无人在这里进行购买了。但是,我们的关于转移失业的思想主张与凯恩斯的依靠货币的拉动说当是毫无相关的。

113. 关于失业率的概念,它是指失业人数占劳动力人数的比例。劳动力等于就业人数加上失业人数。在我们的图1-4的模型里,劳动力中关于失业的部分一定是居于其底部的,因为沿着向上而去的部分,其实现的产出是越来越好,即流通顺畅,所以不可能形成失业,此便证明了失业只能在靠近AB一线的层面上形成,当是确定无疑的。我们说,由于所有的实现产出的产品只能是由全体的劳动力来完成,而失业者又一定要内存于劳动力中,这就决定了它只能是内存于很少实现产出的区位。当然,在这个区位里的人们也是可以生产出很多的产品的,但是他们能够实现产出即实现销售的可能却很小,于是在此区位就有了过剩和失业的同时存在。日积月累,此区位便会引致危机的爆发。因此,在我们的图示的AB一线,若不能提前进行失业的转移,也就再也无法抑制危机的产生了。所以,经济学不仅要分析实际,更重要的还是要改变实际,即把靠近AB一线的S_{AB}的存在,给予彻底地消解,或称把它们提升到更高的区位上去。

114. 事物的发展往往会以破坏的形式,来为自己开辟道路,这反映在我们的图示中,就是向上发展,向下破坏。所以,在图 2 中,靠近 AB 一线的 S_{AB}之区位,便会首先要遭遇到形成最小产出之后的失业打击。众所周知,利用新的生产机会,就必须要以放弃旧的生产机会为代价,但是被放弃的旧的生产机会在一定的时期内,又仍是有利可图的。这就要使得新旧之存在必然会同时寄寓于图 2 的靠近 CD 和 AB 一线,然而旧的存在又不会坚持很长时段,于是失业便只能在靠近 AB 一线的 S_{AB}处,即居于旧的生产之中来被迫形成。同样,过时的投资和传统意义上的更迭、淘汰和让位等等,也都只能是在 S_{AB}处发生。根据失业回滞理论的思想,失业不仅是取决于当前的各种产生失业的因素,而且也相当一部分地是取决于过去的失业情况,这就是说,在 S_{AB}处形成失业,也是有着其历史的原由的。

115. 笼统地讲,局部过剩既孕育着发展之动力,也隐藏着经济危机。我们认为,当其一旦处在了图 2 的靠近 AB 一线的 S_{AB}的区位时,它的危险就一定会大于动力。现在的各国政府,多是在极力地促进经济的发展,但对促进经济过程中的负面作用却未能予以很好地治理,这便会形成危机的累积,而危机之累积的爆发就是由于失业的大面积发生。因此,政府之促进经济的首要任务就是要不断地转移失业。否则,小原因就有可能产生大结果,即在图 2 的 AB 一线的 S_{AB}处就要爆发大危机。可见,经济危机的起爆之处就是在图 2 的靠近 AB 一线的 S_{AB}的区位。

116. 我们知道,在图 2 的靠近 AB 一线的 S_{AB}处,由于实现的产出极少,其劳动力的工资当是最低的。然而,他们付出的劳动量却不一定少,他们的实际的产出可能会很多很多,这些很多很多的存在就是生产的过剩。由此可见,这种劳动分布的失调或失衡一旦寄存于某一结构之中,倘若人们能够逐渐解决之,则最后就不会形成许多人的失业。海耶克讲,实际的问题应在于将劳动的分布加以改正,但这一分布究竟为怎样的一个状态,他则承认,自己永远也不能预先知道。[①] 这就表明,海耶克似乎意识到了应有一个类如我们已绘制的图示,所代表着的那些劳动的分布,以及通过改正劳动的分布,即转移失业的办法来消除失业等等,可惜的是他还未能悟知这些。然而,我们在今天却已知道了关于劳动的这一具体分布,以及海耶克所设想的将劳动的分布加以改正,即转移失业的运作方法。

117. 综上可见,经济危机总是要寻找比较脆弱的部门,或某些失效的企业,或是经济社会的最底层来发生。这些均已反映在图 2 的靠近 AB 一线的 S_{AB}之中。原则上,心理因素多会起到某些加速影响的效能,比如刚一出现危机的迹象,经过信息部门的煽动,它便会达到一个可为起爆危机而点火的作用。如是之,在图 2 的靠近 AB 一线的 S_{AB} 处,就必然地会成为经济危机的起爆区位无疑。因为,在那里,巨大的劳动力队伍,若由梯形 O′ABB′来代指的话,他们却只实现了极少极少的产出,这个可以用三角形 A′AO′来代替;尽管他们的实际产出可能是很多很多的。所以,在 S_{AB} 的区位,必是生产过剩与失业同时并存的。于是,经济危机就势必要在这里爆发。

118. 我们讲,如上的关于经济危机的起爆区位理论,是一定存在的。

---

① 施建生:《通货膨胀与失业》,正中书局 1989 年版,第 83 页

第四节　可量化的起爆参数

119. 根据有关学者的思想,西方经济学特别重视从少数几个不证自明的原则出发来进行理论演绎;于是,就出现了形式化和数学化的特征,①而这些反映在我们的图示(即上一节里面的图 1-4)之中,便是表明着其所具有的可以量化的属性。一般来讲,不确定性是指不可度量的风险,不确定性是指人们缺乏对事件的基本知识,对事件可能的结果知之甚少;因此,不能通过现有理论或经验进行预见和定量分析。但是,风险又是指可度量的不确定性。我们说,对于经济危机这样的风险,其一旦被规范到我们的所绘制的图示里面时,它就既是可度量的,又是可预知的。因为,通过经验和计算,在危机的起爆区位内,一切便是可明白了的。

120. 卢卡斯认为,理性预期当引用经济模型的一致性公理,它只有在特定的环境下,才会有准确的含义。如是者,在世界各国或各国的某一省、一市或一地区,就都应有关于它自己的起爆危机的相似性指标或指数,定是无疑的。好在中国幅员广大,并具有多链条性和多层次性,所以不易形成全国性的总危机。这样一来,能够检验某一思想之合理性的就只能是表现在它对现实的预测能力上来了。所以,实证的目的就是为了实用,且实用又是现实对理论的需要。劳森说,我把行动理解为由理由所引起的那些人类活动。理由是以实际的生活兴趣为基础的信念。借助这些信念,人们才开始行动。就哲学而言,核心的推论模

① 彭学农:《从制度经济学看哲学与经济学之互动》,复旦大学博士论文 2002 年,第 8 页

式既不是归纳，也不是演绎，确切地讲，应该是后展，后展即是直接从现象层次进到位于现象之下的相关的因果机制。① 可见，后展理论是极其适宜我们的图示之关于其最底部的学说。

121. 对于资本家，他们应把追求利润的最大化，向着实现需求的最大化的方面转移。为此，在社会上的消费者的实际需求是什么？其实际需求的支付能力的精确值又是多少？这些均当好好研究。事实上，不管是生产过剩或生产下降，以及信用紧缩或膨胀所导致的危机，都是表层的现象。它们的根源必是存在于不能实现产出的部位。直观的表达就是，在感觉上，于具有挑战性的地方，人们的投资过快，从而使与生产过剩相对应的状态定是银根奇缺，金融崩溃等等。因此，实际产出和实现产出就已不是一个概念，前者只要生产出来即可，后者则要销售出去，且能形成现金收入。如此，问题方能清楚。

122. 自由经济在非危机之时，往往具有许多的协调性和秩序性，可它仍能产生危机，并会形成混乱，这应是事实。所以，作为政府而言，就有权力来抑制之。不难发现，自由经济是没有抗御危机的办法的，它的发展增量实是被经济危机的亏损抵消了许多许多。然而，它却有能动地发展经济的力量。因此，政府便要在保护它的这一点的前提下，来规避危机之生成。政府要管，就要通过政策来实现，那么它的政策价值和经济效果，反映在我们的图示之中，就是它的影响力当随着其实现的产出量(值)之变化来具体地体现着。一般来讲，几乎所有的资本家都希望将其资本从利润率较低的行业转向利润率较高的行业，但在转移的过程中，又多具有时滞性。就是因有这种时滞性的存在，才引致了资

① 杨玉成：《当代西方经济学方法论新进展研究》，福建师范大学博士论文 2002 年，第 39 页

本和工人的不能同时的匹配与转移,所以它便会造成工人失业。如是之,反映在我们的图示里面,就是每个资本家都希望从其底部的行业中,完成向上的升移,可其又要受到极多的限制。于是,在其最底部就势必要形成大量失业。

123. 我们所说的失业,就是雇主与雇员关系的中止,或是形成这一关系比较困难。根据斯密的观点,由资本获得的收入,即为利润;高利润率会吞噬所有的地租,只剩下工资;高利润比高工资有更大的抬高产品价格的倾向。所以,工资对工人而言,具有刚性要求,而利润对于资本家来讲,也是具有刚性要求的;然工资刚性要服从于利润刚性。利润刚性会极大地提高物价,从而使产品过剩;同时,工资刚性也会形成失业。这样,在利润刚性和工资刚性的共同作用下,危机就要来临。故危机又似是由工厂主和工人之共同作用的结果。另外,大规模的实体经济的突然转向,一定是有害的,因为其必会造成大量的失业。

124. 我们说,充分就业并不排除一定程度的失业率的存在。可是,绝对生产过剩表现在一些产品上,一部分人身上,一些国家中,则是具有日渐扩大的趋势,即局部的绝对的生产过剩已经发生。这一思想,正是适宜我们的图示关于其最底部之说。因此,局部的生产过剩与局部的失业,也是一种常态性的存在了。故必须要不断地对之进行消化处理,或称对我们的图示底部当进行国家处理,进而使政府可极大地发挥其调节市场供需之失衡的能力。

125. 劳动和自然资源有限,但人们的欲望无限,这就会推动生产在一定时期要走向过剩的方面。然欲望又会受到边际效用的限制,于是它又可在某些方面能起到抑止过剩的作用。在实际上,生产与消费多会错位,即不可能时时处处地处于相匹配的状态。边际效用也是消费者产生的一种磁滞性存在,它是制约生产的,是发展之悖论的存在条件。由于边际效用的分散的不显现特点,就使得生产的数量会超额地存在着,此亦可谓是生产过剩的一个原因。当某些物品已有一定量以后,其量再增加,将成为漠不相关的,甚至会唤起人们的厌恶心理。所以,一种物品的最后供给的效用,通常会依某种比例减少,或当作全量的函数而减少。这样一来,对市场支付能力的需求,往往会被人们过高地估计,这似是一个极平常的现象。产生这一现象的原因就是上述理由和一向看好的销售水平使得人们忘记了产品之饱和的共同存在,而看不出饱和即是看不出过剩。人们看不出过剩,主要是市场在遮蔽着人们的眼睛。

126. 形成总危机的具有个别事件性的危机,如石油危机,它们会使原有的生产规模下降,产量消减,但这也不是坏事,只要其不影响到实际产出,就不会对经济存在产生影响。但是,经济危机却会提前到来。据有关资料,1847 年秋,生产过剩使英国兰开夏工人失业或半失业人数达 70%。[①] 这便表明,危机已扩展开来。因此,对于经济危机理论来说,在生产超过需要的领域,任何新资本的投入,便已是没有意义的。所以,它只能实现产业升级和劳动力转移。随着绝对的生产过剩的日益普遍化,社会必要劳动时间总量将日渐减少,人们从以谋生为目的的劳动必要性中逐步解放出来。于是,整个社会由以物质生产为主,向既有物质生产,又有非物质生产,且以非物质生产为主为悠闲的生活方式,便要自然形成。

127. 一般来讲,劳动力本身也是一种商品,它在我们的图示底部,

---

① 张廷伟:《经济学的坏脾气——全球经济危机史》,金城出版社 2009 年版,第 4 页

一旦不能实现有效的产出,便要必然地失业。从经验上看,有些劳动只能靠劳动力的数量增加来解决,而不能只靠资本替代。根据哈罗德-多马模型可知,经济的增长速度,似应等于劳动力的增长速度,然在现代社会的许多国家,前者要远远大于后者。我们假定劳动是生产的唯一因素,那么每个工厂就有一个生产函数:$Q=f(E)$,这里的产出 Q 就是有效劳动力 E 的函数。如是之,我们就可以在一定的深度上拟合出经济结构的构成、比例或相互的关系来。

128. 比如,根据下表①:

实物生产部门	服务部门
1. 农、林、渔业 (自然性失业)	1. 运输、通讯
2. 矿业 (枯竭性失业)	2. 商业(批发、零售)
3. 制造业 (过剩性失业)	3. 银行、保险
4. 建筑业 (季节性失业)	4. 住宅
5. 电气、煤气、水 (结构性失业)	5. 政府
	6. 服务业

我们就可以说,在实物生产部门所形成的自然性失业、枯竭性失业,过剩性失业、季节性失业和结构性失业,都是与在我们的图示的底部所形成的失业应无有区别。另外,实物部门首先失业,服务部门被动失业的现象,也当是不言自明的了。这些都是关于用结构来说话的实例。

① 左中海:《中国经济发展中的资本形成问题研究》,西北大学博士论文 1994 年,第 5 页

129. 可见,由于经济社会中的分工金字塔的存在,它便比较清晰地指出了那些处于分工底层的诸元素之作用。因此,不同部门对经济危机的作用,也是不同的。根据张晓昆和马建堂二位学者对英国1949—1958年历次周期变动中的结构演化而形成的文献的研究,我们认为,不同部门对经济危机的作用,可以大致排列如下,即加工业第一、商业第二、服务业第三、交通业第四、政府第五、建筑业第六、农林渔业第七、采矿业第八、公共业第九、金融业第十。按照马克思所讲,①我们也可以得出如下顺序,即纺纱业第一,机器织布业第二,交通运输业第三、电报业第四、铁业第五。总之,此与前面的排列文字应大致相同。这些反映在我们的图示中,则是由其底部向上依次展开的。

130. 众所周知,一个经济系统即是人的集合,在我们的图示中,尤为如此。很显然,不同价值的劳动力应是具有不同的工资率的。在社会上,从被人们认为是"最不体面的"职位到被认为是"最体面的"职位之间,一定会存在着若干的"职业等级",整个职业等级的排列,如同一个社会流动的上升阶梯一样。我们可以将之画成下图:

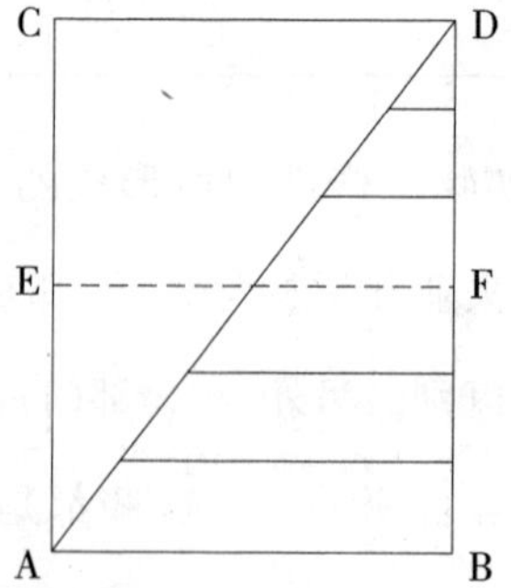

在AB一线多为失业者,其向上附近为最不体面的职位,工资较

① 《马恩全集》第23卷,人民出版社1975年版,第421页

少,愈向上,情况愈好,在靠近∠ADB 附近,是最体面的职业,工资也最多。根据前面的文字,我们知道,在充分就业的同时,失业率并不为零,它的数值即为自然失业率,在美国为 4%。然而,有一个 1%左右的上下的波动幅度,这看似是可以承受,但对于一个大国来讲,其积淀的失业人数,又会是极其庞大的。所以,按照一般学者的观点,失业率若到了 7%,就是警戒线了。

131. 在现代西方经济学中,从部门结构来考察,可以把全国的各个部门划分为,扩张中的部门和停滞或衰退中的部门。扩张中的部门的劳动生产率增长较快,停滞或衰退中的部门的劳动生产率增长较慢,甚至停止增长或下降;从而这些部门可能发生收缩,失业人数将增加。如此者,是有一定的科学意义。对于劳动力而言,它与真正的商品又是不同的,因为劳动既不能积累,也不能储存。兼之劳动在私有资本的单向性的作用下,它只能推动产品的极大丰富,而资本却不能使之回流到工人的方面上来,于是经济危机就终于要爆发。接下来,就是关于生产过剩的程度的计算问题。我们认为,一个产业资本家,它所需要的产、供、销当是一个完整的链条,由于生产过剩,它的产品必是处在了滞销状态而形成积压的;此时的工人工资,实际上已经下降,供应和生产的过程或许也已停止,即在把全部的在产品尽可能多地转化为产成品之后,工人的失业就要形成。于是,此时的反映在供应上的和处于在生产状态的流动资金就几乎全部地形成了商品,所以生产过剩的部分,就应是在原有产成品的基础上的,分布于供应过程中的流动资金和在产品所占用的资金而转化为产品的部分。由于人是生产和消费的机器,因此生产过剩的程度也可以用生产与消费的差额来表示。

132. 海耶克讲,市场中有些货物与劳务之所以不能售出是由于其价格及工资与“均衡”时的价格及工资发生了偏差的缘故。[①] 弗里德曼认为，在长期内，货币量对真实的经济产出是没有影响的，这就是说，在我们的图示底部，只要量化劳动力与实现产出的关系即可。于是，在我们的图示中，当劳动力实现的产出，还不足以形成它的工资时，失业就已经开始了。或者说，当用了工资总额度的80%的部门，才仅完成产出总值的20%的时候，这个部门的失业就要快来临了。因此，为了避免由生产结构之失调，引起经济衰退或萧条，以及它所引起的整个经济情势的崩溃等问题出现；我们就必须要在其处于萌芽之时严防之，故在引起萧条的崩溃之先，政府就应有意识地给予调整，进而使之能向着好的方面转去。

133. 我们言，在这里的重点就是要研究趋于危机时的失业状态，以便于确定出一个制度方案，来抑制那些过剩的生产和引爆危机的问题。若从我们的图示出发，欲想摆脱危机的话，政府就应全力在能实现产出总额75%的仅占总数25%的企业中，做好发展的文章，并适时消解掉靠近其底部的失业存在，似是极为妥当的。

134. 莱布尼茨认为，纯粹的数学公理是必然的真理。那么，怎样去发现在未来会产生危机的一个公式呢？我们讲，它只能从我们的图示的底部的对映关系中来求解。这是由于一群人与物所组成的关系资料，是可以转化为百分比的数目的。可见，数学这种表达和推理的工具手段，一旦与经济学家的经济和社会素材，又依据我们的图示进行相结合，就一定会更加有力。

135. 科学是以模型为基础的，在我们的图示所代表的模型之中，它所构思的应是适宜经济的动态变化，并可屡屡接受检验的。如此一

---

① 施建生：《通货膨胀与失业》，正中书局1989年版，第56页

来,它就是既可先知的,又是可以度量的。因为,帕累托法则的不平衡关系具有天然性,且是可以重复出现的,于是它便具有了可提前预测的性质,而失业的存在,其根本点也是因不平衡的关系造成的,并且失业的层面也是重复出现的,所以依之也就可以在事前来进行推断了,这样就为能够及时调整和展开失业者的转移,提供了理论上的保证。由于重复的可预知的系统的量化指标的存在,是帕累托思想之技术化的支撑点;如是之,它也就能够敏锐地洞见到经济危机之起爆等诸问题了。

136. 在当代,量化的直接意义就是其一旦具有了准确性的存在以后,即能很好地指导实践。使用帕累托法则,可以于系统性上导出量化指标,也可以于量化指标上导出系统性来,这是十分重要的。经济学中较早的数量研究成果暴露了两个基本问题:第一,永远不能指望关于经济关系的理论完全符合现有数据;第二,经济学家难以或者从未以自然科学家那样的方法进行有控制的实验。但是,哈维莫却能令人信服地阐明如果以概率形式写出经济理论,就可以解决这两个根本问题。然而,在我们的图示模型中,其量化的方法则是更趋精准地在它所指向的区位中,完成了与实验的和数据的全面符合。这样一来,熟思的又兼以佐证,就会达成认识上的见解之明通。于是,在我们的图示的底部,劳动力必与它的总量和实现产出双相关,或称只要劳动力所对应的实现产出若小于了某一数值,则其失业就会自然到来。

137. 根据上述,在我们的图示底部,之所以要集聚大量的失业者,乃是因其实现的产出太少,然而生产出的产品却又很多,所以便是过剩的。这样,失业与过剩就首先在此区位爆发。从这一区位的劳动力与实现产出的关系中可以看到,它们是可以做详尽地计算的。因此,人们就可以从定性和定量的两个方面来刻度这个危机的起爆区位的存在。我们讲,从定性分析能进展到可以定量研究,当是一种在层次上的得以更加深入的标志。

138. 任何人都知道,理论体系的公理化或公理化系统的建设的重要性。我们讲,帕累托思想的经济学再造后的图示模型,必将在可量化的基础上,慢慢地被人们日益地内化为一种公理。在传统经济理论方面,把宏观经济波动主要归因于需求的变动;经济政策分析则集中在解释应该执行什么样的货币和财政政策来抵消需求的波动,但几乎没有人致力于解释实际经济政策之运作。因为,市场可能会极不严格地去符合人们所设定的理论条件。于是,我们就必要把可量化的、经验的与理论的存在进行最紧密的联系,以使某一理论,在其具体的应用过程中,能展开它的精妙内容,并伴有实操性。萨缪尔森认为,经济学的基本目的就是要推导出有操作意义的经济学理论,我们说,此论至为重要,而消解经济危机的关于劳动力的从我们的图示的底部进行转移的学说,就是具有极大的操作意义。所以,理论的就要转变为措施,理论作为对实践的升级,它就应为实践提供到达彼岸的可行管道。如是之,对于抑制经济危机而言,只要对起爆参数能进行了很好的量化,则上述目的就会达到。

139. 综上,只要按着经济发展的速率,来自觉地把我们的图示的底部所包含的劳动力调整到不得再有失业的状态,就会万事大吉。假设每年经济增长所需劳动力为X%,则在被迫要砍掉的行业里就需调整或减去X%的可能性失业的人数,方是妥当的。

140. 接着,如下图:

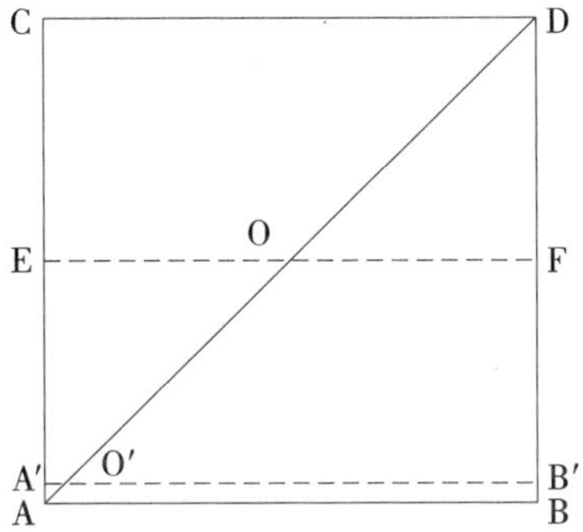

我们设其为一个边长等于6的正方形,若欲使靠近AB一线,暂定每年以8%的标准进行转移调整可能失业的劳动力人数,则其所占的梯形AO′B′B的面积就应占三角形DAB面积的8%;经过计算,当B′B等于0.245附近时,梯形AO′B′B正好占三角形DAB的8%,而其所对应的实现产出即三角形A′AO′则只占全部的实现产出即三角形CAD的0.17%。于是,每年只要转移标准为8%的仅能实现产出为0.17%的有待失业的人数,进入到较发达的行业领域,就可以自动地避免经济危机的生成,只是这一政策要长期地坚持下去。当然,也可以通过其他的长方形模型,依照不同的指标来计算出它们的各自的相对应的结果。比如,每年若欲转移靠近我们的图示底部的4%的有待失业的人数,则它所对应的实现产出才仅占其总额度的0.04%;同理,5%所对应的是0.06%,7%所对应的是0.11%,10%所对应的是0.25%,15%所对应的是0.61%,20%所对应的是1.14%,40%所对应的是5.1%,60%所对应的是13.57%,70%所对应的是20.55%,75%所对应的是25%。不难预见,我们的这些文字,一定会引玉出其他的经济理论学家们的更多的好思想,并能使之得到基本的完善和更加地有着指导意义。

141. 自然,我们也可以设每年的经济增长的标准为8%,并由下图来显示:

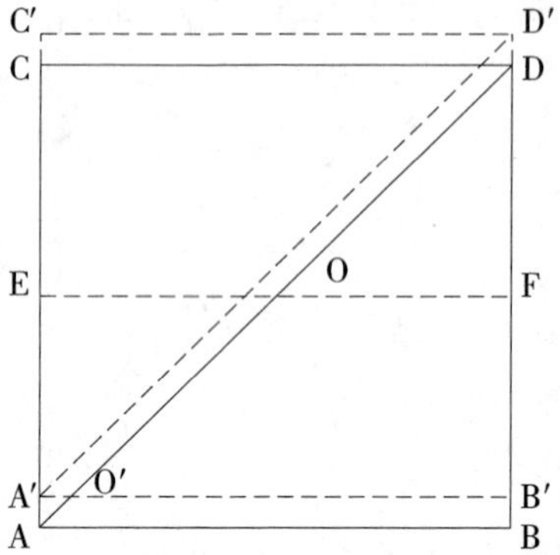

其中,四边形 C′CDD′是每年经济增长的部分,如 8%;而梯形 O′ABB′则是其要对应地转移的有待失业的人员集合,三角形 A′AO′则是被发展所抛弃的产业产出。因之,要转移的有待失业的人员,就当均匀地去分布于四边形 D′A′O′ D 中。至此,新的发展态势即四边形 C′A′B′D′便得以形成,随着发展,C′D′一线不断上升。于是,这样的运动就足以避免以相对大的梯形 O′ABB′所代表的劳动力,才只实现了产出仅为极小极小的三角形 A′AO′的存在,进而从根源上就可以化解经济危机了。有人讲,引致危机的源头,不一定是由上述原因造成的,但我们相信,这必是一个根本,即所有的危机表象都当于此而出。

142. 那么,根据经济增长的标准,又当如何地来确定需要转移的有待失业的人员数额呢?我们认为,依照历史的资料,在统计学家们的手里,这是很容易地被解决的,这是其一;其二,就是依照发展来做出详细的算计。总之,转移的人数要宁多勿少,且要在实现产出最少最少的生产领域或部门,按着我们上述的那些对应关系来进行,才好。

143. 就现代经济来讲,纯粹的劳动力的贡献率,是受到了资本和技术的夹击,已大大地降低了。我们有时的表达是以劳动力 100%地推动经济增长为前提的,所以回归实际,经济工作者们就可以折算出劳动力在总量经济中的贡献值,然后再给予梳理,一旦当之可以完整地来对应于某一经济的纯粹增长时,它就必须要在我们的图示的底部,即有待失业的人群中间进行提升性转移。我们认为,只有如此,才可以避免危机的失业出现。

144. 当然,我们也可以把资本和技术反向地折算到劳动力的存在中去,或将它们彻底忽略,这样计算起来,就会很方便。

145. 之后,我们继续假设,劳动力在当前的经济条件下的贡献比率为 20%,则它在阶段性的持续的经济增长过程中,经过五年 ,就可以完成一次 100%地推动经济增长的事实。于是,每五年,按其所形成的应当转移的有待失业者的数额,进行一次结构性调整,似是应当的。有人又言,当今的生产过剩是由科技进步造成的;然而,我们说,即使大部分是由科学技术造成的,但最终实现失业的也只能是工人群体,而不是那所谓的科学技术。所以,一切的工作着眼点,还要回到对劳动力的考量与有序的安排上来。

146. 就一定意义上来讲,机器设备的不能满负荷运转,也可以称之是机器的失业,或资本失业。工人失业当是一切失业的前提,其次才是机器失业和资本失业,而资本失业的标志就是资本家失业。资本家失业一旦形成,整个社会就要处在一片的萧条之中。所以,我们既要观察工人失业,又要观察机器失业,还要观察资本家失业。只要资本家失业,经济危机就会立即生成。

147. 如上,我们就基本地解决了关于实体经济的危机之起爆区位的定性问题,又很好地解决了它的定量问题。这当是对世界经济发展所做出的一个极有意义的贡献。

第六章　经济危机的起爆区位(二)

1. 在虚拟经济中,由于要贴现未来,即使得它的相关价格要完全地变成了某种符号,于是这些存在就会引导着人们从那惬意的温床上,便竟直地跌入到了无尽的黑洞之中。然而,人们总不能自醒。随后,在追风、从众的心理驱使下,兼之实业精英的参与,则包括最愚钝的某些女佣在内的所有群体,均一起地在实体经济的反面的高端将风险最终集成,因此也就起爆了具有它自己特点的经济危机。

第一节　价格离价值而去

2. 虚拟经济是一种以金融系统为依托的与虚拟资本增值运动密切相关的经济活动的总称。所有的虚拟经济都是货币+经济制度造成的,从某种程度上讲,虚拟经济就是资本化的纯金融的可供人们运作投机性的交易现象,它在初期的表现,往往会引起投资过度。由虚拟经济形成的危机是由金融危机开始,最后才波及实业的。

3. 在古典传统和现代经济学中,实物经济与货币经济所对应的关系,反映在金融与实际经济之间,当是储蓄与投资的相互映照。虚拟经济对实体经济的正负影响都源于投机,投机具有投资性。实体经济向虚拟经济输送稳定的利润是前者决定后者运行趋势的基础和条件;虚拟经济反馈实体经济可以归结为,由资金流动渠道(影响货币供应)和资产价格渠道(财富效应)来实施影响。因于商品期货交易从来都是现货市场运行的衍生物,且期货与现货之间又有着某种天然的联系,兼之期货市场首先是反映信息的,所以现代期货交易在形式上是与有价证券、股票等交易完全相同的东西;但它更多地是反映了虚、实经济之临界面的性质。

4. 经济发展早期,供给引导型金融居于主导地位,随着经济的发展,需求带动型金融居于主导地位。这是一个最优顺序。除此之外,人们在经济的正常的循环过程中,还往往会表现出狂躁的症状。如果几年没有发生危机,在此期间又没有为投资开辟新的,有吸引力的途径,则人们经常可以看到,在这几年里寻觅投资场所的资本要大为增加,致使利率大大降低,这从证券价格和汇票贴现率的升降中即可观到,利息的减少诱使资本所有者甘冒风险,以期获得较大的收益。接着,如此催发的后果,便导致了经济学上的裂解,即危机后的人们的信心全无,以致企业在纷纷解体时,便形成了极多的失业。

5. 但是,每一次经济活动的完成,它都意味着至少两个人(或两个集团)以上的意识在此问题上得到了一次统一。所以,可通过经济活动,来使人们的缤纷的各种意识的存在,当要归于某一个利益之时,也就找到了这些在意识上的具有共性的东西。因此,经济活动有时是可以统一人们的意识的,而人们的意识在一定的程度方面,又是可以统一于经济的。我们说,凡是变动的要以一个所谓的不变者为参照物时,定是自欺欺人,因为那个所谓的不变的参照物,在经济的发展过程中,也是正在变化的。如是,社会就要出问题。比如,利率之变动,并非立即追随货币需求与货币存量之比率变动而发生,只有当货币存量对货币需求比率变动引起货币客观交换价值变动,同时引起社会财产分配之转换时,始能产生利率之变动。这才是关键。

6. 众所周知,人的需要的方向和目的,就是要获得满足个人需要的必需商品,而获利是不受具体之需要来限制的,即需求的概念已被排除在获利型的经济范畴之外去了。这就解决了人们的需要等是仅限于实体经济里面的问题。据估计,当代虚拟经济的规模大约已是实体经济的两倍还要多。

7. 一般来讲, 借据乃是造就了虚拟经济的种子。于是,储蓄与投资保持平衡的说法,便要被股票等市场的独立存在而受到极大的冲击,这就在事实上表明,利率与股价是不会构成严格的因果关系的。

8. 罗宾逊认为,证券交易所的不稳定性可能发展到一种极端病态的情形,所以它可能成为工业活动起伏不定以外的一个独立的不稳定性的根源,纸面价值的暴跌加速真正的衰退。[①] 这应是有道理的。然而,弗里德曼讲,经济周期和危机是由货币供给和需求的不平衡造成的,就是有失根本了。在理论预期学派看来,它是将危机的成因归之为外生的货币冲击,并论证了政府政策的无效性定理,即财政、货币政策,在理性预期下均是无效的。其实,这些都有片面性。

9. 关于货币的双重性,它既是公共产品,又是私人产品。作为公共产品,货币只是被普遍接受的交换媒介和支付手段,而不是国民财富的组成部分;作为私人产品,货币即是财富。货币的双重性质可以看做是一切经济现象的总根源。因此,一个人越富有,货币的边际效用对他就越小;一个人越贫穷,货币的边际效用对他就越大。所以,这便是富有者要转向虚拟方面去的一个原因。

---

① 罗宾逊:《现代经济学导论》,陈彪如译,商务印书馆 2002 年版,第 291 页

10. 我们讲,从货币资本到生息资本的转化,信用制度的发展是起到了重要作用。那么,虚拟资本是如何形成的呢?马克思认为,虚拟资本的形成叫收入资本化。资本化就是根据未来收入流确定商品价值,资本化的前提是利息的存在,故资本化的公式为 K=R/I,其中 K 为资本价值,R 为收入,I 代表平均利息率。[①] 然而,在商品交易所里或股票市场,它们交易的只是越来越表现为商品的价值概念,于是这些就为投机提供了极好的舞台。所以,货币的虚假价值,便使泡沫得以产生。泡沫经济需要银行制度的支持。银行系统的货币供给,具有内生的膨胀性,故之导致泡沫,就非常地易。

11. 我们知道,在实体经济中,可以将产品分为初级品和工业品。在初级产品(主要是原材料和农产品)市场上,由于充分竞争厂商所面临的需求曲线弹性很大,初级产品的价格就会对需求产生反应,因此初级产品的价格由需求决定。工业品市场很少是完全竞争的,在拥有过剩生产能力的前提下,工业品的供给比较有弹性,工业品的价格无须对过度供给或需求做出反应,生产工业品的厂商可以通过调整产量来适应需求的变化,所以初级产品部门和工业品部门的价格决定机制不同。初级产品的价格由市场上的供求决定,而工业品的价格却由成本加成决定。总的来看,现实世界是一个经济活动既通过价格机制协调,又通过内部组织协调的社会。物价升高,必是政府通胀、成本通胀和滞涨的表现;而物价低则是它的被抑制或仅为高层消费时的无有向上的能力,或说已处在了危机后的由萎靡状态所致。

12. 就虚、实而论,即付的一定是现金,票据的就要表现为信用。票据进入市场,信用增加,利率升高;钞票进入市场,数量增加,利率下

---

① 刘琦斌:《虚拟经济理论分析》,中国社会科学院博士论文 2005 年,第 30 页

降。当需大钱支付时,宜用信用;而用小钱支付时,只可用现钞。在初级市场筹集到的资金主要用于投资,筹资人只要筹到资金就尽可放心使用,因为二级市场是买卖已上市的证券的市场,它无有期限,更无须顾虑资金来源的不稳定。于是,对于金融市场而言,包括公共利益在内,都要服从于融资活动,而融资活动又要取决于收益的索取前景,这些便构成了一个体系。非常显见,在信用交易中,债务之解除当不用契约所定的名义货币金额之支付来完成,而应当用一种其购买力等于订立契约时原来金额所具之购买力的货币金额来支付。因为,这才是趋于公平的。

13. 米赛斯认为,若企图从货币方面展开经济改造,除了通过信用之扩充而予经济活动以人为的刺激外,不会有重大成就。我们必须重复强调者,此项刺激势必导致危机与恐慌。经济危机之循环发生,乃是政府不顾过去经验之教训及经济学家之警告而企图以增加信用方法来刺激经济活动的后果。[①] 它的表现之一就是,货币供给的大量增加势要助长股价狂升,同时又会造成货币贬值,而使股市崩盘,于是金融危机便要爆发。

14. 在危机爆发后,货币必然短缺。此时,政府就要适量增加之,这乃是使经济走向复苏的一个简单之法。自然,政府还要给人以信心,因为信用的基础就是来源于信心的。但是,货币的供应似先以进入实体经济才是高明的。没有经过实体过滤的货币,不宜进入虚拟经济。对于政府来讲,在日常的货币发行过程中,一定要以国家的发展尺度为标准,不能以过剩的产品或过少的产品为目标。不如此,国家的货币政策就会失去调控能力。国家只要很好地掌握了货币的发行职能,也就是控制了物价,于是物价也就必然地要适应国家的发展需要,从而方可使天下协和一体,这应是正确的做法。

---

① 米塞斯:《货币与信用原理》,杨承厚译,台湾银行 1967 年版,第 7 页

15. 在当代,资本主义的主要力量是银行制度,它既可发行公司的证券,又可安排商业信用。美国资本主义便是银行家的或金融资本主义,已经不是以前的商业资本主义或工业资本主义。全世界的银行制度已经成为现代国家和国际经济管理制度的头脑。所以,撤销管制的金融操作,就是极不安全的了。况且,今日之世界经济危机多由传统的商业危机让位于金融危机,故对待金融问题不可不慎重。

16. 关于货币蒸发、经济凝滞说,是我们的发现之一。因为,货币是媒介,是流通手段,在目前,若缺少至没有货币,则所有的商品经营及其繁荣的生命气息就会停止。在历史上,商品货币本身也是商品,命令货币则具有特别的法律资格,而金属货币则必为信用货币所代替。由于信用货币取代了金属货币的客观的标准功能,所以信用货币一旦出现危机,就会产生巨大的社会动乱;届时,信用的存在便会大大降低。弗里德曼认为,增强货币量的主谋者——当前来说,主要是政府。① 因此,我们也就找到了问题的根由。

17. 康蒙斯讲,资本是私有的财富的所有权,财富是财富,资本是资本,区别的关键在于利息的意义。资本总是希望无限地增殖,但人们的需要又是有限度的,故其二者又是相互矛盾的。实体资本乃是以实物或货币形式表现出来的资本。如一笔资本假定是10万元,用于购买了某个企业的股票,进入该企业的10万元就是实体资本;而投资者手中持有的10万元股票进入股市运行,则成为虚拟资本。不难发现,资本市场总是未到期的关于某种债务的市场,但货币市场则是已过期之债务的市场了。

18. 从信用的历史来看,它是经过了商业信用、银行信用,才达到资本信用的。信用只是一种“让一个人使用另一个人的资本的许可”,

① 弗里德曼:《论通货膨胀》,中国社会科学出版社1982年版,第111页

信用又可分为一般信用和特殊信用;特殊信用是唯一的债务,一般信用是一般购买力。在实际经济运行中,信用制度促使每个生产领域不是按照这个领域的资本家自有资本的数额,而是按照他们生产的需要,去支配整个资本家阶级的资本。于是,米赛斯讲,如谓限制放款为经济危机之原因,显然是正确;如果各银行只要继续压低放款之利率,则它们就能再延缓市场之崩溃,信用媒介无法进一步扩充,所以灾难遂告发生。[①] 如上者,我们思想,它一方面,仅是限于实体经济的在高涨的发展之时,政府出于放缓的目的而限制之,才产生的结果。然而,对于虚拟经济来讲,信用的膨胀或信用过度,又一定是经济过剩的一个前提条件。现代经济学认为,广义的金融包括货币与信用,且金融作为经济化了的信用,已日益加深着对整个经济的影响,因此社会经济就容易出现虚拟化,一旦在信用链条上某一环节出现问题,就会通过金融危机的方式,迅速地扩散到整个的经济生活中去。这些,当是人们最为担心的。

19. 依理而论,不管是对个体,还是对整个社会,物品并不是越多越好!因为,虽然物品的数量可以无限增加,可使用价值的总量却只能是一个有限的额度,不可能随着物品的增加而无限度地增加。如果社会生产出来的产品已经超过了需要,这些多余的产品就没有使用价值,这些多余、无用的产品,就会变得一文不值。然而,它们却都占用了大量的资金,所以反映在社会的总的资金量或说它的流动的部分就已减少,即容易被凝固了,而这样的结果,就势必要形成资金的在这里的链条中断。于是,经济危机就自然要来临了。故生产过剩的存在一定是大量资金的被固化,而使整个经济形成瘫痪。这是最可怕的事。我们一定要从生产过剩中,看到资金链条的过度吃紧,而这种吃紧就要造成

---

① 米塞斯:《货币与信用原理》,杨承厚译,台湾银行 1967 年版,第 297 页

经济的不能运转和运行。另外,使用价值虽然可以通过物物交换来实现的,但社会愈发展,商品愈丰富,于是货币业也就愈发达。但是,当实体经济转向至虚拟经济之后,使用价值也就难以再存在了,这便会极大地加剧虚拟经济的波动性。

20. 穆勒认为,货币的价值在其他条件不变的情况下,是与之数量成反比地变动着的。此外,一个企业的红利政策,并不能影响到它的市场价值。产生这个结论的机制就是资本市场中的投资者们,完全能够抵消企业之金融结构的变化。所以,在经济高度虚拟化的当代,有价值才是最重要的。因为,在市场经济中,经济行为的目标,从来就是其价值的指标。当然,价值的虚拟化,即是价值的主观化。如此一来,随着现代经济的成熟,经济危机便只能是由于其价值系统的出了问题,才招致的。上述之论当是肯定的。

21. 就价格来讲,它的发现功能,应是指形成价格的过程。价格高,在实体经济中的生产,仍会有一段时间的增加,但货币需求将会日趋紧张。然而,随着竞争,价格会越来越低,产品也会越来越多。这些若反映在虚拟经济中,其景象则完全相反。比如,期货价格有时虽可反映一种趋势,有时却与趋势毫无相关,就如它的溢价和倒挂都是一种经营惯性所致,而与之静态价格无联系是一样的。可是,某一决定性的产品或符号的价格之暴涨,必要冲垮一系列的稳定着的经济结构所反映的平衡,因此就要引致极多的失调。故在实体经济中,过剩的存在,就看似是由物价上涨所引起,殊不想,只要生产发展,即使是物价低,它也要形成过剩。于是,实体的经济危机就是经济发展过程中内生的肿瘤,它只宜通过外来的手术方好切除。

22. 穆勒又讲,像西斯蒙第那样认为商业危机是一般生产过剩造成的,却是大错而特错的。商业危机仅仅是过度的投机性购买造成的。低物价不是逐渐出现,而是过高价格的突然反跌;其直接原因是信用收缩,因此补救的办法不是减少供给,而是恢复信用。这其中的思想,对于实体经济而言,是无益的;然之对于虚拟经济来讲,却是正中要害的。因此,维克赛尔说,经济萧条必须认为是价格下跌的原因,而不是其结果,①应是很有道理的。

23. 众所周知,商品价格变动的因素是商品价值和货币价值共同作用的结果,在商品价值不变的情况下,货币价值愈小,则商品价格愈高;若货币价值愈高,则商品价格愈低。在经济危机的时候,由于货币短缺,致使货币价值升高,从而使得商品价格走低。当然,货币因素本身也会引起货币价值之变动,从而会对商品价格产生许多的升降力,但这些都是后现象类的影响。

24. 西方经济学认为,价格不是由劳动量决定的,而是由供求均衡来决定的,至于商品的价值则是由边际效用来决定的。非常明显,对于初级产品之外的工业品而言,它是与价格由成本加成决定论,完全相悖。尽管门格尔说:首先,人类各种需要的重要程度存在着一定的秩序等级;其次,人们连续享受某一财货单位越多,满足程度也就越低。这就是“边际效用递减规律”。② 但其存在的基础,仍要服从于必需的成本。否则,那些财货便不能被生产出来。

25. 然而,信用之扩大,又多是以赤字的存在为前提,如是之,就一定要加大价格,进而使之离价值相去必远。按着经典的说法,价格可以完全不是价值的表现,没有价值的东西在形式上是可以具有价格的。

---

① 维克赛尔:《利息与价格》,蔡受百译,商务印书馆 2007 年版,第 156 页

② 门格尔:《国民经济学原理》,刘絜敖译,上海人民出版社 2007 年版,第 192 页

价格反映价值是实体经济的存在,由价格反映价值到价格不能反映价值的过渡,即是由期货的存在来完成,而价格与价值的分离,正是虚拟经济的开始。

26. 根据虚拟经济理论,信息通过交易即会形成价格;当然,价格本身也是信息,且态度也能决定价格。因此,资产价格就要隐藏在信息的判断之中,必是无疑的。同时,增加和减少的成交量,也要转化为上升或下降的价格。即使最初有若干合理根据的价格上涨,由于纯属投机性的购买存在,它也要大大地再超过该价格的上涨幅度,方可停止;反之也是一样。所以,当虚拟资本的价格远离其合理预期时,就会形成经济灾难。这就是说,虚拟资产的价格之所以与成本无关,确实因为它是从未来指向现在的,于是它就抛弃了成本。

27. 成思危认为,虚拟经济经历了闲置货币的资本化、生息资本的社会化、有价证券的市场化、金融市场的国际化和国际金融的集成化五大阶段。① 因之,它便使得货币传导从货币市场向资本市场转移,还对实体经济产生巨大影响。此时,虚拟资本也是实体资本循环运动的起点,其流向又决定着实体资本的结构。如下图:

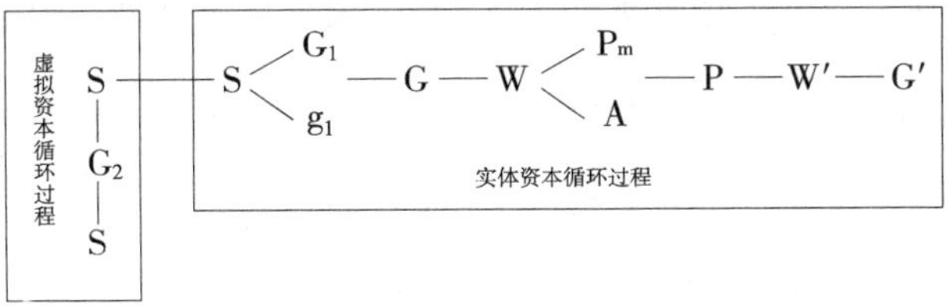

即是德国经济学家鲁道夫·希法亭的发现。在交易所制度产生以后,股票采取了两种运动形式:其一,股票(S)被发行后,一部分(g_1)形

① 何宜庆:《虚拟经济与实体经济互动影响研究》,上海交通大学博士论文 2004 年,第 25-26 页

成创业利润,一部分(G_1)转化为生产资本进入产业资本循环;其二,股票在交易所交易后,便同它所代表的真实资本的循环无关了,其自身的运动形式,就成了投机者投机套利的对象。在上图中,W 代表商品,G、G_2 分别为在实体经济和虚拟经济领域流通的货币,Pm 、A 分别为生产资料和劳动力,P 为生产过程,W ′ 、G′为增殖后的商品和货币。由上可见,股票交易便与实体资本的运转没有关系了。于是,在实体经济中,价格围绕价值波动;而虚拟资本的本质是其资本形式(如证券)价值相对于价格可以忽略不计,或说其价格决定已经远远脱离其价值。

28. 综合以上,在虚拟经济中,价格的存在便与价值无关。至此,价格就一定要离价值而去。

第二节　黑洞与温床

29. 资本的存在,使得生产力之不断发展,这就是它的温床性;但是,在其发展的过程中,又一定是存有大量的陷阱的,这便是它的黑洞性。所以,对于虚拟经济而言,看似公平的交易,它只是反映在过程中,可是结果呢?必会是反公平的。其实,实体经济包括政治等也都是这样的。为此,有人对市场经济中的衰败者言,拯救之,即是对投机者的放纵,此话似是有道理的,然见死不救,也是不仁道的。

30. 大家知道,市场就是讯息的交流体系。在大萧条的时期,货币因数量消减过多,往往都要出问题。此即言,危机或许是由货币量过少才引致到萧条状态的,而通胀则是因货币过多造成的。这反映在现实中,就是货币购买力之增加对债务人不利,而有利于债权人;货币购买力之降低,对债务人有利,而不利于债权人。所以。若货币购买力下降，放款者最好不将货币放出，而应以之购买商品；债务人则当尽快以所借之款来购买商品，之后卖出，便可盈利；此即购买力下降之时，放款人要有高利率，而购买力上升，利率就要降低的原因。现在的经济，很大一部分都是由银行来主导的，虚拟经济的过程尽管不像实体工厂那样演绎，但它的增殖或减损，确是都要使用银行的真币的。我们言，由于虚拟经济的虚拟性，长久以往，整个的经济就要导向负面的循环，这似是一个不争的事实了。因此，表现失业率与通胀率此消彼长，互相替换之关系的菲利普斯曲线，在长期的过程中，也就再难以成立。

31. 关于位置于虚、实经济之临界面的期货问题，是经济学上的一个重要表象；它的存在，可以让我们发现极多的理论意义。首先，期货市场在原理上，当是存有一种现货交易的放大效用的，即使为金融期货也是建立在实物基础之上的，为了金融产品的交易而衍生出的保值系统。此外，现货市场只具有在空间上的配置资源的力量，而期货市场则具有在时间上的配置资源的功能，故其两个市场的关系是相互补充的。可见，商品期货的交易对于现货市场来讲，一定具有长期的均衡作用。它的反映就是，期货价格可直接决定期货合约的供求关系变化。

32. 就本质而言，套期保值，乃是期货市场的发展的原动力。而且，没有期货市场时，市场的协调又是难免会有诸多困难的。人们从长期的期货实践中总结出，保证期货市场稳定运行的交割率一般为3%左右（也有人认为，应保持在5%左右）。所以，无论是远期合约，还是已经标准化了的现代期货合约，如果其脱离了商品流通，脱离了运行的现货市场基础，那么它就会异化为赌博行径的载体，就会沦为纯粹的投机活动，就会破坏现货市场的流通秩序。

33. 虽然，期货市场不是因为投机而产生和存在的，但它的运作却需要投机。适度投机要以套期保值的量度为依据,这就是适度投机的理论界限。在实际中,现代期货交易就总体上讲,似是以投机交易占了最大比重。我们认为,当合约的交易与商品流通的需要根本没有必然联系时,则期货市场的投机性,就会成为引发货币危机的极大力量,其负作用之强,足以如一盲牵众盲,相牵入泥塘。

34. 接下来,我们就详细阐说虚拟经济所具有的黑洞与温床的双重性质。一般来讲,社会经济系统本质上是由两个系统所组成,即虚拟的和实体系统,前者是由观念支撑的,后者是由成本来支撑的。在金融已成为经济核心的今天,实体经济已不可能脱离虚拟经济系统而运行。当然,无股市也是可以的。有虚拟经济在,恰是反映了人的具有喜欢虚假繁荣的表现。虚拟资本一方面含有虚拟性,一方面又含有资本性,虚拟资本相对于实体资本的第一性而言,它只能显有第二性,虚拟资本对实体资本具有派生性和形式上的反作用,且虚拟资产的投资又是对未来的借贷关系,如上种种,它既有催生着经济的方面,又有摧毁着经济的方面。于是,我们讲,虚拟经济便不能和实体经济等同起来,尤其是不能和实体经济等同地运用货币供给政策。虚拟经济只能是实体经济不能映照的存在,或说它只宜为实体经济的影子系统。此外,它还不当具有较大比例的真币数额;不如此,就势必要颠覆实体经济的基础地位。

35. 在美国,据称20%的富有家庭,拥有90%的金融财富。另外,它的GDP中有70%来自于消费支出。就国家来讲,其金融业的货币供量要真实地反映出它的实体的生产总值,作为一个政府要有使之二者成等比例关系的义务,国家不具有利用其机器去参与世界某一市场的赌博的功能,否则就是犯罪,后果便不堪设想。因为,一国购买他国的债券,即是把本国的资金安全和使用权都交给了他国,一旦他国出现危机,则其购买的债券就会贬值,而购买国只能见之受损的局面。由于此时的他国已无力或无暇顾及这些债权者的利益或承诺及担保了,如上的悲剧是人力所不能控制的。因此,有人说,一国购买他国的债券,就是希冀躺在温床上来发大财的非常愚蠢的做法。

36. 何宜庆先生讲,高通胀迫使人们从持有金融资产转变为持有物质资本,这一托宾效应是经济学中第一次有人赞扬通胀的功绩。[①]此即言,在实体经济和虚拟经济之间,是靠高的通胀率来拉近的。然而,虚拟经济在极高的运作指数上,若采用高通胀的方法,又是极其危险的,它的后果就是有价证券一定会大幅度地下跌,而这又是危机在虚拟经济中的总爆发的第一标识,故之存在十分恐怖。

37. 根据上述,货币供给要有目的性,当其投向生产领域,应是最好的,若只投向消费,就会造成通胀,若之投向虚拟市场,就会形成大泡沫。因此,货币供给必须首要的是直通生产,然后再匹配消费,而虚拟的市场只能用闲置的资金来进行。所以,经济危机之时,为了解决失业问题,就只能投资新生产,这样既可购买了过剩的产品,又可减少失业,而万不可去发放消费券。因为,它只存在于消费领域,会引起日后的通胀。自然,就更不能让之进入到虚拟领域里去了。可见,在股市的资金蒸发以后,政府除了要补助一些灾民或救济的对象外,当把其余的与股市蒸发数相同的资金额度均要全部地返还给实体经济,建设可相生性的巨大工程,才是极好的上策。如此一来,在危机的处理方法上,维克赛尔的调节利息的手段和凯恩斯的相关主义,就必将会被我们的思想所代替。

38. 从发展的过程来看,政府设计股市,主要是希望筹资,让资金

---

① 何宜庆:《虚拟经济与实体经济互动影响研究》,上海交通大学博士论文 2004 年,第 22 页

动起来,并产生财富效应。因为,这样的话,就可以扩大生产,也可以扩大消费。但是,由于股市筹资是来源于民间的消费用款,其大部分地用于生产,即生产必要大于消费,所以就为生产过剩准备了条件。可见,前述状况,即是看似的存在于温床上的好事,实则又是为未来的跌入陷阱与黑洞做好了准备。

39. 那么,我们所创造的帕累托模型在股市经营中,又当有什么意义呢？见下图:

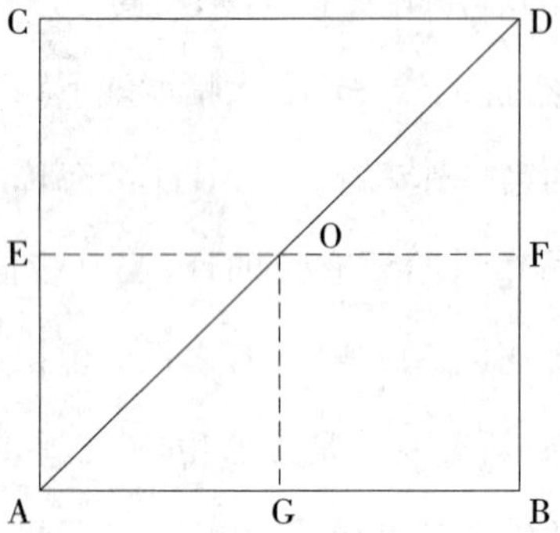

图 1

即在图 1 中,当投入梯形 OABF 仅有产出三角形 EAO 时,便是75%与25%的对应。此间有两种情况,可先逐步投入三角形 OAG,即等值地对应了三角形 EAO,然后继续投入四边形 OGBF,但没有收入。另外,就是一笔投入了梯形 OABF,却只有三角形 EAO 的收入。此时,它们都会伴有股市下跌的情况,这里所言者,均是一种综合,不反映个体的操作情况。接下来,我们说,股市必涨,即只要再投入三角形 DOF,就会有梯形 CEOD 的收入。于是,在高涨之后,便进入了下一波次的向上或向下的运动了。

40. 根据下图:

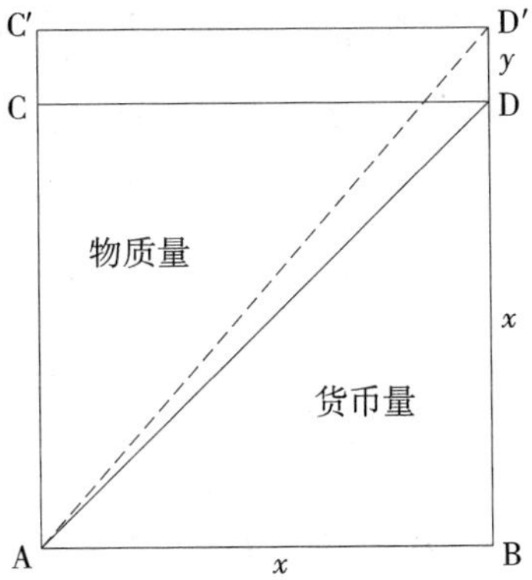

图 2

依图 2 可知,物质量 $x^2/2$ 即三角形 CAD 形成的增量 xy,为四边形 C′CDD′,客观上也要求货币增量为 xy,但是在四边形 C′ABD′中,由于三角形 C′AD′等于三角形 D′AB,即物质量与货币量相等。可是,此时的货币增量即三角形 D′AD,却仅为 $xy / 2$。那么,为什么由物质增长而牵引出的货币量总是要少于实际的物质增量的一半呢?我们说,这便是被市场的看不见的手所遮蔽后的结果。当然,也正是由于上述,才会有增加货币于此间情形下的利于经济之可能。于是,如此者,便是生产过剩的危机之时应扩大货币量供给的理论基础。

41. 我们设下图:

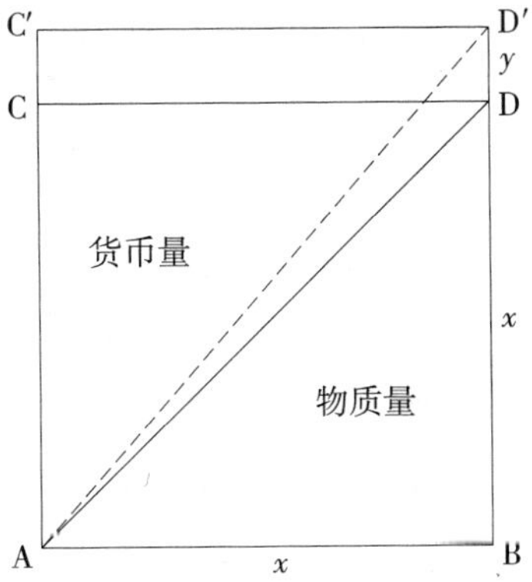

图 3

依图 3 显示，当货币活动加剧，由 $x^2/2$ 即三角形 CAD 扩张到四边形 C′CDD′，为增量 xy 时，其所带动的物质量也应该增加 xy。但是，在实际中，物质增量只为 $xy/2$，即只增加了三角形 D′AD，此刻三角形 C′AD′等于三角形 D′AB。如上，就是说，在货币牵引下的物质增量总是较货币增量少一半。因此，我们言，这便是在通胀时期要扩大生产的理论基础。

42. 通过图 2 和图 3 就可明白，由生产牵引的货币增量和由货币牵引的物质增长二者之间是有差异的。当生产牵引货币时，即可引致生产过剩，货币的增量总是不能把隐蔽着的生产量表现出来，于是就会造成货币供应紧张。这些在客观上，便要求我们当以扩大信用的方式，来达到与真实的生产之过剩的部分相均衡的状态，否则由之引起的危机问题就不能解决。对于由货币牵引生产来说，生产量总是少于货币增量的一半，这就要求其二者也必要均衡。我们言，掌握了如上的两条，再遇类似的情况就不会出现惊慌，在方法上，只要前者以货币追逐生产和后者只要以生产追逐货币来走向一个大致的均等之势即可。

43. 还有，关于需求问题，政府、资本家和工人之间是各不相同的。对于资本家而言，当外来的需求突然中断，对于政府和工人来讲，当之外来的资金的突然中断，都会造成严重的问题。故政府可管制的央行就既要控通胀，又要防紧缩，方法就是在货币政策中靠调整利率来进行，尽管利率、税率和汇率都不能扼住危机。缪尔达尔认为，在其他条件不变的情况下，增加储蓄必然会加剧经济萧条，或称在任何情况下，增加储蓄都必然会发生加深经济萧条的趋势。① 我们讲，若在经济萧条的背景下或处于其边缘地带时，形成储蓄增加的情况，也是很难发生

① 缪尔达尔：《货币均衡论》，钟淦恩译，商务印书馆 1997 年版，第 94-95 页

的。鉴于以上,只增加储蓄,若不增加投资,肯定不行。但是,大量的储蓄被银行家垫付给了生产者,也是推动生产过剩的力量。[1] 因此,相互垫付的存在,储蓄与投资的存在,都同时地表现出了温床的可爱与兼有黑洞之可憎的方面。

44. 此外,国家不能参与他国的赌博行为,即不能购买他国债券的原因,就是虚拟经济的定价,乃是由预期决定的,且心理、信息也常左右之;同时,虚拟经济在交易过程中,不会形成债权与债务的链条关系,所以购买者就会在未来于经济崩溃中,变得无声无息,而使自己的血汗钱归于一文不值。因此,在国家战略上,可适当地涉足一点期货,它既可消除垄断,又可抵制无限投机。它的最重要一点就是须利用好套购保值的方略。套购是指利用现货和期货两种市场间的价格差异,通过建立相互抵补的头寸,并是在已知的两种市场价格的情况下进行的,因而其风险很小,或者可以说基本上是无风险的交易。故在期货市场上无风险的交易方法只能是套购,于是便可起到了保值或增值的功能,而这一期货存在的最后意义,就可以使大量的国家外汇或储备均能完全地游离于黑洞之外,似是必定无虞的。我们言,这一思想的出现,对于我国来讲,当有巨大的实践意义。

45. 然而,投机又是人们的天性。一旦投机过甚,市场风险就会迅速增大。投机的存在,往往具有对经济的反向作用的功能,它可以使价高者变得价低,也可以使价低者变得价高。投机活动不反映真实,大肆投机不利于稳定发展,这是由于投机收益并不增加社会总利润,只不过是改变了一下社会总利润的分配而已,且在现实市场中,由于投机者常常追随市场热点或妄图快速致富,故投机泡沫便会频现。一般来讲,股

---

① 马克思:《资本论》第三卷,郭大力译,人民出版社 1973 年版,第 463 页

市的波动方向与社会消费品零售总额的波动方向是正好相同的，说明泡沫经济可促进消费，这便可称之是一种温床的性质无疑。事实上，虚拟经济倘一超过了实体经济的规模之后，泡沫就会极容易地要产生的。投机引起泡沫，在商品和房地产的市场当中，不能存有负的泡沫，然在股票市场，泡沫则可正可负。在今天，由于未有防止这种现象发生的机制，可以认定，泡沫经济是不可避免的。但是，任何泡沫的存在，又都将以市场的崩溃而告结束，这就是经济上的黑洞性的重要表现。

46. 计量经济学的实证表明，在美国，人们在股票市场上的财富每增加 1 美元，就会产生 3—5 美分的实际消费需求，这便是它的看似正面的温床属性。然而，股市波动对消费的负面影响却大于正面作用，其“棘轮效应”将通过负的乘数倍增导致经济的萎缩。关于这一点，人们谈得太少。对于一些股民来讲，根据马可维茨的理论，虽然某种股票上涨时，另一些股票可能会下跌，但在一个所谓的分散风险的投资组合中，欲使之全部的股票一起暴涨，几乎是不可能的。因此，在虚拟经济中的跋涉者们，万不可有能大胜天下的奢想。我们设下图：

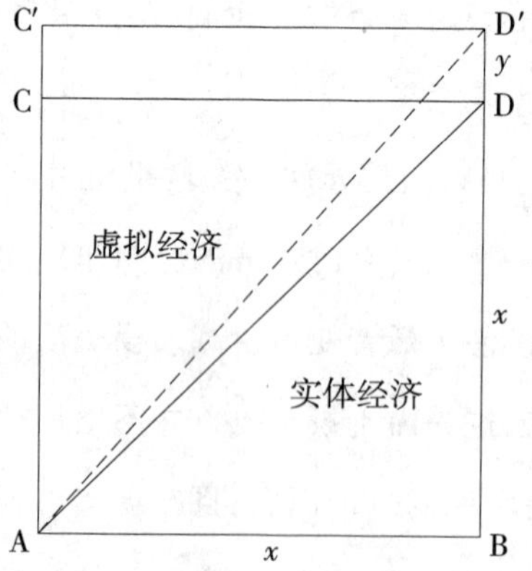

图 4

即在图 4 中，当股市价格从 CD 上涨到 C′D′时，就可称是股市增量为四边形 C′CDD′带动的结果。此时,实体经济只增加了三角形 D′AD。于是,以四边形 C′CDD′和三角形 D′AD 的对应关系,就可以看出股市的上涨对实体生产的影响作用。同样,我们设下图:

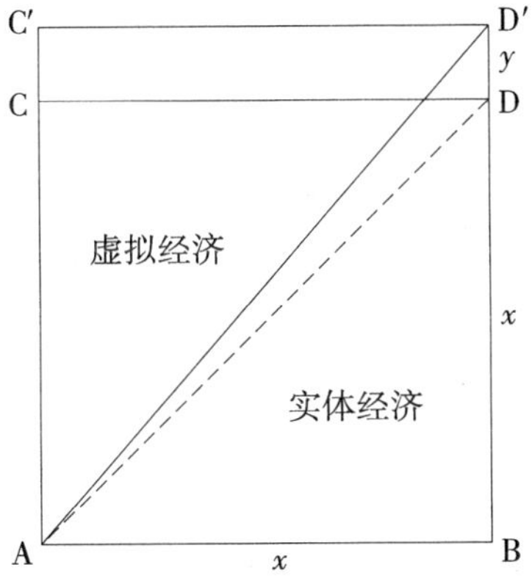

图 5

即在图 5 中,当股票的价格,从 C′D′跌到 CD 时,即是股市缩水了四边形 C′CDD′的结果。这样,实体经济就要减少三角形 D′AD。鉴于以上,我们说,对处理好虚、实经济的关系,就会有着许多的指导意义。

47. 在我国,它的股市的前期主要是突出了分配功能,即使股民财富多转移到上市企业中来。该股市与之经济增长具有很强的正相关的联系。目前,中国 A 股股市每下跌一个百分点,将对消费产生 0.7‰的影响。① 我们认为,当下的并购浪潮虽可深化工业体系的结构性改革,然大量的股票回购所导致的其在融资方向上的负增长,或许是利弊共生的。并购、低价收回股票,又高价出售,以上均可使企业得利。对于特大型上市公司而言,它们可以成立“股票经营管理部”,可是对于分散的股民来讲,又能怎样呢? 有人称,中国股市已经成为没有自身供求

① 刘琦斌:《虚拟经济理论分析》,中国社会科学院博士论文 2005 年,第 81 页

关系,没有价格决定基础,没有内在选择空间的混乱与无序的市场。此中话语,对股市的未来发展,当有警示与戒惕的作用。

48. 一般而言,物价上涨具有繁荣的倾向,而物价下跌,则可预示着萧条或萎靡了。尽管价格变动在短期内是趋向于随机的,或称价格将遵循近乎一个随机走动的随机过程,但企业家只要预期看好,就会人为地左右价格,而使之上涨。若物价上涨和生产过剩同时并存,即为滞胀,其产生的原因除了由于国家投资在各行业中的不均衡之外,还有就是国家于通胀状态下的强制干预所造成。因此,治理起来,就相等困难。有时,价格上涨,必会在温床的感觉中能带动产品增加,接着就要显现黑洞性,于是价格骤跌。在对外贸易中,一旦形成逆差,则资金紧张;而股票下跌,就势必会殃及实业。

49. 根据马克思的思想,我们讲,信用、汇票、虚拟资本的存在,以及股市在上行的时段,社会中的货币功能就被明显地放大了,而这也是拉动生产过剩的一股重要力量。因此,资本家的资本是形成大生产的内力,而社会里的诸如股市上行的态势等,则是催发生产过剩的外力。一旦这个外力被取消,则资本家间的资金链条就会有可能中断,进而便要形成劳动力与过剩产品之间的对立;同时,再兼之诱人的高额利润,就会使人们不顾有效流动资金所认可的范围,来进行过度扩充的操作,从而使国内一切证券交易的行情,比以往任何时候都高。于是,发生极度的恐慌作为终结,就是它的必然之理。倘若有一天,国债被股票所代替了,看似政府已减轻了负担,可实际上,其信用就要大大降低。

50. 从历史上看,在生产过剩阶段的资本,是很难有利息产生的,如当今美国,因金融海啸,就已使得利息率快趋于零了,而导致这样的源头,往往是被强烈的利好之牵引而带来巨额投入,其结果则又是以利空的巨损所造成。因此,反映在其中的温床与黑洞的并存性,乃是最害人的。所以,在金融垄断资本主义条件下的股市之暴涨和暴跌,当是会激发出各种的矛盾便要汹涌地到来了。

51. 在虚拟的股票市场,现金只要以之相合,就会身不由己。以现金购买股票,若其价格下跌,就会导致资金蒸发,进而便要使消费资金极度匮乏,结果是生产过剩,人民困苦;以现金购买股票,若其价格上涨,就会导致资金膨胀,物价高扬,进而形成虚假繁荣,时间稍长,就又要突然下跌。我们言,股市在急剧的大幅度的下跌时,它就是黑洞,而在其上涨时,它又似温床。总之,在虚拟经济中,正是由于其天生就有的温床与黑洞性之并存,它就一定会引致资本主义经济危机的不断爆发。

第三节　群体性的高端的风险集成

52. 我们言,群体的无理性就是缘于人的推动着虚拟经济之危机爆发的始因,形成它的程序即为一小部分人首先轻易地获利,以及又有一小部分人再接连获利,最后就会导致全部的参与者的集体的趋于无理性,则经济危机就势必要到来。这在政治上就像是二战时的德国之选举希特勒上台,也是因于它的群体无理性造成的是一样的。

53. 众所周知,金融是现代经济的核心。于是,极多的资本存量便要通过金融资产之转化,或称是由储蓄到投资这种单向运动所形成,故看似的社会闲置资金往往便具有着强大的冲击力了。因此,在短时间内,虚拟经济的膨胀会有利于延迟与不激化生产和消费之间的矛盾。这是由于股票价格的攀升会产生财富效应,及公司的账面价值和家庭所拥有的名义财富会大量增加,家庭消费也随着增加,同时在这种情况下,贷款机构便会更乐于发放消费信贷,生产和消费的矛盾由此暂时缓解。但是,这些都是对未来消费能力的提前享用而必要使之减少。威廉·配第认为,货币量充裕,财富就会增加。然而,也不具有普遍性。比如,某一关键物价的上涨,就自会抬升货币的供应量,而此时财富并不会增加。所以,我们看金融问题,看金融的演绎程度等,就要进行广泛的联系和比对,方好下结论。

54. 首先,金融扩张即资本对于总是出现在世界贸易和生产所有大扩张时期的竞争压力加剧,而做出的一种典型反应,或称是剩余资本对于重新投资于物质扩张中能否继续获利所做出的否定的判断。此即言,虚拟经济的存在是建立于对实体经济的不敢认同的基础上的。可是,金融的信用的扩大,由于它难有限制,便要成了虚拟经济危机的根由。同时,信用扩张,也必是投机狂热的前提之一。投机活动一拉开序幕,价格先要上涨,此时信用可急剧扩张。穆勒讲,患有这种传染病的人不仅比平时更自由地使用信用,而且他们实际上也具有更多的信用。因为,它们似乎在赚得巨大的收益,也由于当时流行的一种轻率的爱冒险的情绪,使人们愿意比其他时候更多地提供和取得信用,甚至向没有资格取得信用的人提供信用。① 这就如同此前的美国之次贷危机的成因是如出一辙的。

55. 有的学者称,凡是为了谋取利益而承担风险的行为,都是投机,狭义的投机则是指为了获取价差。很显然,只以获取价格差额为目的的,便会转化成纯粹的投机交易。在目前,人们关于这一方面的理论似是而非,极不成熟。此外,若再兼之以虚荣的影响和社会上的某些狂

① 穆勒:《政治经济学原理》下卷,赵荣潜译,商务印书馆 2005 年版,第 59 页

躁的推动,它就会成为激发人们进行投机的一个起点。因而,购买股票的目的就不再只是为了获取红利,而是为了获得差价,这就是当下的投机市场的特征典型。就期货来讲,它的投资也是投机,投机也就是投资,二者不可划分。

56. 一般来讲,股市上的投资者,都是为了参与利润的分配而来,它们根本不关心生产。所有的股票持有者,都可以根据自己的意志,不费工本地选择他们的所喜好的资产成分。然而,就是这种伟大的自由,却不能消除与之随时相伴的风险,不论一个证券夹中,有多少种你认为最上好的品种,都不行。因为,未来的不确定性或波动性是无法能顺从着股市上的人们的意志的。

57. 陶琲认为,投机资本形成的经济条件,就在于现实中存在着商业信用。于是,在商业资本的非职能化过程中,一个重要的趋势就是转向为投机资本。[①] 这反映在所有的金融衍生产品的交易中,大约只有25%是技术性的,也就是用于风险对冲,而其余的75%,则属于投机交易。其中,银行也参与了投机的活动。银行这种垄断机构,专事获利行径,其任何时候的存在,都会对投机者和金融动荡起到推波助澜的影响作用。它开始时,还可以直接参与实物投机,真是罪大恶极,其必然会引起价格暴涨之后的暴跌,后果一定是灾难性的,故银行投机的危害太大。因为,物价的暴涨和暴跌都对实现产出不利。所以,投机活动只要有银行挤入进来,人们就难免不疯癫。在历史上,1825年就是投机年,它所引致的危机模型,对后人具有很好的警示意义。

58. 许多人应明白,信用和金融在经济危机的酝酿和周期性爆发中是起着越来越直接的作用的。再有,信用体系的高度复杂化和虚拟

---

① 陶琲:《期货经济学教程》,商务印书馆2003年版,第26-27页

经济在一定程度上,脱离实体经济的高速增长也使危机的可能性大大地增加了。这是因为,虚拟经济的过度膨胀,一定会加重经济和金融的脆弱性。如上者之所以产生,或说纯粹的金融危机,当是对金融制度的严重冲击的结果。舍此,便丢失了根本。

59. 另外,金融全球化已构成了经济全球化的重要内容。所以,金融资本的影响就必然具有世界性,这乃是因之触角具有了世界性的缘故。故,货币的于国别之间的流入流去,在虚拟的市场上,就均会增添扰动的或是活跃证券市场的功能。根据刘琦斌先生的研究,在任一时点上,证券市场也是零和博弈。在动态上,当资产价格持续上升或持续下跌,市场出现正和博弈和负和博弈;负和博弈意味着财富的实质性减少,同时也意味着中央银行通过权益市场抽回了部分已发行的货币。① 我们可以设一股市,由于不管是上涨,还是下跌,它们的买进与卖出的额度必是相等的。于是,当股市大跌时,所有的股民就是最大的受害者。或说,股民之所失,恰是政府发行货币的回笼之所得。此中道理,应是十分浅显的。如是之,即为危机发生后,政府应把已抽回的货币再发行出去,提供了理论上的依据。可见,政府就当在危机发生不久,便应按其收回的额度再行支出或投放市场。这样一来,股民的钱也就成了政府的货币了。

60. 根据上述原则,股市的零和博弈之最终,便是股民和政府之间的事了。所以,政府为了控制股市的大幅度的下跌,就要先控制虚涨。我们说,只要虚涨的价格脱离了真实价值的四倍时,政府就必须要干预。因为,根据二八法则,即使二有能起动八的效果,但不可能再起动太多。这便是股价只要脱离其价值的四倍时,政府即要干预的理由。

---

① 刘琦斌:《虚拟经济理论分析》,中国社会科学院博士论文 2005 年,第 34-35 页

虚拟的泡沫一旦破灭,国家经济就会受到致命的打击。所以,政府就要时时关注实体经济和虚拟经济的这种比例关系。否则,政府就会成为虚拟经济之膨胀的罪魁祸首。一般而言,就经验上看,在货币不稳定的环境中,既不可能有很好的经济效率,也不可能有收入上的公平分配。它只会造成大的波动,例如可发生 1929-1934 年的大萧条。最严重的是,倘若国家将钞票的发行与股票的上涨一旦挂上钩,则它的磨难就不能逃了。仅此一点,望从事经济工作的官员,务必牢记。

61. 下面,我们谈虚、实经济的脱节问题。因为,虚拟经济和实体经济的脱节是当代资本主义基本矛盾的重要表现形式之一,也必然会成为经济危机爆发的直接原因。比如,贷款的急剧增加,虽会使投资的额度上升,但它也会使虚、实的脱节更为严重。于是,金融资本一旦大规模地脱离实体经济,就会使得实体经济要面对着更为严重的困难时期。此时,债务人会大大超过债权人的数目,利息随之大为提高。接着,人们的收入会减少,就要触及不动产的抵押,进而迫使土地所有者要放弃自己的土地。由于恶性循环,或破产者的贫困,则食利者也要因此而破产了。如是,即为今天的金融危机的起源之一。

62. 之后,我们研究上述的根由。在虚拟经济中,人们的观念尽管要受到现实的束缚,但其更易受预期的牵引。这样一来,任何一个预期的价格都会被当下的价格所表示,即以现在的价格代替了预期的价格。或说,未来的预期的增长便要提前实现。再有,虚拟的以预期的未来的方向和实体的以成本的积累为过去的方向,正是因时间上的不统一,它们就不可能有相符的地方。所以,必会导致有极多的矛盾出现。当然,它们还会有源于需求上的诸种困难。

63. 我们讲,绝对过剩当是人们的需求达到了极点之后的事情,而人们的拒绝需求的原因，则是之资金的突然地中断，这便是由于虚拟经济中大量资金的瞬间蒸发与失业的存在之两个方面的原因造成的。同时，虚拟需求又会助成囤积商品。这在经济发展处于高点时，生产过剩更趋隐蔽，产品价格继续上涨，许多批发商会借此而进行货物的超量储备。此时，信用又为他们提供了便利，就使得囤积现象极为严重，即造成大量虚拟需求，而加剧了生产过剩，此现象令人十分忧虑。

64. 目前，在发达国家，消费模式已由原先满足生活需要为目标，而转向了以满足心理愿望为主要的动机了。这是一个拐点。于是，人们就开始在虚拟经济中挣扎。依照有关学者研究，2002 年全球虚拟经济规模约为 72 万亿美元，相当于同期 GDP 的 2. 3 倍。在美国，1998 年，仅大通—曼哈顿银行一家拥有的金融衍生品的额度就已超过了美国全国的国内生产总值。另外，据称目前全球货币总值已达 372 万亿美元，而全球贸易所需要的额度仅为 11 万亿美元，这至少说明其中的大部分可转移至金融市场了。所以，何宜庆先生讲："在世界上，每天流动的资金中只有 2%真正用于国际贸易，且 3%左右的实体经济却在支持着 97%左右的虚拟经济。"这乃是人类历史上的一种怪现象。

65. 在危机之前，积累过剩的压力，往往要通过资本的大幅度的贬值，即经必要的净化过程来实现缓释，其路径就是在股市上要蒸发一些资金，因为如此一来，便会更好地利于生产的发展。尤其在现代，由于银行资本主要地是表现为工业资本，兼之虚、实脱节的鸿沟愈来愈大，对于在虚拟市场上的资金予以贬值、净化、蒸发掉一部或较大的一部，似是于实体经济没有妨碍。鉴于上，在实体经济中的垄断的出现，就可以认为它是一种谋求自保的手段了。

66. 许多人都知道，盈利是投资的根本动因，但由其而产生的竞争和信用的存在,则又是经济危机的得以酝酿成熟的两个重要杠杆。所以,不完全信息是建立在专业化分工基础上,以及信息不对称是产生不公正的根源,或说分工是产生不公正的根源之说就是确定无疑的了。可见,危机的成因,必是由市场经济的缺陷所造成的。它的内生要素一旦使经济的本身达致繁荣后,就要加剧失业,这就是其一;其二,就是由于不能抑制股市暴跌,资金几近蒸发掉,从而形成全面的危机困难。如上,又是市场不能自愈的。不难想见,正是由于真实的初始利润,才把人们都带上了长期的虚拟经济的危机之路。

67. 根据常识,通过发行和交易虚拟资本,便拓宽了企业的融资渠道,实现了超常的规模扩张。后来,随着金融资产价格泡沫的破灭,即会引发金融机构的信用危机。因此,现代经济中,金融危机取代商业危机便成了经济危机的一种主要形式。有人说,金融危机一般是普遍性的生产过剩的经济危机的先兆;其实,它当是不能实现产出的结果。故危机的根本当是内生的,诱因才是外生的。内生的成因只有达到了一定的程度,兼之外因的激活,才有现实发生的可能。这里讲,危机的要点就是失衡,其先在生产上失衡,后在货币上失衡,倘若货币突然地被抽逃,则颠覆性地失衡就不可避免。如上的表现就是,物多卖不出去,货币实现困难,之后随着股市的暴跌就引致恐慌。届时,信用奇缺,殃及银行,则危机必至。当有失业率接近35%-70%时,那只能是危机起爆之后的事了。

68. 就危机的思想再向深入的方向去发掘,就会看到,信用紧缩和生产下降所导致的危机,往往会置于信用膨胀和生产过剩之后,而这些存在,我们言,都是产生危机的现象。根据纯货币成因论,银行信用的扩张、终止与收缩,是周期性经济危机的唯一具有充分理由的原因,即信用的不稳定是经济危机的根源。然而,我们认为,这些只是诱因。对于货币投资过度论来讲,它指出,货币投资过度,引起生产向生产资料倾斜,导致结构失调。它们把经济危机看作是流通领域的现象,进而把货币总流通数量看作是经济危机的唯一的内在之因。可是,这与生产和再生产的中断,才是货币金融危机的根源,又只有很少的联系。那么,生产和再生产的中断的根本原因又在哪里呢?根据我们的理论,它只能是存在于生产的最底层那里,即由不能实现产出所造成的,而此时其他的流通却仍在。如是之,危机的真正根源才始得清楚。

69. 当今世界,货币量普遍大增,实物量也普遍地大增。若使之二者能保持在一个相对均衡的状态,参照股市上涨可带动生产,股市下跌,又减少生产的情况,就可以通过股市的稳定,来协调生产。所以,就要在货币政策上,关注虚拟经济总量的增长态势,而使货币与实体同步地增长,才好。鉴于以上,国家为了避免经济和政治危机的并发,就要制定有关法律,比如对上市公司,政府就要强制其必须保有25%左右的原始的股本金,以备其在股票狂跌时的救市之用。我们言,这是十分重要的。

70. 那么,在危机后,政府到底应该增加多少货币呢?我们说,股市蒸发多少,理论上,政府就宜补多少。这样就似可恢复到危机前的水平。否则,对于政府的在危机后的发行或支出货币,若没有一个明确的指标,就必是经济学家们的一个缺憾了。另外,政府的关于稳定人心之说,也就是要使人回归到理性上来的意思。于是,理性即为应对一切困难的法宝。然而,理性在经济学中,又当是被打入地狱的。

71. 希勒认为,由个人组成的群体,可能会犯系统错误。在宏观上,投机者作为整体是非理性的。① 于是,在理性的预期框架内,是很难理解经济学上的泡沫之形成的。这就是说,因由理性,则不可能会产生经济泡沫,但是它就是出现了,故所谓的理性之纯粹说也就不存在了。还有,避免冒风险,力求稳当,似是每一个有理性的人的做法。然而,从整个社会来看,这种行径又是要走向停滞与僵化的道路的。所以,我们说,理性的存在,就一定程度上而言,它又是具有垂死的表现的。如此一来,虚拟资本之过度和工业之过度的问题,就可以归咎于人们以自己的非理性来超出了其理性的有限性所决定的度而引起的。因此,由动物血性,选美比赛,发展到理性人假设上来以后,虽又前进到了西蒙的有限理性论,可是直到现在,人们的决策仍未能突破理性的有限之缚束。如是之,理性的个体存在,一旦被应用于某些集体的活动时,它就要走向自己的对立面。

72. 据说,人类历史上第一次有记载的经济危机,是1637年在荷兰由郁金香泡沫导致的经济大震荡。那时的人们在一种病态的倾慕与热忱之中,疯狂地赌博和投机于虚拟的价值符号——郁金香。这是由于在开始的阶段,投机者们确已有了盈利的缘故,从而带动人们普遍地热迷起来。今日看来,他们均是理性的崩溃者,尽管当时的人们都认为自己是理性的,然而正是由于这种所谓的个体理性,却导致了整个集体的非理性。此外,通过总结,人们就会知道,1720年英国的“南海骗局”,再一次阐述了危机的生成,当是人们理性崩溃的结果,即关于这一论断是正确。经过反思,后人就应清楚,强烈的物欲乃是使理性走向偏激的重要力量,即在追逐利益的过程中,极多的参与者便要慢慢丧失理性,结果就无不上当。

---

① 刘琦斌:《虚拟经济理论分析》,中国社会科学院博士论文2005年,第95页

73. 总体而言,理性崩溃必会使实体经济崩溃,然后再殃及虚拟经济;或说,只要理性崩溃,就会造成虚拟经济的崩溃,之后再连累实体经济。可见,理性崩溃乃是经济崩溃的一个重要源头。理性崩溃的表现,就是某些人已经疯了,就是许多的集体已经疯了,就是全民地疯了,就是统统地在自我感觉着幸福中疯了。此时,人们的所有的诚实、稳健和其他的优秀品质都被毁灭,因为在赌博之中根本不需要这些。然而,疯了的人们永远都不承认自己疯了。他们只有在坠入深渊之后,才有可能清醒过来,而这种理性之崩溃,多是源自钱币的淫秽。人们在理性崩溃前的表现就是挥霍、虚荣和道德堕落,随着股市崩盘,他们的表现就是忙乱地抛售,以及在暴跌之后的十分恐慌,同时政府已无任何的勇于作为的能力。有时候,一国亦如一集体,一集体亦如一个人,都是具有赌博和投机性的,所以赌博行为就不是能依着人们的理性去发展的,经济行为的游戏规则也是不能依着人们的理性去发展的。于是,看似理性的经济实在就不是人的理性所能控制的了。因为,每个经济人都承认自己是理性的,但是每一次经济危机的爆发都证明,他们的集合体的投机又一定不是理性的。

74. 关于非理性驱使着虚拟的存在向着扩大的膨胀的方向而去的表达如下,鉴于在虚拟经济的背景中,因多是非现实的,人们必然要先受到美好的憧憬的放大的影响,于是其结果就一定会产生与真实具有极大的偏差。所以,无限的憧憬就是理性趋于崩溃的诱因,兼之以虚假信息和在起初的一个阶段的盈利,就会促成人们迈向疯狂的第一步。存在这里的底本,就是人们的热情推动了高价的形成,或说高价也是热情的烘烫的结果,接着这种热情就与赌博完成了勾连。原则上,在初始的盈利的情形下,它的迅速扩张着的尚好的反馈是有着高度的加强着的作用和影响。之后,普遍的自我实现的心理行为特征,即是表现为一种放大机制,或称是一种自发形成的庞氏骗局,便会全面到来。人既自欺,也要欺人。

75. 从技术层面上看,期货交易具有以小搏大的特点,这种杠杆效应,会使交易者容易过度投机。因此,期货市场就和股票等其他证券市场一样,均是在展示着放大信号的作用。有人讲,货币替代的作用可以导致经济信号失真(即与放大是同一语),而这些现象就引起了俄罗斯1998年财政危机的爆发。我们认为,如上的见解是妥当的。从本质上说,虚、实资本是同一资本的两个不同方面,在它们产生的初始时期,就量的规定性上而言,其二者应是相等的。但一经产生,情况便发生了实质性的变化,在虚、实资本定量关系问题上,当它们的比例有悖于正常的临界值时,其资本的总供求互动的结果就会导致整个社会资本严重缩水,社会财富超常贬值,在表现形式上,就会出现经济危机。这里的运行机理就是,实体资本的发展严重受阻,它的价值快速缩水,致使虚拟资本的价值也快速缩水,其资本的发展也严重受阻,进而使实体资本的发展再次受阻,最后是社会总资本(特别是虚拟资本)超常缩水,从而引发全面的经济危机。

76. 在前面的基础上,由于有某些顶级精英的推动,就使得在经济之层位的高端上,必要通过组合谬误的形式,来集成总的风险。首先,工商界的领袖们,一旦被股市所主宰,则之就会癫狂,就会鄙视用正当的劳动去赚钱。这是十分危险的。因此,如果说在上个世纪的70、80年代以前,资本主义企业实现利益最大化的主要手段还是通过投资、消减成本和满足需求的话,随着金融及其衍生品的发展成熟,通过抬高股票价格来最大化股东收益的做法则越来越流行,所以这些企业即是推动股市泡沫之不断膨胀的最主要的力量。自1980年代以来,美国企业的目标管理,即从利润转变为以价值的最大化为主要指标上来了,其本质就是股东财富最大化,这里的“价值”是指企业的市场价值。企业的价值就是由股价所标识的名义财富,企业的价值管理便自然要依赖于股票市场。于是,就可以使原始创业者的利益趋于最大。综上,企业之实体,追求的却是虚拟的,然其虚拟的股票又是可以变现的。我们言,如此者,便加剧了经济危机的到来。

77. 就一定程度上观看,工厂和商号的投机活动,又都是源于银行的投机活动,而银行的性质就决定了它必须时时地要参与到投机的活动中来,银行似是所有的投机活动的真正的幕后老板,而工厂和商号只不过是它的外出机构的派员而已。一旦工厂或商号与银行勾连得最为密切时,只要前者出现操作失当或倒闭,则银行就会立即破产。这定是一种必然。此外,银行还可以和财团、交易所等一起联手进行投机,这样一来,颠覆虚拟经济就是易如反掌了。接着,在衍生的产品市场上,金融机构往往又要同时扮演三种角色,即产品开发商,交易商和最终用户,也就是自娱自乐。根据美国的次贷危机可知,此一事件便是由地产商、银行、投资行、基金、保险等统统串通,而导演成的以地产为由头的虚拟经济之极度的膨胀存在。当然,这里的地产也可以是其他的产业。之后,时间不长,随之强大的泡沫的轰然的破碎,一场全球性的金融海啸便夺路而来,以致吞噬了极多的经济生命。

78. 由上可见,合成之谬误,当是多么的厉害。从理论上讲,合成谬误,就是指个体的最优行为,往往会导致成总体的最劣行径,比如在股票的买卖中,就是这样。同时,它还可以描述成是个体理性,一定会演变成群体的非理性。上述现象,在整个的人类社会中是普遍地存在的。因此,我们说,每一个经济人的思想或许就是理性的,但他们的集体,倘若真是理性的,则就业便会充分,生产和消费便要和谐,此即言,就一定不会发生灾难性的经济危机等等。可见,危机的发生,就必是由合成谬误所产生的集体非理性而造成的恶果,即由个体的经济人之追求最大利润的理性来决定着的集体的非理性就自然会导向经济的危机。

79. 潘登榆认为,在欲望中也渗透了理性的东西,但其主要成分是非理性的。[①] 这一点,就为人们找到了在虚拟经济中的“追风”当是一种丧失理性的根据。我们说,实体经济是反映人们的生活需要的,而虚拟经济则多是反映人们的欲望的,期货经济一方面是反映人们的需要的,一方面则是反映人们的欲望的。需要与欲望的思想一出现,就彻底划分了实体经济和虚拟经济的界限。需求与欲望尽管联系密切,但却是不相同的。于是,公众的追风之为,就会形成巨大的投机浪潮,就会唤起巨多且巨大的泡沫。一旦最广泛阶层的人们之兴趣出现以后,似乎就是事物发生拐点的征兆了。就一般意义上来谈,绝对不可允许大多数人都有于赌博中获益的情况发生。倘若最广大的群众连同最愚钝的人们都参加了某种赌博,则其性质就一定会发生相反的改变。所以,从众的追风之路就是集体地奔向死亡的去处。

80. 经过合成谬误理论的铺垫,我们就可以来阐述在虚拟经济中的处于高端的起爆区位的问题了。根据有关学者对英国 1949-1958 年不同部门对经济危机所造成的不同作用或影响可知,它们的排列顺序是,加工业第一,商业第二,服务业第三,交通业第四,政府第五,建筑业第六,农牧渔第七,采矿业第八,公共业第九,金融业第十。若将之与我

① 张海鸥:《人的经济属性问题研究》,中国人民大学博士论文 2007 年,第 96 页

们的模型进行匹配，就可以形成下图：

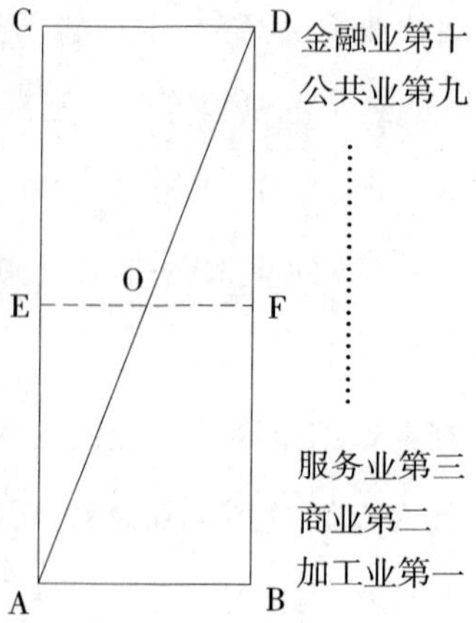

图 1

在图 1 中可见，此时的金融业，即未来的虚拟经济之源或它的绝对重要的组成部分，正好是处在了该图示的上端，而在 AB 一线则属实体经济的表现。另外，我们知道，股市的波动方向与工业增加值的波动方向正好相反，或者说，虚拟经济的运行方向与实体经济的运行方向是正好相反的。所以，按照逻辑的方法，若在实体经济中，它的危机的起爆区位是居于下图：

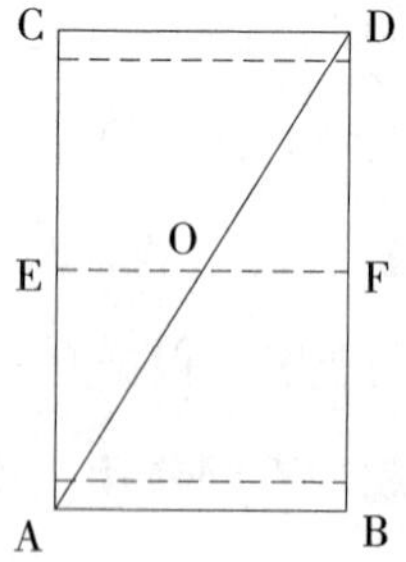

图 2

即处在了图 2 的底部，或说是靠近它的 AB 一线的话，则形成虚拟经济危机的起爆区位就一定要居于它的高端，即在靠近 CD 一线，必是无疑的。

81. 如上者,即表明虚、实经济危机的起爆区位是正好相反的。因为,所有的虚拟资本都是要极迅速地从效益低的领域来转向效益高的部位,这反映在图2中,就是虚拟资本必要从梯形OABF的位置,向着三角形DOF的方向转移,并且在三角形DOF中,它仍要向上不断运动。因为,只有如此,它才可以获得更大的效益。于是,在该图的AB一线,资金日益匮乏,形成大量失业。同时,在该图的CD一线,由于虚涨太盛,就会使大量的资金蒸发,从而使股市狂跌。这样就再次证明了虚、实经济之危机的起爆区位是不能相同的,而且反映在我们的图示中,它们就分别地处在了其上端和底部的。

82. 从理论上讲,绝不会存在有任何的一种可以无限上涨的股票,这就为虚拟资本在某一时期的抵达了极度的高点以后,必要反向跌落,埋下了伏笔。尽管它在图2的CD一线具有许多的弹性,然讯息煽动过甚,则不信任之风也要盛行。问题的根源仍在图2的靠近AB一线的以巨多的投入而只能有极少的所得;同时,在向上去的方面,由于投机产生的泡沫日益加剧,它就一定会在图2的CD一线破灭,致使人们纷纷跌入陷阱,使资金蒸发,从而危机就要到来。

83. 通过研究经济危机史,我们就可以知道,股票市场价格的暴涨就必然要紧随着狂跌。于是,在其暴涨和狂跌的转折界面,就会形成突发经济危机的导火索;很显然,虚拟经济危机的起爆区位只能是存在于图2的靠近CD一线。比如,1637年1月,1.5磅重的普普通通的"维特克鲁嫩"珠茎,市值还仅为64荷兰盾,但到同年2月5日就高达1668荷兰盾!值得一提的是,当时荷兰人的平均年收入只有150荷兰盾。[①]

① 张廷伟:《经济学的坏脾气》,金城出版社2009年版,第11页

这就是说,当时只要花费64荷兰盾买入该产品,就可卖得1668荷兰盾,即投1得26。之后,狂跌,酿成大国衰落。1720年,5月中旬,英国南海公司的股票行市被抬高到500%,到6月22日已涨到890%。紧接着,公司第三次募集以1000%的股票行市募集500万英镑,结果也超额募集了,行市涨到1100%。[①] 然而,到了年底,许多富商便一贫如洗,英国经济即处于一片萧条之中。1824年,一个疯狂的投机浪潮在英国又被掀起,该年底,赌涨的投机者在一个月之间,就在每张墨西哥联合公司的股票上赚了125英镑,他付出的不过是10英镑,此即投1得12.5。如此等等,不胜枚举。

84. 接着,我们讲一些股市的具体的狂跌的数值。1901年5月初,美国突然发生了毁灭性的股市危机,几乎所有的股票都在跌落。到5月9日,被称为"一个世纪以来最大的股市暴跌"发生了,北方太平洋股票的每笔交易先升到200或300点,最后达到1000点,然后在一次交易中,一下子就跌落了400点。1907年10月21日,2小时内,美联合铜业的股价暴跌了35%,并拖垮了整个的股票市场。1929年10月24日,纽约证券交易所,有人忽然卖掉了手中被高估的股票。惊惶和疯狂的抛售如同倒下的多米诺骨牌一样一发不可收拾。一天之内,超过300亿的市值蒸发殆尽,这就是历史上令人闻之色变的"黑色星期四"。

85. 以上的关于股价之暴涨、暴跌的资料,已经够了。这就是说,如此者,就一定要引发经济危机。我们讲,股市暴跌的原因,仍是在于图2的高端,即在靠近CD一线出了问题。随着资金的蒸发,恐慌的到来,交换不能形成,或称纸面财富的大规模丧失,就意味着泡沫经济的

① 张廷伟:《经济学的坏脾气》,金城出版社2009年版,第45页

彻底毁灭。此时,各方面的风险便终于在图2的高端集成完毕,于是它就必然要开始起爆经济危机了。

86. 从上面一路走来,对于虚拟经济而言,我们说,在下图:

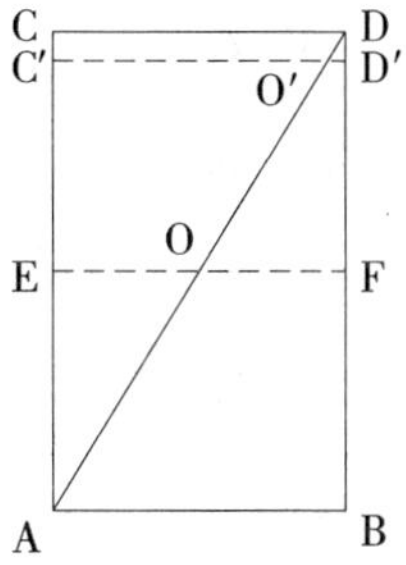

图3

即在图3中,靠近该图示之高端CD一线的四边形C C′D′D,或称S_{CD},即是其危机的起爆区位。在这一区位里,投机者们只要投入极少极少的类如三角形DO′D′的资金,就可以有着极大极大的类如梯形CC′O′D的收益。然而,在这一区位里的投机者们,终于好景不长,随着其资金的骤然蒸发,整个社会的经济就会堕入地狱。

87. 至于在虚拟经济之危机的起爆区位,即在S_{CD}处的关于三角形DO′D′与梯形C C′O′D的具体量化问题,可参照历次金融危机时的数值,进行一些比对性研究,想起来,已是不难的了;故不再赘述。

第四节　虚拟的打垮实在

88. 虚拟经济的塌陷,使得所有的繁荣、增长、发展和富裕等均被一抹而尽,故之打垮实体经济的遗害甚深。虚拟经济往往是作为工具件的手段而存在着的,可是它却能导致实体之瘫痪,真是一种恶现象。

89. 我们认为,在虚拟经济旺盛的情况下,支持实体投资的及储蓄的资金或许就多被抽逃了。同时,用于消费的资金,也可能被抽逃。于是,实体生产的增长速度就会减慢,产品便有积压,故生产过剩和工人失业便有可能要开始。因此,生产和消费的矛盾就会凸显出来。一般来讲,产品积压当是存在于工厂的表现,而产品过剩则是积压的市场表现,其原由还是虚拟经济将实体经济中的货币这种水分几近抽干所引起的。就金融的虚拟危机所殃及的实体来看,每一次大灾难的形成,就纯粹的经济衰退而言,或许比二战时的毁灭性破坏还要大,尽管这样的比喻有些人以为不妥。但是,我们知道,它的这致命一击,往往由于突然性,人们就从那幸福的高点,一下子便堕入到极度的苦难之中去了。每一个有此经历的人,回想起来,无不心有余悸。

90. 在当下,股票市场已经成为企业的价值中枢,故虚拟资本的发展,便会裹挟或重塑实体经济的生产之大部,因此危机的可能性势必会大增。另外,现在作为过去的一个函数,或说未来也是现在的一个函数的话,由于虚拟经济,必须把过去忘记,并一定要贴现将来,结果就是虚拟的过度膨胀,即要自然发生。这样一来,必要减少进入实体经济的资金,因而便造成了产业的空洞化,所以被空洞化的存在,就容易被打败。随着上述的演化,虚、实经济两败俱伤,从二十世纪七十年代后期起,实体危机便多是由来自于外部的虚拟的冲击所推波而成,此时它的总特征就表现为某种“滞涨”,或说这又是一个新现象了。

91. 那么,怎样才能抑制虚拟的打垮实在的这一恶现象的重复出现呢?从历史上看,我们知道,在1720年到1820年的一百年里,英国实行的“泡沫法案”虽然窒息了股份制的发展,但它却并没有影响到其整个经济的持续向前。这样,关于虚拟经济的问题,就没有予以优先的或是侧重的考虑必要了。如是之,股份制的含有泡沫的存在,是否会起着有利于经济的发展作用等等，就被历史给抹掉了。可见，虚拟经济之实体化，在过去曾是经济发展的正途。

92. 从根本上讲，经济创伤只能由经济实体的细胞——生产者和消费者——来自我治疗。我们言，这样的思想是极为妥当的。所以，为了确保对生产和消费的同时有利，以及不出现虚、实经济之太大的扭曲局面，人们就应在上述二者之间同时下注，以避免走向单一的过激行为。因为，只有如此，才可不发生大的波动，并能寻出一条解决之道。所以，就要时时框定虚、实之间的合理的存在关系。同时，在经济危机之后，面对巨额的股市的蒸发资金，政府在追返它时，便要把用于生产的和用于消费的当捆绑成一个体系，或称用于生产和消费的比例在以生产为龙头的情况下，应大致依于某些规律才更合实际。否则，只投向生产，消费就会很少带动；若只侧重消费，就要形成通胀，故以上所言，不可偏废。

93. 这样一来，建立一个全球的金融或经济的预警系统，便显得十分重要。当然，这个系统的建立，必要有一个以计划的透明的统筹为基础，才可实现，这是其一；其二，就是应知晓一些具体的技术指标为参考。比如，虚拟经济的发展，总体上对实体经济的影响要滞后一个月；目前，我国虚拟经济规模尚小，相当于其 GDP 的 50%；理论上，货币流通速度放缓，将会导致物价水平下降，若流通速度加快，就会导致物价上涨，可见速度也是决定水平的要素；还有，股市筹资额每上涨 10%，货币需求量即要增长 3.59%，股市对货币供应量的影响表现在当股价上涨时，会吸引大量资金入市，这会造成企业生产资金和银行信贷资金的紧张，其一方面会导致实体经济增长乏力，另一方面则会形成央行扩大货币供给的倒逼机制；此外，第一波的危机若是由虚拟的金融存在所筑成,则第二波的危机,就要来自于实体的了,或说第一波的经济危机,若从美国的华尔街开始,则第二波的经济危机,就要在第三世界里形成,似是无疑的。

94. 梅德指出,在充分就业和支付平衡的目标之间,常常趋向发生矛盾,但是几种政策工具的适当组合,同时达到上述两个目标,是可以解决这个矛盾的。……这种分析就证明了国家之间协调稳定政策的重要性。[①] 譬如,在对付2008年金融危机的时候,各国之间的协调政策,就是起了大作用的。综合以上,在建立预警机制的背景下,我们认为,国家就要为防范经济危机而立法,不如此以有效地扼制,则恐怖的危机,只用经济的方法,多少年来,还是未能消灭掉。

95. 下面,我们还要研究,虚拟的打垮实在的根由。首先,我们就要剖析1929年股市崩溃,形成危机的原因。弗里德曼讲,1929年10月股票市场的崩溃,结束了1928年和1929年的多头市场这一事实,常常被看作为,既是大萧条的开端,又是大萧条的主要近因。两者都是不正确的。联邦准备系统,它显然不应该允许货币数量从1929年8月到1930年10月下降几乎为3%。储备系统的失败是意志的失败,而不是权利的失败。在这种情况中,正如在以后的一些情况一样,储备系统有足够的力量来为银行提供它们存款者需要的现金。假如做了这些事情,银行倒闭会被制止,而货币崩溃会得以避免。总的说来,从1929年7月到1933年3月,美国的货币数量下降了三分之一,假使货币数量像它显然能够和应该的那样保持不变,经济活动的收缩不但会比较短暂,而且要远为缓和。据我所知,没有任何国家,在任何时间有过任何严重

① 《诺贝尔经济学奖金获得者讲演集》上卷,王宏昌译,中国社会科学出版社1997年版,第311页

的经济萧条而又不伴随着货币数量的急剧下降，而同样的，没有任何货币数量的下降而又不伴随着严重的经济萧条。① 于是，问题便大白于天下。

96. 所以，当今的凯恩斯主义者们，恰是正在采用着自由主义者们的方案，这就像是反马克思主义者们，正在采用马克思的方案是一样的。如是之，在危机发生后，增加货币量的思想就是极为正当的。根据下图：

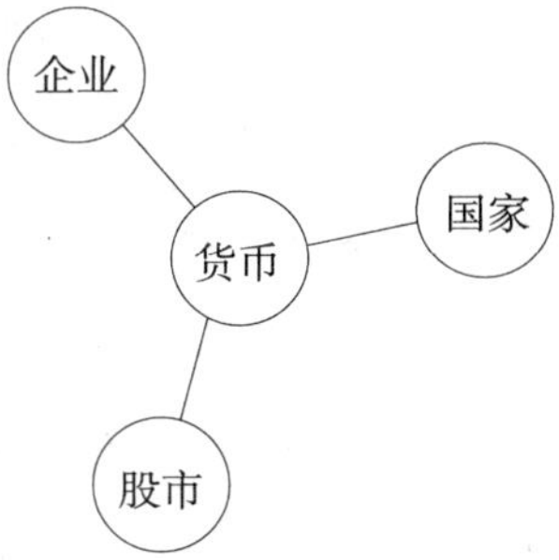

我们可以知道，这是一个重要的以货币为中心的由企业、股市和国家为环的体系。现在的人们多注意到了企业和货币的关系，但是对国家和股市的与货币的关系，则是研究的相当少。我们言，国家和股市是推动与抑制企业发展的两大决定力量。当企业生产过剩和失业形成时，国家可以通过国家消费和货币手段使生产及失业问题能同时得到解决；当通货膨胀时，可以通过股市来缩水，当企业衰弱时，可以通过股市繁荣来刺激之。总体看，它们是一个整体。虽然企业和股市更具自由性，国家和货币更具有计划性，或说更具有国家性，然前者必要受到后者的操控。故货币的中心作用，一经国家放大，就会落实到各个角落。

97. 最后，我们做一总结。众所周知，股票市场所代表的虚拟经

① 弗里德曼：《资本主义与自由》，张瑞玉译，商务印书馆 2007 年版，第 51-56 页

济,在它的初始时分,是以货币现金的形式,为着资本家的生产的扩大提供了资本金上的支持。同时,期货市场是在套购和最后的以实物交割的形式来为资本家的生产者的利润提供了保值的。于是,资本主义的生产就一定会得到发展,资本家的利益就一定会有了保障,而在这两个市场的中间环节,由于所有的参与者都是在进行着投机的投资,并使极大多数者的资金统统地要蒸发掉,这就必然会造成普遍的消费者们的资金严重不足。所以,生产扩大的产品便不能实现销售,此时资本家在期货市场上虽然保值了他的利润,但其终究还要为产品的过剩而付出利润。因此,这个股市和期货市场的存在,首先于亿万民众的参与者来讲,当毫无实在的价值;其次是对资本家来讲,尽管在初始和结尾的回合中有意义,但在长期的过程表现中,也是无有意义的。这就正如前面所说,股市开始时对生产扩大有利,期货在结束时对资本家的利润保值有利,然惟独这个过程的中间存在,却使极多的投资者们都遭了殃。如是,这个极多的处于中间阶段的投资者们的遭殃,就必要割断生产和消费的联系,于是整个资本主义的经济体系就难以正常运转。故,股票与期货市场的游戏规则,以及含有金融衍生品的交易市场在内,它们看似是具有一定的积极性,可在根本上却丝毫无助于各方社会的有序与和谐的全民普惠的发展。

98. 不难发现,资本主义的所有的交换过程看起来都是自愿的和平等的,但这只是一种表面的现象,却不能反映其形上的绝难平等的半点的根柢。在这个过程中,因于人们的经济属性,往往便会被引诱走上那由鲁迅先生所曾哀怨过的怒其不争的地步。

99. 可见,资本主义的所有制度设计,包括股票、期货、民主等等,都是为着资本的所有者们来服务的,都是要以有利于资产阶级为目的的。

第七章　“后现象”存在

1. 通货膨胀是一种“后现象”，它的根源，依着弗里德曼的观点，必定是在政府那里，但任何政府的负责人都会否认这个责任。[①] 经济的尤其为通货膨胀这种“后现象”仅是相对于政府的尤其为政治这种“前现象”而言的，此间的“后”含有在“前”的基础上的被动产生的意蕴。所以，研究通货膨胀，就要看到货币只是起到了某些工具性的作用，或称欲以“后现象”来解决通货膨胀问题，肯定是不能成功的。其实，凯恩斯的思想，更多是政治在先的，它只不过是蒙上了一块经济学的遮布而已。这样一来，我们就祈望作为“前现象”的政治理论要足够地发达，且政治人物必须要全力地抑制好可产生通货膨胀之存在的诸多问题。

第一节　通胀—滞胀

2. 通货膨胀是价格持续上涨的一种过程，或者从等同意义上说，是货币不断贬值的一种过程。[②] 一般来讲，货币贬值就一定会形成物价上涨，即物价普遍而持久地上涨，其定要因于货币贬值，故物价上涨

① 弗里德曼：《论通货膨胀》，中国社会科学出版社 1982 年版，第 30-31 页

② 《新帕尔格雷夫经济学大辞典》第二册，经济科学出版社 1996 年版，第 898 页

和货币贬值乃是一个连体。

3. 关于价格上涨问题，我们说，某一物价的扬起，并不一定能带动通胀；某一物价的下跌，并不一定能紧缩通货。这是因为，它们的变化可以相对地使其他商品产生相反的价格变动，如石油涨价，其他商品可能降低；或计算机产品降价，而其他商品可能涨价等等。因此，只有绝对的价格上涨，总的物价水平才是上涨的。这反映在时间上也是一样的。比如，严重的农业歉收也只能充其量引起一次性的物价上涨，无法使之持续上涨，只有在连年歉收的情况下，才会使物价连年上涨。于是，有人所称的通胀可能是国外物价之上涨的传导的结果之说，就必要有些延缓性了；其原由就是在国外的巨大市场上，要形成系列的绝对价格的长期的上涨，又是有相当困难的一面。

4. 那么，价格的形成机制又是什么呢？我们讲，它是起于交换，并从中把要获利的部分也标度了上去。物价的原始情况是，A 生产物 W，则 A 的工资就等于 W 的物价；后来，A′、A″等均受雇于 B，又分别生产了 W′、W″的物，这时 A′、A″的工资就一定要小于 W′、W″的物价。长此以往，产品就销不出去。如上，即是考虑物价和货币关系的基点。当然，人们讲，价格只反映稀少性，也是有道理的。

5. 还有，通胀表现为“物价公开和隐蔽地持续上升”，应是它的一个卑鄙的特点。但是，通胀所引起之物价上涨，往往要在就业增加之后才会发生，因此通胀甚至是一些人所欢迎的。于是，克莱因讲，中央计划经济，决定从西方进口高级技术，使它的经济向西方通货膨胀开放，因为进口正在反映上升的世界物价。苏联便完全地纠缠在了世界通货膨胀的核算之中。[1]

6. 弗里德曼认为，只有考虑到价格变动对持有货币结余的实际成本的影响，在这一点上，货币是中性的。[2] 因此，它对通货膨胀率即价格水平变动的百分比无影响。这样，根据下面的公式：

$$\text{通货膨胀}(t\text{年})=\frac{t\text{年的价格水平}-(t-1)\text{年的价格水平}}{(t-1)\text{年的价格水平}}\times 100\%$$

不难看出，货币贬值的幅度，即是商品升值的幅度；或称，商品贬值的幅度，即是货币升值的幅度。但若从长期着眼，就会发现，通胀使物价上涨，虽可使产量虚增，但最后还是要降下来；这反映在交易额度上也是一样，比如油价因为通胀而上升到10%时，贸易量就要降低约为1%。

7. 关于货币贬值的问题，它必将打击储蓄之动机，而损害资本之累积。当然，它也可以加快货币的转手速率，这对于贸易十分有利，但有利的影响，只能在贬值尚未涉及全体商品及劳务之前发生作用，这一点十分重要，许多人竟不知道。在历史上，石油输出国组织于1974—1975年，首次获得积累盈余之后，它的过剩资金就是经过通货膨胀和高进口倾向，而完成在整个世界的经济再流通的，故通胀与流通的关系，在此可见一斑。

8. 通货膨胀的最大优点，在于能够形成表面上的经济繁荣和财富增加，以及货币数额的虚伪计算，因而掩蔽了资本的消费。[3] 每一个通胀主义者都深知，货币数量之增加，将会降低货币购买力，因为他们希

① 《诺贝尔经济学奖金获得者讲演集》中卷，王宏昌译，中国社会科学出版社1997年版，第105页

② 《诺贝尔经济学奖金获得者讲演集》上卷，王宏昌译，中国社会科学出版社1997年版，第304页

③ 米塞斯：《货币与信用原理》，杨承厚译，台湾银行1967年版，第175页

望牺牲债权人而优待债务人。且债务人中包括富有者,债权人中也包括贫苦者,尤其在不可预期的通胀情况下,它更会将财富从债权人手中再分配与债务人。从根本上讲,额外印制的通货相当于对通货总额征收了一笔税款,如额外的通货提高物价1%,则每个通货持有人事实上就缴纳了相当于他持有的通货量的1%的税。因此,租税高的国家,物价自然高昂。可是,就货币价值上升之国家而言,其输出必益趋困难,而输入会益趋容易,它明显地会对统治阶级不利,此时债权人受益而债务人受损,即与通胀时的状态完全相反了。

9. 通胀可以将人民的愤懑转向于投机者和暴利者身上。由此可见,其便具有了破坏性包括产生战争的心理资源。它在方法上就是以欺骗人民来代替说服人民。此时,随着通胀率的上升,人们就将减少货币的持有,而代之以需要使用货币的行为。或称,高通胀迫使人们从持有金融资产转变为持有物质资本,此即言,在实体经济和虚拟经济之间也许可以靠高的通胀率来拉近它们,但这种做法又是很危险的。通胀往往又是一种把资源由公众转到政府的手段。在大多数情况下,有人讲,恶性的通胀都是人为的恶造成的,似是无疑的。

10. 通胀的政治功能,就是避开民主而求得选民们的支持。战争有时可以引进通胀,革命又会使它继续。某些学者称,具有稳定性的通胀,似乎应是好的,这是没有根据的。在计划体制下,一个企业家尽管对生产的成本、品质都不能控制,但他不必担心产品的销路,即没有这方面的风险。然而,它的生产效率当是太低了,此是无关通胀的情况。接着,我们引进通胀,即在货币增长的初期,商品生产一定也会大幅增长,于是就会造成一种假象。所以,这便是通胀发生的重要诱因,故通胀的存在并不是促成经济发展的必然的副产品。

11. 左中海先生认为，我国的通货膨胀是属于资本积累型的，于是通胀就具有了筹资效应。[①] 在此处，弗里德曼则认为，通胀定是攫取财源之法。因此，通胀又具有强制的储蓄作用，有利于加速资本形成。[②] 同时，也要付出巨大代价。这一点，正和米塞斯的货币贬值将打击储蓄之动机，而损害资本之积累[③]是相反的。那么，对上述又该如何理解呢？我们认为，在短期内，就通胀之初来看，它确有筹资、刺激投资和减少失业的功效，或说它是利于经济发展的伴生物；然时间一长，若通胀率超过了名义利率，即实际利率呈负数时，则任何的储蓄和投资就都将是一句空话。此时，通胀作为一种社会灾难，真是太大了。

12. 根据短期的通胀之初始状态下的有利说，通胀是具有为经济发展提供资源的作用。所以，此时此刻，资本的有限泛滥必定有益，即通胀与经济的发展正处在了相适应的阶段。鉴于通胀又有弊端，有的学者就称，通胀对经济的作用是双向的，一方面它至少是扩大再生产的前提条件，一方面也会引发社会不安定因素。但是，作为现代货币数量论的创立者——弗里德曼对这些却不以为然；他说，通货膨胀从来没有加速过资本主义的发展。

13. 通胀就是流通中的货币供应量超过实际需要量，而使一般物价水平长期持续性普遍上升的货币现象，这是结合了货币派和物价派后的定义。同时，货币的存在，它又是一个市场现象；在市场上，使用货币带来的好处就是减少交易费用，货币交易在资本过剩的时段，它会促

① 左中海：《中国经济发展中的资本形成问题研究》，西北大学博士论文 1994 年，第 50 页

② 李忠民：《人力资本：一个理论框架及其对中国的一些问题的解释》，西北大学博士论文 1998 年，第 57 页

③ 米塞斯：《货币与信用原理》，杨承厚译，台湾银行 1967 年版，第 174 页

成商品销售的特别兴旺。所以,资本过剩也是繁荣的征兆之一。当通货量突然增大,投入到流通领域时,它就会使利率下降,或影响物价,或作为资本输出,去寻找更高的利益去了;但若投入生产,则所有商品的价格就都要上涨,输出几乎便要停止。一般来讲,货币扩张对潜在资源的利用,表现为三个阶段。如下图:

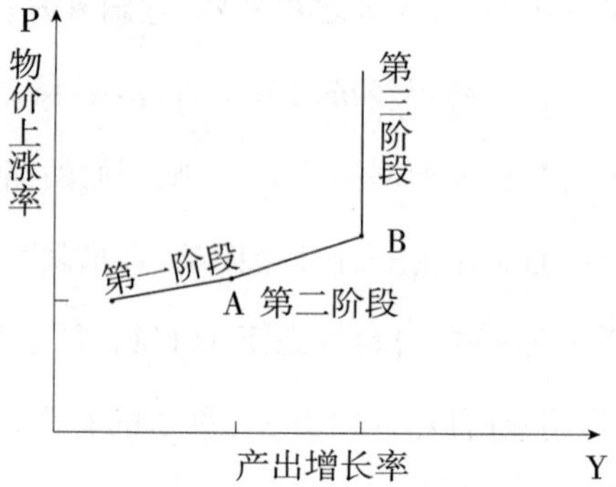

不难发现,一次性的高速货币增长率,其通胀的结果,必要经历若干次的波动,方好平息下去。或说,货币增长必要一对一地影响到通胀率,并且它的余波还会存在较长时期。

14. 我们言,通胀又是信用扩张的另类表现,信用的范畴是指借贷行为这种关系,但储蓄与贷款的利率不可能相等。货币购买力的变动和利息率的变动之间的存在,可以表述为,购买力提高,即物价降低,此时借款者就要比原先多付些利息;若购买力降低,物价上涨,则借款者就要比原先少付一些利息。只有如此,才是比较公平。所以,通货膨胀便为实际利息率的倒数。

15. 对于个人来讲,货币是财富,只有在这个意义上,就全社会而言,货币才是财富。货币作为商品交换的媒介,促进社会分工,从而增加了社会总的生产量。但是,财富对于商人,或许一半是货币,一半是实物,货币的存在更多的是影像。在新的经济学中,货币已趋于非物质化。关于货币中性说,于动态状况里面,很难成立,因此它对政府政策的影响十分有限。至于欲以货币的非中性理论来建构经济的周期性基础的思想,也是难以抵住货币数量论的。

16. 我们还可以利用消费物价指数来反映通货膨胀率,它的计算公式如下:

$$Pr=\frac{Pt-Po}{Po}\times 100\%$$

其中,Pr 为通胀率,Pt 为本期消费物价指数,Po 为基期消费物价指数。一般而言,温和的通胀率仅有一位数,急剧的通胀率可达二位或三位数。到了恶性通胀,各种价格会以百分之一百万的速度上涨;在实行虚妄的增长政策时,赤字财政便要成为推动恶胀的常规的通用手段。有人言,公债只要不是对外用于战争,对人民就无害,其实这也是欠当的。所以,适度的对金融之管控、限制或实施配额等,都是必要的。因此,管好金融就是类如管好了经济运行中的水口闸门一样,此喻甚好!那么,汇率是怎样决定的呢?根据购买力平价说,设汇率 r 为两国物价总指数之比,P_A 为 A 国的物价总指数,P_B 为 B 国的物价总指数,于是:

$$r=\frac{P_A}{P_B}$$

这样,汇率 r 下降,就会促进出口,抑制进口,国内价格就会上涨;若汇率 r 升值,就会抑制物价,当 r 贬值就会发生资本外逃的现象。这些都是我们在研究通胀现象过程中所要注意到的。

17. 通胀既是需求现象,更是供给现象。需求膨胀是发生在现行价格下的总需求超过了总供给价值的时候,而成本和垄断膨胀,则是生产中的劳动成本之上升超过了生产率,以及垄断者坚持高价,进而形成供给困难。故需求拉动型通胀是由总需求扩张引起的价格总水平上涨,社会总需求D是消费需求C,投资需求I,政府支出G和出口需求X之和,即:

$$D=C+I+G+X$$

总需求的实现手段和载体为货币,而货币供给主要是由贷款的活动创造出来的,它们的逻辑关系是,银行的贷款活动调节货币供给规模,货币供给规模又直接关系到社会总需求的扩张水平。只要形成货币的供给,就会变成社会的需求,人们对财富增加的影响,可称为财富效应。凯恩斯说,设当有效需求再增加时,已无增加产量之作用,仅使成本单位随有效需求作同比例上涨,此种情况,便可称之为真正的通货膨胀。因为,在该点以前,货币数量每增加一次,有效需求尚能增加,故其作用,一部分在提高成本单位,一部分在增加产量。[①] 凯恩斯在这里的观点是正确的。

18. 成本推动型通胀,主要原因是工资的增加,带动了物价的上涨。这是由于,如果没有一个重要集团之货币工资会下降,那么相对数量之调整,必须只能以提高所有其他货币工资的方式来达成。最后的结果必是货币工资水准之不断的增加,超过了实质工资的增加。换言之,这就是通胀。[②] 可见,坚持工资刚性,就要逼迫人们去变通地诱成通胀膨胀。萨缪尔森认为,工资通货膨胀即工资水平增长率与价格通货膨胀之间的关系,可以表述为:

通货膨胀率=工资增长率-生产率增长率

因此,这是很妥当的。至于结构型通胀的真正原因,有人讲,它是

---

① 凯恩斯:《就业利息和货币通论》,徐毓枬译,商务印书馆1983年版,第261页

② 施建生:《通货膨胀与失业》,正中书局1989年版,第98页

在于总供求的结构失衡。我们不再赘述。

19. 关于滞胀，它就是日益加速的通货膨胀率与上升的失业率和下降的生产率增长率即停滞，同时出现。此种情状十分可怕。我们也可以把它们两两组合，即高通胀与高失业并存，高通胀与经济停滞并存，高失业与经济停滞并存。在过去的理论中，人们更关注前两种情况，而对于高失业和经济停滞的问题则知之甚少。根据我们的研究，高失业应是经济停滞的前提。

20. 滞胀，又称为停滞性通货膨胀，这里的“滞”表示经济增长停滞，“胀”就是通货膨胀。俗话讲，就是指物价上升，经济停滞不前，它是通货膨胀长期恶化的结果。

21. 通常认为，高通胀率和高失业率是不可能并存的，因为一般情况下，通胀会使就业率上升。但是，在 20 世纪 70 年代，西方国家竟出现了高通胀和高失业之并存的事实。凯恩斯讲，增加货币供给，会使需求增加，进而使经济增长，便可减少失业，然会使物价上涨，导致通胀；或说减少货币供应，则需求减少，经济停滞，失业增加，物价下跌和通货紧缩，这些表明，经济衰退与通货膨胀是不会同时并存的。鉴于西方世界的普遍的已发生的存在，凯恩斯的东西就受到了人们的质疑。

22. 上述文字，均是在过去的理论中，人们对通胀问题以及对滞胀问题的认识。下面，我们就要展开对其根本性的内质进行一些必要的探究。

23. 从理论上说，通胀最本质的特征当是由商品和货币量的供求关系失调，引起的价值比例关系失调。然而，这种失调，应是政府造成的，与企业无关。因为，通胀是发生在货币量增加的速度，超过产品增加的速度之后的货币现象，而且每单位产品所匹配的货币量增加得愈快,通胀率的增长就愈速。所以,总有产品和劳动力的供不应求的情况发生,于是就会导致价格上涨的观点,和产品产量的增加总要连带着物价上涨的思想,就站不住脚了。倘若政府的货币供给与企业的产品供应和产量的增加保持着同速,或能事前控制,而减少事后的盲动性,就不会酿成物价飞涨的通胀事件。

24. 同样,关于矿产品短缺以及石油问题,乃是通货膨胀的两大来源之说法,与能源和食品的高价格,就决定了通胀的必然性,或称现代经济增长放慢,伴以较高的通货膨胀,至少一部分是由于较高的能源价格的影响之论;在我们看来,都是颠倒了逻辑的顺序关系。这是由于,相对于"正常的"水平,现行实际产量只依赖于现行的货币扩张。不过,现行通货膨胀率依赖于现行的和以前时期的货币扩张。[①] 这就是说,只要政府实行了货币扩张的政策,就会导致上述之高价格,而不是其他的高价格就必然地会促成高通胀的。因此,产品之产量就要与相应的货币量配套。如果央行发行的货币贬值巨大,商品世界就要脱离政府的影响,而选择其自己所需要的某一币种,如用黄金来结算等,这样的道理应是清晰的。

25. 根据通货膨胀缺口模型,必存在一点 A,在此之后,若支出进一步增加,就会造成通货膨胀缺口,产出无法进一步增加,物价将上涨,且之物价普遍上涨之源是支出超过充分就业的产出水平。[②] 于是,充分就业导致工资—物价膨胀和充分就业应当被看成是经济中的通胀的开端等等,就显得荒谬了。我们认为,充分就业与发展规模或速度和前置

① 小罗伯特·卢卡斯:《经济周期理论研究·预期和货币中性》,朱善利译,商务印书馆 2000 年版,第 95 页

② 余永定:《西方经济学》,经济科学出版社 2002 年版,第 486 页

的货币额度，若能相统一，似是无论如何都不会出现通胀的。另外，对于任何的经济理论，至少要有不能低于三个要素的参与才好，否则一一的对应，虽然讲得有道理，却是不实用的。

26. 有人称，经济增长，物价就上涨。或说，在经济增长中，不可避免地会发生成本推进的通货膨胀，即在所有的企业中，只要成本普遍提高，当货币工资率的增长，大于劳动生产率的增长，其结果就只能会导致通胀了。在这里，生产率问题只是通胀的一个小配角，货币才是主角。或说，通胀主要是通货量增长率高于生产增长率所产生的一种货币现象。通货量的作用是主要因素，生产量的作用是次要因素。所以，只要通货量的增长不高于经济的增长，便不可能会产生通胀。政府是管控货币的，企业是管控生产的，此间的把经济增长视之为能引起物价上涨的论调，明显有失公允，这完全是政府的所谓促经济增长之盲动的产物。

27. 在供求关系中，供求的实物乘以货币的价格后，它们二者应是相等的。因为，实物量少乘以货币数额的多就一定会等于实物量的多乘以货币量的少，反之也是一样，所以在物物交换中，只要引入货币就会掩盖了不均等的问题。故货币的存在乃是具有放大或缩小实物价值的性质，因此货币当是依存于实物的，一旦人们离开了实物的比较，则货币的意义就不存在了。有人说，只要提高总需求，就会形成通胀，且对低薪者打击巨大。这就要归于需求拉动的通货膨胀的理论之中，此时经济增长速度与通胀率成正方向变化。另外，还有成本推动型通胀与弗列明—蒙代尔模型等，都是源于政府的追求发展的癖好病在标榜自由的情态下来建立起来的。就根本上讲，货币量的供需不平衡，主要是发生在供给方面。于是，通胀的表现于社会的方方面面，与企业又必是无关。总之,它们都是货币围绕着经济的变动所一手造成的。

28. 我们知道,过多地增加通货量是通货膨胀唯一的原因,而增加货币量的主谋者——当前来说,主要是政府。比如,英国在不能将工人的实际工资予以减少的情况下,就只能搞通胀,且布列登森林协定的签署,就奠下了世界通胀的始基。政府还明白,居民们是可以接受那些隐蔽的通胀存在的。在美国,艾森豪威尔于1957年12月,明确宣布采用赤字预算政策,这乃是非同小可的事。因为,长期的赤字,必要陷于通胀是无疑的,尽管赤字本身不一定会导致通胀,但若以多印钞票的方式来弥补之,货币数量就会骤增。在实践中,赤字的来源即是向中央银行借款,它应等于财政支出减去税收等经常性的财政收入,此时央行则是准备金增加和通货发行的增加。一旦政府偏好于赤字的魔法,则通胀就不可避免。以上,都是只能由政府来策划。故现代的政府是用印制的纸币和记账来搞通货膨胀的。

29. 海耶克认为,通胀主要原因是在于政府控制了货币供给,不论那一国家的政府,它总是通货贬值的主要根源。于是,印刷更多的纸币,就是现代通胀的主要特点,或说在当今世界中,通胀即是有关印刷机的现象。由此联系到通胀的那些所谓的利益之处,政府何乐而不为呢?

30. 根据经验,通胀的存在既是由国内政府推动的,它也可以伴有着外来因素的助成。比如,货币所具有的内生性,就是造成通胀难以避免的力量,而通货膨胀发生的原因,看去都是来源于货币数量的变化,然细一思想,在其他条件不变的情况下,货币的数量却是与之价值成反比地变动着。作为纸币的货币,其所以具有价值,是由于人们均认为它具有价值。每个人之所以相信其价值,是由于自己的经验证明纸币是具有价值的。这种相互加强的信念,就是根据现实而形成的一种虚构。① 由是观之,大量地建立在虚拟基础上的货币数额不出问题,就是怪事情了。然而,货币的价值又是可以表现在交换的层面上的,在事实上,不断贬值的货币即使对现金交易而言,它也会变成无用之物,这就是钞票之非货币化的开始。此外,递降之货币价值又将与递升之利率并肩出现,反之亦然;但较稳定的利率,按着传统思想,它至少应等于用借到的钱所能买到的土地而产生的地租。其实,这些都无以阻止货币内生性的泛滥,所以欲求以利息率的调整来扼制通胀的做法,当是幼稚的。

31. 通货膨胀统统都是货币现象,尽管任何一个严谨的货币模型必然存有中性定理,但随时间一长,货币增长率的变动就一定要影响到通货膨胀率的升降,这里不用存疑的。我们称,货币之扰动,即为通胀的前兆,它的理由在于,其之所以会对真实经济产生影响,是因为人们误解了货币的名义信号,以为它是包含了实际上的并不包含的信息,于是这些被误解的东西,就误导着人们向着泥烂的池塘跳进,这似是可悲的。此外,我们还要知道,货币理论当中非常重要的一点,就是购买力的跨期转移问题,这在通胀期间表现最烈,所以我们必须要重视。

32. 再有,就是信用的盲目扩张,也会催生通货膨胀(其实,信用也具有减少使用货币的作用)。一般来讲,信用既是一种关系,又是一种金融的货币实在,它的票据能够实现大宗货物的购买,而现金只能购买小宗商品。一旦信用媒介在没有保证的情况下硬是发行起来,其后果将是非常危险的。因为,随着资本主义经济关系的确定,任何信用的运动也同时都是货币的运动。这样一来,当信用的活动和货币的运动结

① 弗里德曼:《论通货膨胀》,中国社会科学出版社 1982 年版,第 4 页

合在一起时,便有了金融的范畴,且信用货币是指向银行券和存款货币的,故信用一膨胀,物价就上涨,与它相连接的就必是通胀。因此,政府要把信用放进自己的保险箱,应以不妄动为上。

33. 有关学者称,国际热钱的流入,无处释放,就会催生国内商品市场的价格上涨和资本市场的泡沫,这是一个真实的存在。为解决此问题,就要如抑制国内发行的通货量一样来管控,而不能任由汇率决定的货币模型去自由演变。总之,要阻断一切外来的不利影响。

34. 何宜庆先生认为,货币的虚假价值,使泡沫得以产生,泡沫经济需要银行制度的支持;在中央银行增加货币供给后,新增的货币供应如果不进入生产领域,则会进入消费领域和金融市场,在消费领域引起通货膨胀,在金融市场推动虚拟资产价格膨胀并产生泡沫经济。[①] 于是,银行系统的货币供给就具有了内生的膨胀性,即会导致泡沫。所以,货币的供给就要有目的性,而任何事后的盲动地行事,都是经济上知识之浅薄造成的。可见,在一定意义上讲,银行就是泡沫经济的生产机器,而它的影响使股票疯狂上行,又必会推动通胀形成。就源头上来看,所有的从事于虚拟经济的狂热的基础都是由于人们已获取了多余的或闲散的资金而为之做支撑的缘故。因此,由经济发展而后生的货币过量,就变成了催发人们进行狂热投机的根柢。那么,如何避免这种现象呢?我们言,增加货币一定要有度,要有先行的依据。因为,货币是水,水多则易涝。

35. 在前面的文字中,我们虽然谈了一些引致通胀的政府之外的因素,然而政府终不能脱离干系。因为,有些政府往往希望用货币贬值

① 何宜庆:《虚拟经济与实体经济互动影响研究》,上海交通大学博士论文 2004 年,第 105 页

之法，来缓解其许多的财政上的压力。从原则上讲，任何关于通胀的做法都是一种掠夺。比如，金融当局在多发行货币的时候所窃取的部分收入，而形成的货币资产，就是这样。另外，当一个政府不愿增加租税或不能举债时，也要求助于通货膨胀。在中国关于通胀的成因问题，除需求和成本的拉动之外，还有体制原因，以及农产品供应不足的问题等。为此，有关专家学者便非常善意地企望人们在发展的过程中要容忍一定的通胀率。于是，厉以宁先生讲，如果能保持10%的增长率，通货率不高于10%，社会仍然可以承受。①

36. 当然，若以通胀率上涨1%为代价，倘能获得国内生产总值GDP增加4%，这无论如何都是值得的，而这也正是政府要加大通胀率的原因之一。同时，所有的货币发行者均可以从通胀之中获得相关利益，以及小幅通胀的初期，确实也带来了经济的好处。因此，上述的诱惑，就使经济势必要陷入到了高通胀之中，而不能自拔。

37. 在当今市场体制下的世界，绝不存在一种力量可以使经济进程于碰壁之前，来约束其停止需求的过渡膨胀。此外，物价上涨无论其具体原因如何，纵然不是由过多的货币供给引发的，却都是由货币供给的迅速增加支撑着。或说，现代货币供给形成机制，就是通货膨胀得以实现的技术前提。② 这样一来，在前面所论及的通胀成因和引诱力的作用之下，通胀便要如洪水猛兽一样来到人间。

38. 关于滞胀形成的原因，通俗的解释是，一方面为政府错误的经济政策所导致，一方面又表现为供给冲击，即生产成本快速上涨使得社会供应不足，在带来通胀的同时，还引起了产出下降。例如，石油价涨，

---

① 厉以宁：《转型发展理论》，同心出版社1996年版，第91页

② 黄达：《货币银行学》，中国人民大学出版社2000年版，第343页

厂商在高成本的压力下难以生存,失业率因此而上升。其实,后者是未能见到本质,与此相类似的说法,比如还可联系到工资率的提高等等,故不再详述。

39. 事实上,垄断集团的存在,即使于经济衰退时期,它所管控的价格也是很少下降的,或者不降,也有可能继续上涨。垄断价格这种反常规的运动方式本身就表明了滞胀的已经存在,即物价上涨和经济停滞的同时并存。所以,垄断应是使滞胀的得以坚挺或坚持着的重要力量。当然,某些利益集团的寻租行为和转移财富的努力,也会阻碍一国经济的增长,于是它若与通胀为伴,就一定要引起滞胀,这乃是一种真实。此刻,政府虽想强力干预,但由于扭曲的价格机制,使许多问题难以得到彻底地清算,所以往往会显得非常乏力。

40. 在通胀的情况下,政府一旦干预,并实行紧缩政策,就必会使某些企业生产下降,甚至有可能发生连锁反应。但是,由于此时通胀仍在,所以物价必然还会一直上涨。这样一来,生产下降和物价上涨之并存的滞胀状态,就只能归咎于是政府的事后的干预所造成。因此,长期的通胀后果,必要形成滞胀,这与政府的干预无关;干预要形成滞胀,不干预也要形成滞胀。这里的前提就是政府实行了大货币政策,它一方面会使企业形成大资本、大生产和生产过剩,以至造成生产停滞;一方面又一定会形成通胀,在长期的过程中,这两者必有相遇之机。所以,滞胀在此背景下,就一定会冲出牢笼。故欲解滞胀难题,首先要当有破除通胀之法,因为这是必经之路。

41. 接着,我们把对滞胀的考虑也须并入到通胀中来。根据经典著作的观点,中央银行行为的实证理论强调,货币供应量增长率的波动是通胀和其他经济综合指标波动的主要原因,且货币总量的直接操纵者是中央银行,但在确定货币数量及其增长率时,中央银行会受到所处经济和政治环境的影响极大,即货币增长本身常常起源于某种不大为人理解的政治过程。①

42. 综上,通胀包含有滞胀的存在之前提基础,就是因于政府的盲动的货币过量的供给和事后的又加以错误的干预的政策所致,它是扭曲经济发展变动的重要力量;这些结果兼及政府的不能明了货币当是指导在先的等重要理念,加之其疯狂的发展癖好,便直接地催发成了通胀与滞胀。至此,我们便找到了这些存在的形上源头。

第二节 政府的责任(一)

43. 在通胀问题上,政府的责任并不是先以发展或解救危机之名来推演成,然后再去抑止;而是当在日常的国家的经济管理中,就应不使其发生。在过去的理论中,均是言货币围绕着经济转,致使被动的货币关系造成了许多大的波折不断,因此便缺少趋新的研究。现在,我们讲,可以通过对货币的掌握,使得经济围绕货币转,即把货币之发行,置于综合的预期的发展指标之前,让货币的供给来内生和谐的尺度与秩序。于是,一切的通胀或危机,包括滞胀等,便可以永远地遁迹了。

44. 任何人都知道,政府的责任,绝不仅仅在于事后的干预。因为,某些怀有强烈的非事先干预思想的人们,希图扭转自由市场所造成的不公平等,均是效果较差的;然而为了避免私人投资短缺的无效率,它还是需要国家在这方面的适当的予以照顾的。但是,卢卡斯却反对任何形式的宏观经济干预措施,理由是在完全竞争的经济中,市场能够

① 《新帕尔格雷夫经济学大辞典》第二册,经济科学出版社 1996 年版,第 901 页

自发调节经济的均衡。政府干预经济的政策措施,无论是扩张性的财政政策,还是紧缩性的财政政策,都只会把经济弄得更糟。① 我们认为,卢氏的观点不完全,这是由于市场不可能有强力地调节货币供给的能力,故政府的宏观干预又具有天然性,即市场经济不可能离开政府的指挥棒甚远。对于"现在几乎所有的政府都具有一种内在的冲动,这就是政府干预"来讲,它只要干预产出只有20%的却占了总数80%的企业就可以了,对于产出占80%的那些仅有20%的企业,则不要有任何的干预。这当是一个重要的指导思想。

45. 从根本性上来看,货币供给出问题,都是政府造成的,而生产过剩一定是企业造成的。这是由于货币属政府的宏观运作范畴,实物生产的则属企业的运作范畴。于是,政治的政府是管钱多少的,而经济的企业是管物多少的,或说政府是钢,企业为目。因此,政府对于企业就要使它更具自由性,对于货币就要使它更具计划性,并使之二者达成协调,这样才是上策。不然,就会连生弊端。

46. 对于企业而言,高通胀必使人们对厂房、设备失去兴趣,或说许多形式的生产性投资都难以发生。根据IS—LM模型可知,倘若此时的政府财政支出一旦增加,则IS线就会右移,它便要挤掉私人投资的支出。所以,对于企业的未来的恢复之危害就更大。弗里德曼讲,生产率的大幅度变化本身,典型地就是货币变化的结果。然而往往会因此便冲淡了货币变化所形成的通货膨胀。② 此即言,生产率的提高是货币推动的结果,同时货币推动又会引起通胀,但此时的通胀却被生产

① 小罗伯特·卢卡斯:《经济周期理论研究》,朱善利译,商务印书馆2000年版,第7页

② 弗里德曼:《论通货膨胀》,中国社会科学出版社1982年版,第19页

率的提高的存在给隐蔽起来了。其实,人们不难发现,通胀所带来的所谓繁荣,应是技术进步和劳动生产率提高的结果。自然,此二者的提高还会抑制通胀之恶的生成。倘若只有通胀的持续,而没有技术、劳动生产率的提高,则其所造成的影响将是不可想象的。因此,对于实行通胀的政府来说,它更希望技术的先进程度要发展得更快一点。那么,通胀率与劳动生产率的提高是在同一水平的时候,是否通胀率就不会显现了呢?我们言,通胀率仍会显然。因为,生产率的提高极多的是其投资的结果。可见,这个通胀率在原投资的基础上,又一定是要有别于劳动生产率的存在的。至于,自由放任的资本主义,会自然地倾向于对社会产生尽可能大的利益之说,应是梦想得太天真了。

47. 根据有关思想,央行增加货币,企业产出就要增加,且货币要使商品周转运动起来,又当是政府的责任;然而,欲使货币从商品流中解脱出来者,又是民众的权力。因此,政府与民众的意图就难以达成统一。如果说,货币供给是外生变量,即由货币当局的货币政策决定时,就更能使人理解通胀的成因;如果说货币供给是内生变量,即起决定作用的是经济体系中实际变量以及微观主体的经济行为等因素时,就更能指导真实的货币增量问题。但是,货币应为劳动的代表,尽管货币可以产生货币,然无论如何都不会构成社会收入的任何部分,即纸币决不能超出其所代替的现金的价值,或说社会产品的价值在一定时期必是一个恒值,所以任由货币量如何增减,该价值当是不变的。故货币与实体财富的关系要时时基于一定的标准而形成一定的有关比例或等比例的关系,才是最好的。这表现在国家信用上也应如此;不然的话,货币的意义就不大,并且在由信用到不信任的界面便要发生恐慌。

48. 另一种情况是,货币数量减少,初期是减低商品生产,而不是平抑物价,因为调整产品数量比调整价格更容易。就价格而言,或许一个国家的出口价格愈高,它的进口价格愈低,仅是由于它的贸易条件好。但是,我们讲,把价格的确定权若留给市场去决定,那是无法说明价格的。并且,真正的价格问题是产生于市场之前的,它并不是产生于市场之中。这是由于每一个人在没有进入具体的市场之前,就已经处在了广义的市场里面了。如此一来,市场上的价格在供需之间就不会存有任何的矛盾。可以推见,市场价格的波动完全是政府的操纵货币所为,此时的政府是供需之间的第三者,具有强烈的扰动性。于是,货币一扩张,物价就上涨。经济学界通常把物价上涨率称作膨胀率。通货膨胀的弊处就是有利于债务人,不利于债权人和工资劳动者以及靠养老金生活者。在当下,大债务人是政府、银行、大企业,债权人常为升斗小民。货币快速增加,促使劳动者的报酬尽快地被稀释掉了;这就要求,货币与物的存在务当相互匹配,此为根基,不能逾之而与物价或工资相联系。因为,那种联系是毫无道理的,而产生其联系的只能是凯思斯希望工人的被欺骗的阴谋。所以,货币流量万万不能随着物价与工资的变动来调整,此深刻的道理,仍在于货币的贬值,便等于是一种强行课加在国民身上的税收负担,它便成了国家衰败的象征。

49. 布阿吉尔贝尔认为,工资或者利息的过度提高,会导致一个国家的沦亡和破产。[①] 它是由于过高的利息对国家和人民极为有害,且高利息的这种诱惑对实行者本身也是有风险的。国家就是人民本身。并且,超过正常收入水平的虚假收入,定是国家的寄生的瘤。接着,我们探求上述的根源,工资增长超过生产率增长,乃是通胀的结果,而不

---

① 布阿吉尔贝尔:《论财富、货币和租税的性质》,何纯武译,商务印书馆 1979 年版,第 114 页

是原因。所以,工会不能制造通胀,商人就更不能引起通胀了,尽管理解利息要再转一个弯,但道理是一样的。故控制物价和工资等都不能医治通货膨胀。

50. 在历史上,美国联邦储备系统不把力量放在控制通货量上面,而去控制其没有能力控制的利率,结果是两方面都遭失败,通胀和利率双双增长。尽管他们知道,预期通胀升高 X%,与之相联系的名义利率也会提高 X%,工资上涨的速度也会加速 X%,而货币贬值自然也要加快 X%。但是,他们不懂经济,竟不知社会因钞票发行过多必要引致通胀,而不会因银行存款增加过多发生危机。在 1929 年,他们便使得一次正常的经济衰退演变成了一次大危机。当时货币存量已下降到危机前的 2/3,这对当时的经济来讲是致命的。货币量的向着减少的方向的变动是这次危机的起因。[①] 或称,货币收缩,便要诱发萧条,即危机是因货币过少才导致萧条的,而通胀则是因货币过多造成的。综上,就告诉了政府,对于货币量的存在,既不能搞扩张性的发行也不能以收缩的名义来减少。

51. 因为,经验表明在货币不稳定的经济中,既不能有经济效率,又不能有收入的公平分配,它只会有可能大的波动;而经济的波动不仅仅是物价的波动,也包括产量的波动。对于这种波动,行政的初期的干预,即财政政策只会扩大它。总体讲,货币不能成为拉动经济的手段,却可以成为扰动的破坏性因素,甚至可以说,M 就是造成经济混乱的独立变量。[②] 于是,政府的货币政策在长期上是无效的,即使是反周期的

① 邱营:《弗里德曼货币与通货膨胀理论研究》,浙江大学硕士论文 2008 年,第 25 页

② 邱营:《弗里德曼货币与通货膨胀理论研究》,浙江大学硕士论文 2008 年,第 33 页

货币政策也不会奏效;这些都是过去理论中的东西。然而,货币的前置的计划均衡政策与作用,是万不能被抹杀掉的。

52. 按照生命周期假说,储蓄是由收入水平的增加速度来决定,它既受人口增长率和人口的年龄结构影响,又受总量财富及利息率的影响;一个自主支出增加的乘数效应,接近于边际赋税率的倒数值。然而,货币需求则是取决于长期收入,也就是永久性收入。但是,只要刺激需求,就会使通胀加剧,再抑制通胀,又会导致经济疲软。所以,通胀在初期会造成生产加大,物价也会上涨,此时若人们预感到将来物价还会上涨,就会抢购,形成生产与消费的不匹配;若人们预感到将来物价不会太涨,则消费不足,就会造成生产过剩,且物价也会自然下跌;当人们迟滞需求时,生产与消费也不能均衡相等。总的来说,通货膨胀乃是一种自取失败的政策。

53. 有的学者称,现在的政府多是赤字政府。为避免此恶名,国家就要避免欠债。否则,便会形成食利者收入,出现以证券交易为中介的金融汇兑商业,以此为基础的贴现更会引起不生产的货币资产的急剧增加。另外,若没有浮动汇率,共同市场就不可避免地要失败,且弹性汇率对国内经济又有时滞的影响,这就要求政府具有更高的应对之策。

54. 目前,在中央集权的制度里,妒忌和牢骚总是针对着统治者;在自由市场制度下,它们总是指向市场。这也是一些当权派主张实行市场经济的理由之一。当然,实行市场经济也是政府的决策,即最后的矛头还是要指向统治者的。但是,有某些东西,市场无能为力,又只能由政府来决定。于是,通胀就不是资本主义的特有现象。比如,有学者称,中国于经济发展的过程中,通货膨胀是必然的,它不能简单地通过控制货币供应量就可以抑止之,如果政府真的实行了货币供应量的控制目标，那么就会牺牲经济的增长，不符合帕累托改进的原则。弗里德曼认为，中国积极的财政政策和稳健的货币政策是没有理论根据的。但不管怎么说，若欲医治通胀所产生的负作用，又必是难为政府所接受的。故政府在享受了通胀的早期的甜蜜之后，又是会感到很痛苦的。

55. 我们认为，凯恩斯的贡献即是他成就了资本主义经济的几十年的发展和繁荣，其思想对处于经济危机的低谷时的转生具有实际的指导作用。任何经济理论都不可能具有永久性的鼎盛法则，故之在一定时间内走下神坛也是正常的。凯恩斯主义思想的胜利，结果是导致了政府权力的增长。然而，后现代主义必定是金融化的，由于金融化的存在，必要导致这个社会制度的不稳定，其中的关键便是政府对金融市场的操控一般又太简单化了。尽管金融等价物守恒，可是金融市场一旦绕过了国家政府，它给整个的社会制度所带来的就会是前所未有的剧烈的颠覆性的撕裂抖动；这是因为，取代当今规则的乃是那些现在正握有资本的规划人和经理或审查者与看护者，及提供者与投机者，总之尽是一些不知社会稳定性为何物的金融世界的大鳄们在发挥着作用，因此对他们必须要严管；这是政府需处处注意的。

56. 资本主义昌行的原因是什么呢？首先，它是人们的思想还处于相对的较低级阶段的产物，由于人类智慧水平的不断提高，自有更高的社会形态或制度来取代之。其次，随着通胀、危机等严重程度之加深，资本主义制度合法性的问题，也要受到人们的质疑。因为经济的也都是政治的存在，从原理上讲，每一个政治行为必定都是有计划的，所以关于由货币的供应数量问题而引起的通胀，若欲解决之，就一定要有计划，并归于政治的管理范畴，才是妥当的。这是一个带有根本性的方法，我们会在后面的文字中，把它完善起来。

57. 下面,我们还要阐述政府的在事后的所谓抑制通胀问题的诸方法之无效性。比如,政府使用财政手段,它需要实行公平与效率相一致的运作制度与体系来做保障,可这在实践过程中又是有难度的。同时,扩张性的财政政策,会引起货币升值,然在浮动汇率的制度下,它的作用是不大的。此外,政府还可以采用货币手段,而它的扩张性的相关政策,虽然效果不行,但若收缩之,又会使生产衰退进而形成滞胀。于是,在开放经济的环境里面,只要不在事前有所为,其财政和货币政策的有效性问题,就会被前面的文字在几个方向上,要给予彻底地解构掉。

58. 关于要实行财政、货币的混合政策问题,不论是以稳定利率和以货币增长为目标,还是以预算平衡和以“逆风向行事”为导向的财政政策,或许都与反萧条的手段是通货扩张和反通货的手段是通货紧缩相联系的。可是,财政膨胀也会提高物价水平,另外货币膨胀也不是中性的。因此,我们的最大经济问题将是面对现实地权衡通货膨胀的坏作用与对抗它而采取的措施的坏作用,进而拟定能够使二者达至“黄金中道”的方法。[①] 所以,除通常的财政和货币政策外,必须要设计出新的制度性措施来对付棘手的挑战。于是,诺奖得主梅德指出,在我看来,最合适的是创建货币的中央银行和支出货币的财政部应当防止货币膨胀和紧缩。[②] 以及政府必须提供一种货币结构,使之成为法律原则下的结构。[③] 弗里德曼讲,我目前的主张是由立法机关制定规章,命

① 《诺贝尔经济学奖金获得者讲演集》上卷,王宏昌译,中国社会科学出版社 1997 年版,第 65 页

② 《诺贝尔经济学奖金获得者讲演集》上卷,王宏昌译,中国社会科学出版社 1997 年版,第 350 页

③ 邱营:《弗里德曼货币与通货膨胀理论研究》,浙江大学硕士论文 2008 年,第 34 页

令货币当局来使得货币数量按照具体的比例增长。为了这个目的，我的货币数量的定义包括商业银行以外的流通中的货币加上商业银行的全部存款。我认为，应该指令联邦储备系统，尽可能地使上述定义的货币数量的总额逐月甚至逐日地按照年率为3%-5%之间的比例增长。①我们说，这些都是极好的思想。

59. 当然，在过去的理论中，政府对付通胀，还可以采用其他的措施。如在稳定中求发展之说，即萧条时期要设法提高总需求，于经济高涨时刻就要设法减少总需求，或称在经济快速增长时，货币增长率要较低些，就能起抑制作用；在经济衰弱时，货币增长率便应较高些，就能推动经济。还有，就是对需求型通胀须抽银根，对垄断型通胀须强制限价；兼及在价格上涨时就要提高利息率，在价格下跌时就要降低利息率；而对纯粹的通胀问题，只能是“抽水”等。其实，这些事后的方案，多含有荒谬性。因为，政府当局在某些制止通货膨胀的过程中，往往又会带来了经济危机；譬如萧条就联系着货币的紧缩等。故制止通胀，还要有时机上的选择，不然群众就不会理解；而这个时机的把握就是在公众普遍地对通胀感到厌恶之时，才好下手操作。

60. 同样，政府对于通胀万不可强力干预，也不能过快地抑制。否则，政府实行紧缩，必会使某些企业陷于危机而生产下降，但此时由于通胀仍在，所以物价必然还会一直上涨，这就是所谓的滞胀状态。总体讲，对非恶性通胀，政府的手段要平和些，宜放慢干预，但对于生产过剩问题，则要加大力度。这样一来，只要政治上行得通，最好的办法就是在若干年内，采用逐步减少政府财政支出及放慢货币增长速度双管齐下的策略。不然，经济停滞与通胀并存，就是在通胀的背景下，政府强

---

① 弗里德曼：《资本主义与自由》，张瑞玉译，商务印书馆2007年版，第60页

力和快速干预的结果,比如 1970 年的危机就是因上述情况造成的。

61. 我们讲,政府具有货币发行、税收和外汇管制等权利,企业的存在就基本上是处在了它的牢笼之中了。作为企业内部,其行政决策是靠计划来执行的,故大型企业必须要实行以销定产的计划,而政府则不能在货币之外,再为企业搞计划。这是因为,国家理性若与众多的自由企业之理性一旦同向共在,就势必要形成某种合成谬论,所以当今的政府就只宜管货币并计划之,而企业就只宜管生产,并顺应货币计划的趋势潮流,二者绝对不可混淆,这样做当是有益的。另外,货币供给要因内生变量才好,且其配置的额度,根据研究只有将弗里德曼的主张与我们的思想进行统一,才是合乎道理的。由于这些内容在前面已谈及,故不再细述。

62. 还有,就是市场问题。其实,市场只不过是政府让度出去的部分;原则上,政府与货币的结合就是市场,只要政府的货币发行量和企业的产品价值等同,则市场就会均衡。我们设,以政府为中心,通过发行货币形成市场,然后对天下仅有的衣、食、住、行这四家企业的产品进行全额采购,且这四家企业的产品又能恰好等额地可满足全社会的衣、食、住、行的需要;于是,各企业再分别按相应的数额来取其所需并进行货币与物的市场交易(在这里,我们把其他要素都省略了),最后就是各企业只有产品,而资金又全部回笼到政府手里。可见,政府必是操纵经济实体的运转之绝对力量,而作为政府和企业之间的市场,非常明显一定要受到它们二者的挟持或影响力的波及。不难想见,市场的看似都是商品,但却都是由货币在起作用,倘若没有货币,在现代社会,就要一团糟。

63. 有人讲,宏观经济的市场失灵,可使政府的金融干预有可能改善人们的福利,但是就干预的本身而言,它却很少有必要这样做。又有人讲,市场经济有内在的自动稳定性,反对政府对经济的过度干预。我们言,人是有自身免疫力的,然不能以此就否掉医疗的作用存在。所以,政府的干预就如医生对病人的治疗是一样的,只是这个医生不要对无病者进行手术就可以了。我们还说,干预的通过了市场的和价格的方式来进行时,即是通过了象征着的自由的管道的,在此情状下,既要允许市场的自由活动,同时又要严格限制货币总量,这便是德国人的抑制通胀和活跃经济的良法妙方。

64. 当然,自由生产和有计划的货币之协调,就更显重要。因为,在它们二者之间经常存在矛盾,这就是生产过剩与货币不匹配的一个重要原因;再有,就是金融机构的作为一个经营者所凸出表现的诸多弊端,也要加深这种矛盾;此外,政府扩张的货币政策和股市的暴跌使资金的骤然蒸发,都要铸成自由生产与货币计划的相悖性。故政府必须要在上述的各个关口死防严守,不可使之出现纰漏,才是为官者的最大要务。

65. 有市场,就有物流,货币是使经济运转起来的力量,物流是需要资金流来推动的,它们之间与生命流的适宜程度之衔接,又是十分重要的。我们期盼在此三者之间,能找到一个最好的相生性的参照指数。

66. 按照一般的理路,政府的行为似宜表现在,当先对生产进行刺激,之后方可转化至需求的方面上来,即重点要放在发展速度与经济效益上。然而,生产发展一旦达到了最低的利润率,资本就会暂时停止续加,于是国家就会出现增长减缓的态势,等等。我们认为,此间必有道理。但是,对付通胀或滞胀若仅从生产上着眼,最后仍是不能解决问题。另外,有学者称,中国通胀是体制和结构因素引起的,并就当前中国的通胀而言，增加经济活力比单纯压缩需求更重要。其实，这就如任何的政策思想都有片面性是一样的；比如，在通胀的涨价时段，农民更愿意出售他们的产品，这在实际上就已压缩了城市工人的需求。故任何的经济运动都是具有两面性的。

67. 奥林指出，为了防止由于国外涨价造成的传染性进口通货膨涨——在国外涨价时，有必要利用一种浮动外汇率制度。[①] 我们言，这当是政府的责任之一；尽管它可能会因为投机性的资本移动而复杂化，但其后果或许会好些。于是，我们就可以引申，将之称为阻胀性汇率。这样，如果各国的中央银行要想挡住来自各方的通胀压力，就只应如此便可以使自己不致步上通胀之路。届时，通胀就不会扰动整个世界。从登布什模型可见，货币供应由 100 单位增加到 150 单位时，汇率将上升到 170 单位，随着时间的推移，物价将逐渐上升到 150 单位，与此同时汇率也将回落到 150 单位。所以，汇率和物价都是要沿着货币供给的尺度来变化的，因此只要关注好货币量，汇率和物价的问题就容易处理了。

68. 关于所谓的“外部平衡”的意思，就是该国国际支付的平衡。如果国内价格上涨，别的情况不变，则外贸进口便要受到鼓励，国内货物出口将比较困难。结果是支付差额有利于外国，须以货币偿付。货币外流使国外价格有所提高，而国内由于贵金属比较不足，将使价格降低到以前的水平。此外，充分就业，工资就会较高，兼之长期增长或为了保持住较高的增长，就要实行低利率，结果资金外流，这些都会形成国际逆差。因此，“外部平衡”就当建立在国内外的平衡基础之上，或

① 《诺贝尔经济学奖金获得者讲演集》上卷，王宏昌译，中国社会科学出版社 1997 年版，第 332 页

说它乃是平衡之上的平衡。

69. 由本·汉森两缺口模型可得出,其间必存有一点,在该点工资的上升速度等于物价的上升速度,从而使实际工资稳定不变。可是,价格增长率又应该等于货币工资增产率减去劳动生产率的增长率。于是,在劳动生产率增长的情况下,价格的增长就应该小于工资的增长,才是更妥当的,只有在劳动生产率的增长等于零时,两缺口模型的结论,才正好成立。关于价格,它应该是物的标向,即价格是有方向性的。价格的方向性一般是从生产物的企业指向具有需求单位的家庭或国家的消费领域。价格的方向一定,物的方向性也就定了下来。接着,就是货币的向着价格的反向流动,即从国家的、家庭的单位出发,再指向生产物的企业;这就是讲,货币也是有方向性的,或说它正好与价值物的运动方向相反。我们在此提出物价的方向性和货币的方向性的意义是十分巨大的,它为人们指出了政府的对于物价的管理是反物价方向的,是不利于市场的;故政府对市场的管理只能是按着货币的方向才可进行,也就是要依于货币的方向来管理企业。此表明,物价的存在是市场化的,而货币的存在则是国家化的;其二者在方向上的相反性,恰是说明了它们之间的循环的协调性。所以,国家就应是市场经济和计划经济的共同体。对于国家而言,既不能一味地实行市场化,也不能一味地实行计划化,它当是通过计划的货币来作用于价格的市场,千万不可反向而为之。不然,政府的作用就是无效的,甚至是反动的。政府只要管好货币,企业只要管好物,天下就会繁荣昌盛。

70. 在上面思想的基础上,若生产与货币量增加的速度一样快时,物价就要趋于稳定。当然。这里还要解决好时滞问题。因为,货币数量发生变化时间比相应物价发生变化的时间,每一年度都要提前六个月。再具体讲,就是通货量大约增加到6—9个月时,才能渗入经济,产生经济增长和就业上升的效果;之后,又过12—18个月,增加了的货币量才能严重地影响物价,促使通货膨胀的发生或加快增长。但是,只有通货量增长率开始下降大约18个月以后,通胀率才会跟着下降,并且通胀率降至两位数以下,则需要两年半的时间。可见,消除通胀的时间成本真是太大了。

71. 维克赛尔讲,只要价格没有变动,银行的利率也不变动。如果价格上涨,利率即应提高;如果价格下跌,利率即应降低,以后利率即保持在新的水平上,除非价格发生了进一步变动,要求利率向这一方向或那一方向做进一步的变动。我们认为,价格所以不能安定,其主要原因就是在于银行的未能遵守这一规律。银行的首要任务并不是在于赚取很多钱财,而是在于为公众提供一个流通的媒介——在于以适当的方式提供这个媒介,目的是价格稳定。[①] 这正是符合我们的银行当成为政府的一个行政的派出机构的思想。关于维克赛尔的三个均衡条件是,现在"正常利率"必须(1)等于实际资本的边际技术生产率,即"真实的"或"自然的"利率,(2)使储蓄的供求相等,(3)保证一个稳定的价格水平,主要是消费品价格水平。但是,在利率和价格之间的存在之反映,应是依于生产来完成的,故不易高,才是价格策略的基础。因此,价格水平的变动必要和生产相引发的名义货币的需求相联系,且要同比例变动。舍此,便是难以证明的。

72. 关于利率问题,斯密认为,法定利率虽应略高于最低市场利息率,但不能过高。因为,高利率看似是鼓励了积累,但由于不能贷出,其最后结果还是会使积累停止。从原理上看,利息率和贴现率都会围绕

① 维克赛尔:《利息与价格》,蔡受百译,商务印书馆2007年版,第153页

着净收入率而摆动。在金矿发达的地区，利率要低些，而股份制的实行，倘入股者是经贷款来完成的，即他就是新的借主，于是利率或许要上升。可见，利率对人们的经济行为的影响是无处不见的。如持有货币的成本，就包括经济人的费用和要放弃的利息。利息对货币需求弹性的影响是，若其提高100%，则货币需求就要减少50%（若收入增长100%，则货币需求仅增长50%）。于是，最优的货币需求量总是与利率反向变动。

73. 我们说，利率的存在不能完全作为一个政府的调控工具，它应有自己的价格的形成机制，这个机制就是其本金的在经济行为中的贡献率，而这个贡献率的存在就是利率的存在本身。如此一来，利率的存在就会趋于稳定，并会稳定经济。其表现就是，利率当在事先来控制投资，而不是在事后来调节物价。如是之，才可趋于根本。还有，由于资本可以从课税国移出，这就要求在对利息课税时，其收入的所得一定要大于国外的利息收入。否则，以货币表现的资本就可能因课税而流向国外。因为，它既不像土地那样不可转移，且外国利息率还会对国内的利率予以束缚。所以，要小心谨慎。但是，若将市场利率降到自然利率之下，只需采用通胀之法就能达成。那么，是谁决定了市场利率要低于自然利率的呢？显然是政府。这时，企业也得利。因此，通胀出现，表现繁荣。此即政府与企业同向作用的结果。然而，政府也可以让市率高于自然利率，此刻政府与企业就是相向的了，这是由于企业不愿用高利率贷款。所以，完全自由的经济即为企业和政府之间不产生任何影响的经济，就是市场利率和自然利率相等时的经济状态，然其实行起来又是困难的。由上可见，虽然在通胀时，企业与政府是具有同一性的，可在所有的经济活动中，起主导作用的力量又只能是在政府那里，而不在企业或任何的经济当中。经上议论,道理应是鲜明的了。

74. 利率真有那么样的巨大作用吗?其实,它的变化,都要依赖于某些金融规制的起动。托宾讲,金融制度的趋势是扩大由可变市场决定利息率的资产范围,增加基本货币供给和等价冲击对市场利息率的影响。[①] 同时,兼有货币量的对于利率的逆反过程的影响力,在经验上就可以表明,仅以利率作为目标和工具是难以很好地开展对通胀问题的研究的,所以就要依靠货币当局通过控制基础货币来限定货币总量。因此,确定"货币供给"就是一个很好的法子了。于是,弗里德曼就倾向于采用 M_2,即现金、活期存款加上货币市场存款之和,来作为货币供给的指标。此时,政府的货币政策就可以通过对 M_2 的调节和监管而实现稳定通货的目标。我们说,这相当重要。

75. 沿着货币需求说,它与收支期的长短是呈现着同方向的变动的。此时,市场正在同时地处理着从储蓄和积累产生的流量,以及从调整证券夹产生的流量,需求方面是私人所为,供给方面是货币当局所为。如此一来,关于"储蓄比应当和投资比增加同样的数额",或称"它的目标就是把美国经济从基本上是高消费的转变为一个高投资的经济"之论,就一定存有了偏颇。其道理就是,美国每年总消费的增长率大约是 3%,尽管它的消费基数非常大,然而它的政府所供给的货币量却是更大更大,而这就事先地埋伏了通胀的种子,并冲淡了因储蓄而形成的投资;所以关于收支期长短的问题,也就很少有人再谈及了。

76. 目前,在所谓的民主国家,大多是党派间的轮流执政。某些当权者为了显示政绩,在明知上届政府所实行的通胀已产生危害的情况

① 《诺贝尔经济学奖金获得者讲演集》中卷,王宏昌译,中国社会科学出版社 1997 年版,第 157 页

下,仍愿意过量地发行货币。这其实是一种犯罪,尽管人们难以追究他们的责任。同样,在赤字问题上,一些西方轮流执政的国家完全没有章法,相互贻害极深。为此,有关学者建议,在货币大量贬值的时候,可适量抛售一些黄金来缓释之;然细思想,这些事后的方法仍不如行政当局在此之前,能遵循适度的或按比例的货币的发行政策为好!因为,公债等决不是繁荣的原由,并且当其积累到较高的程度时,又很难得到公平的偿付,即往往要通过课税的办法来还清之,而这些,只能是政府的无道德的表现。按照科斯定理,它的可以替代政府的方案,或言无需政府干预的思想,有人试着与通胀的存在进行了联系,但最后,还是难以契入,即在这方面的突破是没有希望了。

77. 在技术层面上,较低的通胀和较低的失业就中央银行看来是最理想的目标。但银行是受限制的,它不得不在通胀和失业之间做短期内的权衡选择。可见,掌控着通货膨胀和失业率的所谓权力,依然是在政府的手里。然而,只会在这两者之间进行选择的银行或政府,又都是处于低能态的。

78. 弗里德曼称,在长期(10 年以上)内,货币量只对价格产生影响,对真实经济产出是没有影响的。但是,在短期内,货币量的变化对价格没有影响,而对真实经济产出则有较大影响。既然如此,则货币量的影响的短期意义,就会被长时间给冲淡了。然而,这或许是只对一次性的货币量的变化而言的。倘若对于持续的不间断的短期的货币量的变化,则之对经济产出的影响也就会长久地存在下去了,而这正是作用于经济的强大力量。所以,欲使经济平和稳定地增长,货币量的变动就要具有长期性的适度的增加。它的起点应是从危机起爆的货币骤然蒸发后的大量的补充货币开始,一旦恢复到了较好的水平,其就应与生产的增长保持一致。从长远看,这是会有好结果的。另外,他通过对美国近100年经济中,4个稳定期和6个萧条期的分析指出,货币和经济波动的相互关系高度稳定;在货币事件中,表现具有欺骗性,重要的关系往往刚好与所观察的相反。我们说,这里的根源就是纸币的无价值,而是被人们虚构后才造成的。于是,对于虚构的具有欺骗性的东西,就只宜反向观察之。

79. 从一定程度上讲,当今的凯恩斯主义多已采用了自由主义者们的方案。凯恩斯曾主张政府要通过扩大货币供应量来刺激有效需求,从而促使经济回升。弗里德曼则认为,货币供应增长率必须同实体经济增长率保持一致。前者的重点是放在了危机之后的治理措施上面的,他的问题是不知道造成萧条的货币量之减少A,就应缓慢有序地增补A,因此凯氏之说就没有了关于货币量的使用限额和速度方面的制约,所以在政府的应用方面,就要出问题了。可是后者呢?完全是一个货币量的变化要围绕着经济的变动而再变动的做法,所以在现代社会中,可以称之是一个已被颠倒了的东西。于是,意义仍不大。

80. 这是由于,多少年来,被动性的货币政策所决定的货币量的大起大落,不仅未能稳定和增长经济,反而成了许多方面的破坏因素。尽管弗氏主张货币量的增长速度应与经济的增长率基本相匹配,例如经济增长率是6%,则货币量也增长6%,①即货币供应增长率应该是潜在的国民收入增长率和劳动力增长率之和。我们说,他虽比凯氏的思想前进了一步,但仍是仅正确了一半。因为,他没有发现,有计划的适度的货币增长当是内生经济发展的尺度,进而不知道经济的一定是当要

① 《诺贝尔经济学奖金获得者讲演集》下卷,王宏昌译,中国社会科学出版社1997年版,第433页

事先地受控于货币,即我们准备有计划地要增发货币量为 A 时,经济就应和谐地内在地增长 A。这样,我们就把凯氏的观点,进行了量化;把弗氏的观点,进行了颠倒。因此,一个新的经济学理论便得以诞生。

81. 根据货币数量论,政府要对货币数量的变动负责,因为通胀是由于通货量的增长超过了生产的增长而产生的,当货币增长愈快,通胀率就愈高,而每个人的境况就会变得更坏,且这些都是由政府造成的,故它理应还由政府来解决。有学者称,衡量宏观经济的最好指标是货币供应量,货币量与经济的各项指标存在着长期稳定的关系,货币量变动则引起经济波动。① 我们讲,货币量变动则引起经济波动,即是货币的作用要前置的理论基础,而马克思也正是使用货币数量结构来分析货币现象的。于是,为了一劳永逸地消灭通胀,就要先行减少货币量和它的增长率,而让经济沿着货币的宽窄轨道和正常速率进行置于其后面的等速发展,方可会出现一个公平的社会。但是,货币的先导作用是否具有长期性,我们认为,只要摆脱了现行的货币体系的所有的依赖于实物经济的“后现象”存在,即用一种货币的“前现象”来指导经济,则一切就都会在它的尺度之上做合乎逻辑的发展。届时,经济这匹野马,就会被人们通过事先的货币计划这条缰绳来驯服。否则,任由经济的自由发展,任由政府的事后的盲动无章的政策来摆弄,都是不能正向地作用于经济的。所以,对于经济便需要先有货币的规矩,使之在框定好的范围之内,来进行既不产出危机又不产生通胀的增长型发展,方是最上策。

82. 接着,我们讲,银行当具有政府的行政职能才好,同时它还要

① 邱营:《弗里德曼货币与通货膨胀理论研究》,浙江大学硕士论文 2008 年,第 10 页

按着经济运行与发展的规律办事。在这里,银行有一个道德风险的问题。因为,其几乎所有借贷出去的钱都是别人存进来的。所以,对银行经营安全等等的管理,需要政府出面,并发挥指导作用。这样一来,最好的办法就是要把它收归国有。否则,银行接企业的办法管,长此以往,尾大不掉,横生枝节,就要出问题,金融市场就要大乱。于是,金融部门应成为政府的一个派出分支的主张,就已清晰起来,其理论前提便为市场也是政府让度出去的一个功能之思想。或说,政府管理银行,至少也要形成收支两条线的运作方式,即它的集体再也不能以收入的名义来坐支了。如此一来,金融和资本市场的存在便要成为政府的一个完善的有了协调性的工具了。同时,在任何情况下,由于金融政策不论在长期或短期都不是中性的,所以它只有在进入到了政府的序列之后,才可以去掉其在执行过程中所表现出的负面的东西。当然,金融的任何所为只要被人们用于经济的货币在先的,即是置于计划之前的时候,则其可能孳生的所有弊端也就再难觅到了。

83. 鉴于上述,一切归于计划的方案之实行起来就会方便得多。因为,经济增长的有计划性,一定会符合所有人的利益。比如,信贷要通过生产部门来反映,就必须要有计划,而稀缺资源与货币的配置问题,就更当在事前计划。并且,线性模型的存在,已经证明,它即是计划控制和经济分析的一种最为简单的逻辑描述的极好应用。因此,计划的可以集中,执行的决策可以分散,即分散决策且遵守复合体的总目标在原则上也是可行的,或说合理的计划工作应当基于线性规划型式的最优计算得到的结果,而且生产决策可以分散化,还不损失效率。这就是讲,计划的经济之集中化,在实行上宜呈自由态,所以实行计划与自由的市场的统一并不产生矛盾。那么,一个计划系统的最有效结构是什么呢？我们能否设计出一种在计划方法上的自动化呢？若能，则计划经济就有了可能，信息的存在也就有了可能的对称。

84. 从历史向着未来看，经济的发展似乎是从非市场的向着市场的，再向着市场与政府的结合，然后再向计划的方面发展的，这一趋势正在隐约地形成。只要计算机与信息、经济学与计划工作能统一起来，即经济的计划可以通过类如人的智能般的计算机来完成时，人类的明天就会更美好！总之，我们要像研究现代军事高科技一样来研究计划，则一切的问题就可以解决。同样，我们若把计划应用于货币总量的研究上来，则关于货币总量的计划就要指导经济的计划展开，而货币总量的计划之制定就是要根据综合的我们事先预定好的发展指标之计划。于是，对于货币总量的使用也要有计划。这样一来，实体经济就要成为在货币的计划之下的产物，即以货币在先的有尺度的计划体系，就可以建构起来了。

85. 沿着前面的推论，我们就可以把货币量的问题逐渐地理顺至计划的管道。依据凯恩斯的观点，令 r 代表利率，M 代表货币量，L 代表灵活偏好函数，则有：

$$M = L(r)$$

此即货币数量与经济机构发生关系之处，亦即发生关系之理由。[①] 非常显见，此时的货币量 M 是要因于人们的某种灵活的偏好 L 的。在当今世界，偏好经济增长和收入的提升，是每一个政府、企业和民众的共同愿望，所以这一偏好的存在也就必然地要内在着货币的供给量了。

86. 接着，我们就要把偏好函数引向它所偏好的经济增长率。从“1∶8”公式的产生及其意义可知，所谓“1∶8”，它的具体含义是，每 8 元

---

① 凯恩斯：《就业利息和货币通论》，徐毓枬译，商务印书馆 1983 年版，第 143 页

零售商品供应需要1元人民币实行其流通。其公式是:

$$\frac{\text{社会商品零售总额}}{\text{流通中货币量(现金)}}$$

如果按这个公式计算的值为8,则货币发行量适度,商品流通正常。直到20世纪80年代初期之前,这个著名的“1∶8”公式,已成了马克思货币必要量原理在中国的一个具体化表现。然而,为了取代这个“1∶8”,人们又找到了另一个简明而又易于度量的公式,它就是:

$$\dot{M}=\dot{Y}+\dot{P}$$

即货币供给增长率 $\dot{M}$ 等于经济增长率 $\dot{Y}$ 加预期(或计划)物价上涨率 $\dot{P}$。[①] 这样一来,仅靠偏好函数 L 主导的货币量 M,就要被理性的经济增长率 $\dot{Y}$ 起决定作用的货币供给增长率 $\dot{M}$ 所代替了。即, $M=L(r)$ 要向 $\dot{M}=\dot{Y}+\dot{P}$ 过渡。

87. 但是,在 $\dot{M}=\dot{Y}+\dot{P}$ 中,无论是货币供给增长率 $\dot{M}$,还是经济增长率 $\dot{Y}$,或预期的物价上涨率 $\dot{P}$,又都是要服从和服务于国内生产总值 GDP 的;此即言,经济增长率 $\dot{Y}$ 或货币供给增长率 $\dot{M}$ 以及预期的物价上涨率 $\dot{P}$ 都要和 GDP 挂钩。不然 ,就是没有了根本。我们设, M_{DT} 为交易用的货币需求,它乘以交易的货币流通速度 V_1,就恰好等于名义国内生产总值 GDP,即

$$M_{DT}\times V_1=GDP=P\times Q$$

其中,P 为物价总水平,Q 为实际产出水平。本式体现了货币媒介实体经济运动的作用。[②] 之后,我们把上述公式演变成:

---

① 黄达:《货币银行学》,中国人民大学出版社2000年版,第261页

② 何宜庆:《虚拟经济与实体经济互动影响研究》,上海交通大学博士论文2004年,第86页

$$M_{DT}\times V_1=P\times Q,\text{即 } M_{DT}=\frac{P\times Q}{V_1}$$

因此,交易用的货币需求 M_{DT}便得以清晰了起来。然而,它与货币理论的基础结构所表示的货币数量的公式 $MV=PY$,即 $M=\frac{PY}{V}$又是具有相同结构的。在 $M=\frac{PY}{V}$中,Y 表示实物计算的国民收入总额,而 P 是计算实物国民收入的物价指数,V 表示流通速率,M 就是人们所持有的现金。①

对于 $M_{DT}\times V_1=P\times Q$ 和 $MV=PY$,由于右方就是每年所估计的国民收入,而左方的货币数量也可以直接估计出来,至于 V 就可以用使得公式双方均相等所需要的数字来表示了。所以,当 V 为定值时,M_{DT}或这里的 M 就是与实物完成了最紧密的联系。我们说,只有这种联系,才是货币量的存在基础。

88. 我们从偏好函数走来,使之理性地归于经济增长率,然后又与 GDP 挂钩,进而得出货币与实物的最直接关系。于是,根据货币在先的理论,只要货币市场均衡,就可以实现产品市场和货币市场的总均衡。它们的表达是,在 IS—LM 模型中,令$\frac{M}{P}$代表货币的实际供给量,则货币市场的均衡条件为:

$$\frac{M}{P}=KY-hr$$

在上式中,包含两个变量,收入 Y 和利息率 r。该式的含义是当且仅当收入 Y 与利息率 r 满足本式所确定的关系时,货币市场就处于均

① 弗里德曼:《论通货膨胀》,中国社会科学出版社 1982 年版,第 9 页

衡状态。经过简单变换,我们就可以得到一条斜率为正的 LM 曲线,而该曲线必会与斜率为负的代表产品市场均衡的 IS 曲线相交于 E,此时产品市场和货币市场就实现了总均衡的目标。在整个经济中,E 点不仅是均衡点,而且是稳定均衡点。①

89. 综上,我们在挟持了前面的几个公式之后,则关于确定货币量问题的理路就基本上已是大白于天下了。那么,还要关注哪些方面的问题呢?首先,我们必须要知道,在经济体系中,到底是需要多少货币的。从根本上说,它是取决于有多少实际资源需要货币实现其流转,并完成生产、交换、分配和消费相互联系的再生产流程。这是社会总供给决定货币需求的基本理论出发点。② 我们认为,它完全可以映照货币在先的思想,只是在这里需要多少实际资源的问题,应该受到国家发展所确定的 GDP 指标的限制。其次,货币供应的变化还要取决于信贷和外汇储备的变化。关于外汇储备,其所需要的央行新货币的对冲数量一般是巨大的,有人说这是中央银行在主观上不能自我决定的,但它也是具有一定的可控性的。比如,中央银行为了获得 R 量的外汇储备,就要相应地投放 eR 量的本国基础货币,e 为直接标价法的外汇汇率。

90. 下面,我们再导入到信贷问题。通常狭义货币又称交易货币即 M_1,广义货币又称 M_2。因此,“货币”就相当于 M_1,“准货币”加“货币”就相当于 M_2;在我国,通货就是习惯上所称的现金。一般地讲,实际货币需求可记作 M_d/P,名义货币需求可记作 M_d,它们之间的区别仅在于是否剔除了有关物价之变动的影响。如果我们把最初的存款称为原始存款 R,把在此基础上扩大的存款称为经过派生的存款 D,则 D=

① 余永定:《西方经济学》,经济科学出版社 2002 年版,第 350 页
② 黄达:《货币银行学》,中国人民大学出版社 2000 年版,第 312 页

$R \cdot \frac{1}{r}$,公式中 r 为必要的铸币库存对存款的比率。于是,它的核心就在于存款货币的创造意义,同时银行也壮大了自己的力量;这是其一。

91. 其二,由于各个存款货币银行均在中央银行开有存款账户,人们就把各银行在央行的准备存款对该银行所吸收的存款总额的比率叫法定准备率;而银行存款货币创造机制所决定的扩大的派生存款数,它又是法定准备率的倒数。如准备率为 20%,则之存款的扩张的倍数就是 5。故派生存款的倍数缩减过程与其倍数创造、扩张的过程是相对称的,其原理一样。

92. 倘若货币银行学规定,基础货币为 B,它就要等于商业银行保有的存款准备金 R,与流通于银行体系之外的现金 C 之和,即:

$$B=R+C$$

这样一来,中央银行的扩大信贷,往往直接的结果就是增加商业银行的准备金,也就相当于增加了它们的原始存款。如果中央银行缩减或收回对商业银行等机构的信用支持,从而减少基础货币的供给,就必将导致商业银行体系对贷款乃至存款的多倍收缩。当经济中原有的基础货币已最大限度地为商业银行所利用,并创造出了多倍的存款货币,却仍不能满足经济发展的需要时,唯一的出路就是靠中央银行来创造和补充基础货币了。[①] 此时,把货币供给 M_S 与基础货币 B 相比,其比值就是乘数 m,即:

$$M_S=m \cdot B$$

由于在 B=R+C 中,C 不可能有倍数的增加,或说引起倍数增加的只能是与 R 相关联的存款货币 D。于是,基础货币与货币供给量的关

---

① 黄达:《货币银行学》,中国人民大学出版社 2000 年版,第 239 页

系就是：

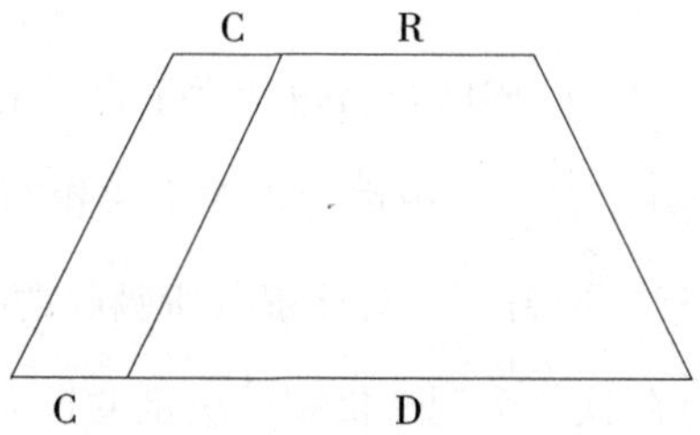

所以，

$$m=\frac{C+D}{C+R}$$

在公式中，C+R 是基础货币，C+D 是货币供给量。可见，m 的重要性也是巨大的。

93. 这样的话，再兼及前面所确定的关于货币量问题的理路，尤其是由偏好函数向经济增长率转移，并最终要与 GDP 挂钩的重要主张，同时加上弗里德曼的相关思想，我们在确定有计划的货币量方面，就为经济学家们提供了一个大致的路线图，并使之可以据此而能框算出那些有利于经济发展的适宜尺度。如是，或许就可以从根本上解决货币在先的关于其量度的问题了。当然，若想作为法律的依据，就更宜如此。

94. 关于抑制滞胀的问题，有些政府通过舆论认为，在能够摆脱通货膨胀之前，经济可能不得不经历一段既滞且胀的时期。为此，人们还设计出了一些对付滞胀的政策方法。比如，一般应采用财政政策，即通过加大财政开支以及减税等来刺激经济增长。因为，使用货币政策的效果不大，理由就是，倘若为了控制通胀而提高了利率，其负面作用就可能导致经济增速的减慢；如果刺激经济增长而降低利率，就有可能引发恶性的通胀，故此法必不可取。然而，克林顿却做得非常好，他坚决反对通货膨胀,并一直将其消灭在了萌芽状态。可见,对付通胀或滞胀的最高策略就是要不使之产生,否则事后的办法就多是徒劳的。

95. 我们深知,货币一定是体现着政治的。于是,经济的共同体必会与政治的共同体相关联,如企业的生产流只能和由政府控制的货币流的相联系是一样的。所以,商人多不把货币仅仅地只看成是纯粹的经济的物。如是之,通胀看着的是经济现象,可它的生长的根却是在政府那里,因此有关专家想了很多的经济学的方法来医治通胀,结果都是少有成效。由此观之,对通胀的这种“后现象”的存在的解决之道,也就只宜通过政治的在根本上的消弭才属上智了。否则,难有其他良法。故经济学虽然不直接回答政治问题,但它会全面地考察政府之选择和市场选择的各自的长处与短处,当经济的“后现象”统统地无能为力时,就只好向“前现象”求救。可见,通胀的缘由是在经济之外,已无悬疑。所以,通胀的表象是货币量造成的物价的高涨,然其得以疯狂的则必是受了政治的或是政府首脑的指导思想的力量影响,其中的货币仅是起到了类似于工具性的作用。结果,解决通胀问题,就要先从政治的层面入手。

96. 政府的力量是巨大的。根据相关理论,一个社会可以用货币政策和财政政策来达到其所想实现的任何程度的平均通货膨胀率。①但是,选择通货膨胀率时,惟一的残忍方式就是对使用货币的活动强行征税—通货膨胀税。至于长期的价格稳定问题,经济学家们已为之探索了200年,如欲实现这个目标,只要政府愿意,它就一定能够办到。所以,我们认为,政府政策如果坚持达到比自然失业率低的失业率,便

---

① 小罗伯特·卢卡斯:《经济周期模型》,姚志勇译,中国人民大学出版社2003年版,第105页

将产生日益加速的通货膨胀；如果要达到较高的失业率，便会产生日益加速的通货紧缩。因此，通货膨胀目标还是定为零度的好。① 这是由于，实际资料表明，零点的通货膨胀，其相应的货币流通速率是对称的②等等。于是，政府最明智的做法就是公开其政策规则，而不是试图通过频繁变动的财政或货币政策来愚弄公众。③ 此时，政府控制下的中央银行，它的最佳做法就是在实际上要做出零通胀率的规定，并付诸实施。即，如能可靠地预先规定通货膨胀的特定限制—可能是一种通货膨胀为零的限制—就会使人产生通货膨胀为零的理性预期。④ 这样的结果，就会使通胀永远地远离了人们的经济生活。至此，我们在理论上，就已完成了一项可以结束通胀的艰巨任务。

97. 最后，我们做一总结。对于通胀这个顽疾，由于它是货币的非前置的围绕经济运转的"后现象"存在，人们虽然采取了许多的亡羊补牢的措施，但现在看来，仍不如事先不发生的好。所以，任何的被动的货币政策或财政政策，都已证明肯定地是行不通的。这就要求我们当使货币的存在变为一种"前现象"，于是它就会由此而产生出一种新的货币先行的理论。这是第一个重点。因此，就务必要以货币来指导经济，或说是有多少水，就和多少泥；即货币的牵引、推动和保障等，均要统统地向前移。此时，政府就可以利用银行这个工具，通过利率主要是控制投资，并且价格与利率的关系也要于事情的开始就定下来；此即言在使用利率这个手段上，也要未雨绸缪。

---

① 托宾：《十年来的新经济学》，钟淦恩译，商务印书馆 1980 年版，第 54 页

② 弗里德曼：《论通货膨胀》，中国社会科学出版社 1982 年版，第 24 页

③ 小罗伯特·卢卡斯：《经济周期理论研究》，朱善利译，商务印书馆 2000 年版，第 6 页

④ 《新帕尔格雷夫经济学大辞典》，经济科学出版社 1996 年版，第 901 页

98. 第二,经济的增长一定要适应政府所明确的发展目标,和依其所规定的货币增长率,但政府不干预市场经济。同时,政府还要以货币的增长来内生经济之自由发展的尺度,或说经济一定要受控于货币,应是货币量发行 A,经济就应内生地增长 A。我们说,在这里的货币增长务要严格、有序和有度,既不能贪多也不能减少。因此,就不会出现通胀和紧缩的情况。所以,要计划好货币量指标,乃是政府的重要责任之一。不难看出,当今生产力的发展,一定是要捆绑在相应的货币发行的数量上面了。

99. 第三,政府对货币量的管控,必须要遵循事先的按比例的有计划的长期的法定的发行原则,不能脱离国家总体的发展的具体目标。否则,就会导致经济的不正常波动。在这里,政府的责任还包括,要政、企分开,即政府只管计划货币,企业只管计划物资生产。此外,在货币问题上,它还要抑止虚拟经济危机之起爆的问题,等等。

第八章　课征“增加就业税”

1. 从批判的角度看,我们的先贤对于失业和就业的问题,均未表示出具有某些大能来,他们在通胀的路上绕了一个不小的弯,远未发现在一、二、三产业之衔接处,还定会创造出许多的能使人们可以充分工作的机会。在将来,由于工业机器化的发展,其所需人员会日趋减少,为解决失业问题,要么就是实行国家供给与消费制度,要么就是旁逸出税收的方法来强制性地保证之完成。可是,当人们的认识水平尚处于较低级的时段,便只宜通过相关的征税才可付诸实现,而这也必然要成为政府的责任之一。所以,此间的目的,仍多是为了就业而已。

第一节　失业—就业

2. 我们说,沿着一个正确的认识路线,便会容易洞见某一存在的本质。这反映在处理失业的问题上,就是要先挖断与它相联系的诸根。然后,才好理出某些可以拯救的方案。其中的重点,还在于应反省过去政府当局在处理这些事情上,所表现出的反反复复的均以小利开始,总以大害天下而告结束的惯用把戏——即用货币贬值等波动变术,来折腾着人们从失业走向就业,又从就业走向失业,如此循环不得安宁。总之,这些都是愚蠢的恶劣的和无有善终的。因此,人们就必须要开拓新思虑。

3. 接着,我们即按前面的理路展开。就失业问题而言,它是与市场经济相伴的一种天然联系,或说自由发展的一个负面存在,便是要形成失业,否则过剩与失业并存的危机就不可能出现。所以,劳动既生产了财富,也生产了整个的人类生活,还生产了社会关系,并生产了各种制度规矩。于是,在此背景下,劳动又生产了失业与危机。

4. 有人讲,失业也是一种优胜劣汰的表现。但是,真正意义上的繁荣绝不会引起失业,即它完全不是个人问题。失业引起的坏作用是巨大的,比如随着失业时间的延长和范围的扩大,失业者之间就要多交互接触,甚至会形成一股积怨的力量。因此,人们就把城镇失业率的警戒线定为7%。当然,失业也能产生某种惊心的懋动,这就是说,由于市场经济存在着产生失业的内在因素,也正是对失业的恐惧,才激发了人们的竞争心、敬业精神和产生了创造的冲动;并鼓励人们进行投资,且为促使人口资源向着人力资本的变迁转化创造了条件。但是,失业毕竟是有恶劣影响的,即残酷的事实比最强大的政治或思想意识的淡化影响,都更加令人心灰颓萎。

5. 在一定程度上,失业并不意味着经济的不增长。然而,处于充分就业状态下,要想防止工人的怠工又是不可能的。不难发现,充分就业之时,失业率并不为零,这时的失业率的值即为自然失业率。按照凯恩斯关于失业的定义,新经济学家们认为失业率下降到4%时,就达至了“充分就业”的水平。但是,我们讲,若以4%的存在为自然失业率,似应有 个不高于1%的波动幅度,才更贴近实际。

6. 根据回滞理论,发展的必要走向衰退,而衰退的却也有可能会再转变成发展,这当是无疑的。同时,强回滞所依赖的历史程度必深,受过去的影响必多;然弱回滞,则只受上一期的影响。因此,失业回滞理论的实质表明,它不仅要取决于当前的各种产生失业的因素,而且也相当一部分地是取决于过去的失业情况,即失业乃是由历史和当下共同作用的结果。所以,持续的追求利润最大化的做法和现实的对于高新技术的利用选择,都可以综合地排挤劳动力,进而形成失业。

7. 下面,我们设一个企业的生命周期为 $S=r/g$,此处 r 是以技术时间衡量的企业寿命,它的公式如下:

$$r=\ln P^{max}-\ln\frac{P\varepsilon}{A}$$

在每一时间,失业工人为企业的消失关闭的频率(1/S)乘以当期生产的企业数目。如果 V 是经济中所有的职位空缺数目,则失业工人找工作的概率 $P(v)=m(1,v)/1=m(1,v)$;其中 1 代表经济中劳动力数目,而 m 为著名的匹配函数。这样,在均衡条件下,我们可以得到 $(1-u)\times(1/s)=P(v)$。此处 u 是指失业率,由此我们求出 $u=1-P(v)r/g$,从这个方程中可以看明白,增长对于失业有一种直接创造性破坏效应:在 V 保持不变的情况下,增长率上升将导致工作破坏率 g/r 增加,所以失业也上升了。总的来看,增长对失业是正相关关系。①

8. 此外,李普西把劳动的超额需求和失业率结合在一起,建立了一个关系式:X—U,即劳动超额需求和失业率之间的负向关系。他认为,只要失业人数等于工作的职位空缺,就算不存在超额需求,于是便

① 肖康:《经济增长和失业关系研究》,武汉大学硕士论文 2005 年,第 6 页

证明了超额需求增加会使失业率下降，超额供给增加会使失业率上升。[①] 维塞尔讲，需要的各种满足都是描绘着逐渐降低到零的过程，可是生产却在无限地扩大，故失业已不可避免。然而，农民尽管贫穷，却是不失业的。

9. 我们讲，考虑失业问题，首要的当从有没有收入的角度来想，才是妥帖的。倘若工人从 A 岗位失业，政府能够保障其有收入地进行到 B 岗位就业，则此时的过程便可以称之为天赋闲暇。如上的理由就是，因为人们在工作的当时所创造的剩余价值在留给了资本家后，又被政府拿去一部分充作税收了。同时，鉴于工厂效率的提高，人们也理应享受到一定的闲暇，可是人们竟没有这方面的要求，似是有些遗憾！另外，福利增加，闲暇也当同时增加，即要用适度的闲暇来代替在一定范围内的失业，如是就需要政府肩担起这里的责任，也需要工人们有一个较高的认识水准来配合。总之，财富引起就业下降，必然要与幸福相联系，而不是要与沮丧相联系。[②]

10. 那么，在充分就业下的自然失业处，又是如何演绎的呢？非常明显，这一定是要在机器体系之外，才可独立生成，此即言，其现在应与工业企业无关。另外，由于人力资本投资和人们受教育年限呈正相关关系，在退休年龄一定的条件下，社会平均的劳动时间会逐渐缩短；由此得出，长期中社会劳动供给曲线是负斜率曲线，而这样一来，就可以抑控某些失业了。还有，经济增长率与物价上涨率之间的关系曲线，可称为“产出—物价”菲利普斯曲线，它是以经济增长率代替了失业率

---

① 章晓莉：《对菲利普斯曲线的哲学考察》，苏州大学硕士论文 2001 年，第 4 页

② 小罗伯特・卢卡斯：《经济周期理论研究》，朱善利译，商务印书馆 2000 年版，第 5 页

的,这一替代又是通过奥肯定律来实现的,其要表达的根本便是,只要失业率降低,经济就会增长;只要失业率增加,经济就会下滑。于是,我们只好引进技术进步的作用。首先,它会导致需求下降,因为技术进步往往会使劳动使用量下降,从而导致就业水平的下降,在货币工资不变的假定下,必然使需求下降。然而,相对于在业者而言,技术进步又会使价格呈下降趋势,因此它便使得货币工资的购买力上升,同时新技术必然会使工资率上升,从而在总体上就扩大了需求。这就是说,我们一旦用技术进步来推定失业问题对经济的影响时,又是具有它自己的新结论的。

11. 在进出口方面,即使不同国家中,生产技术相同,仍然可能发生贸易。只要每一个国家之间的各生产要素,例如各种劳动、资本和土地的供给不同就足够了,比如熟练劳动程度的不同也是引发国际贸易的重要原因之一,此即进出口商品贸易只是生产因素国际间流动的一种代替品。这时,对一种劳动密集商品,例如纺织品,征收关税,会影响进口国的收入分配有利于劳动;对于资本密集商品征收关税,将导致利益重新分配,而有利于资本的主人。在外贸经营中,也有和其他行业一样的处于不能实现产出的极为困难的底层单位,对于它的失业者,可以自动转移最好,或说是通过市场的自身的繁荣和其他企业规模的扩大来解决;其次,就是政府强制转换,倘若上述的两个方法均不能实现,日积月累就会爆发危机。此刻,对于政府而言,有些学者希望其用赤字这个所谓的利器,来促进复苏和减少失业。可是,这种理论有意义吗?由之我们想引出费什的一个更为宽泛的观点,他讲理论不可能指导实践,因为它的规则和程序都不过是来自实践史的概括,而且理论不可能改良实践,由于理论并不是无偏见的。①

12. 目前,知识已成为主要的生产力,它显著地改变了高度发达国家的就业人口构成。于是,由知识所推动的技术进步,即会带来就业的再扩大。可见,对于就业而言,需求的增长有着正的影响,而技术进步则带来负面的影响之说,就要对它的后半部分做修正了。因为,技术进步虽看似是直接地减少了就业,但其扩大的资本积累,又是必然地要扩大就业的。这就如同机器效率提高虽看似会直接地减少了就业,但它也会增加积累进而能扩大就业是一样的。故需求扩大就业,或称购买力会创造新工作,即只要经济增长,就业便会增多。从某一方面来讲,技术含量越高,则产出越多;劳动力水平越高,产出也越多。且 80%的某些产出或许是由 20%的劳动力形成的,这是不考虑技术因素的;当把技术因素考虑进去,则 80%的某些产出或许是由 20%的相关技术形成的。同样,80%的失业或许也是由 20%的相关技术形成的。这样,一方面的可能的生产过剩和一方面的可能的失业形成,或许就是由其所相关的技术而形成的。然而,根据之前的思想,技术进步的就业效应又必是包含了另外的双重性的;尽管如此,我们在这里所阐释的关于技术与过剩及失业的此种二八关系,也是要成立的。

13. 依于过去的先贤们的理论,充分就业与物价稳定必是坚冰与烈焰般不相容的,因此人们便鼓吹,若欲充分就业,预算时便非得有赤字不行。这样一来,就业问题可通过市场自然而然地解决等等,就会变成空话。于是,还要为之多多探讨研究。

14. 我们必须承认,解决失业存在,其实就是一个工资问题,或说

① 杨玉成:《当代西方经济学方法论新进展研究》,福建师范大学博士论文 2002 年,第 47 页

就业问题即是如何为谋求以工资为收入者所提供的充分的工作机会。当然,这里也会涉及分配问题,而分配的依据又是什么呢?人们只能把它指向工资。工资的本质便是劳动力价值的转化形式,它又是一国普通人生活必需品的价值构成,所以工资只是用来维持基本生存的手段,作为劳动力价值的计量单位,它的市场价格,就是关于一揽子用于生活的商品的社会价值的加总。在通常情况下,关于工资的分配是工人在工厂里由工厂主来决定的。然而,在政府的层面,从凯恩斯的理论来看,他所根据的最主要的假设就是要减低大批工人之货币工资,而不引起大量失业之产生,又是不可能的。所以,他才裹挟政府采用了隐蔽的变通之法。

15. 康蒙斯指出,独裁者宣布全国的工资和薪水一律减低 12%,使企业可能有一种利润边际,使失业者可能就业。苏联的独裁用另一种方法来应付,手段更为激烈。一切制造、销售和银行机构属于国家所有,苏联对作为销售者的农民和合作社给予低价,而对做为购买者的同样农民和工人收取高价。并且,利用两者的差额,不必借款就可以创造资本的来源,雇佣工资劳动者,建设庞大的物质资本。节约是强迫的节约,由于压低原料的价格而抬高零售物品的价格。他们没有失业,虽然他们贫穷。[①] 我们再联系上一段落中的凯恩斯的做法,就能明见,在过去的资本主义的民主社会里或是在独裁的社会里,他们对于失业者的所谓拯救,都是卑鄙的和可耻的。

16. 从原理上讲,实际工资的变化可能有需求方面和供给方面的共同效应。因此,综合需求,由充分就业时的工资总额决定,如综合需求不及工资总额,即是综合需求的不足。但是,弗里德曼根据某种假

① 康芒斯:《制度经济学》,于树生译,商务印书馆 1997 年版,第 570-571 页

设，在估计总消费支出时确认，只有“永久收入”而非各年度收入才是决定性因素，并由此而改造了消费理论，进而在供给方面，也好构建自己的体系。细想起来，若用这些来反演至工资至失业者，意义又是不大的，或许它还没有资本与工资的关系重要。对于工人而言，永远也不可能通过工资收入来发财致富；然而，工人永远也未指望有过除去了基本生活之外的奢想。

17. 非常明显，工资的不易变化会迫使家庭和企业在实践中和在短期内，难以按着新的信息来调整他们的计划。所以，不变化的低薪工作者和被困于土地上的农民是无有异处的。然而，一个高度静态的刚性经济可能给每人一个固定位置；而一个动态的、高度进步的经济，提供永远在变化的机会和培育灵活性，可能有一个高的自然失业率。①其实，关于上述的溢美之处也是欠妥当的，它并没有多少值得炫耀的地方。这就是讲，进步当与失业无关联，虽然他们使用了自然失业率的说法。但是，“有一个高的自然失业率”一语，便把他们自己给否定掉了。

18. 通过上面的文字，我们可以做一小结。第一，关于失业生成的共因，无疑都是市场经济的产物。就根本上看，它应在于资本有机构成的不断提高，而使得经济中对于劳动力的需求相对减少。同时，由于提高生产效率，它便自然要挤压出一部分劳动者，形成失业。这是因为，若提高效率是通过提高工资来完成的，在提高效率后，必要降低对劳动的需求，从而便会产生失业。第二，在充分就业的条件下，工人怠工，生产效率就会低下，当所有企业均通过提高工资的方法来减少怠工现象

---

① 《诺贝尔经济学奖金获得者讲演集》上卷，王宏昌译，中国社会科学出版社 1997 年版，第 293 页

时,他们对劳动的需求也会下降。因此,便出现了失业。所以,失业者也有自身方面的原因。另一方面,实质工资的增加,很可能会成为某种投资的诱因,其理由就是,它会引起生产者的以机器去代替人工。于是,凡欲大规模地投资于机器设备者,都不太有许多的增加就业的可能。故失业的形成,乃是由多方作用的结果。

19. 纵观历史,失业问题也是从农业社会向工业社会过渡初期的一种必然存在,它当为农业社会“冬闲”的某种自然遗存,以及是政府的功能不健全造成的。随着工业社会的高度发展,失业一类的事情就会让悠闲所代替。在现代,当产品销路疲滞,利润不丰的时候,企业主们就认为此时的银根是紧的,他们最向往的乃是能够刺激销路和抬高价格的活跃性消费。政府在此期间往往愿意给予货币支持,然而无大用,因为他们仍然卖不出去所有的产品,即不能完全实现产出,进而失业也就无以避免了。有学者研究,中国 20 世纪 90 年代的经济增长,是在一定程度上排挤就业的。① 这个结论,只要以之经济增长速度来权衡劳动投入的增长速度,就可以得出。

20. 卢卡斯认为,通过工资的自发调节,便会达到劳动的充分就业。可是,经济行为主体的预期虽是理性的,然其就不会犯系统的错误吗?且他们所掌握的信息就是完全的吗?如是之,卢氏的观点就难成全。可见,自由的市场的单干不行,它只有与计划的政府的在完成了某种匹配之后,才会有好的效果。由政府的越位和缺位的内容可知,政府与市场是社会发展的两条腿,二者缺一不可。所以,既不能只搞政府的计划,也不能放任市场的自由。因为,市场的自由也有它的存在边界,越过了这个边界,就是政府的领地了。

---

① 肖康:《经济增长和失业关系研究》,武汉大学硕士论文 2005 年,第 21 页

21. 在计划经济中,政府之提高效率及创造就业机会等,也是对经济的贡献。众所周知,计划经济的发展似乎是缓慢的,但市场经济的周期性衰退所造成的破坏,又何止是成本上的或是发展速度上的问题呢?因此,若欲比较其二者之最后利益的谁大谁小,又是会让人感到困惑的。我们说,无论如何,自由市场体系不可能会是十全十美的。比如,美国和欧洲战后时期的总供给和总需求的相对平衡,在很大程度上实是有意识的政府政策的结果,并不是市场自动走向平衡的趋势使然;而市场体系所酿成的失业,即意味着许多的资源未被充分利用,或者说,生产潜能和主观的能动性都无法发挥,它不仅极大地打击了失业者的自尊心、影响力及情感,还会减少社会的总供给等。关于失业之痛,对于每一位失业者而言,都是有切肤般伤感的。

22. 鉴于上述内容,我们就要全力地研究那些所谓的用通胀之法来意欲拯救失业的是否有效的问题。首先,英国是用通货膨胀来医治失业存在的始作俑者,其通胀政策,又被美之名为充分就业的政策。因为,人们对失业比对通胀怀有更大的恐惧,采用通胀措施,从政治上看,似是可以短暂地获得民心的;这就可以发现,政府恰是利用了人们的对于失业问题比对通胀问题更令人担忧的表面心理。于是,政府愈演愈烈,就终于地走向了它自己的反面。届时,人民便受到了失业和通胀的双重打击。

23. 细查,菲利普斯通过对英国 90 多年的资料分析,得出了菲利普斯曲线,认为通胀和失业率之间的相互替代关系,运用到政策层面就是政府可以在高失业率的情况下,通过提高通胀率来降低失业率,而在无法忍受的高通胀率面前,又可以通过提高失业率来降低通胀率。或说,若欲通胀率高,则失业率就低;而欲通胀率低,则失业率就高。关于

短期的菲利普斯曲线可以描述为:

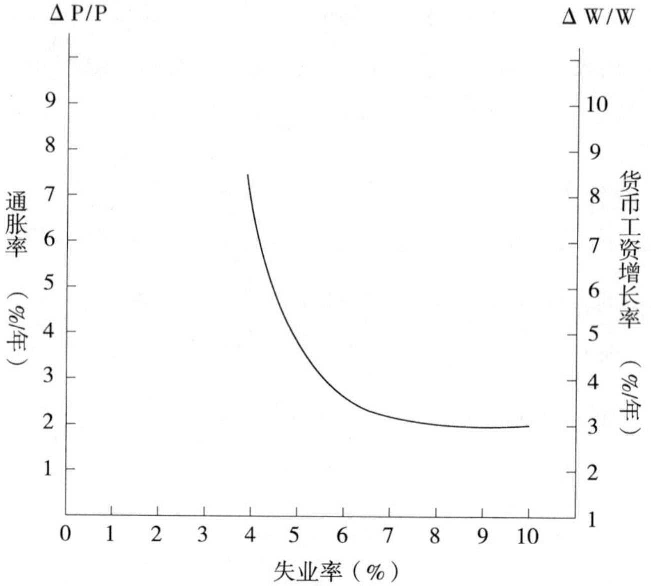

(菲利普斯曲线)

本图表示,向左移失业率较低,但曲线上的价格和工资的增长率就会上升;反之,下降。[①] 综合可见,短期内的菲利普斯曲线还是成立的,但长期的则不成立。因为,在20世纪70年代,西方国家出现了“滞胀”,高失业率和高通胀率并存,此时的菲利普斯曲线就无法解释这种现象了。

24. 因循短期的菲利普斯曲线,我们曾受一个错误的两分法所指导,要么就是通货膨胀,要么就是失业。然而,这一选择必是错误的观念在作怪。还有,就是在经济系统的一些点上不断注入外加的货币量,在那里创造一种暂时的需求,这种暂时的需求连同物价继涨的期望吸引劳动和其他资源就业,只有当货币量按同样速率继续增加,或者只有

① 萨缪尔森:《经济学》,萧琛译,人民邮电出版社2006年版,第556页

当它按给定加速度继续增加时,这种就业才能持久。事实上,我们已被这一错误的理论见解给吸引到了危险的处境,因为它不能阻止大量的失业重新出现。[①] 在另一方面,总名义需求和通胀中的非预期变动,给雇主们和职工们都将造成系统性的预测误差,开始时导致失业与它的自然率以相反方向偏离。在这一点上,货币一定不是中性的。就有关货币中性的思想来看,它对政府的影响十分有限。此外,通胀还会引起资源的误用,尤其是劳动的误用,这和危机时所引起的误用是一样的。

25. 通胀的错误的引导作用是巨大的,它的直接危害就是受其压力,市场利率上涨,物价也上涨,在原来较低利率之下所进行的有利投资,现在就变为无利了;其表现可能是工厂购买原材料已日益困难,便会停工,但工人却不易完成岗位转移,这样失业就与物价上涨同时发生。此时,银行担心企业不能归还借款,仍要支持在建企业,于是通胀就要加剧,消费物价也会再次上涨,所以通胀是不可挽救失业的。这里的起因就是政府的要扩大生产,要降低利率,要贬值通货等等。因此,企业在这种情况下会疯长,并带动物价高涨而终于走向通胀。然通胀一出现,原来极度扩大的企业便在加速膨胀的过程中,会因货币用量超额而受损最重,结果处于被动;如是之,该企业里的工人就要失业,或已经失业了。

26. 有学者称,通胀具有筹款、刺激投资和减少失业的功能,这就是说,通胀乃是经济发展和增长的伴生物。但是,由于工资、价格具有刚性,而此与工人的怠工又有天性的联系。这样,发展、通胀、投资、失业、工资、价格、怠工等等就互为相连,结合在一起,所以极难表达清晰。

---

① 《诺贝尔经济学奖金获得者讲演集》上卷,王宏昌译,中国社会科学出版社 1997 年版,第 225 页

就一般原理而言,只有当失业处于最小状态,经济的增长才是处于最大时。然而,通胀率处于最大状态,经济就势要走向衰退;接着,就是失业率最大,经济危机就会爆发;至于经济的恢复和发展,应是由通胀率处于最低点时开始的。从上述之中,人们难以见到通胀与发展,或通胀兼及失业的捆绑等与发展的本真之对应关系。到此,我们讲,看通胀问题,绝不会有什么好的因果秩序。

27. 多恩布什有如下论述,如果通货膨胀预期不变,通货膨胀率减少 1 个百分点,失业率会增长 2 个百分点。失业率增加 2 个百分点,GDP 会减少 4%。因而通货膨胀率减少 1 个百分点,GDP 会减少 4%。[①] 这或许就是降低通货膨胀率的代价。于是,它就印证了奥肯法则,当失业率高于非加速通货膨胀的失业率 2 个百分点时,实际 GDP 就将比潜在的 GDP 的水平下降 4%。反之,也成立。按着上面的思想,则平均就业弹性系数便容易求出,因为它是指 GDP 每增加一个百分点时,就业增加的百分比。

28. 但是,若依了多恩布什所述和奥肯定律之言,则 GDP 的增长和失业的减少就是务必要建立在通货膨胀的基础之上了。对此,我们不以为然,它或许会存在于通胀的某一极小的阶段。总之,它不具有长期的稳定的可操作性。否则,经济危机就可以彻底地被根除了,进而天下就可以万事大吉。关于通胀的正负作用,托宾讲,无论如何,还是应当把加速通货膨胀最后造成的损害和它在就业和生产方面带来的好处进行一番比较,看看到底是利大还是弊大。[②] 很显然,这是一种公道的做

① 曾旸:《中国的经济增长与就业增长非一致研究》,中山大学硕士论文 2005 年,第 25 页

② 托宾:《十年来的新经济学》,钟淦恩译,商务印书馆 1980 年版,第 86 页

法。根据有关理论，货币如水，一旦通胀，就是在经济体中的水肿，而水肿的形成，终究是无益的。然而形成的水肿病需要治疗，却可以增加医院的收入，可以增加制药厂的收入等等，因此看起来还是有增加就业和促生产的效用的。这就是通胀能够扩大生产和就业的本质。可是，若水肿越来越厉害，则人们的痛苦指数就会越来越高，于是它所代表的居民的不满意的程度也就要越来越高。

29. 关于磁滞性问题，它反映在通胀的过程中，即是一方面要先行扩大就业，然之随着通胀力度的强悍，就业率便要降下来，所以持续的通胀一定又会带来失业的增加。凯恩斯认为，价格和工资是粘性的。倘若由之推动的能源的高价格和食品的高价格，再去助成通胀，则此时的通胀便具有外生性，它只能形成生产率的下降，不可能会带动生产和扩大就业了；这似是一种必然。于是，通胀或高通胀并不一定就意味着有生产和就业的扩大，或存在有异常高的以及异常低的失业，这要看具体情况。在西方，它的失业与通胀的关系，基本上是循轨型的，在我国则不尽相同。

30. 我们必须强调，现代资本主义社会中所存在的工资刚性和价格刚性问题，以及存在着的工资与物价的螺旋状上升的问题，兼之存在着的失业与工资上升并存，或失业与工资上升的并存必然要演变为失业与通胀之并发的局面等，均是由政府的事后的货币围绕着经济运转的大通货政策所致。因此，即使在失业人数与职位空缺数目相等时，工资与物价也会上涨不误，所以托宾讲，在空位与失业相等的意义上的充分就业是与物价稳定有矛盾的，当是有道理的。这就是说，只要政府实行大货币政策，虽然失业与空位相等，但通胀的倾向仍是不可避免的。托宾又说，零通货膨胀需要失业多于空位。我们讲，这是好事。因为，在零通胀情况下单一地解决失业问题,会比把它搅在通胀之中来处理,要简易得多。

31. 通胀的短期功用,我们已做阐述。那么,它的长期性又是怎样的呢? 弗里德曼第一个指出,人们接受的失业和通货膨胀之间的一种简单取舍关系,只是一种暂时现象,在较长时期中(五年以上),不存在这种取舍关系,[①]即通胀和失业之间不能存有某种可以稳定地相互交换之力。或称,连续的通胀,却一直伴有记录失业率的提高。这就是说,在长期中,通胀率越高,则失业率也是越高的。于是,它就可以通过下图表示出来。

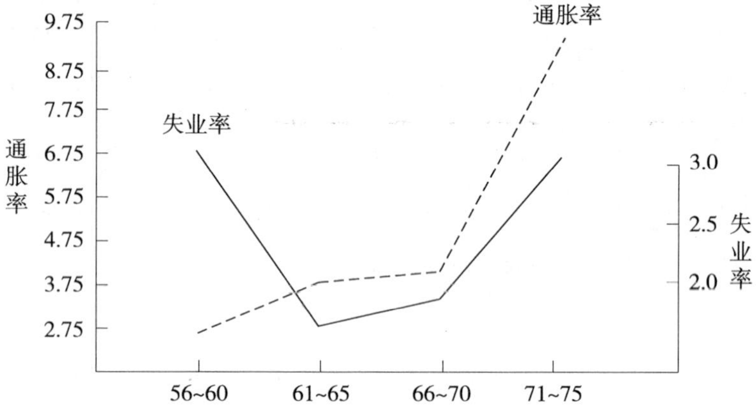

通胀率和失业率,1956—1975,分成五年一期,七个国家的未加权平均[②]

32. 1995 年,瑞典皇家科学院称,卢卡斯使用理性预期的概念说明,允许通货膨胀上升,肯定不能使就业永久增加。[③] 同时,在任何长

---

① 《诺贝尔经济学奖金获得者讲演集》上卷,王宏昌译,中国社会科学出版社 1997 年版,第 277 页

② 《诺贝尔经济学奖金获得者讲演集》上卷,王宏昌译,中国社会科学出版社 1997 年版,第 307 页

③ 《诺贝尔经济学奖金获得者讲演集》下卷,王宏昌译,中国社会科学出版社 1997 年版,第 387 页

期内，高水平的通货膨胀很可能意味着低水平的商品生产和高水平的失业。① 因此，通过长期的菲利普斯曲线，就会得到很好的说明。如下图：

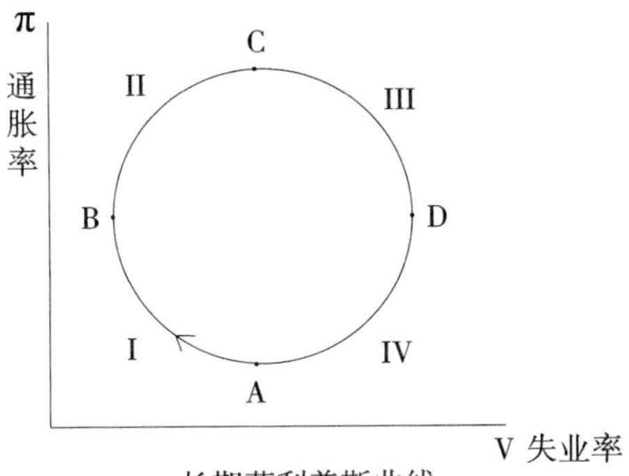

长期菲利普斯曲线

在第Ⅰ阶段，失业率下降，通胀上升；第Ⅱ阶段，失业率上升，通胀上升；第Ⅲ阶段，失业率上升，通胀下降；第Ⅳ阶段，失业率下降，通胀下降。很明显，失业率上升，通胀有上有下，而失业率下降，通胀亦有上有下，故失业率并不能左右通胀。与此相类似，通胀率上升，失业率有上有下；通胀率下降，失业率亦有上有下，所以通胀率对失业率也不产生影响。这些，都是在长期中，通胀与失业的毫无关联的反映。

33. 卢卡斯又认为，价格调节商品的供求，工资调节劳动的供求，由于社会存在经济上的自然增长率和自然失业率，在长期中，不存在通货膨胀率与失业率之间的替换。所以，社会从长期的高通货膨胀中得不到永久性利益；相反，高通胀有持续的缺点。只有用膨胀性货币和财政政策以外的其他手段，才能成功地补救高失业和低就业。我们讲，这些另寻他法的思想是十分精当的。

① 弗里德曼：《论通货膨胀》，中国社会科学出版社 1982 年版，第 31 页

34. 蒙代尔指出，较高的通货膨胀将使投资者降低他们的现金余额；他还阐述了国际间资本和劳动力流动怎样促使国家之间的商品价格的相等问题。据此，我们说，在现代社会的全球化背景下，要实现劳动力的自然流动，即如资本一样，将是解决国家之间的贸易顺差和逆差等实际的关键。然而，中国竟无人谈及此处，只是随着美国的压人民币升值来被动话语，确有不妙。

35. 纵观上面的文字，通胀者，似先有小利，然后却有大祸。倘若人们希望能通过对货币持久贬值之法来拯救失业，那就是痴人妄想了。因此，欲使通胀来解决失业问题，或用减少就业的方法，来稳定货币等，便是水、火不相容的。我们的结论就是，当今世界上许多资本主义国家所普遍愿意采取的想使用以通胀的变术，来解决失业问题的主张等，统统都是无效的，都是类如饮鸩止渴的。

第二节　政府的责任(二)

36. 拯救失业是政府的责任，它有义务要使之每一位公民都能过上有尊严的生活。政府不是江湖中人，对它的百姓只有从务实的角度出发，不可以搞具有欺诈性的通胀技巧。政府要从制度建设上，要从转移支付中，要经由税收的杠杆，要利用社会的、经济的和政治的综合优势，全力地有秩序地解决好转换失业的问题。届时，天下就会一片安宁。

37. 为此，把增加就业的关乎国计的大事，由人民来委托安排给政府去实现，当是最优的选择。这是由于，所有的经济存在都是受政治通过了政府的影响下的经济，或说政治的措施，定会引起经济上的某种效用，即政、经必会在社会上反映为相互呼应的联系。当然，经济对政治也具有对等的作用。所以，没有什么不是社会和历史的——事实上，一切事物“最终”都是政治性的，[①]而政治性的在和平年代主要的当是由政府来反映，似是无疑的。政府具有强力的正向作用，有时搞不好，也会导致灾难。比如，那次经济大萧条（20 世纪 30 年代）像大多数其他严重失业时期一样，是由于政府管理不当而造成，而不是由于私有制经济的任何固有的不稳定性。[②] 这就表明，作为政府来讲，它要干预经济之计划务要科学、合理、系统、有效，且在掌握理论上，一定要参照最先进的思想，再与过去的最成功的案例进行结合，观察它们是否具有极多的同类项，不然的话，则万不可妄动。

38. 我们知道，政府执行货币政策之所以会受到阻力，乃是由于它的影响不均衡造成的。但是，即使某些政策的影响力，或许是均衡的，然而由于发展的不均衡，故之效果也是难以均衡的。这样一来，政府就要被迫地希望通过制度的方式来改变一些不均衡的状态，或是强制地要维护某种不平衡的状态。如是之，反映在占有的制度问题上，它就不再为工业的现象了。因此，在社会的某些部门，是靠制度的力量来决定工资率的。就所有制的问题看，是谁确定了它们的哪些关系的呢？很明显，是过去的存在，是过去的历史和政权的产物，故相对于前进着的现在和未来而言，它便具有了某些方面的落后性。那么，有没有一种更新型的存在关系呢？我们认为，由于家庭和国家的具体现状，就只能分为私有制和国有制两种，对于企业而言，它首先应是归依于社会的，即

---

① 佩里·安德森：《后现代性的起源》，紫辰译，中国社会科学出版社 2008 年版，第 134 页

② 弗里德曼：《资本主义与自由》，张瑞玉译，商务印书馆 2007 年版，第 43 页

必是含有公、私的两种成分,如使用了某一家庭的私有劳动,又使用了国家的资源等。所以,为了保护每一私人家庭,政府和企业就要联合起来,才可以有效地使分配制度在企业和国家之间建立起来;只要工人在企业里劳动,就应获得相应的工资收入,若企业家们在无能为力时,政府就当有责任来使每个人只要他愿意,就能有工作,或是能够获得生活的保障。于是,政府和企业便应合力地为所有的家庭都要撑起他们生活的蓝天。

39. 众所周知,由于过去的制度所形成的有闲阶级,虽不从事生产,却也能带动和刺激消费,但他们的掠夺和伤害他人的习性则不能反映为正能量。以此观之,任何一制度的滞后的负面作用,就是必须要用前行中的政治的手段给予去除。

40. 可是,政府、市场和企业之间的关系又是怎样的呢?有人认为,市场是万能的,有人则认为,政府是万能的。科斯讲,企业的存在是因为其组织的成本要低于市场交易成本;但市场存在仍有理由,那么市场的存在也是因为其交易成本要低于政府的组织成本吗?在某种情况下,是可以这么说的。于是,政府成本高于市场成本,市场成本又高于企业成本。科斯又言,企业组织的成本有时也会高于市场的交易成本,同样市场交易成本也有可能会高于政府的组织成本。这里的关键就是政府要小,要有计划于货币之先,并让企业有尺度地发展,且要参照市场进而来代替市场的某些功能。于是,政府和企业就可以相得益彰,此时的市场在企业的以社会为父为母的背景下,它的所谓的调剂效用就会由企业更多地承担起来,而完成在私有和公有及社会之间的现代化运转。处在这里的劳动之种种表现,就不仅仅再是单纯的某些人的谋生的手段,定是成了全社会的基本的生活本身的第一需要。可见,社会就绝对不可以存在有失业,或通过失业来摧毁政府、市场和企业之间的紧密的相生性的联系,似是天经地义了。

41. 关于政府为了增加就业所采取的一些措施和方法,我们简述如下。例如,在中世纪,政府不鼓励人们进行“超额的劳动”,因为一个人多干了,另一个人就可能会丢掉饭碗。于是,如果每个人都实行了定量的工作时间,不以自己的劳动来取代或剥夺他人的劳动,则失业率就会大大降低,这当成为一项制度,即某人只要完成了 A(365 日减去假期)天数的劳动之后,就可以休息了;原则上没有加班加点之说,或讲虽有加班加点的情况发生,但也要从总劳动天数中冲减。当然,分散失业的技术,还可以把每人每周的工作时间减少到二十四小时或三十小时左右,以及提前退休都是一个方法。我们讲,一个社会的就业总量和对劳动力的所需,是可以计算出来的,只要政府掌握有调控工作日时的权力,则完成使每人均有基本的就业机会之目的,似是可以实现的。尽管这里也有许多麻烦,如实行强制闲暇对环境造成的破坏,将同以前生产和消费造成的破坏是一样的,等等。

42. 对于企业而言,政府应倡导投资一定要有利于就业的思想。不然,追求利润最大化的可能就会半途而废。因此,凡是在新的就业水准已经建立起来以后的投资,或是扩大规模和增加了生产流程等等,便能够增加更多的财富。其道理就是,只有先解决了失业问题,社会的总需求才会更旺盛,或说它只要大于技术进步和效率增长之和,则这种相生性的关系就能够存在下去。还有,就是新增加的劳动力的介入到经济整体中来的过程,也可能会抵减生产效率的部分提高。于是,由解决就业问题为发展龙头的理路,就会在很长一段时间内得以实现。在计划经济的年代,由于就业在先,人人都有工作,造成的社会需求就大,故看起来物资的供应就匮乏。在市场经济条件下,由于不能使人们充分就业,社会总需求下降,所有物品才显得特别丰富。总之,我们的欲望就是要把计划经济和市场经济的各自的优势结合起来,才是最合乎人性的。否则,计划经济中存在的效能低下的问题和市场经济中存在的周期性的危机问题等等,便不宜被消灭掉。

43. 厉以宁先生认为,一般情况下就业优先,特殊情况下首先抑制通胀。[①] 因为,通货膨胀率更容易得到控制,而高的失业率则很难降下来。这就要求我们,一方面的增加劳动之法,或许是要在更细的分工上做文章,一方面就是稳定通货,使劳动市场能真正起到配置劳动力资源的作用,或称千万不能用通胀的办法来解决或调节失业问题。此外,由于扩张性的财政政策,具有引起货币升值的作用,所有用它来打压一些货币贬值的尾巴,应是可行的。同时,还可以用财政的一部分支出来转移失业。如是之,就能够消解去失业和通胀的两大顽疾。

44. 二八法则主张,不平衡乃是自然现象,这个法则虽然把重心放在了不平衡上,但它并不认为,我们的生活方式,在生活行为中也是要遵循不平衡的原则的。于是,这一法则也不暗指不平衡就是合乎道德或是有情有理的。此而言,在政治上的运作还是需要平等的,然其结果随着时间的延续,仍会出现不平衡的事实。由上可知,在原因、过程和结果之间,一定会存有某种非线性的关系。这样一来,结果便可以不受过程操纵,而过程也就不是原因的自然展开了。所以,要完成经济和政治的时时结合与时时修正,就显得十分重要了。依着我们的研究,政府只要照顾好那些具有80%的劳动人口,却只实现了20%的产出的企业之工人的有待失业者的转移,国家便是要安详极致的。因此,对那些只

① 厉以宁:《转型发展理论》,同心出版社1996年版,第96页

用了20%的劳动人口,却能实现80%的产出的企业,政府就根本不用对它进行什么干预,只要让它们很好地完税就可以了。

45. 如果80%的实现产出,是由20%的劳动力所创造形成,则其一定是指向着纯粹的工业部门的核心而言的。可见,对于一个社会,除了纯粹的工业部门的核心之外,它必还包涵着极多的领域,如环境的治理等等;故失业仅仅是市场的工业现象,而在非工业之外,却可以安排大量的被工业之市场所挤压出的那些近乎80%的需要劳动的人。如上,就反映出,在工业化的围栏之内,若只靠它的市场的供求本身,就难以调节失业问题,并且难以再造出其他的新的智慧思想。所以,欲求大面积地解决失业问题,还应到工业化的市场之外去寻找阵地和良方。我们言,狭隘的劳动力的供需之间,至多是反映着某种量的存在,其与就业均衡不产生长期有效的根本关系。

46. 我们说,充分就业态要在机器体系之外确立,它的未来应与工业企业无关。这是由于,如果经济的内在因素不能解决其出现的问题时,就必须要求助于它的外部或是政治的来给予共同地诊疗,倘不这样做,如使万物不去接受春天的阳光,它们便永远也不会复苏是一样的。此外,关于劳动力的外生问题,政府完全可以搞一个动态的如利率的波动的调节的指导方法来解决,而这纯属技术问题,故不难。于是,我们就要在工业、农业之外,再去寻一块新的就业领域,这个新领域肯定地又不是指向着第三产业的。

47. 我们人类绝不仅仅是只会生产和消费的动物,一个社会是需要大批的思想者的,政府有责任要供养这些人员进行悠闲的以便于出智慧的生活;这样也可以减少一些对于体力性失业人员的冲击。同时,由于经济危机所导致的政治危机的界面乃是失业人员的增长或长期存在,政府为了保持稳定,就必须要予失业者以宽裕的生活保障,如此只是照顾好失业群体的一个最低之层面的工作;此项反映在未来的福利国家上,或说福利国家之最大的福利,就是对任何一位的失业者都应确保其有基本的工资发放。我们认为,上述的才是合人道的。有学者称,在经济危机时,可以使失业者有组织地去面向自然,如兴修水利等。其实,这比把目光只放在工业的一个方面似是好得多。当然,蒙代尔的希望劳动力在国际之间的做流动的思想,是更为贤明的,可是在发达国家却不允许发展中国家或较贫困国家的劳动力踏进他们的国界半步;比较合理的做法是,资本输出国要相应地允许资本输入国的劳动力也能进到它的疆土领地。

48. 鉴于前面的文字,我们主张就要用国家手段来解决失业。目前,不加区别地支持一切消费,已变成有些政府抵御失业的标准政策,然而效果不好。因此,政治的目的就要明确,比如国家对于过剩产品的消费就可以不计利润,而只专注于安排就业和促进发展。另外,失业者若先前有储蓄,则财政上可以在他们进行消费的时候,进行一部分必要的补贴。这样,或许能安定一些失业者的情绪。尽人皆知,国家当是一个具有极大的伸缩余地的消费者和投资者或是生产者,因之其力量巨大,它不仅能协调还能强制实现有效的劳动力转移,并有办法来化解公、私之间的以及私有者之间利益不均衡的矛盾等等。所以,凡是政府能够发挥强有力作用的国家,其经济总是会呈现着某种良好的发展态势。

49. 经济危机具有周期性,繁荣也有持续性,只要工业在劳动力规模和分工的精细化程度方面,能不断扩大和进步,那么它就会增加就业。显而易见,运用国家机器,来推动经济,必是一条可行的路线。有关理论认为，某些经济时间序列存在长期的均衡关系，如政府支出与税收等。因此，只要政府愿意，则潜在就业规模与充分发展规模的趋于一致，便会实现。于是，可以解决所有失业问题的一般性失业理论是不可能存在的说法，就要因国家政治力的介入，而被我们的新思想给予彻底地推翻。

50. 弗里德曼讲，决定一国财富的“真正”力量是公民的才能、勤奋和智慧，以及可以支配的资源或经济与政治的组织方式等等。但对于个人而言，财富却是货币。在幸福国家，充分就业和普遍供给是它的两大标识，即使在某些落后的工业化组织或地区，失业的存在也是相对于利益之增加的产物，只是人们没有处理好生产过剩与失业并存的关系而已。如是，你自己做不到的，就要让政府替你来做。

51. 在本质上观察，经济的只能是存在于政府的器皿容具中操作的，它没有跃出这个盆盂的能力。因此，经济的负作用，比如失业问题，由政府来消解，或许能起到更好的效果。这是由于所有的经济都是有利有弊的，只要以经济之利去谋发展，而以政治的手段去其弊，则定有大推进。以经济之利去发展，以政治的手段去其弊，当形成一种制度，形成一种法律，它就像今天的人们所制定的反垄断法是一样的。由于经济的竞争一方面是有利的，一方面它又会自动地生成着垄断，所以就要以竞争之利求经济发展，又要以政治的方法来去其弊，这就是必须要反垄断。由前述可见，以经济之利求发展，以政治手段去其弊，乃是一个万全之策。于是，增加就业的问题，就不只是企业的事情了，它还应是政府的事情，它还应是全社会的事情，即就业一事除在企业中解决一部分，在企业之外的社会的各方面还要广泛进行。这样一来，企业就业便与社会就业结合了起来，其就业的领域即会更宽阔。以就业维持就业,以就业扩大就业,政府的工作要以就业为先,在这里若欲践行上述目标,就一定要在全社会中去找答案,不然的话,则万难实现。

52. 宏观经济研究的主要目标,除总生产和通胀之外,即是关于就业的问题。我们讲,充分就业的关键,仍是在趋近失业的劳动力之转移。此时,政府就再也不能游离于专业化分工体系之外,而应当为普通劳动力从贬值了的技能和知识市场,向高价位的新技能和新知识市场的转移,提供基本的教育和培训机会。或者说,如果政府能够承担起对劳动者的技能培训和从事新职业所需要具备的基本素质方面的教育,则失业者的境况就会得到很大改善。[①] 根据下图:

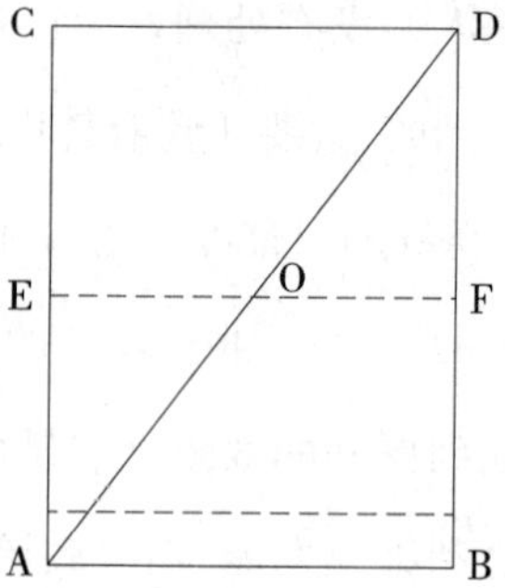

在靠近 AB 一线的部分,就要由政府来完成转移。然而,仅有培训和教育还不够。对于政府来说,它的更重要的任务当是解决人力资本所不能解决的市场制度的建设问题,等等。因此,新理论就必须要在更高的层面上来展开。

53. 我们发现,在当今的社会,资本越来越集中,资本的规模也越来越大,这就意味着生产的必然过剩和失业人数的一定增加。因此,政府就要在资本的层面上来考虑如何用抑制生产过剩的方法来挽救失

① 牛润霞:《技术变迁中的失业问题研究》,中共中央党校博士论文 2006 年,第 118 页

业;或是任由生产过剩,并用其产品来保障人们的生活需求,这在计划经济条件下是容易实现的,然在资本主义的所谓的自由主义氛围中,实行起来就只能靠间接的手段了;比如用征税的形式才可解决。这里的要点,就是通过征税的方法来转移趋于饱和的产品,而使之在社会的各方面上都能有一个均匀的分布。另外,第三产业十分重要。根据相生性的发展模式,在一、二、三产业的循环体系之外,势必会存有一个可以容纳更多就业者的第四产业。比如,我们现在的人类,正在无尽地耗费石油,这样地球就会因石油的被燃烧而使其质量有所减少,于是它在围绕太阳转的时候,或许就会越来越接近那一巨大的"火轮";这也可能就是地球表面温度越来越高的原因之一。鉴于此,人们在未来就一定要相生之,所以由相生之法来增加的就业,即依赖于相生性的思想而引致的第四产业一旦形成,则失业问题或许就可以一劳永逸地被根除。

54. 当然,人们也可以预见,在不远处,全世界会只剩下最后一个工人,他把所有的机器都开动起来,生产全社会所需要的产品。[①] 这就是说,其他人都已在从事着非物质生产性的经营了,其中包括科教文卫和精神方面的诸多活动。这些劳动只反映过程,并不形成产品。所以,它又正好把那一个工人所生产出来的全部产品给消费掉,此亦为一种均衡。后面的问题,就是关于非生产性的活动的各个方面的连续存在,如何建构为一个体系,只要这个体系能够确立,则人类的崭新需求也就形成了。这样也就解决了仅限于物质生产而言的劳动力的过剩问题。总之,未来的趋势,只能是生产性的人员愈来愈少,而非生产性的人员会愈来愈多。

55. 于是,生产由机器来完成,慢慢地它就与人的关联会越来越

---

① 杨健生:《经济危机理论的演变》,中国经济出版社 2008 年版,第 203 页

少，极多的人们必要生活在一个非生产的体系之中，自会成为一个趋势。如是之，未来定是一个对生产企业要课征极高税额的社会，尽管它是要通过逐渐增长的办法来实现的。这是由于在今后，如前述，从事物质生产的人员要愈来愈少，而生产的东西却会日益丰富，且从事非生产的人员当会逐渐增多，或他们所要消费的产品也必会需求旺盛。因此，要完成这些存在之间的均衡转移，在市场经济条件下，就只能依靠政府的税收来完成，故将来的对于物质生产企业的税收一定要大大提高。在上面的背景中，只有实行高税收，国家财政才会处于较好的状态，进而能通过转换支付的手段，来促进人们合理匹配的消费。如此一来，政府只要对物质生产企业多收税，多使其他人员进入到非生产领域，或是进入到相生性的第四产业，并以较少的人员来从事物质生产时，就不会形成愿意工作者的失业，同时生产出来的产品也就有了消费市场。

56. 所以，面对未来，在它所需的生产者要越来越少的情况下，政府对于就业问题，若仍然地只盯着生产企业不放，即只想在生产领域内来解决失业问题，显然是没有出路的。这在客观上，就要使生产淘汰下来的人员，必须转换到其他方面之中去。此外，还要提前使大批的优秀人员进入到非生产领域，于是便需政府要调配供给他们生活用品等，所以向生产企业征税就变得不可避免。例如，一企业原有 110 人生产，现在只要 100 人就可以了。此时，政府就要对该企业多征税，通过转支来满足那 10 人的生活需要等。这样的话，一则可以避免失业，一则也可以避免生产的过剩。当然，企业情况衰微的，就都要由政府来担起来，这便需要它有日常的收入积累。

57. 随着生产企业规模的扩大，若兼以所用工人的减少，则其利润就会显著提高，政府为了平衡天下，适时地相对于从前而言，多征一些税款是有合法性的。同时，政府还要多多地在非生产性行业领域引导发展，并用多征的税所形成的财政收入再转移给非生产领域。其间的根本就是因为货币乃是以劳动物的价值为依据，而生产企业的产品又便于用货币来完成流转。所以，凡是非生产领域的人员，均需生产企业来养活，而解决它的办法，沿着资本主义的思想，就是要通过征税的形式经由政府来完成。当然，也可以采用有计划的分配方案来进行。到了如此的时代，大多数人与生产物资的活动便少有了关系。

58. 以上内容，还可以表达为，人类社会发展的前期，似是以谋求享用物质为主的生活，但随着生产技术的日益先进和成熟，物质已极大的丰富。这样一来，大量的用于纯粹的物质生产的人员就要普遍地减少，进而涌到了非生产领域。此时，在物质生产部门中的失业者就绝不可能再回到他们的原有岗位上来。于是，政府就必须要对物的生产者课以高税，而以之来转移支出他们的产品，进入到非物质生产领域，或是要实行物资的有计划的分配，进而来满足非生产性人员的需要，这是一种必然。故现代人，多把挽救失业的想法仅用于生产的企业中，是前景不妙的。我们必须确定好非物质生产人员的生活等的供给，要统由生产部门来解决的方案，而实现其中的配置和循环往复的工作，就只能交由政府经税收的货币来完成。

59. 综合各方面利益，经济加速增长，就必须要反哺就业。在中国的21世纪初期，要大批地在平原地区消灭农村，而使之转入城市化进程，并为此要课征一些税种，来专门用于安排城镇非就业人员的希望从事于以劳动来创造资本的各项工作当中去，届时就可以减少现在所盛行的“低保”人数，使新就业人员都能获得有足够的薪金，这也是具有以工代资的性质，它目的就是要消灭失业。在过去，为了挽救失业，政府通常会采用隐蔽的征税办法,比如最简单的形式就是通货膨胀。由通胀理论我们知道,它多是向穷人取利的方法,故实不可取。所以,为着增加就业的目的若实施征税,就一定要明朗化才好。

60. 既然用通胀的那隐蔽征税的方术,可在短期内使就业增加,或因通胀也是一种征税的手段,并且它与解决失业问题有时也是相联系的;故此去“暗征”而改为用公开的公平的征税,也就可以更有效地增加就业了,且此长期合法的为了增加就业而课征的税款,对于永久性地抑制失业来讲,也就有了刚性的资金保障,也就会使民心更加安定。这种做法在原则上,一定与物价的波动无关,一定与债权人和债务人的相互利益无关,一定会与所有的人都有关。可是,通胀的存在却不能显有此功。所以,我们就可以把为增加就业而课征的这一有益的税种,称之为“增加就业税”。之后,我们就将以课征的“增加就业税”来彻底地解决不愿意失业者们的就业问题了,进而也就要彻底地奉劝任何一个政府都应放弃采用祸国殃民的通货膨胀的那些在暗箱中操作的骗局了。

61. 关于课征“增加就业税”的必然性,我们已经讲述明白。但是,控制失业,就要使就业人员降至不可有再失业的状态,这还需要很长的时间方能实现。虽然有的理论认为,一国就业的增长,主要是依赖于增量资本的增长,而不是依赖于存量资本的增长,可其存在的基础,仍不稳定。我们认为,整个的人类,在过去的时间里,都是向着地球,用掠夺法来获利的。那么,在将来呢?世人必能证明,只有用相生法获利,才是最根本的,而这也是无限地增加就业的唯一指向,尽管这一理论建构还需要后来贤者给予某些补充,然其炫美的曙光,已经来到人间。

62. 接下来,我们继续从接近原点处来阐释课征“增加就业税”的问题。就税收的一般知识看,它的适度存在,应是繁荣的一个重要条件。古代的课税在相当长的一段时间里是从地租开始的，地租就是从全年收入中，减去种子、自用的部分，以及用来换取必需品的部分，所剩下的部分。后来，又发展到从利润和工资中课取。此刻，政府在观察到人们之贸易增加时，便希望赋税能从增加的劳动中来完成；倘若政府观察到人们之贸易在减少时，便希望赋税能从减少的消费中来完成。关于关税，就是政府对进出口货物所课征的一种赋税。通常人们买彩票，即是自己向自己征税。现代社会的累进所得税，便是对高收入者所课以的重税，它只是缩小了收入差距，但仍要保持有差距。

63. 斯密认为，新税总是产生不满。如果税收侵占资本，它必会减少生产规模之资金，如果税赋落在收入上，它就会减少积累。为了解决这两个“减少”的问题，我们主张，应将税收的一部或大部分再转入生产，而这就会成为推动经济发展的极主要的力量。当然，在此背景下，若赋税过轻，反而倒是不利的。此外，平等、确定、缴纳的方便和征收的经济，这四项赋税原则，仍是后学所必要掌握的。李嘉图讲，我已经设法证明，纳税能力是取决于每一个人与其通常消费的商品货币价值所对比的其收入的货币价值。① 这些都应设法与增加就业取得联系。

64. 在经济学上，税的存在不仅是收取财富的手段，它还是调控国内外生产及进出口的一个阀门。当为促进某一行业发展时，就可以实行低税率，为了抑制某一行业的发展时，就可以提高税率，对外产品的管控也是如此。为了避免经济危机的产生，我们言，对发展起来的产业都要实行高税，而对新型工业都宜实行零税或极低的税率。这样，有差别的税制就可以激生新产品而防止成熟产品的生产过剩。因此，实行有差别的税制当是一个好方法。在这里，我们要注意的一个问题就是

① 李嘉图：《政治经济学及赋税原理》，周洁译，华夏出版社 2005 年版，第 3 页

此新型者，一定不是推动或完善现有工业水准的新型，而是可以带动出一个新型产业的新型。任何一个新型产业在其起动的一定时段和在一定的规模之内，都可以是零税或极低税率的，一旦它逾越了上述规定，就仍按高税率施行。当然，此法是沿着向更有利于解决失业者的转移而去设计的。但是，有差别的税制，应不同于税率的设有幅度，我们讲，税率的设有幅度是值得商榷的，税率的存在当具有强制性。同时，我们还希望，课税能成为控制货币增长的因素，除非政府已实行了货币在先的政策。

65. 根据贝弗里奇曲线所表述的信息，失业与空岗之间负相关，即使是一个失业问题相当严重的经济也可能存在着大量的空岗。[①] 因此，为了减少失业，政府必须要忍受更多的空岗。同时，为了解决大量的空岗问题，政府就必须要具有强大的财政支撑，或说为了解决失业问题，就一定要课征巨额的“增加就业税”，进而为转移失业和自动地湮灭这些空岗来做铺垫或是架就桥梁。不然，在失业与空岗之间处于负相关的背景下，人们对它一定是无解的。此外，众所周知，在大规模的投资以后，由于它所提取的折旧已不再参与生产的过程，这就会导致某些方面的不景气现象发生，而这与劳动力的大量投入所产生的类如“折旧”之失业者，不再参与生产而导致的某些方面的不景气的现象发生的状况，又是完全一样的。于是，相对于劳动力之部分失业的这种“折旧”，就要导致经济的走向衰微。所以，这些反映在财务指标上，就应当有与提取的“折旧”相同的为抑制失业而准备的资金，我们也可以称之是劳动力折旧基金。

---

① 张晓楹:《西方结构性失业理论与实践的研究及其对中国的启示》，中国人民大学博士论文 2004 年，第 11 页

66. 物的折旧是由企业提存的，但劳动力折旧基金则应由国家来统一提存，这就是我们所设计的要通过课征“增加就业税”来实现的思想。故关于折旧的额度为政府框定“增加就业税”的税率便有了很好的参照价值。我们讲，由物的折旧而进步到考量劳动力的失业之层面上来，即是蕴育出课征“增加就业税”的理由之一。倘若政府依此而行，用此税款来使那些失业的人，能再参与到生产过程中来，就会大大提升企业景气指数，并会促进经济的全面发展。

67. 在原理上，设备的投入和劳动力的投入是具有共同性的。可是，在过去，为什么对物的投入既要提取折旧，又要提取维修等费用呢？而对于具有劳动力的人则为什么没有这种类似的提取呢？显然是不合理的。因此，政府课征“增加就业税”以及加提相关的“培训费”等，就是十分必要的了。这样，人的起码的与物的待遇就近乎相等了。上述的重要意义还在于，我们所主张课征的“增加就业税”等，不是用于政府消费的，而是要直接携着失业者与在职者们共同地形成合力，来推动人与社会之和谐进步的。存有失业者的社会，政府是不光彩的。在这里，有人会讲，劳动者是拿了工资的，其实这与上述内容是毫无相关的；因为，工资只是劳动力这种设备的得以存在的一个本身条件。

68. 另外，为解决失业问题，并避免造成通胀压力，经研究，我们还发现，宜当从分配制度上着手，或许能形成一部或大部分资金来为增加就业做出贡献。当然，这也正是我们构想实践课征“增加就业税”的一个理由。于是，在分配理论中，就要含有对付生产过剩的国家消费内容，以及含有对付失业问题的课征“增加就业税”的内容。如是，关于经济危机的生产过剩与失业并存的“痼疾”，就将长期地被消解，似是可以实现的。

69. 缪勒讲,我们需要政府采取行动,建立一个公正而有效率的法律体制,运用宏观经济政策来稳定经济,对付失业和通货膨胀;运用再分配政策以改变市场对“货币选票的随意分配”的结果,让那些最需要的穷人也能过上“人道的”生活。特别是,对因为外部性、公共物品、垄断的存在而产生的市场失灵,政府更有责任予以纠正之。[①] 这是多么好的思想啊!通过再分配的方法,让那些失业者均能过上体面的合乎人性的生活,乃是政府的责任;而这样做也恰是与我们所想望的,即通过课征“增加就业税”的方法来拯救失业是同出一辙的。

70. 我们认为,每一次经济与社会的发展都要为避免它的衰退,当提取必要的“折旧”,而面对每一次不可避免的衰退,人们又都要为之再发展来准备必要的力量。这样的话,则每一位就业者就都要为所有的失业者们来承担必要的责任,而每一位失业者也都要为经济和社会的发展时刻准备着贡献自己的应有力量。于是,上面的综合,就是国家务必要通过课征“增加就业税”来用于失业者的再就业了。因为,失业者只有经由了政府的和全民的也包括自身的奋斗,才会有再次的可以显现其技能与智慧的劳动机会。

71. 在现代社会,制度创新必须要有国家力量,没有国家力量的介入的市场经济是不能够把诸如课征“增加就业税”等项事业发展起来的。目前,经济的盛衰成败已经变为政治体系效能的计量器,因此各政府无不把经济的如何的良好运作列为议事日程的首位。另外,政府还具有行政的与经济等发展的综合职能,它不仅是社会、经济、文化生活的组织者、管理者、国有企业的所有者,还是最大的投资主体。所以,由其来课征“增加就业税”并以此而拯救失业者,对于政府来讲,当是责

---

① 缪勒:《公共选择理论》,杨春学译,中国社会科学出版社 1999 年版,第 2 页

无旁贷的。

72. 海耶克讲，既然货币工资实际上不能降低，那么当工资过高以致无法达成“充分就业”时，我们所必须做的调整就只有采用减低货币价值的方法去进行，①而这正是凯恩斯的结论，或称就是滋生通胀的思想。世人皆言，这是卑鄙的，是低能的表现。然而，我们则找到了可以实现充分就业的锁钥，那就是通过政府的课征“增加就业税”并以此来实现长期的增加就业之目标。鉴于社会无法从通胀中获得较远的利益，政府就必须要抛弃搞通胀这种所谓的可以提高就业率的干预。我们认为，国家只有尝试着把课征“增加就业税”这项工作落实好，政府在解决失业的问题上，才会做出成绩来。

73. 有时候，政府多是在极力地促进着经济的发展，但是却对推动它的处于过程之中的负面影响，则未能予以及时消除，这便会累积为日后的危机，且累积的危机之爆发就是由于失业者的急剧生成。因此，政府既要促进经济发展，又必须要转移失业。作为一个国家，只有先解决了转移失业的问题，它才能无后顾之忧地去牵引发展。于是，政府承担的譬如课征“增加就业税”等制度建设，在促进专业化分工和增加就业之中，就会发挥着其他组织无法替代的作用。

74. 按常理，如果政府增加支出由税收或向公众借款来抵补，就不会引起较快的通货量增长和通货膨胀。所以，对于失业，我们讲，政府完全可以通过课征“增加就业税”，然后再用于失业者的就业，似是能在削弱已有通胀的同时，而不会加大它的。

75. 为国家计，就要防止出现超级垄断和经济上的巨型寡头，故对某一方面的极大的企业就要征收“国家控股税”，即按一定比例提取，

① 施健生：《通货膨胀与失业》，正中书局 1989 年版，第 97 页

但仍要内存于该企业的资金链条之中，并应转化为股本，之后逐步增加，原则上可在10—20年左右使其大于私人资本，然它若超过了私人资本一定比例之后，即可停征一段时间，倘将来国家股本若小于私人资本一定比例时，再征。同时，由“国家控股税”所转化的股本又是要参与企业分红的；当经济不景气时，该股本金还可以部分地减持而转变成政府向私人资本的再投资，以使之进入繁荣期；如此一来，它就会成为政府与企业之间相生性发展的稳定器。于是，这些经营上的极大者，一方面就会获得国家有力的支持，一方面又可以再生其他企业；还可以剪除不法大鳄的生成，进而便能实现极大企业的依于社会之价值的目的。

76. 当然，国家还要在企业不愿投资的，比如关键技术领域中发挥强有力的促进作用。或者说，政府应承担起私人单位所不愿承担的在发展经济中的落后部门的责任，方可使计划系统和市场系统二者的缺陷可得到相互的补救补充。因此，政府就可以经由协调分配收入的方法，进而便能够去扶植社会效益高但经济效益低的行业或生产机构了。随着社会专业化分工的演进，一类不能用市场方法来解决的问题，如果没有一个独立于市场的特殊主体专门承担它们的发展的职能，就会引发经济危机。显然，这个特殊主体只能是政府。所以，政府就起着推动市场经济与社会和谐进步的功用。这反映在国家通过课征“增加就业税”来拯救失业者的问题上，也是一样的。

77. 奥肯认为，“可能的产出额”是指“在充分就业条件下，整个经济所能生产出来的产出额”，它确立在总需求正好处于失业率为4%（美国20世纪60年代的自然失业率）的基础上。[①] 这样的话，我们用

① 胡翾：《中国经济对奥肯定律的偏离及失业情况分析》，武汉大学硕士论文2001年，第6页

课征“增加就业税”的方法，就会容易实现上述产出了。依照前面的理路，我们说，课征的“增加就业税”，即当用于政府的对于失业者的指向私人投资的死角，而使之具有活力。对于国家而言，在某些方面就短期看似是不能生利的，因之就无有人投资，但从长远来观察，它又是所有生利的基础。鉴于此，就只能由国家去投资，而国家通过课征“增加就业税”来投资，既能解决了上述困扰，又能直接地减少失业，岂不是天大的好事。

78. 在过去，各国均缺乏长效性的就业机制理论，所以我们才构想了课征“增加就业税”主张，并欲以之来挽其颓势。关于课征“增加就业税”的理论，是我们的思想。在原理上，尽管充分就业并不排除一定程度的失业率的存在，但局部性的生产过剩兼及失业等均已演变成了一种常态。因此，政府就必须要不断地对局部性的生产过剩与局部性的失业增长进行消化处理，而在这里的解决之道，就是当从课征“增加就业税”开始。一般来讲，失业救济水平高，平均失业期限就长，反之，就短。可是，我们建议政府课征的“增加就业税”所形成的资金，一定又是要人们去工作的；如此的话，它便不能用于纯粹的救济的方方面面。

79. 关于课征“增加就业税”的税源问题，我们知道，由于企业乃是创造价值和剩余价值的实体，故而它就自然地要成为课税的基础。此外，还要向货币持有者或从事虚拟经济的单位等征税。否则，只向实体经济企业征税，不向从事虚拟经营的人员征税，便是不公平的。同时，经论证，还可以从每一个人的工资中，来课征一定的比例。在中国，应于现今税率不变的情况下，只要挤出一部分税额，作为“增加就业税”即可。当然，随着企业生产的机器化程度的提高，工人会越来越少，企业利润会越来越多，这时候还当加大征税的额度。就课征税率的技术问题，我们说，参照物的“折旧”是一法，参照就业与通胀率的关系也是一法；尽管它还要包括预期中的可能的失业总人数和现有的工资总额度等等。

80. 课征“增加就业税”的意义是十分巨大的。课征“增加就业税”就是要从经济“增加”的部分中来课征，并以此来“增加”就业的。只有如此，经济发展才会具有普惠万民的作用。国家通过课征“增加就业税”来增加就业，这是政府强制实行的以发挥失业者潜力的做法。但要注意，这个税应是多用于转移失业的。根据有关理论，较少的一部分企业却是能够实现极多产出的，因此把课征“增加就业税”放在流转税中来实现，也是较为适宜的。这是其一。其二，增加就业，又是涉及全民的事，所以在各个方面都应考虑予以必要的但可以是较少额度的课征。

81. 卢卡斯说，考虑政策最有用的方式是将其看成为博弈规则的选择，这同样适用于失业和就业之间的向着坏的方面而去时的博弈。然而，失业和就业之间又是可以互相转化的，于是依法对就业者课征“增加就业税”并使之专门用于失业者的促进生产，而不是用于政府的行政开支，则关于拯救失业所带来的美好前景就会日渐明显。这就是说，对政府课征的“增加就业税”要专款专用，目的就是要把所有的失业者都组织起来，并使之进入到以劳动来创造资本的过程中去，或是使之能系统地进入到相生性的第四产业之中。至此，似是可以万事大吉。

82. 在方法上，政府既要对实现产出不畅的企业完成失业的转移工作，也要对实现产出极好的企业在增加人员的就业时予以某些利益关照。总之，增加就业税的款项除了可以在教育、培训等方面使用，它更是应当用到集体的或是国家的创业的层面上来，即开辟新的就业渠道，向着相生性的界面来拓展，定是人类之理性的极高明的做法。如是之，课征“增加就业税”就是政府在自愿失业者之外让所有的愿意工作的人们均能享受到劳动的快乐！

83. 综上，为了彻底地消灭实体经济危机，政府的责任就是要在企业充分发展的同时，或是在其力不能及的情况下，都来拯救失业。我们言，只要把失业问题解决好，至于生产过剩诸事，则是越多越好。依照课征“增加就业税”的必然性来看，政、企之间的分工已是十分清楚的了，从此企业便不用再管失业之事，而政府的重大责任，就是务必当通过课征“增加就业税”等来实现社会不断增长着的就业需要。

84. 就业，关乎现代人的天命。政府只要负起责任，在市场经济条件下，用课征“增加就业税”等方法，在计划经济条件下，用计划的分配方法，便能完成全社会人的就业。同时，再联系到相生性的发展模式，就可以创造出接近于无限的就业机会。

85. 所以，从现在的我们的理论建构来看，去失业似不再是难事。

第九章　有形—无形

1. 经济学首先反映的是有形的物，如物的生产，物物交换，即使是货币，也是真金白银的。然而，过去的是物质的，随着虚拟经济的到来，由有形到无形，由物的实在到引出观念，乃是存有着它自己的一脉的历史路线。所以，市场中交易的不是物，而是权利，物是看得见的，权利似是看不见的。再有，就是物的关系、价值、制度等等这些存在也只能归到无形的一类之中去。可见，有形—像—无形，必是反映着真实的联系了。这里的像既是有形的，又是无形的，它是片面的有形，是真实的无形，是介于有形和无形之间的存在。在经济学中，实物和价值之间或许就隐约有像。人们通过有形—无形这一独特的思考经济问题的管道，在相互倚重的情况下，就能抓住有形之物而言无形之经济思想，当然所有的无形的经济理论等也要回应物的运行。这样，就能在推动经济的有形实践和无形的指导方略间，均能获得一个大发展。如上，既是研究经济问题的一个具体技术方法，也是研究经济问题的一个可以泛化着的思维理路。

第一节　经济学的悖论常态

2. 一般来讲，为阐发一个问题，就当先有一个切入点。这个切入点需让人易懂明白。我们在此,从价格问题着手。

3. 价格即物价,是物的货币表现。物价一词就是有形和无形的合体。关于它的悖论可以叙述如下:第一,物价上涨,商品的供应量就会减少许多,但在涨价之初,往往又会有大量的生产来追风增加,时间一长,受供需影响,它们都会在量上有一个跌落。这样,原来的追风者就要遭殃。当然,随着供应量的减少时间之加大,物价还会升起来。以上表明,经济实践和理论之间是有很大距离的。

4. 第二,没有哪一个国家不希望自己的产品能够有较高价格的,然而因之价高就会影响到销售量,还会影响到就业。所以,每一国家都要考虑价格、销售量与就业等多重因素。若价格在有利可图的范围之内,其国际价格虽低,但当销售旺盛时,仍不会提价。这是因为,需求决定价格,价格决定生产,生产决定投资,投资决定股市上涨,股市上涨决定消费增加,消费增加决定产品供应旺盛,并导致生产过剩,产量过剩决定价格下跌,即决定需求减少。因此,任何一个市场经济的循环都意味着它必要走向自己的反面。

5. 在某些时段,股市上涨并不能反映其中的资金量会进入到真正的生产投资中去,此即实体经济和虚拟经济的脱节之处。这一发现十分重要。以上是在纯市场经济中的行为,若将之放到综合的经济环境中去,即把政府的要素加进来,则其走向反面的可能性就会得到抑制。于是,人们就可以言,只要是单纯的市场经济的就是具有相悖性的,只要是综合的,即有政府的、技术的等综合因素参加,就可能会极大地消解那些相悖性的存在。

6. 但是,在总需求和总供给之间处于平衡的状态中,随着物价上涨,导致需求的购买力的增加,除战争的因素外,应该还有其他原由。

不难想见,它的作用的最终结果,定会造成更大的价格下跌。对于我们来讲,物价小幅上涨,货币适度增加,若能带动持续就业应是最好的,这就要求以上三者当实行按比例有计划的方针才好!然在市场经济中,物的生产归企业,货币发行归政府,惟独就业少人管,所以关于它们之间的协调是很困难的。当然,若想协调也是有办法的,但是它却影响了所谓的市场自由。因此,在市场经济条件下,时时处处均有相悖性。

7. 另外,人们都知道,投资的增加是欲求价格之上涨的,但结果呢,却是价格的反而下降,经济就是这样,是难随人之愿想的。况且,对于一个生产者来讲,其投入是负的,产出才是正的;而对于一个消费者来讲,其投入的必是正的,产出则是负的。如此之生产和消费的相向性,便预埋了实际上的许多矛盾,似是无疑的。

8. 研究投资必涉及资本积累问题。关于它的悖论性表现就是,资本积累的动力随着资本积累的发展,会不断被销蚀。同时,资本积累方式和过程又必将会导致总供求量上的反方向之裂变。这就会形成每一次发展之中的否定性的倒退,而试图避免这种否定性的存在,又是万万办不到的。故资本积累的存在也是具有负作用的,或说在资本主义最终倒霉的只能是资本,无他。

9. 关于企业问题,科斯揭示了企业如何起源及扩张受限的种种因素。他强调经济组织需以对成本的考察为依据,这就涉及人们对信息不对称,不确定性,不完全签约,双向依赖以及对第三方实施的限制等等的注意,因为所有这些都与交易成本有关联。他指出,企业的自然边界是通过技术—经济规模、技术的不可分性等来界定的。在这一传统中,人们把企业看成是生产的函数。之后,他又正确地认为,企业和市场是组织相同交易活动的可替代模式。由于管理收益递减的原因,企业的规模必是有限的，这就否定了企业之无限发展的可能。

10. 斯威齐讲，可能过剩的生产能力被利用，酿成危机；可能过剩的生产能力不被利用，导致经济停滞，此二者都形成危机。① 于是，一发展就危机，不发展就停滞，然停滞仍是危机。可见，对生产的控制，也会造成对消费的控制，即造就富裕与造就不幸是同时发生的。因此，劳动本身在增加财富时，是有害的，是招致灾难的。为此，马克思指出，工人在自己的劳动中，便否定了自己。②

11. 对于市场而言，它本身没有什么力量，它所隐含的都是逆个体行为的。如所有的个体都希望有一个好价钱时，结果却正是有一个坏的价格在等待着他们。因此，市场的悖论，就是在其具有汇聚的功能之时，它却又具有了某种阻止汇聚的力量。故市场少有调节作用。现在，全球市场正在加速自由化。根据有关理论，市场越自由，企业就越有可能破产，且市场愈自由化，也就昭示着愈来的不平等。所以，自由的存在定会招致不平等，而平等的或许是不自由的。

12. 在交易过程中，如果各国什么都不想买，却想把什么都卖出去，那么对外贸易和出口原产品的利益就会化为乌有。此外，国际因素的存在已使得经济的发展愈来愈有现时的繁荣特点，但从长期的资源消耗来观，对于输出国来讲，则定是一个痛苦。就交易合约而看，在文字上所标定的有关商品或劳务供给的期限越长，则实现的可能性就会越小。那么，人们交换少的原因又是什么呢？我们言，它当是人的注意力已脱离了经济的思考。比如，在物质极大丰富之时和在经济危机的

---

① 姚慧琴：《经济危机成因理论研究》，西北大学博士论文 2001 年，第 46 页

② 马克思：《1844 年经济学哲学手稿》，中央编译局译，人民出版社 2000 年版，第 54 页

背景下，就会出现上述情况。

13. 凯恩斯曾认为，当人们的收入增加时，储蓄在收入中所占的份额将增加。在一个经济的增长时期中，总量储蓄所占的国民收入的份额会稳定上升。但美国经济学家西蒙·库斯涅茨指出，凯恩斯理论和统计数据相矛盾。在美国尽管个人收入有很大的增长，但国民收入中的储蓄份额并无长期上升现象，这个矛盾被称为是一个悖理。① 根据消费与IS-LM模型，收入乃是决定消费的最重要的因素，即收入增加，消费增加而使总需求增加。可是，当人们的工资上升时，父母增加对人力资本的投资，连同减少孩子的数目，似能解释工业化国家中生育率的历史性的下降问题，而这就会使生产和需求缺乏后劲，故分配关系与生产力的发展又是难以同步相宜的。于是，它们必要走向彼此的矛盾着的方面去了。

14. 对某些人来说，今天的暴富阶层，并没有得到真正有意义的精神上的关怀。维塞尔认为，按照戈申定律，人对某种财富的需要随其逐渐得到满足而日益减少，直到最后达至需要的"饱和点"，也就是需要递减到零，这时对该财富的欲望就没有了，甚至会变为厌恶。这即是一个走向自己悖理的表述。虽然，在社会中，个人才能具有改造自然，发展自身的能力，但其也可以造成生产过剩，它也具有反作用力，也会造成大量失业。因此，在经济生活中，作用力和反作用力是同时存在的。这样一来，经济就会使人在发展的过程中，便要被摆渡到他的对立的岸面上了。尤其是当人们形成具有合力的存在时，危机就自然会来的。如合力去银行兑现，合力去炒股，合力去购买。关于危机的原因之一，

① 《诺贝尔经济学奖金获得者讲演集》中卷，王宏昌译，中国社会科学出版社 1997 年版，第265页

就是人们的以合力去生产造成的。有人讲,今日之极权国家似乎解决了失业问题,但却牺牲了效率与自由。所以,强制闲散者去工作去致富,既是一种进步,也当是一种落后,无疑。

15. 从历史上看,分工在先,交换在后。可是,分工易受交易费用限制,所以分工的无限发展便不可能。一般而言,工业越发达,分工也就越发达,于是交易成本也就越大,这反过来又制约着工业的发展,即发展的本身也在束缚着发展。

16. 现在,竞争是抵制资本家的唯一手段。因为,利润在交换经济与非交换经济中,由于竞争,它最终定会消灭。当然,竞争和发展又会导致垄断和停滞。但是,垄断收益的可能性虽会提供厂商无节制地不断扩张的强烈动机,可这一动机必要被某种同样有力的不利因素抵消。这个抵消的力量就是,随着规模扩大,即便市场区域边界的竞争存在,"货币收入意义上的"效率也是递减的。① 再有,当下的互联网技术,已面临两难境地,完全竞争在这里根本无法实现,任何人所发明的新的程序语言,在互联网上,似是得不到半点利润。于是,竞争正在加大着贫富的差距。

17. 另外,任何一个经济行为都要具有双重保护的特点,在现实中,既要有发展的保护,又要有抑制发展的保护。同样,依据不同的经济现象,便应寻找出它的不同的经济结构,经济结构可以是先生的。因之经济结构才可以有经济制度的完善等,这些便体现了一个秩序的过程。故制度的存在一方面是促进,一方面也要扼杀。可见,稳定的政策,也会造成不稳定,而不稳定,也会造成稳定。自然,计划中必然含有

① 奈特:《风险、不确定性和利润》,王宇译,中国人民大学出版社 2005 年版,第 11 页

非计划性,非计划中亦必然含有计划性。按着如上的理路,资本主义的全球化或西方的全球化,就必然是有积极的一面,又是有恶劣的一面了。

18. 我们说,经济均衡理论是瓦尔拉斯的不朽贡献,但均衡之表现只是如闪电般的暂时的。所以,经由资本供求均衡能导致内在的最优状态的古典理论,就是不能接受的了。同时,均衡的思想又限制了关于对波动的实际存在的考查,倘若某一均衡能长期存在,则稳定的或增长的均衡是可以理解的,但危机的存在就不可以理解了。可是,在均衡中就一定存在有一个催发的或否定的因素,它先是使经济发展,然后就形成危机,或是先打破经济均衡,再造成危机。我们言,均衡理论的存在意义就是便于说明经济的客观现象。但是,有人指出,不均衡发展会导致收入上的不均等。其实,即使在均衡的发展过程中,也不存在有收入上的均等性。

19. 关于每一次危机的本身都在产生着一种克服它的存在的思想是十分正确的。然而,经济危机不过是一种自我调剂经济发展的规律性手段之说,就是一种带有血腥的观点了。经济危机在现象上是一种混沌,在这种混沌之中,或许也会伴随着艰难的新生,但若通过危机之法来欲挽救经济者,是最愚蠢的。

20. 接下来,就是关于经济的内在逻辑性问题。在目前趋势下,经济体中乃是内含了一个恶性的循环。如是之,在经济的有形与无形之复杂表现的里面,便都是具有悖论性的逆反存在。所以,可以推出,经济的一定是具有两面性。如企业主希望利润最大化,然它也会导致非就业的最大化等等。现在,我们要解决的就是当发现其中的关节点,并要制止其向着不利于人民的方面发展。

21. 经济是一种特殊运动，它必须要在衰落中才会得到解放。否则，它都是在束缚中的发展。这样，经济的合规律性与合目的性便不能统一。资本主义经济的反复性就是发展的经济要走向衰落，而萧条的经济要走向增长。用哈耶克类似的观点来表达：恰恰是自由主义所带来的巨大的经济成就，会给自由主义带来灾难。于是，任何的经济都是有利的和有弊的结合，都是含有悖论成分的。这乃是一个普遍的存在。况且，经济的又是因时而变，也是因地而变的，它就是于变化中来否定自己的。

22. 加尔布雷思认为，在正统经济学理论中，"经济增长"似乎成了不可动摇，不可否定的信念。"经济增长"似乎就是"善"，妨碍"经济增长"，显然就是"恶"。在这种是非善恶标准之下，对"物"的注意超过了对"人"的注意。经济增长使环境不断遭到污染，从而使公众利益受到侵害，而个人消费品的增加也同样带来了新的问题。[①] 因此，对于物的发展是有指标的，是要不断发展的，而如何发展人则是没有指标的，也是没有长期性的安排的。这当是一种落后的发展。

23. 原则上，均衡增长理论和直觉告诉我们，在增长率的初始下降后，经济应当回到老的增长率上来。于是，发展中含有否定，否定中含有发展。故所有的经济行为都是含有悖论性的。如是，每一次发展的本身都在产生着一种克服发展的存在，即是确定的了。这就是在否定中前进，否定中含有关于前进的磁滞；当然，前进中也含有否定的磁滞之说。不难发现，任何一个增长的机制里面，必包含有衰落的成分，如经济一旦增长，其衰退的表现就是有失业发生。故经济增长具有负的作用或结果，定是万人不疑的。

---

① 加尔布雷思：《经济学和公共目标》，蔡受百译，商务印书馆 1980 年版，第ⅳ页

24. 在历史上,世界经济有过长期繁荣(像 1850 至 1873 年)和长期的相对停滞(如 1913 至 1950 年)。但多数时间是繁荣一现,衰败也就为期不远了;或说,它的后面必有紊乱。所以,在历史之积极的伟大事业之中,同样要蕴育有巨大的悲哀。这也如经济的每一次发展,必要伴随下一次的萧条与颓败是一样的道理。

25. 从哲理方面来讲,世界发生的是两个原则的对抗,即主观性和客观性的对抗。于是,生产的存在或有形的物便多具有客观性,而消费的存在或无形的关系等便多具有主观性。这两个对抗性就证明了张理智先生所认为的,客观或社会普遍意义的"社会生产值最大化""社会福利最大化""社会最优制度结构"等等,都在逻辑上自相矛盾,都不是有真理意义[①]之论点的正确。

26. 人们可以观出,现代性的光明面相是生产力极大发展,而它的暗淡面相,则是工具理性压倒了一切。这反映在事实上,就是看起来最科学的东西,常常又是最不科学的。同时,科学能完成的一定必是有限度的。

27. 罗宾斯讲,我们选择不相容的目的,并不是因为我们希望陷入僵局,而是因为我们不知道它们是不相容的。[②] 再有就是,由初始条件,可建立方程式的,预测起来就方便;倘若由初始条件无法确定的系统状态,即称混沌。然而,这些反映在经济学上,又是怎样的呢?我们说,经济学的不精确性均是建立在经济学的精准的账薄的记录基础之上的。这当是一个怪胎。虽然,经济学研究的是用稀缺手段达到既定目的所引发的行为,即所有受稀缺影响的行为都有其经济意义,或说我们的定义视经济学为研究稀缺手段配置的科学,可是稀缺的问题只要

---

① 陈辉:《经济学的秘密在于人》,西南师范大学硕士论文 2002 年,第ⅳ页

② 罗宾逊:《经济科学的性质和意义》,朱泱译,商务印书馆 2007 年版,第 125 页

稍一扭转，则悖论性的东西就要来了。

28. 根据20世纪上半叶制度学派与传统经济学的相对立，以及罗宾逊摧毁了萨缪尔森等人的新古典学派的以边际生产率为依据的理论，就可想见，任何一种强势的理论，都应是具有着与之相悖的存在。当然，理论上的困境也正是来自于理论之进步的本身。这样，我们即应把最先进的推翻了其前面的理论思想，来形成 一个新的架构平台，并以此为基础，再进行新观念的重设，似是极好的。同时，我们还必须要警惕在经济推理中所出现的各种常见的思维谬误。如后此谬误，即第一个错误出自于因果推理。后此是 X X 在此之后，因而必然由此造成。再有，就是不能保持其他条件不变。最后，便为合成谬误。[①] 这三种思维谬误是十分有害的。

29. 综上，经济的都是相悖的，所以就要以反棋步的法则来对付相悖，这是之一。其二，就是要研究有关悖论的解决之道，比如以和谐的相生之法，来置换出其相悖的存在，当是一种上策。最后，就是强力地强制地予以矫正。但人们往往具有惰性，因为他们更喜欢市场经济的所谓繁荣与发展，而不顾及它的负面的痛处。

30. 下面，我们即从根本上来找出这些悖论的得以存在的原因。第一，经济的出现悖论的现象，乃是因其体系之中无时不在地内生着它的否定性存在。这就是说，所有的经济活动都具有相互的回滞作用，可见并不是单向的。正是由于相互的回滞作用的存在，发展着的在达到一定的程度后，就会走向衰退；而衰退着的在其持续的过程中，便会扭转局面通向发展。一切都是回滞的力和反作用力的共同作用的结果。恰恰由于回滞的存在，经济学上才会出现极多的悖论。故回滞的存在，

① 萨缪尔森：《经济学》，萧琛译，人民邮电出版社 2006 年版，第 3 页

便是诸悖论之源。通过回滞的物理现象,我们知道,如果有一存在之持续接受某种回滞,则其本身的回滞性就有可能超过对它的外来的影响,它就会日益地大得可以反作用于外来的场的力量。于是,由被影响的处于服从地位的积累起来的回滞之和就要变成处于主导的影响地位了。所以,原来的发展就导致为衰退,原来的衰退就导致为发展。这当是一定的。

31. 第二,如果他是一名消费者,将在预算约束下追求效用最大化;如果他是一名生产者,将追求利润最大化。我们说,这是一个非常重要的观点。因此,消费者和生产者就要处处为相向着的了,故而它们的存在,当是在市场经济条件笼罩之中走向相悖的原因之一。于是,为什么市场经济是相悖的?就是因为生产者和消费者在卖和买的方向上是相悖的,这就造成了以生产和消费为链结的存在,其必然要含有相互背离的始基。如是,当为接近本质上的发现。生产者希望利润最大化和消费者希望效用最大化或称希望支出最小化的思想,随着时间的延续,就会使产品过剩和使劳动力与生产相分离。先前的经济学家们在研究经济发展时,对于生产者和消费者之间存有的矛盾,多未给与重视,故他们的有些理论在经过了一段时间之后,就失效了。根据以上,则产品市场,服务市场和资本市场等,就不可能会有很好的衔接,所以矛盾着的东西便会迭出不断。

32. 第三,卡尼曼发现了人类的决策的不确定性,即发现人类的决定常常与根据标准的经济理论所作出的预测大相径庭。① 同时,最好的经济政策会影响投资者和消费者的预期和决策,而投资者和消费者

① 《诺贝尔经济学奖金获得者讲演集 1978-2007》,王宏昌译,中国社会科学出版社 2008 年版,第 607 页

的决策又会导致政策的失灵，从而迫使政策制定者对政策进行修改，而修改的结果是最好的政策被放弃。① 这也是一个引致经济问题走向悖论的重要因素。

33. 第四，时间一致性问题的核心是，最好的政策被抛弃，这样的结果与其说是经济政策制定者的目标与绝大多数民众的目标不同所致，毋宁说是不同时间对经济政策的制约因素不同所致。② 可见，不同的时间对同一的经济政策是具有矫枉过正性的，因此不同的时间就会使某一经济的存在偏离了它原有的方向。在这里，时间的变化起主导作用。所以，经济只要随时间展开，就要内生相悖性。

34. 鉴于前面的道理，这些悖论的源起在短期内乃是不能去除的。于是，经济学上的悖论常态还会在相当长的时段里存在下去。这就要求思考经济的人们，当有超越经济上之悖论的智慧，才能更好地驾驭经济。我们想，只要大家有准备，来对付过去的经济学中的悖论之诸常态的发生，就一定能够渐渐地化解它。

第二节　理性具有垂死表象

35. 经济哲学的方法是对经济世界的哲学追问，是一种理性思考。于是，我们就必须要思考理性的本身。同时，经济学的主要课题应是在于剖析为什么或如何会产生“由理性走向背理”或“由恩惠走向灾难”

① 《诺贝尔经济学奖金获得者讲演集 1978-2007》，王宏昌译，中国社会科学出版社 2008 年版，第 623 页

② 《诺贝尔经济学奖金获得者讲演集 1978-2007》，王宏昌译，中国社会科学出版社 2008 年版，第 623-624 页

的。[1] 这确是一个重要的问题。比如,避免冒失,力求保险,乃是一个有理性的人的作法。然而,从整个社会来说,这种行为又是走向停滞和僵化的道路。所以,我们说,理性在一定程度上,也就显现了它的那些具有垂死的表象。

36. 再有,每个人都是具有计划性的,而有这种计划性即是表明有理性;但当一个较大的集体成员均采用了有关的计划时,它就会变成集体非理性,所以在一个国家完全实行计划经济时,它就应是非理性的;然较少的计划又是必要的,且是理性的。因此,就要搞适度的计划经济和自由经济相结合的经济体系。这是由于,每个人又都有自由经济的倾向,而这也是理性的存在,可是当一个较大的集体若都实行自由经济的体制时,它也会变成集体非理性。故在一个国家内是不能完全实行自由的市场经济的,但较少的自由经济又是必要的,且是理性的。因此,自由经济也要求当有计划经济来与之相伴,即实现它们的并存局面。当自由经济占 1/3,计划经济占 1/3,自由经济与计划经济的交集所形成的经济占 1/3 时,似是最好。完全的市场经济是不行的,完全的计划经济也是不行的,只有实行它们的相互的联合才最适宜,这是由个体理性和集体非理性的存在原理所决定的。

37. 又如,在企业中要素的配置是行政决策的结果。为了一个有效的经济系统,必须不仅有市场,而且也应有适当规模的非市场外的组织内部的计划领域。企业的存在表明其内部的管理成本要小于市场,所以它的存在才有道理,而这里的管理即是行政的和计划的。我们若将其推而广之,对于国家来讲,实行计划的行政管理,其成本也当是小

---

① 罗雪尔:《历史方法的国民经济学讲义大纲》,朱绍文译,商务印书馆 1981 年版,第 4 页

于市场化的，这似乎是一个事实，然而这在现阶段不能成立，其也只能是归于集体的合成谬误所致，否则就绝不可以说国家的计划的体制是没有道理的，而在一个企业内部的计划却总是有道理的。那么，关于合成谬误的存在问题，人们要问其合成的产生谬误的拐点又在哪里呢？是否在拐点之前即是最好的合成呢？对这一问题的解决，将对人类具有巨大的指导意义，此似是实现最合理的相生性存在的边界。

38. 韦伯认为，在市场经济类型中，手段是高度理性化的，然而对整个社会需要的满足却不能经由生产和市场得以实现，因此市场经济表现出形式合理性而实质非理性的特征。在计划经济类型中，生产以满足社会全体成员的需要为目的，具有高度的实质合理性，可是由于缺乏合理性手段，从而导致经济发展迟缓。① 这就是说，市场经济是理性的没有实质性，计划经济是理性的没有手段性，此二者分别表明了理性的残缺或称理性具有极大的片面性。鉴于理性具有上述特点，所以它就不能展现为一个系统的全面的真实存在，故理性的只不过是一些类如关于碎段化的东西。

39. 此外，许多人都认为，在前资本主义时代，交换主体是不平等的，而资本主义经过文艺复兴的发展，在精神和法律上便确立了人人平等的原则，故之于经济实践中，等份交换就是一定要遵守的了，于是平等的交换看似即是资本主义发展的必然要求。但是，我们言，平等、等价之交换是在资本主义的生产企业的这个暗箱之外进行的；在这个暗箱之内，则无有平等交换可讲。倘若都是平等的，工人就总有能力购买商品，商品生产就不会过剩，也不会出现经济危机。因此，在市场上的

① 沈杰：《现代性、后现代性与社会重构——关于理性化社会及其问题的社会理论研究》，中国社会科学院博士论文 1999 年，第 34 页

仿佛都是平等的和等价的，其实这只是表现为买卖双方的愿意，却并不反映生产和需求之间的以满足人们的正常生存为条件下的均衡；此亦如虚拟经济当中的股票买卖，它们的买入卖出似乎都是平等的，但其却使许多人血本无归，却也使某些人凭空得利；难道这样的结果也是平等的吗？我们说，并不是，它只是过程的愿意与看似平等。所以，过程的平等，一定不等于结果的平等，或言资本主义的等价与平等对于资本家和工人的最终结果，并不是平等的。这样，一切不平等都是存在于企业之中，都是存在于过程之外的观点，就是妥当的。

40. 接着，西蒙他把公司描写成一个系统，由物质的、人和社会的部分组成，靠一个相互通信的网络和它的成员互相协作努力达到共同目标的意愿团结在一起。首先，他否认古典管理理论中所做的假定，即有一个无所不在的、理性的、求取最大利润的企业家。他用一些互相协作的决策人代替这个企业家，他们的理性行为的能力既受缺乏关于他们决策的总后果的知识限制，又受个人和社会联系限制。所以，各公司不是努力追求最大利润，而是对迫切问题找出可以接受的答案。[1] 此即言，理性是有限的，因为所谓理性者不可能无所不知。或说，由于人的认识和知识的有限性，所以理性本身便不能完全，于是它就不可能具有综合的指导意义。

41. 尼古拉·别尔嘉耶夫曾讲，在精神里，有潜在的无限，精神固有渴望上的无限制。但是，在任何客体化里都是有限获得胜利，即发生的是束缚。[2] 可见，经济的就是有限的，即它所发生的均是束缚。因

---

① 《诺贝尔经济学奖金获得者讲演集》中卷，王宏昌译，中国社会科学出版社 1997 年版，第 2 页

② 尼古拉·别尔嘉耶夫：《精神与实在》，张百春译，中国城市出版社 2002 年版，第 53 页

为,经济的也是人之客体化里的存在。据此,人不可能是完全理性的,它就如同市场不可能是完全竞争一样。这就是说,经济人只不过是有限的理性之人,它也如同市场不过是有限的竞争又是一样的。所以,经济的必是有限的,必是要在有限的理性范围内获胜,而超过了这一理性,则其发生的就只有是被束缚了。如是之,有限的理性在获得了一定的胜利之后,就要走向悲凉的境地;因此,完全理性的拟造之说——违背事实。对这一点不应再有怀疑。

42. 斯密假设:自利的经济人是理论前提,天赋人权是经济人自利的限度。这反映在投机者的问题上,首先对个人来讲,其必合于自利的理性之说,然而从全社会来观之,言他也是生产者的观点就明显地是属于非理性的了。还有,如果交易的双方都出于自愿,那么除非双方都相信交易对其各自都有利,否则交易是不会达成的。经济学中的大部分谬论都是由于忽视了这一简单而又深刻的意义,它们一开始便假定只有一块一成不变的馅饼,一方获益,另一方必然要受到牺牲。[①] 这就是关于自利的一输一赢的逻辑和具有双赢性的反逻辑在经济学上的反映。从中我们可以看出,具有双赢性的反逻辑的才似是经济学上的理性存在,而符合一输一赢之逻辑的做法在经济学上却似是不合乎它的理性的。

43. 因为,只有交易双方都有利(尽管可能不平等),交易才可进行,这当是一个常理,但它在逻辑的存在中,即双赢的表达,却是反自利的一输一赢之逻辑的;而交易的双方之一方得利,一方受损的看似不平等的交易是不可能实现的,即一方输和一方赢的逻辑在日常的经济现象中是不可能实现的。这样说,它就表明了经济的就一定是反逻辑的

① 弗里德曼:《论通货膨胀》,中国社会科学出版社 1982 年版,第 54 页

吗？我们言，整个的经济现象在看似平等的背后，确是不平等的，且最终的结果还是有人输有人赢的，如少数人富了和多数人穷了等。这也就阐明了逻辑的存在，即一输一赢的根本在经济学之中是没有变化的，变化的只是现象，此亦如股市交易。关于经济的现象看似是平等的，却是反逻辑的，然在本质上却都是不平等的，即均是合逻辑的，这一发现十分重要。马克思的剥削理论在实体经济中是有道理的，可在虚拟经济中则是不存在，如此谈似更实际。于是，经济人假说的背后之经济人，定是一个虚假的人。所以，假设的不实际，在方法论上必会对人造成负面影响。就这一点看，行为理论已对其有了很好的说明。

44. 1830 年是资产阶级古典政治经济学崩溃和庸俗政治经济学兴起的分水岭。人们之所以言之庸俗，是因为它替资本主义制度辩护，其特点就是在现象的联系上打转转，即在无形处呻吟，与实在的有形的生产无大关系；这样一来，它就缺少生命力，最终的结果必是走向衰微。在当今世界上，我们认为，对某一国家的富强和兴起给予称赞和羡慕，并向其学习，才是一个积极理性和理智的表现，倘若对之产生仇恨与恐惧，则这样的民族中人就是一个落后的群体了，如欧美有些官僚对中国的崛起就是这样，因此他们的表现即是趋于非理性。

45. 穆勒也曾提出了经济人概念，这一概念成了西方经济学理论体系的基石。他认为，理论是否正确，决定于前提是否真实，而假设前提是否真实，与经验无关。可是，不以经验为基础的理性推定之真实，是否具有合理性呢？这就需要它们之间的实践来出场。就事实看，实践的一定要超越理性至上主义。这就是讲，理性至上的效果并不一定就是最真实的，但客观的经过了实践检验且已形成具体经验的存在则必是最真的。因此，这时的理性就要在上述的实践中再去发掘再去前行再去接受核定;故可以推断,看似的理性的存在有时它所依据的前提是否真实,连它自己也是无从知晓的,这样它或许就与荒谬要走到一起。

46. 总体来讲,新古典经济学推出的分析框架为,经济人、最大化和一般均衡。其实,任何的最大化只要一出现,它就会变性,就要走向自己的反面,就会由开始时的所谓理性而一直走向悖理。所以,经济上的最大化问题就是要使其走向死胡同的力量。它还可以阐述为,理性经济人在追求最大化利益的过程中,便开始要逐步地变成非理性,并使得自己渐渐地就走向了反理性的存在之中。那么,理性在追求最大化利益的过程中是怎样变成非理性的呢?我们说,当大家在实体经济的基础上,以生产生活为度的需求物质,并排除了对过分的奢侈品的索取时,就应是近于理性的。超过这个界限就会走向非理性,它的标志就是对大宗奢侈品的由开始而走向无度的猎得。因为,此时的理性已对之没有了约束力,故之所谓的理性也就是非理性的了。然而,反理性的标志则是由实体经济进入到虚拟经济中去的投机活动,为了满足过度欲望的就都是属于反理性的。此时的被称之为理性的存在便完全地站到了理性的反面上去了,但从表象上看,还仍似有理性的一些东西。

47. 我们知道,制度经济学其锋芒是直指着理性主义和关于人性之假设的。理性主义的核心是人的欲望的存在,以及满足欲望的物质的有限性等。我们说,在欲望和物质的有限性的层面上,还要加进诸如劳动等的绝对力量。否则,欲望与物质的结合就不能完成。由于劳动量的加大,使得产品过剩,而这种过剩乃是在物质有限性之内的过剩,它只能反映为欲望的膨胀后的关于矛盾的产物,这个结果即是欲望压迫躯体来做功造成的,故之必是一个非理性的存在。另外,所谓理性的只是人性的一个侧面之说,其完全没有什么新鲜意义。

48. 凯恩斯主义,现正在被否定。因此,依据于所谓的理性推理,在实践中就达到它的所自标定的不断进取的目标目的而言,似是不太可能的。例如,经济增长应该自有它的低速、高速和平缓的各个时段,人们不能总是理性地去制造一味的高增长,而是应顺其与人们的总需求之相合宜的水平,即以适度为原则。我们认为,理想性的欲持续地高增长是不符合经济发展的内在机理的。因为,经济的存在是扎根于社会的,是以政治的科技的资源的乃至于环境的为支撑的,是以人的自身为存在的,人既是劳动者,又是消费者;既是推动者,又是抑制者。总之,经济定是能与人的可以互为函数的一个动态表现。现代经济是以现代工业为主干的,研究经济不能脱离现代工业的进程,工业的发展是什么?它是以技术、设备为前提。这样一来,工业技术、设备和人的结合即可为经济的重要组分,应是妥当的。现在有些人谈经济却脱离工业,实是没有找到要点。经济的主要的只不过是工业的另一种表达,通货只不过是经济的存在水脉,只要把上述问题搞清楚,则经济的也就自然会被阐述明白,而这与空泛的理性明显无关。

49. 后来,新制度经济学终于把经济人从完备理性—追求物质性的效用—遵守社会规范的模式中解放出来。虽然,在理性化的趋势中,人类社会已变成了一个前所未有的理性系统;但是,由于理性是具有受目的、意识、抽象和逻辑来进行思维的属性,所以只有把教条的理性上升为具体,才会有它继续存在下去的意义,不然的话,经济危机在理性系统中,若也有合理性,便纯属荒谬了。

50. 可见,在理论的和历史的研究之间,一定是含有了某些背反性的对立,因此就必须要从其全部的尖锐性上来搞懂这些存在。比如,对问题的历史性质即要求观察、直觉、综合、理解和设想自己处于它的那些生活之中；而对一般的—理论的性质则要求进行理性的分析，用思想上的模型来研究它。于是，这里是生活—那里是理性；前者可以贯入历史，后者则可以逆历史而动。那么，如何才会使生动的观察和理性的思维二者在实际上能共同地起作用呢？我们讲，这只有使理性跳出理性之外，并进入到生动的观察中来；且让观察者亦跳出其所观察的对象之外，并进入到理性中来，然后再反复综合、提升等，方能第一步地解决问题。

51. 在过去，萨伊曾发表了不可能发生普遍生产过剩危机的谬论，①他的出处就在于一切商品不能同时发生过剩。很显然，这是与危机之历史大相径庭的。那么，理论与历史的矛盾又是如何产生的呢？我们讲，理性是建立在过去基础上的，它对现在和未来没有把握力，这就必然会导致以往的理性要与当下之发展出现错位，进而不能匹配。所以，它所展开的逻辑和所谓的推论等，就只能是具有陈腐性了；同样，由它所铺衍的因果律也就不能成立。故看似某些合理的东西，并不一定就具有必然的合理性，而理性的对于客观就更是这样的。

52. 因此，理性化的自身便固有着极多的深刻的矛盾性，而工具合理性与价值合理性之间的张力，便可以作为解释现代性悖论现象的一种最具抽象度和涵盖面的理论框架。其实，工具合理性与价值合理性同形式合理性与实质合理性乃是属于同义的两对范畴。我们讲，倘若对经济不去做那些所谓理性的目标性的严格刺激，它或许就会淡化追求利润最大的想法。这样，人的欲加速经济的力就要转到顺其自然的平衡发展上来，便不会对它产生许多负面影响。所以，理性的这种刻意

① 萨伊:《政治经济学概论》，陈福生译，商务印书馆 1997 年版，第ⅳ页

之为，往往地又是效果不佳的。

53. 我们认为，在经济体系的里面，一定会存有可以让其生和存有可以让其死的决定因素。比如，理性的磁滞就会产生反理性。这样，理性就至少要有垂死的表现了。在现阶段，我国实行的一系列的惠农政策和新农村建设方略的推出，这看似是极为理性的，但它却也使无休止地蚕食大片优质土地资源的行径变得更有后劲，而且成本更低。同样，歧视三农的问题已被某些理论赢得了一定的合理性，即农民是内在地落后的—农业经济的贡献是很不重要的。细一想，这完全是反理性的。然而，它却是披着理性的外衣来盛装出现的。

54. 有人讲，理性的当是逻辑的，且黑格尔也肯定人的理性是具有无限性的。但是，在理论上，绝不存在有全过程均被看作为真的明显的普遍规律。可见，人类理性最不纯洁。[①] 如是，从信息不完全及有限理性对理性最大化展开批判，对理性最大化进行证伪，用效率对理性最大化的假定进行驳斥，就更为容易和脉络清晰了。

55. 相当明显，非理性泡沫往往也会成为一种常态。这就是说，常态的不一定都是理性的，非理性照样可以成为常态，理性的同样可以成为非常态；而这些多可以在经济学中有所反映！如股市里的某些情况就是如此。于是，言理性对于发展后期中的或是繁荣期的则容易表现为非常态，这种非常态的存在对于人们的有益的认识不产生积极的影响。我们讲，所有的经济的异动现象，其前提都是非理性造成的，正是这种非理性造成了危机前的似乎是常态的表象，才麻痹了经济中的所有人的神经。所以，理性的存在和它的展开及其展开后的结果，并不是统一的。我们不能说，只要理性存在，其展开的过程就一定是理性的，

① 《马恩全集·第四卷·哲学的贫困》，人民出版社 1958 年版，第 151 页

而结果也是具有理性的；从经济学上看，它便颠覆了有关的哲学观念。如是之，西方的理性就只有原点性，逻辑就只有形式而没有内容性，实证对经济也没有意义。历史上的经济理论多有用实证法的，但只要时间一长，它就会被否定掉或是不能存在了。

56. 沿着前面的主张，我们引用康德在这方面的观点。他认为，人类的理性只能认识现象界，对本体界的自在之物是无能为力的。自然，人类理性是不会创造真理的，它或许的是只能发现真理。如此，我们就当十分地满足。潘登榆先生曾说，在欲望中也渗透了理性的东西，但其主要成分是非理性的。[①] 这一点就解释了人们在虚拟经济中的追风当是一种丧失理性之根据的主要内容。我们讲，实体经济应是反映人们的生活需要的，而虚拟经济则多是反映人们的欲望的。生活需要与欲望思想在当今一出现，它就彻底地划清了目前的实体经济与虚拟经济的界限。生活之需要需求与奢侈之淫欲贪望尽管联系许多，但却是不相同的。

57. 马克斯·韦伯写道，对财富的贪欲，根本就不等同于资本主义，更不是资本主义精神。资本主义更多地是对这种非理性欲望的一种抑制或至少是一种理性的缓解。[②] 这应是对非理性欲望的一种并未反映到资本主义精神中来的解说。然而，在经济问题上的黑洞，即工厂内部的诸多暗面，它又必是进行理性思维的死角。在这些死角里，所有的理性都被湮灭掉了。

58. 当然，理性主义似是可以用于初始的步骤，但它对未来，较少

---

① 张海鸥：《人的经济属性问题研究》，中国人民大学博士论文 2007 年，第 96 页

② 马克斯·韦伯：《新教伦埋与资本主义精神》，于晓译，陕西师范大学出版社 2005 年版，第 4 页

有影响力。比如,技术的胜利虽可表述为,它就是理性的胜利,可此时的人性已完全被俘虏到资本或是机器的物的存在中去了,这当是现代人的巨大哀痛悲剧。因此,现代性社会出现的病症,根本原因之一,就在于理性化的畸形扩张,或是它的完全的变异所造成的。

59. 阿罗的思想是,证券市场和期货市场的运行,即与理性行为相悖。[①] 我们讲,和理性行为相悖的就是反理性。在今天,这个反理性的实际已相当普遍,整个的人类似乎都已沉浸在反理性的腐臭的浊水之中。从全面上看,我们通过对经济危机的研究,可以确定,理性的崩溃当是产生经济崩溃的一个具有先天性的原因。同样,在当下,高度发达的理性技术,正被用来实现最大规模的最无人道的非理性。从此,理性已完全走向了自己的反面。[②] 以理性的外壳,一旦装满了鸩酒,则其反人类的作用就会更烈。

60. 综上,理性必有垂死的表象,而非理性的存在,便会使其日趋衰亡。因此,我们首要的就是当先认识到这些,然后再去找出相应的解决之道。

第三节　价值规范

61. 价值存在于物中,存在于劳动中。

62. 价值通过货币表现,这是一个外在迹象。

63. 我们知道,货币是使经济运转起来的强大力量。

---

① 彭学农:《从制度经济学看哲学与经济学之互动》,复旦大学博士论文 2002 年,第 71 页

② 沈杰:《现代性、后现代性与社会重构——关于理性化社会及其问题的社会理论研究》,中国社会科学院博士论文 1999 年,第 3 页

另外,它还具有双重性,即货币一方面是公共产品,一方面又是私人产品。作为公共产品,它是被普遍接受的交换媒介和支付手段,而不是国民财富的组成部分;作为私人产品,货币则为财富。这样,货币的双重性问题就可以看做是一切经济现象的总根源。因此,倘若萨伊的物物交换,不能同时发生过剩的结论是正确的话,则危机的产生就是货币惹的祸了。当然,社会因素也很重要。比如,国家不安定,利息率就会趋高,等等。

64. 重商主义认为,财富就是金钱,就是货币,或财富就是人们在某一时点所拥有的资产的货币净值。有人说,积累能构成财富的增加。在18世纪,关于资本主义财富的积累,它有两个来源:(1)对农民剩余劳动的传统攫取,(2)采取各种形式的殖民剥削。故资本主义的财富应是建立在极多人的最彻底的贫困基础上的。然而,从理论上来看,所有的财富对于推动资本主义的发展,它们又都是同质的资本。

65. 一般讲,人也是商品,在市场上,他们被挤出;只有在生产环节,人的存在才被反映于商品之中。如是之,在市场之外就只有被挤出的人和货币,在市场里就只有商品了。因此,人和货币为一方与商品的一方即是对置的。此外,从工厂的生产扩大的过程可以观出:

$$M \rightarrow C_{IP}^{mp} \rightarrow P \rightarrow C' \rightarrow M'$$

即 $M \rightarrow M'$。所以,在这里完全看不到有价值的半点东西。在上式中,M 为货币,M′为增加的货币,C 为商品,C′为增加的商品,mp 为生产资料,IP 为劳动力,P 为生产。

66. 维克赛尔著有《利息与价格》一书,他曾倡导过宏观货币政策。根据存货投资模型和交易动机的货币需求模型,直至社会总供给和社会总需求的平衡公式,我们再回到 IS—LM 模型中来,由于它是宏观经济学的核心，是通过产品市场和货币市场的均衡条件来确定其他均衡点的；尽管如此，我们从中仍难以反映出它们的与价值的有着一毫一厘的关联处。可见，货币在任何时候，都只不过是一种不显价值的外在而已，它永远也不可能会深入到价值的骨头里去。

67. 言货币，必要联系到成本问题。因为，实体经济是以成本为支撑的，或说生产成本当是物价的“原因”，即成本或许是价值的重要成分。科斯认为，企业的存在是由于其组织的成本要低于市场交易成本，这样一来，某一人群若能使资源配置的总成本，低于市场上的交易买卖时，就可以诞生一个新的公司。所以，在企业理论中，必要含有交易成本的问题；而信息不对称等，也会形成交易成本。比如，低销量成本被低估，高销量成本被高估，就属这种现象。但是，任何一方的受益也都是具有成本的。

68. 在企业中，最频繁的作业或许就是最关键的成本要素。于是，其内部无论如何也要存有价格机制。关于它的增值的部分，当是人们的欲望的在产品中的加入，然后又会均摊到成本中去了，否则 M 如何能够成为 M′呢？因为等价原则是不允许出现 M′>M 的现象的。还有一种情况就是，随着资本积累的增加，劳动生产率将大幅提高，这样工资也要提高，因此劳动密集商品的成本就会高于资本密集的商品成本，而这也就成了发达国家手工业产品比较贵的原因。

69. 我们讲，劳动成本是进入市场的一个基准价，供求会产生波动价，在市场和劳动场所之间是由欲望的价格来驱动的。尽管成本可以说是未出售的价值，其主要是反映在生产过程之中，而价格则是进入了市场的东西，所以才有李嘉图所说的，最终决定商品价格的是生产成本，或说市场通过竞争形成价格，企业通过暗箱形成产品，竞争反映到暗箱中,企业产品成本总要与市场价格形成大致的相符。但是,根据H—O模型,生产成本和产品价格又是绝不相同的,否则就无法产生贸易。当然,这里的生产成本也会渐渐趋于边际成本的。可在现实中,由于外部性、垄断、报酬递增的原因,价格一定又不能等于边际成本,由此即造成了市场失灵,经济也就不能实现资源的最优配置。再者,它还会受到政府的干预成本,以及费用要由制度来决定,兼之人们买卖的是权利等社会成本的影响。

70. 下面,就要阐释经济学上的价值,它只反映着价格的问题。这是由于价值是靠价格赋予上去的,在此只有价格能说话。比如,价格乃是投入与产出的利益综合。同时,存货可以决定价格,依着货币持有量也可以决定价格,市场组织可以决定价格,即市场制度对价格也要起作用。此外,工资也是价格的主要构成部分。当A生产物W,则A的工资就应等于W的物价时,它当属于原始的情况。这样一来,人们也就解决了价格的起源问题。

71. 科斯指出,资源总流量的一大部分是在公司内部发生的,因此它就被有意识地从价格系统中给搬出了。然而,自然价格应是恰好等于工资、地租和利润的总和,劳动的自然价格是在增减不变的情况下,让劳动者继续生存并能维持其后代所必需的价格。在原理上,信息当是打通价值与价格的管道。于是,缺乏必要的信息,就会导致相关价格的刚性的持久存在,这又似是市场所不可避免的。

72. 杰文斯说,价值定于稀少性,价值起源于稀少,[①]或说稀少性是交换价值的起因。然而,交换产生的只是价格,如此的话,价格便不能完全真正地反映稀少性,因为它经常是不适当的。这也可以反映在资

① 杰文斯:《政治经济学理论》,郭大力译,商务印书馆1984年版,第20页

源配置问题上,科斯定理表明,受外部性影响的各方将会就其达成一致意见,无需政府的干预。很显然,这是片面的。此间的道理就是,资源配置不可能通过价格机制来全面直接地完成。

73. 按着林达尔提出的用以说明物价水平变动的基本方程式:

$$E(1-S)=PQ$$

其中,E 代表名义总收入,S 代表这总收入中储蓄起来的部分,P 代表消费品的价格水平,而 Q 代表一定时期中这种货物的数量。所以,

$$P=\frac{E(1-S)}{Q}$$

这就是价格的表达公式,分子为所需者的货币,分母为供应者的产品数量。可见,在本质上,乃是供求决定物价的,它绝不是物价决定供求的,这就表明一定要研究经济现象中所依据的秩序问题,应是多么的重要。

74. 可是,在供求关系中,供应和价值是由生产者确定的,需求之价格则是由生产者之外的来确定;即价格高(A)是由供应的数量少(B)和需求的人数多(C)决定的。然这三者又不是同类项,如何划成同类项呢?我们只能把它们都转化到价值上来,价格高就是欲实现的价值大于原有价值,供应的数量少就是原有价值总量少,需求的人数多就是欲实现的价值量大。这里的 A 就是欲实现价值大于原有价值,原有价值总量少就是 B 少,欲实现价值大就是 C 大。其实,就是买方需求价值量大,供方生产的价值量小时,实现的价值就高于原价值;当买方的需求价值量小而供方的生产价值量大时,则实现价值就小于原价值;当需求价值和供应价值相等时,实现价值与供应价值正好同一。这样,我们就理顺了价格高低的原因完全是由需方所确定的价值量来决

定的。于是,只要需求的价值量在增大,其实现价值就一定大,只要需求的价值量在减少,其实现的价值就一定小。这些都是一个关于价格上的正向表达,或说需求是物价的函数。因此,不发达国家和发达国家有相同的问题:只靠一般控制工具,例如利息率,或说货币供给,或者通货的汇率,已不再能控制国内物价水平。

75. 在 AD—AS 模型中,它是把物价水平作为内生变量来处理的;然而,物价水平越高,均衡产出水平越低的事实,就会使得劳动者希望同时获得较多的消费品和较多的闲暇,成为不可能。就目前世界上看,价格水平的变动往往具有突然性,其中的相对价格的变动是决定于自然原因的,一般价格水平的变动是人力所能加以控制的。因此,最理想的局面,是在不干预各种商品的相对价格变动的前提下,使一般价格水平保持稳定。这正是价格理论的使命所在。① 当然,在这里,相对价格又是不同于货币价格的。

76. 众所周知,瓦尔拉斯(《纯粹经济学要义》作者)研究的中心是价格,且价格经济学研究的又是一种社会制度。可是,若只关注价格的决定,就会导致研究视野变窄,使人们忽视了经济系统的其他方面。总体讲,贸易的存在,会使价格趋于平均化。故等价作用具有约束性,它是抑制竞争的,供求关系可以导致等价,但竞争不会导致等价。因此,财富上的不平等愈大,价格上的差别也就愈大。当巨额财产增多的时候,奢侈品的价格便要上涨;由此综合推理,生产过剩,必是造成股市下跌的主因。

77. 沿着斯密的想法,价格系统乃是创造均衡的力量。但是,在均衡中,一旦新的存在不能被价格所表达或形成交易,时间一久,即会颠

① 维克赛尔:《利息与价格》,蔡受百译,商务印书馆 2007 年版,第 2 页

覆之。有时候，当价格的变化速度不能适应市场的步骤时，也会颠覆之。所以在均衡之中未被价格表示的以及价格之迟滞或加速的存在，便是均衡难以存在下去的缘由。另外，无论如何，均衡价格都是暂时的。从本质上看，由于价格均衡的瞬间性，它与物的存在又是无关的。

78. 物价系统不是万能的，管理永远存在于价格之先。价格是物的标向，它是由企业指向家、国的消费场地；而货币的方向正与物价的方向相反，它是由家、国的消费场地来指向企业的。所以，政府对企业的管理，只要顺向地操作货币即可，万不可以物价的方向被动地再去理会那些物价了。

79. 小结上面，就可以发现，工资、稀少性、供需、价格、货币等都是自成一体地围绕着价值转了一圈，但是它们根本就没有进入到价值中去。所以，人们言经济上的价值，实是多在言有关的价格，或是以价格来表示着其他的存在而已。

80. 关于价格与价值的联系。首先，价值是中性的，它不显现在市场上。价值只是未进入市场之前的近似于其进入市场之后的价格的估计值。比如，GDP 这种总价值的实际，它也是要剔除某些价格变化后的存在方能表示出来。鉴于这些，我们就可以断想，某一物的价值即要取决于它过去和当下的平均值。于是，物的价值均衡，似是在历史连续均衡时的总价格的平均。另外，价格体系又是社会价值系统的沉积，尽管有时 20%的价值可以形成 80%的价格，或者相反，然其总有相等之处，并且它们之间的均值又应该都是相等的。

81. 价格是由价值决定的，是由效用决定的，是由供求关系决定的。此间的效用即相当于价格是由价值决定中价值里的使用价值。只有使用价值和效用才是可以联系在一起的。于是，马克思的价值、使用价值、交换价值和效用决定价格就具有同一性，而供求关系决定价格即是交换价值的体现。因此，价值既要通过使用价值即效用来决定它的价格，又要通过交换价值即供求关系来决定它的价格。如是之，价格即由价值、使用价值、交换价值、效用和供求关系等来共同确定。由于围绕社会价值而波动的市场价格具有一定的惯性，且其还会受到另外的他者的力量影响；这样的话，经研究发现，买卖双方在信息不对称时，仅仅通过价格的调整多是无法达到有效率的资源配置的；其次，为之所进行的调整，还需要相当的成本。同时，价值要通过价格来反映，这里面还当含有政府的某些方面的思想意识力的作用等等。总之，这是显而易见的，却又是被人忽略掉的。

82. 价值必有它的本体，即价值和剩余价值都是通过各种劳动来创造，但却是通过价格来进行分配的。倘若离开了价值由劳动决定以及价格只是价值之货币表现，这一唯一科学的理论，则是决不可能阐明价格问题的。[①] 那么，又是什么在决定着劳动的呢？它只能是人的生命的性质在起作用，因为只有劳动才是能完成人的内外统一的手段。可见，劳动是商品的真实价格，货币只是商品的名义价格，劳动也像商品一样，劳动的真实价格可以说是由为取得劳动而给予的生活必需品和便利品的数量构成，而劳动的名义价格则是由货币的数量构成，同一真实价格总是具有同一价值；但是由于金银价值的变化，同一名义价格有时却具有非常不同的价值。根据乔根森新古典模型，[②]资本与劳动的投入之间又是存在着替代性的，所以有关问题并不一定是很简单的。

83. 在过去，曾有人赞美创造商品使用价值的劳动，却又攻击创造

① 缪尔达尔：《货币均衡论》，钟淦恩译，商务印书馆 1997 年版，第 vi 页

② 余永定：《西方经济学》，经济科学出版社 2002 年版，第 430 页

交换价值的劳动;也有人发出疑问,价值就是贡献吗?若价值是贡献的内质,则价格就是贡献的外显。贡献的必是一种有用的存在,必是一种有积极意义的功能之反映。从客观上讲,生产者个体直接面对自然,既没有分工,没有交换,因此也就没有社会性的问题,此时也就不需要价格、价值和利润等等;然而,自有了分工,生产多少的问题,就要用价格来决定了,至于交换的存在也就只能依赖社会的价值作为判断的基础了。这样的话,工人阶级于当下,就当既要获得自己的收入,又要为使用资本家的资本和工具等有所付出,而这一部分的付出,则是归于资本家所有了。

84. 从上面的文字可知,经济的本质一定是存在于生产中;鉴于工人和资本家的关系,它们之间的任何的雇佣合同,都不会为工人能重新分配到某些权利而留有一丝一毫的伏笔。还有,就是尽管机器不要工资,然在事实上,利润仍有不确定性。此外,在西方经济学中,由于公平和效率是互相冲突的,即生产率的快速增长,是要以收入的严重不平等为代价的。所以,按劳分配本身就是公平与效率的统一之说,便有值得商榷的必要了,而这些又都是价格和价值所难以反映出来的。

85. 接下来,我们就要沿着“价值论必须说明,不同商品和服务的比较价值是如何确定的”理路来展开。

86. 第一,就是要再进入到价值中去看问题。在这里的价值,当是直指着商品的社会属性,倘若劳动产品如果不是商品,则其便没有价值。由于任何商品都具有自然属性和社会属性;所以,马克思关于商品的实质就是使用价值和价值的对立统一。然而,古典经济学家们则认为,价值的实体只为财富。但是,它却与“价值随财物的增加而减少”一语是有矛盾的。同时,价值随着人们需求的殆尽,也会自动消失。

87. 关于使用价值是价值的前提，即使用价值乃是价值的源泉。当然，使用价值又必要以交换价值为根据。还有，劳动并不是它所生产的使用价值的唯一源泉，自然界同劳动一样，也是使用价值的源泉。这就是说，在价值的胚胎中，也是具有两性结合的特点的。有些学者讲，价值的创造和价值的分配在逻辑上应是内在一致的，我们说，价值并不是分配的原因。这是由于，商品价值作为抽象劳动的凝结，其本身是看不见，摸不到的。因此，用价值的抽象性是难以量化的。至于分配问题，它必须要回到那些具体劳动的比较中去，才能解决。

88. 此外，价值又是取决于生产的困难或便利的程度。这样，良好的获取方式便可以决定实现更大的价值。从价值需要通过比较方能显现的特征看，价值的含义就只能包括它的效用，又要包括它所带来的用于交换其他物的购买力。我们知道，自从有了货币以后，使用价值和价值的矛盾便已转化为价值与价格的矛盾了。于是，价值的变化就是经济学的主要研究对象，因此必须要予以重视。

89. 第二，就是如何确定不同商品的比较价值问题。首先，按劳动及劳动时间的观点来依次进行阐说。总的来讲，价值的实体是人类的一般劳动，或说只要劳动，就都会具有价值，这即指出，所有的产业、部门的人们的劳动都会直接与间接地创造着价值。从细目上看，只有活劳动才能创造价值，物化劳动只能转移价值，自然资源不创造也不转移价值。如是之，商品的价值就一定要取决于劳动，再深入一些，便会有劳动创造价值和剩余价值的原则思想。

90. 马克思认为，唯物史观的逻辑起点是由劳动、需要和增殖三个因素构成的。在价值问题上，劳动、需要和增殖三个因素不可分，其中的具体劳动不仅要创造使用价值，更重要地是为了实现使用价值。由于商品是劳动的产品,就资本主义社会来看,它便是工人就业时的某一劳动力的被物化,或说它的经济系统的主体为资本家,在客体里,工人的作用显然要大于资本等等,所以工人的直接作用,即产生使用价值,而资本家由于是具有抽象工人劳动而凝结在一起的功能,故其就应表现在实现价值。这些都是发生在生产领域的。可是,一进入到消费之中,由于人人平等的关系,且他们又都具有着自己的主观价值的判断性,因此所有的在市场上的商品便会完成其价值和使用价值的绝对统一,即这些都是发生在商业领域中的。

91. 有学者称,只有劳动和土地服务是必需的要素,价值只属于它们。这样,所有的东西就都应由土地和劳动这两种自然单位来衡量其价值了。比如,土地的价值就等于21年的土地年租。上述情况似是在说,只能以劳动和物的公共效用才可以确定价值。然而,在劳动与技术结合之后,就是关于技术的劳动了,此时劳动的价值便被极大地弱化了。

92. 重农主义体系是对资本主义生产的第一个系统的理解,其主要研究对象是农业中剩余价值(纯产品)的生产。关于价值,李嘉图则第一次将之分解为工资和剩余价值,而这当与下述公式:

生产物=利润+工资

大致相符,该式就是西方经济学中用来说明收入构成,也称价值构成的一个简化的等式。因此,若将生产物放大,则后人所称的价值规律所影响的就是整个社会生产领域的总产品。更为重要的是,李嘉图还讲,劳动时间决定价值量。如是之,价值经由劳动,经由劳动时间,则不同商品间的比较价值问题便是可以确定的了。后来,这一思想又得到了马克思的极好的量化。

93. 从原理上看，经济的存在应是价值增殖的系统，这可反映在欧洲资产阶级通过两个价值源泉来汲取财富的整个过程之中，其一是经由商品贸易，完成 M→C→M′；其二是经由货币交换，完成 M→M′。于是，罗雪尔学派以生产力的培植来反感对交换价值的追求，就是欠妥当的了。

94. 关于价格与数量之均衡的基础是什么？我们言，它应是由价值和质量确立的。尽管有些商品的价值是由其稀缺性所决定的，但它自成为商品的时候起，则之有效用和有价值的特点就不会再发生变化，这是由于商品相对价值变化的程度是取决于固定资本与所用的全部资本之比，即与其他无关。因此，一旦政府使用关税、国家津贴和出口奖励等类办法，来试图部分地变更相对价值的自然秩序，其结果必将使社会受到若干损害。这样的尝试，必须认为是违背情理的。① 上述者，在今日时有发生。

95. 我们知道，马克思的劳动价值说更是适用于生产阶段的理论，而在此后阐说的门格尔等人的边际效用价值论则更是适用于交换的阶段。所以，它们之间并不存在有什么冲突的问题。通过此法，人们就可以把马克思和门格尔等人的思想都可以很好地应用于经济的研究中去。另外，在货币方面，尽管它的因素本身，也会引起货币价值的变动，然而货币价值无论有多大变化，它也不会影响到利润率上来的；这应是确实的。

96. 依着前面的路线，就会得出，商品的价值量与体现在商品中的劳动量成正比，与这一劳动的生产力成反比②的结论，或可表达为，由

---

① 维克赛尔：《利息与价格》，蔡受百译，商务印书馆 2007 年版，第 3 页

② 马克思：《资本论》第一卷，郭大力译，人民出版社 1973 年版，第 53-54 页

于劳动生产效率的提高,单位产品的价值量却是减少了。因此,劳动生产率的倒数,即是单位产品或服务中所包含的劳动的质和量,也就是劳动力价值的度量,即价值量。这样一来,人们就可以得到不同商品的比较价值,当是可以通过比较劳动时间,即比较严格意义上的社会平均的劳动时间来进行标注了。

97. 其次,我们就用有关边际效用理论来说明不同商品的比较价值是如何确定的。许多人都知道,如果他是一名消费者,将在预算约束下追求效用最大化,或曰在某一效用固定时希望支出最小化;如果他是一名生产者,将追求利润最大化。故价值所反映的不是物,而是物的效用,价格也是如此,即绝不是针对物的。物的功能的存在,首先是物的本身具有这种性质,然后才可表现为人的在劳动力之下的作用。否则,人的劳动就没有意义。所以,价值当是物的有用功在人的劳动力作用之下的产物。由于物的功能不便度量,且其是寄身于物的上面的,这样人们就用物的存在来代替之功用而作为表达了。于是,物的功能效用就被均匀地似乎是分解到物的各个部分上去了,此即为人们依然言物而不言功能的原因;比如,关于阐述黄金和粮食等的价值时,就都与上述无异。

98. 因此,物质财富是由使用价值构成的一语就十分精当。由于使用价值的可使用性,又可称之为功能效用,所以由它来反映出价值的观点,一定是不可变易的。非常显见,根据物的功能的客观不同,即使是劳动的社会必要时间相同,它们的结合的存在也不可能相同,这就是有些商品在相同劳动之下的价值又不相同的客观基础。譬如,有很大用处的东西往往比用处很小的东西具有更少的价值,反之亦有例证。

99. 可见,人性背后的实质,就是对效用的追求,这是一种可通过计算加以衡量的经济活动的基本要素。另外，作为商品买卖的，一定不是劳动，而是劳动力；只有通过这个劳动的力的可标度性才可以更好地反映效用。概括地讲，边际效用价值论的基本内容有二，一是认为商品的价值实体即边际效用，又可称之为消费者消费最后一个商品单位所获得的满足感；二是生产要素的价值决定于它参与制造的商品的价值。于是，这个最后的满足感和由生产要素参与的商品价值，它们在相互统一后的存在，就会达成一个完整的效用价值，尽管它有一半是要经由心理来决定的，可其却也是真实的。因此，我们也就解决了价值乃是效用的计算形式问题。

100. 第三，就是说明不同的服务之比较价值又是如何确定的问题。此间的服务价值于规则上并不反映在物中，比如文艺演出，行政管理和军人的战争等。我们认为，它在原理上，可以用生产物的形成价值的社会平均的劳动时间作为一个基准来解决，想起来当是不难的；故不再赘述。所以，价值就是既反映在物中和它的功能上，又是反映在服务的里面了。然而，由于人的服务于经济，人的服务之价值便已不如商品的价值更有好的价格了，这就是说，物的增值与人的贬值是同在的。

101. 第四，为了说明不同商品和服务的比较价值，人们还建构起了一个观念说。因为，在劳动时间和边际效用的联系处，只能是主观价值在起作用。这是由于，边际效用就是消费者个人主观心理上所感觉到的最后一个单位的效用，且交换价值必是要第一地依于主观的价值的。所以，一方面价值是客观的，一方面价值又是主观的。评价好坏就成了价值高低的标准。再有，虚拟经济应是以观念为支撑的，这样一来，它便佐证了价值的主观化的必然性。

102. 我们知道，经济价值都是制度价值，都是一种学识的显现。①故经济的价值即是由人的主观价值所赋予的，因此经济价值的实现就是人的价值之意示。于是，关于物的价值：A ，是由人的主观价值赋予的；B ，通过人的劳动赋予的；C，是天然的存在赋予的；如是者，才是形成价值的较为全面的解释。其中的道理就是，只要相信，就有价值；而价值存在的第一要义，就是应以自己之主观相信的价值和与对象的有关效用的价值存在，能发生深入的映照，然后才会有价值的到来。所以，经济学处处都是它的价值与人的主观价值要时时相合的产物，正是由于如上的存在，人的物化才会具有可能性和基础。不难发现，在此背景下，人们的预期的价值愈大，则其可能实现的价值也就会愈大。

103. 还有，按照劳动价值论，个体的劳动支出能否形成价值，应是取决于他的劳动是否为社会所承认，从而转化为社会劳动，此即价值应是被人们承认的东西。同样，价值判断也必须要使事实来合于价值，才是更近于道理的，此处的奥妙就是经济学的价值应是以人的价值标准来牵引的。比如，人类的供需其实当是围绕着人们的主观价值来做波动的，它不可能先围绕客观价值去波动。

104. 通过上述，价值体系就是人的认识与之经济的目的的相融为一的体系，而这反映在价格上，就会形成“参考点”的概念，即消费者经常在对他们支付的价格和他们自认为公平的一个价格（即参考点）的比较中，衍生出“正的”交易效用或是“负的”交易效用。② 于是，这个参考点，就必是产生近于真实的价值之点。至此，我们便在观念上把比较

① 凡勃伦：《有闲阶级论》，钱厚默译，南海出版公司 2007 年版，第 7 页

② 《诺贝尔经济学奖金获得者讲演集 1978-2007》，王宏昌译，中国社会科学出版社 2008 年版，第 608 页

价值的问题讲清楚。

105. 第五，在如何确定不同商品和服务的比较价值中，我们要做一个总结。关于价值，它应包括，a 维持生命的价值，如 100 人为 100 人而生产的粮食；b 为了新的生命而增加的价值，如 100 人在前面的基础上，还要为新生的 10 人生产粮食；c 为了相对地减少的人们从事直接生产的需要而产生的价值，如 100 人中要有 10 人经营其他服务业，而余下的 90 人仍要生产出 100 人的所需；d 为了扩大功能而产生的价值，如 100 人生产的粮食要精细加工而形成的更高级的产品；e 为了精神的享受而形成的价值，如 100 人中又要分出 10 人来从事文学、艺术的创作等；f 其他价值，如国家管理等。这样的话，它们或许就可以反映出 GDP 乃是衡量一个国家生产的物品和劳务的总价值了。

106. 此外，通过对有价格无价值的只根据供求变化，与劳动生产率无关的如货币和古董等，以及有价值无价格的，只影响生产率，不影响价格的如劳动力、技能和知识等来看，再兼之，虚拟经济以观念为支撑，实体经济以成本为支撑，就会洞见，主观价值和劳动价值是存在着分离的必然性的，或说它们在现象上是可以相分离的。总之，经济学上的价值都是有意无意地向着形而上学的方向，正在推进着，但它终于没有完成在哲学层面上的新建构。

107. 那么，在哲学意义上的价值又是怎样的呢？众所周知，商品之价值与哲学之价值是有着相同也有相异之处的。比如，伦理的就一定是表现为价值的，而利益的就更是可沽价的了。另一方面，价值必为一种统制手段，或说人们买卖的并不是物品和资源，而应是权利。鉴于人是价值的主体，则价值就应是关乎人之生命的具有根本件的存在。

108. 经论证，物的价值在物中是看不到的，它虽是由劳动形成的，但完全没有可观性，即完全是由人的关于价值的意识所赋予上去的，这就像货币是价值尺度，可它在执行价值尺度的职能时，则又是以观念上的货币为准的。故价值所对应我的，就当是我所对应于它的，彼此地相互地反映着的存在，而我所对应于它的根据，就是过去的关于价值的平均额度的又合于当下之价值的综合。尽管劳动不能反映在物中，然而通过劳动力，在完成有利于人类自身需要的，如精神享受方面的环境的和物的位移与增加功效的变形及变性之改造物后的存在，还是可见的。有时劳动所提供的量在与物结合后，它的转化成物之效用的寄身于质的存在，似如植物界的光合作用。

109. 最后，我们由价值从价格导进到货币，从货币导进到一般等价物，从一般等价物导进到物物交换，从物物交换导进到物的为我所用；则此时物的价值就是和我的生命、生活相关。于是，在本质上物的价值就是为了能使人——这个物成为活物，就是要以非人之物的不断消亡和以人的自身之物的不断劳动来换得人——这个活物的永续存在，或说价值就是为了人的生命之需要的需要。比如，

W(商品)—G(货币)—W(商品)

就表明人之所以要交换，就是要获得我们所需要的存在，而这些存在既包括物的使用价值，又反映在人的意识与社会劳动的价值之中，或说它也必是反映在人的生命之中的。因此，价值就是对人的积极意义。

第四节　仅限于经济的解

110. 关于经济，或称在理论上，经济包括生产和交易活动。这里面就有，经济主要是研究它的物质基础是什么？必需品和奢侈品是如

何生产的？它的组织作用？工农业与贸易，以及经济的有机联系和其世界体系的构建问题等。

111. 大致讲，经济学有三件事：充分就业、资源配置和产品的公平分配，而生产、消费和积累又是它的三形式。鉴于经济生活相互联系的特点，我们既当熟知经济理论的各个流派的内容，又要通晓它们之间的各种交叉关系。比如，生产要素之间，在不同的经济环境下，某一因式的变动，自会引起其他因式或整体的变动，这似是反映在生产上的必然性。至于什么是消费？我们可以定义它是购买的最终产品；当涉及积累问题时就有，人的衣、食、住、行的关系比例应该是多少呢？而用于生产和生活资料的比例又是多少才好呢？这就要联系到前者当用市场的法则来解决，后者就该用计划的法则来解决的问题了。

112. 众所周知，阐述经济史的方法有实证、诠释和批判三种。从批判角度看，新古典理论，它只关心市场的运作，而对非市场如何发展的思想，显然是具有片面性的。关于诠释，我们说马歇尔所著的《经济学原理》一书，即构成了现代微观经济学的基础；以及赫维兹 1972 年证明了著名的激励兼容“不可能性定理”：在经济社会成员数目有限的条件下，即使对于只有私人商品的经济环境，不可能存在任何经济机制，当人们的行为按占优策略决策时，它能执行帕累托最优配置，[①]这些都是很好的。再有，联系到实证问题，经济学便必须要用数学来做工具了。比如，总需求或总收入等于消费和投资的总和就是一个数学表达式。于是，我们认为，一般均衡理论乃是为提供国民账户之出发点的存在理由。很显然，只有配备现代数理经济学的知识，才可以谈及那坚硬

① 《诺贝尔经济学奖金获得者讲演集 1978－2007》，王宏昌译，中国社会科学出版社 2008 年版，第 636 页

的动态问题,这就像只有通过拉弗曲线,方好解释税率与税收的关系是一样的。但是,仅仅依靠实际数据又是很难判断一个理论的是否正确,或说也是很难准确地描述是什么原因导致它在理论上的失败的,此即数据的实证对于一个经济的长期存在是没有意义的。

113. 马克思指出,真正的现代经济科学,只有当理论研究从流通过程转向生产过程的时候才开始。还有,在不确定的条件下,以流动的,可变的形式来保存资源是有利的说法,一定会成立。因此,倘若某人放弃的有关资本之增殖的机会就要被他人所利用。至于卖方能向买方推销低质量商品等现象的存在,完全是因为市场双方各自所掌握的信息不对称造成的。这样的话,只要解决了信息对称的问题,在将来的某一日去掉某些企业主的过分的欲想,或许就是可以实现的,并且还不会引致集中性的垄断。同时,为了信息的透明化,我们在对外贸易的过程中,也要实行资本、商品和文化认识上的捆绑式输出才好。可见,经济的一定要伴随着政治的和培养代理人的活动,否则就要受他国的非难。

114. 关于利润最大化问题,它在非竞争环境中不可能实现,然而完全竞争也是不可能实现的。为了实现利润最大化,人们就需要进行投资等,但投资又是要从利润中转出的,其实它们的根本又都是源于生产的。当然,这些也可以在劳动经济学中有所体现。如是之,分配的依据问题就可以更好地得到解决。此外,还可以包括土地和资本为什么会成为私人物产,以及财富指的就是用来满足人们需要,并能出售的存在等等,到最后就可以推断出,在一个连续的市场的循环里,如果科斯的最低费用理论成立,那么在其先前的企业之中的利润又是该怎样形成的呢?所以,我们说,科斯定理的存在便是具有着极大的困难性了,即企业的诞生只能是缘于历史的必然而已。

115. 总之,人们当有极多的办法来对付经济中的各种存在着的问题。比如,只要用黄金来购买了某些过剩的产品,或是用其来吸纳了部分的膨胀着的货币,则危机与通胀的问题就可以解决了许多。因此,赤字可刺激经济,黄金可平抑经济,倘把二者结合,交替使用,对于资本主义社会来讲,似乎也是可以践行的。还有,对付失业之法,就要课征"增加就业税";对付通胀,就要"抽水",就要实行货币前置的办法;对于危机后的复苏就要"补水"等等。在通向城市化进程中,农民可以土地来换取城市的"低保"的办法就很好!另外,国家之间协调稳定的几种政策工具的适当组合,也是具有着极强的积极作用。在当下,极重要的就是应发挥计划经济和市场经济的两个优势,因为纯粹的计划经济和市场经济都是不存在的,在市场经济中一定暗含着计划,在计划经济中也必然隐蔽着自由的成分,这些都是大家不疑的。

116. 下面,我们讲,经济的只能是时尚的,即所有的经济活动在长期的过程中都是会变性的,都要与其原初者是具有着相悖的存在。这样,把时间嵌入到经济中来,就可以看到经济于时间的绵延中它是如何变化的了。所以,时间便与经济密切地相互联系在一起,当经济环境处于良好的生产上涨之际,此刻的时间就可以产生利润;相反,即会出现亏损。就有关时间的理论而言,短时段的事件仅能反映为现象,长时段的存在,才可以形成基础性的结构,而介于其中间的时段的情势,又仅显有作用。可见,现象者是难有影响力的。

117. 弗里德曼在考察经济时,把它划分成了短期和长期的两个时段;他认为,在短期内,货币量的变化对价格没有影响,而对真实经济产出则有较大影响。但是,在长期内,即在 10 年以上,货币量就只对价格产生影响，它对真实的经济产出便没有任何的影响了。这就是讲，只靠货币来想改变经济的做法是不具有长期性的。于是，由此可以得出，欲凭借价格来调整经济的做法，在长期的时间中，也就自然地没有了意义，尤其是在生产过剩的时段，它只能是让位于数量的调整。

118. 卢卡斯说明，允许通货膨胀上升，肯定不能使就业永久增加，此即社会从高通货膨胀得不到永久性利益；相反，高通货膨胀只有持续的缺点。① 另外，持粮待售的农民和生产型的资本家以及债务人都是希望存在高通胀的。然而，靠工资生活的工人和靠金融放贷的债权人，则希望通胀紧缩。这样，工人出卖的是劳动力，债权人出借的是资本，于是它们二者在此时就可以相互地联系在了一起。但是，这些都是短期现象，只要时间一长，上述的关系就不存在了。总之，由于社会存在经济上的自然增长率和自然失业率，长期不存在通货膨胀率与失业率之间的替代。比如，短期内的菲利普斯曲线还是成立的，可长期的则不能成立。这反映在虚拟经济中，就是大量金融交易不具有生产性，反而会减少实体经济中的诸要素投入，亦即股市在长期的存在过程里面，对实体经济难有相生性。如此讲，当是确定的。

119. 经济周期表现为就业量与产量的周期性波动。新古典经济学家与凯恩斯主义经济学家对于产量与就业量的波动的解释存在着明显的矛盾。前者认为，劳动供给对于工资的变动是无弹性的，后者则认为，劳动供给对于工资的变动是富有弹性的。因此，卢卡斯等利用美国的统计数据进行检验，其结果是，短期劳动供给对于工资变动是富有弹

---

① 《诺贝尔经济学奖金获得者讲演集》下卷，王宏昌译，中国社会科学出版社 1997 年版，第 388 页

性的;长期劳动供给对于工资变动的反应却是没有弹性的。[①] 这里面又有一个长期性的问题。事实上,经济危机、奥肯定律、菲利普斯曲线和滞胀等都是以失业为一方的不均衡存在,所以不把失业问题考虑进去的平衡就是非平衡的。如是之,只要出现萧条,就会有企业的破产存在。为了寻根源,我们讲,探讨由谁来承担引发经济危机的责任问题,便是极为重要的了。

120. 此外,人们还知道,市场在危机爆发后,没有任何力量,这时它就相当于是化为脓包的烂疮。接着,只要稍查一下资本主义历史,便可以知道,市场失灵和政府失灵,从长期上看,都是必然的。鉴于市场经济与政府往往又要有着重要的关系,且经济活动必要承担有政治责任,以及政府首脑定是全国经济的总经理等,于是政府就采取措施多向市场经济施以援手。然而,政府的政策措施在长期又是无效的,也就是说,货币是中性的,就业量不受政府货币政策的影响,政府的反周期货币政策不会奏效。[②] 其实,物的存在由于它的功能具有边际效用以及在其自身内部存有的毁灭性,所以它也是不具有长期性的。这样一来,经由前面的文字即可看出,经济的或是物的在本质上,均是不具有长期性的问题就已说得清楚了。

121. 我们讲,整个人类的历史进程,或许就是一个人生命的放大。今天的人们之大量地生产物质,用于衣食住行的高消费,这顶多是相当于人的婴幼年时期。然而,随着年龄的增长,其对悠闲的渴望就会强

---

① 小罗伯特·卢卡斯:《经济周期理论研究》,朱善利译,商务印书馆 2000 年版,第 2-3 页

② 小罗伯特·卢卡斯:《经济周期理论研究》,朱善利译,商务印书馆 2000 年版,第 4-5 页

烈。愈向后,人们就愈是追求在精神上的自由了。所以,为了繁荣的持久,就必须要根除经济危机的周期性问题,只要危机能够避免,则永续的昌盛时代就要到来,则其最后的指向,也就是要达成物质文明和精神文明之共同兴旺的局面。

122. 综合以上,再兼及前货币政策和转移最少实现产出者,而使之进入到新就业的队伍中去,同时践行相生性的发展战略,我们就可以说,经济上的麻烦便会不多了。

第十章　无形—有形

1. 从现象去找本质是哲学的内容。在前面的文字中,我们研究经济是沿着有形的物的实在,去寻找经济的那些类如价格等无形的路线去展开的。因为,经济的历史多是从有形指向无形的,而一般的存在则是先根据现象的开显,方好通过科学的手段,再来发掘其形上的东西,更为适宜。于是,在哲学层面上,或说用哲学的方法来理清经济的诸问题,它也需要以之非有形的存在来作为切入点的。

2. 从习惯中走来,由无形赋予有形之说,就可以反观某些形上的理论之术。虽然,我们讲,经济的就是社会的,或称经济只有与社会共存才可凸显出来,即凡是经济的诸象又都是社会的反映,以及经济的存在是可以被多视角所看透的。但是,若欲求解摆脱经济困境的秘方,还应从形上的哲学中寻找。

3. 大家知道,揭示外在虚象背后的结构和趋势等存在,既是科学的任务,更是哲学的任务;科学和哲学便在这里交汇了。如此一来,它也就打通了从无形到有形的窗牖。在经济上,货币是实现从观念到物的力量;在哲学上,思想家会把物的相关东西,转化到无形的上面去,亦可反向为之。所以,我们就把人性、异化和后现代思潮等可以赋形为一定秩序的存在,尽归于哲学。

第一节 人性

4. 休谟指出，哲学应该是研究人性的科学，人性是一切科学的首都或心脏。[①] 于是，研究经济学也要以人性为重点。因为，人的问题，其实就是人性的问题。或说，人与人的关系问题也就是人们的人性之间的差异问题的反映，它们之间既相互依存，又相互排斥，这就使得人世间的社会现象或经济的东西多要呈现交叉的万般情状。比如，我们对他们绝不说我们有需要，而总是说对他们有利的表达，就是因循于某些人性的阐述。再有，一些西方发达国家的那种物质富裕，然精神空虚的存在，也是人性之不能均衡的写照，它的毒害作用十分大。

5. 马克思讲，他的经济学思想的出发点是人，即现实的个人。同时，他又指出，劳动是人的本质属性。由于劳动包含有三个要素，即劳动者本身、劳动对象和劳动工具；还有，就是人作为劳动者，便只能既是目的又是手段了。所以，任何人的存在，即势必要裹入经济的洪流中去。这样，人的独立性就会湮灭在经济的生产过程里面。因此，经济中的灵性乃是由人来显映，但最终仍要被经济给打压得无有半点的活力了。

6. 另外，劳动是为了生命的需要而存在的，且经济无论如何又是要与人性相联系的，或说构成社会关系总和的基础是劳动。所以，马克思又认为，消费是会在观念上提出生产之对象的。然而，就事实来看，劳动是痛苦的，消费是快乐的；以最小的痛苦去换取最大的快乐，乃是人类追求的必然趋势。于是，马克思以人，以生产为过程和我们的以人

---

① 陈辉：《经济学的秘密在于人》，西南师范大学硕士论文 2002 年，第 21 页

性,以劳动为过程,就都是一回事。

7. 因此,能增进快乐的东西可以为善,而权利、自由和竞争也是可以产生快乐之娱意的。这样,人的活动的终极目的或许就是为了追求幸福的生活,无疑。可是,从幸福观看的不合理性却依然存在,即一个人是为了他的事业才生存,而不是为了他的生存才去经营事业的。

8. 当然,经济上的奢华也只是具有象征性的,这是由于它并不反映人们的内在的不得不有的需求。此是因为,真正的人的要义是生存,所以经济的就当是为了生存才得以存在的;人不能为了经济的存在而生存,应是为了生存才衍生出经济的。其次,有闲是通过侵占来获得的(为获得有闲是剥削的开始),即加入有闲阶级所必需的品质就只是金钱的品质。① 可见,明显浪费和明显有闲是有荣誉性的。如是之,荣誉消费,消费与荣誉挂钩,就要靠近哲学的研究内容。但是,这可成为某种经济上的美吗? 显然不能!

9. 我们知道,国家的财富应是为了人民才存在着的。可是,当一国农业处于衰落之时,它就不应归咎于人们的懒惰,而是要理解他们,因为他们已相当贫困。此间是说,贫穷在一定程度上就是罪恶,且由之还能再产生罪恶。它反映在开支的表现中,就是穷人的消费选择是相当稳定的和低水平的,富人的消费选择就是多高额度的,以及是少有边界的。那么,怎样才能摆脱贫困呢? 根据现有的观察,在相对富有的社会里,贫困的程度会越来越减轻了。同时,在由纯粹的贫困的社会向富有的社会转移的过程中,也会出现极多的灾难性的倾轧的。此是不难理解的,这是一个痛苦的过渡。

10. 费尔巴哈认为,人是自觉的自然本质,是历史的本质,是国家

---

① 凡勃伦:《有闲阶级论》,钱厚默译,南海出版公司 2007 年版,第 235 页

的本质,是宗教的本质。我们言,人也是经济的本质,也是政治的本质。可以想见,重利轻义当是人的早期特点,而重义轻利则是人的后天的教育的成果。同时,霍布斯讲,人生就是一个无限追求个人欲望满足的过程,或称欲望也是人性之一;故而有欲望才有失望,若无望而有望,就会满目阳光了。比如,由信息就可以影响欲望,然后再决定经营和消费等,最终也会导致一个均衡。还有,就是小雇员希望成为老板,进而成为大资本家或大银行家等,这些都是属于人性的推动。于是,工人对于资本家,或许可以没有忠诚和义务,这样就不足为奇了。

11. 有学者称,人的类特性恰恰就是自由自觉的活动。自由包含了自主性和选择性,自觉包含了目的性和计划性。① 如此一来,人的经济活动一方面既要有自由的性质,即有自主的选择性,又要有其目的性的合于计划性。故自由的经济无论如何也逃不脱计划性,计划的经济无论如何也逃不脱自由性,即自由和计划都是合于人性的,二者并没有什么对抗可言。当然,它也可以告诉人们,自由的市场经济,只不过就是处于人类社会的初级阶段的存在罢了。于是在当下,政府就不能一味地强调自由经济,也不能一味地强调计划经济,而是要二者相互协调。我们言,在没有更好的方法出现以前,有计划的市场经济,或曰社会主义市场经济,当是极妥当的一种发展方式。

12. 再有,经济的实践其外在的反映必为某种现象,即经济现象一定是由人的这种观察者才能看到。人既是观察者,又是被观察者,这便是人与物之区别的固有特性。如是,人的共同特点,就只能体现于极多个体的相互关系中。此表达在经济上,就当是关于一个经济链条的总

① 曹亚芳:《异化理论研究及其当代意义》,南开大学硕士论文 2003 年,第 11-12 页

系统的所指,因为他们的所需不只是专求于自然的,而是要相互提供服务的。正是由于如上的存在,整个的人类所需便不会存有所谓的饱和与满足;同样,整个的人类也就不会有要到达顶点的奋斗。这似乎就是人的要成为神的一个阶梯。

13. 依着人性的方面看,第一,潜心默想是一种境界;深思未来,才是最积极的开始。于是,方可构划于理念,创意于新所求;此时,怀疑和分析就只是一种方法了。在理论上,客体里的现实是要依赖于主体的认识,如经济的就是这样,所以经济的必是属于其主体——人的。故研究经济,一定要和人与其精神的方面联系在一起方妥。由此推理可知,经济转轨的困难,便是要因于人的信仰体系的。比如,黄金价值永存,有时劳动力的价值却可以为零,这就是由于人的观念的作用,才使人类的诸多灵性被寄寓到物性中去了。

14. 非常明显,即使宗教的信仰也会有顽固的经济意义;所以,现今的人们就要把自己从流行的概念中解放出来,而开辟出新道路和产生新观念才好。这就当像卡尼曼认为,内在的激励才是决定行为的因素,并由此才正式地将心理学的内在观点和研究方法引进了经济学,且还论证了在不确定情形下,人们的判断会因为依照"倾向于观测小样本"形成的小数法则行事①是一样的。

15. 第二,占有是人类现象,不是自然现象。由之可见,占有是人类的天性。因此,若欲完成对某些人的转变,仅靠单纯的教育又是不成,它还必须要通过制度的变革和创新来进行。否则,就不能把那些其已"占有"的东西去掉。从前,我们总受过去的影响;然而,未来虽有过

---

① 《诺贝尔经济学奖金获得者讲演集 1978-2007》,王宏昌译,中国社会科学出版社 2008 年版,第 612 页

去之惯性的存在，但其中必包含有更多的新的东西；那么，这新的东西，会存在于旧物之中吗？首先，我们说，这个新东西一定是人的认识上的新，但这个认识之新者与旧时的人又都是从过去走来的。这样，新与旧便是贯穿于人的存在。因此，我们发现，人的存在本身就是以旧而生新的机器。所以，未来看似是未来的它自己的事；其实，它却是与人勾连在一起的，离开了人也就离开了未来，故未来的一切都是从人而生发开去的。于是，这就反映了关于人的普遍性质或共同性质的问题。

16. 第三，公平是什么呢？公平的基本要义就是当把个人应有的归还给个人。[①] 此外，就人性来观察，在很多现实中，长期合作关系的维系远比一次简单的际遇来得容易，因此短期博弈理论往往具有很多限制性，这是由于某些均衡并不是可以用一些言语的许诺等来作为依据的，即它是要用实践的检验的方法来解决。实践在这里，就是合目的性与合规律性的统一，它的作用广大无比，故任何独门单派都不可能具有统揽人世间诸多实践全貌的万一。

17. 总体来讲，人与人之间既亲密无间，又会有错位竞争；竞争可形成发展，亲密会形成磁滞。这样的话，个人的经济实践就必须要将其置于社会制度、历史过程中，才有科学意义；只有如此，在社会中，个人才能具有改造自然，发展自身的能力；同时，还可获得天赋闲暇。但是，在经济生活中，任何的作用力都会与反作用力共时存在。比如，人的改造自然的能力的增强，就会造成生产过剩，其反作用就是要引致大量的失业，等等。

18. 我们说，价值、工资和利息等，本质上都是社会现象，都是人的加入于物的层面之中的所谓的经济概念，这些都是人的影响于纯粹经

① 瓦尔拉斯：《纯粹经济学要义》，蔡受百译，商务印书馆 1989 年版，第 6 页

济生活的力量杠杆，所以在人和经济之间是由社会的存在多做管控的，因此在人性和物性之间的即为社会性，故经济的即是含有社会性的产物。由上可知，经济的实是属于社会的，实是靠人的社会的能动性在起作用。譬如，市场所具有的社会性，就是这方面的反映。再者，只有市场是动因，兼及市场可以创造自己的供应之说，它就是根据了人的社会性，才推演成了如上的观点。这是极重要的思想。不难发展，人的社会性应是在经济中起着首要的作用。于是，社会是人的独特的存在形式，人的本质就只能是一种社会性的存在本质。① 倘若人们不具有社会性，则市场也就无从建立。如是，经济学的本身就要无时不在地显现着社会的及政策的意义；或称，为社会服务的，也就变成了一种社会经营。此时，在经济利益面前乃至于身处危机的状态都应要维护社会的运转和谐与统一。所以，个人的就一定是紧密于社会的。然而，个人在某一时段又是可以置身于社会之外的，但万不能像犬儒那样，生活到以桶为家的孤僻地步！

19. 同样，人也具有经济属性。人的经济属性就是人所具有的把快乐最大化作为终极目标的人的基本属性，②它大体要经历自发、自觉和自由三个阶段，而人的其他属性则是之经济属性的得以存在下来的条件。所以，经济的存在即是人的某种属性的外显，归根到底，它必要内敛于人的性质。如，双方只能符合对方的意志，或说每一方只有通过双方共同一致的意志行为，才能让渡自己的商品，占有别人的商品，这就是不能以自己为前提的人性表示。还有，人们之间的生产关系，也是因由了他们的意志的关系来决定的。鉴于经济学是分析人类、控制人

① 陈辉：《经济学的秘密在于人》，西南师范大学硕士论文 2002 年，第 11 页

② 张海鸥：《人的经济属性问题研究》，中国人民大学博士论文 2007 年，第 1 页

类的科学,兼及经济本身的实际,人们只要一进入经济领域,就会立即被束缚,并永远也不能得到解放,且还会有很好的感觉!

20. 关于资本主义社会,人民的困苦只是将原来为奴仆的当做主人来看待的结果,①这里的奴仆代货币;为此,人们就不要相信产品的廉价会对下层阶级有利。这就像不同的利益集团往往会要求有不同的关税,甚至可以导致一场革命,可它却与下层人民的无关是一样的。许多人都知道,研究可从范围和性质两方面进行,广义的经济即是指整个人类生活的再生产。于是,我们所言说的奋发着的经济人的追求就是应避免经济危机的屡屡发生,才是符合最高要义的。

21. 在当下,资本家由于有资本,所以他们也就不再敬畏国家的政治与其守护神的那些权威,有时甚至变得无法无天。然而,资本主义社会之无产阶级的一部或大部却正在变成中产阶级,这当是人类的一个进步,但它也存有阶段性的危机等阵痛,因此必须要解决,而解决这个问题的办法只能是在资本之中加入人本的要素,其结果或许是由个人追求最大利润来变成了追求极大多数人的最大幸福—既有丰富的商品,又有自由的尊严表达;如是之,资本主义的发展就会趋于完美了;故人类征服自然和改造自己的真正的目的性也就达到了。

22. 经研究,我们发现,整个社会的人,从家庭之外向着它的内部看似都是利己的,但从家庭内部看,却又都是利他的;于是,看似全部的利己的人和看似全部的利他的人在众多的家庭的背景下,就完成了利益的局域性的均衡化。每个利己者,通过家庭而利他,且每一家庭与它的另外的联姻的或是亲属的家庭,在长时间的过程中又包涵着紧密的

① 布阿吉尔贝尔:《论财富、货币和租税的性质》,何纯武译,商务印书馆 1979 年版,第 83 页

物质与情感的往来;这样,许多的利己者就会转变成为利他的从而也是利社会的人;此亦和私有者的企业是利己的,然只要其进入市场就会成为利他的性质是一样的。因此,家庭和市场都是使利益方向发生转变的一个所在;当一个人如果没有了与他人共处的家庭,他或许就是永远利己的,一个私有企业如果永远地不进入市场,则其积极的意义也就不存在了。所以,利己和利他是可以在一定的环境背景下实施转化的。这大概就解决了斯密的难题。当然,较好的社会氛围,往往也会削弱家庭之间的基于血缘之上的简单联系。

23. 还有,我们讲,自然经济、商品经济等,均可统称为物质经济;所以,就要按熊十力先生所说,要用物而不为物用。尽管制度经济学把人仍看成是物,然关于物的数学方法,却只能是在量的层面上起变化,它与质的存在还有相当远的距离。因此,数学方法很难反映人性决定条件下的经济现象或过程。比如,不懂数学的文盲与资源配置之反应的迟钝或灵敏,应是无有任何的关系;并且计划和市场只是社会经济资源的简单的配置方式,在理论上,应远不止这两种。因此,后世君子还要不断地探索。

24. 接着,就牺牲的问题而言,它可由忍耐着不消费的财富量乘忍欲的历时来表示。[①] 此外,虽然经济人假设一定是具有其局限性的,但在研究人的方法与研究经济学的方法上,却是突破了局限,而具有着绝对的一致性的。比如,出于对人性的研究,若向年老的富有者寻求捐助,或许更容易成功。如是之,只要进入了资本主义的游戏规则,则其一切的反映就都要合于它的秩序。

25. 根据前述可见,几乎所有经济的能势均是存在于人的身心之

① 杰文斯:《政治经济学理论》,郭大力译,商务印书馆 1984 年版,第 10 页

中的,即经济本身绝无力量,包括它不能对自己的行为实施刹车式的制动等。可见,经济一定没有脱离人的自由。或说,经济的都是人为的,都是经由人的组织和制度、规则等去演生开去的,都是关于人的驱使物的存在。于是,我们就要以此来寻出经济的本原。比如,人的欲创造一个经济温室,以便确保经济的持续发展的思想,就表明经济的必是要以人为中心的既要按时生产出来,又要按时消费回去的同时的运行。虽然,人自身的特殊性,会引致人类的经济生活也同样地要具有特殊性,可经济的存在亦具有某些自救性,或具有某些自我的矫正性;这样一来,它也就解决了穆勒的问题。

26. 因此,分析经济问题的根本即是在于要依着它的原点来展开,这个原点就是人,就是人性。故坚持一切以人的观点来看待经济学,而不是以资本的观点来看待问题,则经济学就应以人为本,以人为中心来展开理论研究。在现象上,人的关于经济的思考,多是以价值根基为统摄的。这样,经济的物的价值就时时对应着人的观念的价值,于是它就要打入到人的思想体系,所以人的观念的价值就会被经济的价值所物化,因而之观念就只能是物化后的观念了,其结果就是人的被物化,就是人的去追求物,人开始为物而生活。然而,物质的目的性又仅是经济主体的一个重要的标志,该主体还应有其他的目的,如促进自身的逐步之完善和全面的发展等。如是之,实体经济反映需要,虚拟经济反映欲望,或虚拟经济以观念,实体观念以成本(价值),可其最后的归于一点,仍是要在人的本质处汇集的。

27. 可见,人本来就是经济生活的轴心,即经济系统乃是以人为主体,而为人服务的。再进行推断,就是人本的一定要涉及经济,涉及经济就一定要涉及其各种关系,由各种关系所推动的力量的根本,又一定是存在于人那里的。所以，经济的本质就是人。

28. 综上，经济本体论就一定会进行人类行为和经济活动之形上的思考。在这里的经济，它便是由主体起作用，由各种供需之实在来生成的。在事实上，具体的经济往往是短暂的，只有人性是长期的。人性是经济发展的牵引力。

29. 从源头处谈起，人的需求不外乎以下三种：日常生活对社会关系的需求、追求个体生存价值的精神需求和追求生理满足的物质需求。这三种需求就决定了人的三类本质属性，即社会属性、精神属性和自然属性。[①] 因此，这三类属性便决定了人类发展的目的是什么？所以，人类未来的发展，就当是在居于社会属性的前提下，能循着有益于精神和物质相生的共同方向，去谋得一个极高水平的跃进，才是。

第二节　异化

30. 异化一词，最早是在经济学领域里使用的，指财产权的转移和让渡，或称它是为了一定的目的而疏远属于自己的某一东西，后来还强调这一脱离主体的东西对主体的异己性；即，人不是以自己，而是依赖于自己之外的力量的诸种存在，便为异化。

31. 黑格尔的异化可以定义为对立面的转移，他从本体论的高度来立论，认为绝对精神经过自身否定性发展异化为自然界和人类社会，又通过人的意识的否定性发展达到绝对精神的绝对性的认识，再达到绝对精神本身。这就是说，只有否定性发展，才会有对立面的转化和循环体系的形成，即每一个发展的过程中都会储存有了其否定性的要素，

① 曹亚芳：《异化理论研究及其当代意义》，南开大学硕士论文 2003 年，第 25 页

并最终使其得到否定。或说在每一个方向的发展之中,必有一个它的逆着原发展方向的否定性的存在,它就会导致某一方向的发展不能永远顺利,进而要不断受到挫折的事实的得以成立。比如,强迫某人去做有益于健康的事,在其善的结果里,或许就已蕴有了异化着的恶了。同样,以“为了国家利益”的名义,连最善良的人都做了最恶劣的事,也属异化之类。故在异化状态下,人知道自己的身份是什么,只不过没有权力拥有它,其自由已被其他人占有了。①

32. 于是,异化最为激烈的表现就是人的实然作为与人的本性相对抗,人甚至要受其作为的控制和奴役。②

33. 黑格尔还认为,资本主义社会就是一个普遍异化了的王国。在当初,资产阶级与国家联手,它便摧毁了阻碍其发展下去的所有力量。自此以后,人们只要涉足于它那一系列的市场关系,就一定会服从于资本主义的全部的规矩。其实,资本的存在,便是一种社会的生产关系;当然,任何的存在也都是可以表述为某一关系的,而人的存在就是在这些关系中,才开始被异化的。如人和人的关系的异化,在生产活动中,人不仅要生产出和自己相对立的产品,还要生产出不生产者对生产者的支配权力。此时,工人的劳动对他来说是一种痛苦,那么这种劳动就必然会给另一个人带来享受和欢乐,这另一个人恰恰就是工人通过异化劳动所生产出来的资本家,或称整个的人群已被异化为工人阶级和资本家这两个存在了。尽管资本家也同它自身在时刻地相互异化着。

---

① 沈杰:《现代性、后现代性与社会重构——关于理性化社会及其问题的社会理论研究》,中国社会科学院博士论文 1999 年,第 66 页

② 曹亚芳:《异化理论研究及其当代意义》,南开大学硕士论文 2003 年,第 1 页

34. 众所周知，从产业特征上讲，第一产业是取于自然，第二产业是加工取于自然的产业，第三产业便是无形财富的生产部门。然而，在此期间，机器一方面迁就了人的软弱性，一方面它又把软弱的人均变成了机器。所以，远远望去，工厂就像是绿荫宜人处的邪魔，因为企业永远是一个黑洞。由国际贸易方面看，发达国家和不发达国家经济的主要联系，一直是发达国家对不发达国家初级商品的需求，其后果就是不发达国家的人也要被之异化为低级产品。比如，18 世纪晚期的成人之矮小，便是当时经济不发达的影响所造成的，其势必要压抑人们的自信心向着卑微的方面去思想，等等。

35. 从理论的高度讲，产业经济系统的分岔和对称破缺，当是产生分工的先决条件；于是，它影响到市场，即看似的市场曾被人控制，可到后来，它也是可以控制人的了。经济学的反映于表面的似是人与物的关系，但从根本上细观，它一定又是社会的显象。因此，经济的多是可以会计的，然之本质又是远离会计的，即是不可演算的。所以，言经济学，万不可只谈其一，而忽略掉更全面、更形上的东西，这里最重要的就是研究经济，一旦脱离了实体，便会进入左道，此应为后世学者所牢记。

36. 尼古拉·别尔嘉耶夫讲，技术是人的伟大成就，这个成就却指向反对他自己。在经济的客体化里，精神被奴役。人控制自然界，但经济在控制他。① 这些无疑都是正确的。如此一来，处于安定或不安定的社会的人们，就只能一心一意地采取获得高利润率的办法而过生活了，否则他们的思想便觅不到更高处。再有，就是被异化后的他者仅会专视于可测度的事物，并认为只有这些才是最重要的，其迷信的后果便

① 尼古拉·别尔嘉耶夫：《精神与实在》，张百春译，中国城市出版社 2002 年版，第 63 页

一定会造成对整个经济的误判性扭曲或毁坏。因为,理解和控制物质的人是从物质的外部理解物质,他自己则不会被物质所理解或控制。[①]所以,看似的以物与物的虚幻关系,实是掩盖了人与人之间的真实关系,即物只不过是一个媒介而已。故凡是脱离了人之本性来考虑问题者,就已不自觉地步入到了异化的行列。

37. 再有,自由首先是具有自主性的,非自由只能是随他性的。可见,在商品社会里,是绝难有自由的。根据有关极限论的思想来推断,异化的必是要表现为一种偏离。所以,纯粹的创造便不可能会从非异化的存在里面来导出。如是之,我们再去看政治与经济就能知道,它们恰恰正是处于了一个相互的异化之中,定是无疑的。

38. 马克思认为,人的异化归根到底是劳动的异化,这是人一切异化的基础。或说,劳动的异化即是人的本质异化的基础,是社会不平等的根源,而劳动的异化是私有制运动的结果。私有制与异化劳动二者相互作用,互为因果。它的令人气愤的表现为,劳动是满足劳动以外的需要。当然,私有制下的金钱的统治也是达成人之异化的一个无形的力量。不难发现,异化、异己、外化和物化等都具有共同特点。这样,劳动创造了人,人需要劳动,劳动异化是社会不平等的根源等观点一出现,就会拓展出一大片新思想来,再兼之以我们前面发现的人的社会性是产生市场的基础之思想,它就可形成以人为中心,为根本的向外发散而去的,然后又集汇于市场的一个体系循环。在这个循环里,人的核心作用是推动其他关键点向着市场而去,此时的市场也会反作用于人;或说市场是除了人之外的一切关系的集合点,同时它也具有异化人性的

① 奈特:《风险、不确定性和利润》,王宇译,中国人民大学出版社 2005 年版,第 18 页

作用。还有,关于现实的“经济制度”(私有制等),也不过是心理现象(风俗、道德)的反映和体现之表达,就会让我们更容易理解异化的问题了。

39. 我们讲,人的异化,从本质上来看,它乃是在于人性的极端的复杂化,在于人性乃是包含了各种矛盾的对立与统一的转化。其产生的根据既有理想与现实的差距,又有应然状态与实然状态的对立。此外,还有劳动的价值与价格在多数情况下的不符,在兼之市场的加剧扭曲和科学、技术所反映出的社会属性,也就成了异化的力量。同时,当下的自然也为异化创造了条件。可以想见,在已异化着的现在,不管是环境的、实践的和理论的,包括心理的等等,均是披上了异化的外衣,并不时显现着异化的负面影响。所以,这一切都是极为可怕的。但是,在异化、否定性之中,它也存有磁滞,这便成了发展和稳定的一个天然的前提,因此磁滞于异化之中又是人类的万幸!

40. 那么,人们探索主体的改变之目的又是什么呢?毫无疑问,讨论人的异化问题,就是要讨论人的本质究竟是什么?下面,就是一些关于方法论上的问题了。比如,在各种异化理论中,体现着的多是价值判断,价值判断回答“应该是什么”的问题。于是,异化的事实乃是起于观念的或是绝对理念的无疑,即异化在本质上乃是一个价值范畴,或说异化现象主要是指人的价值行为的异化,因为人是价值的主体。这样的话,我们就需在价值观上要不离人的本质,就是要以“生产力的异化应先将劳动异化过程强化为对劳动者精神的绝对控制,即先控制精神,方可开始异化”来反其道而行之。所以,为了回归人的本质之性,也要由精神始!

41. 还有,由于马克思认为,劳动异化的根源在于作为人们之间的一定关系的私有财产,以及自由经济应是政治无能为力后的无计划性的产物,就可以推断,异化似有副产品的意味。因此,人们就要实行必要的公有制和按比例的有计划的经济发展模式,才是对人极有利的。于是,大工业的是用摧毁生命的方式来维持他们的生命的这一异化现象,就要向着讲求以人本为先的方面来发展。这样,我们就从公有制、有计划化和以人本为先三个层次,为着人之根本的存在奠定了基础。

42. 佛罗姆指出,我们现在的消费欲望已经脱离了人的真正需要,而自己则异化成为消费品的奴仆。[①] 此外,终身局限在某个局部的职能上,就会导致智力上和身体上的畸形化。如是,它就需要人们尽量减少不必要的消费和适当转换一下具有局限性的工作岗位等。因为,行动要从行动的结果来判断,而不是去求助于某种一般的规范。所以,为了避免异化的影现,就要确保在人生过程中的非异化的能够连续存在,方是一个上策。

43. 从定义上看,人生存的社会现象远离了人生存的本质,远离了人的本性,本质与现象的巨大差异就是人的异化。然而,在更深的意义方面,异化只是在人的生命所需而欲多占有物的性质上才产生的;同时,由于人又具有超生命的性质,他是可以摆脱过分的对于物的占有的欲望的。这样的话,为了要使人的生存的社会现象能接近于人的生命的本质,就当用其超生命的性质,来反作用于或是抵减掉那些可能的异化影响等等。

44. 纵观历史,关于异化,它是具有双重性的,一方面是标志着社会的进步,一方面又构成社会进一步发展的障碍和阻力。于是乎,异化中会含有些扬弃,扬弃的也就会含有些异化了。沿着我们现在的哲学

① 曹亚芳:《异化理论研究及其当代意义》,南开大学硕士论文 2003 年,第 22 页

的与经济的联系，人们就可以用最先进的思想来说明那些经济的问题了。此间的好处就是能依哲学之力，来荡去异化中所产生的能构成社会进一步发展的各种妨害，并能消解异化的诸多弊端。因此，哲学的存在，或它的否定性就是能克服异化和物化问题的一种强有力的武器。

45. 综上，我们既要发展经济，又要达到可皈依人的本质之性的目的，在这里或许就能实现了。当然，我们还有许多的话语，只是未能展开，也就只好留给后世的贤达们来给予必要的诠说了。

第三节　后现代思潮

46. 后现代主义和现代主义，是前者建立在后者基础之上的关于资本主义的两个不同经济生活阶段的主导性特征或倾向的理论表达。据称，自 20 世纪 60 年代以来，西方便进入到了所谓的后期资本主义，又称后工业社会，信息社会，跨国资本主义社会，工业化之后的时期或后现代时期。

47. 从过去看，人类文明史五千余年，若按是否直接与土地打交道分期，可分为农业文明和工业文明两个时期，这两个时期若以英国 18 世纪的工业革命划界，农业文明已有数千年，而工业文明才数百年。尽管如此，穆勒还是对 1848 年以前的经济学说史进行了第一次的大综合，或称是进行了一次大总结。这是十分难能可贵的。一般来讲，传统的农业社会向工业社会转型可称为第一次现代化，由产业经济向知识经济转型则为第二次现代化。如果人们能站在更高的角度就会发现，作为现代性的强大的动力机制—就是它的反思性。因为，只有如此，才可以去除现代性的痛症，即理性化的畸形扩张，社会的发展才可自我矫正。

48. 在资本主义历史上，人们知道，它共发生过三次大的转变，即从16世纪的资本主义工场手工业阶段转化为自由竞争的工业资本主义阶段，由此转化为垄断资本主义阶段，二战后，再由之转化为国家垄断资本主义阶段。马克思认为，当时的资本主义积累的历史趋势，即在一个场合，是少数的掠夺者剥夺人民大众；在另一个场合，则是人民大众剥夺少数的掠夺者，所以资产阶级的没落和无产阶级的胜利，同样是不可避免的。因此，有时的资本主义，它就是存在于这些紧张的关系之中的。

49. 佩里·安德森讲，知识分子们发现，在后现代时期的社会制度和生产方式，已出现了种种充满矛盾和悖论的迹象。[①] 比如，工业的现代性，虽是以流水线名义进行的，然在销售问题上，却是大企业在支配市场，而小企业则只能受市场支配。为此，加尔布雷思写道，现代资本主义经济不是单一的模式，而是由两大部分构成的，一部分是由有组织的大企业、大公司组成；另一部分是由分散的小经济体、小企业主组成。大公司有权力控制价格，支配消费者，小企业主无权控制价格，反而要受到市场力量的支配。大公司中实行的是“计划生产”和“计划销售”，采取的是“操纵价格”，所以这一部分经济可以称作“计划系统”，小企业主听命于市场，这一部分经济就被称作“市场系统”了。[②] 因此，现代资本主义经济即是由“有权力”的计划系统和“无权力”的市场系统这两个部分相合的产物。故，此时的经济发展的不能均衡，便是计划系统

---

① 佩里·安德森：《后现代性的起源》，紫辰译，中国社会科学出版社2008年版，第3页

② 加尔布雷思：《经济学和公共目标》，蔡受百译，商务印书馆1980年版，第XI页

内部权力和它与市场系统对照下的权力之强弱有差别的结果。当然，两个系统之间收入的不能均等也是出于这个根源的。

50. 在后现代社会里，因为市场创造自己的供应，其规模之大乃是任何抵制市场的实践均无法控制的。这样的话，最先进的思想就可以说是市场在操控着供应与需求的。我们言，市场的巨大吸引力即为生产过剩的前提；而失业者也并不知道自己正面临着失业，只有当他们在市场上集体地拒绝了购买所有商品的时候，自己才会被企业主解雇掉。所以，生产者和消费者无论哪一方只要脱离了市场，市场就会反制之。于是，市场的力量看似会越来越大，并终于可以使得一切的民族在世界的市场之网络体系中越来越密切，从而为资本主义制度的国际性质的发展，奠定了它的全球化的基础。至于没有人能控制市场，这只是从前的话。谁都知道，国家垄断的公司就能控制。

51. 历史的力量是巨大的，它从商品生产领域为人们带来了自由和平等的许多经济原则；但在后现代社会里，理性和自由等又是相分离的。比如，人是具有物性的，又是具有精神性的，可是二者在商品社会里便是极难统一的，此时的人们只对物而忘我，于精神则是无暇去追求了。还有，在表面上，跨国公司的存在，似是一定可以决定全球经济在集体想象中的美好的一面；然一细查跨国资本主义体系的轮廓，就会发现，在它的核心地区的劳工正在遭受到重创，等等。故仅以一国为背景来考察经济的年代便已过时了。上述反映的本质就是，发达国家和不发达国家在跨国公司的愚弄下，都已变成了受害者。

52. 倘若我们将后现代主义放在资本的转变中来加以详观的话，还会发现，资本的继续存在的作用会越来越小，而代之以科技的知识的力量会日益强大起来。但是，在科学和民主及知识的展开之间或之前，它必是又要存有革命的因素的，在中国是这样，在美国也是这样，否则就不能实现。这就是说，要先有经济领域的革命，再有社会领域的革命；之后，社会革命又推动工业革命的继续发展。于是，知识变成信息就当是科学的成果已被光大后的转化为市场之存在了。此时，再去看资本或投资，它既不能较多地改变制度，亦不能快速地更易规则，因此它也就只能是处于低层次的位置。

53. 许多人知道，后现代主义可被视为受三个新的历史并列因素调节的文化领域，第一个因素在于统治秩序自身的命运，①第二可以追溯到科技的演变，第三个因素当然在于时代的政治变化。可见，立法的存在就不是像经济学家们通常相信的那样，从外面影响经济，即为一种"外生"力，而是系统自身的一个"内生"部分。鉴于科技、垄断及银行的与政权相结盟，它们便存有了一定的稳固性；兼之在美国，强大工业金融集团的少数垄断寡头统治是与范围庞杂的大中小资产阶级有密切的联系，它的国家就会实现政府与整个的企业集团之间的某种均衡，而不是政府的与单一的企业之间来形成影响，这样的后果就是更加地有利于垄断资本家，于是便会造成后现代的更大悖论。

54. 目前，大多数后现代理论家在对后现代作分析时，都忘记了政治经济学的存在，这是我们十分痛心的。在天理上，当产品的供大于求时，有的物品可能的立即被毁，此便表达了一种极大的不公平。所以，我们就要不断地去追问，工业经济的意义是什么？因此它就要求经济学必须做出科学的阐述，或说在此的科学解释要有实用性。很显然，经济学家的工作根据旧前提能得出新推论的，也是重要的经济发现。比

① 佩里·安德森:《后现代性的起源》，紫辰译，中国社会科学出版社 2008 年版，第 88 页

如，财富引起就业下降，必然与幸福相联系，而不是与沮丧相联系的观点就是正确的。同样，我们言，只有资本主义能取得了突变性的进展，它才可以避去当前的各种矛盾，即政经哲学解决经济危机的途径只能是跨越资本主义的现阶段方可。如是之，资本和劳动力就会要逐渐地让位给科技的存在了。

55. 凯恩斯曾假设一百年后，经济问题就势必都能解决了。可是，那时的人们又该如何去享用自由与闲暇呢？我们说，或许当走上远工业化的道路，于是以工业而远工业化就可以避免经济上的有利和有弊的这种共在。远工业化就是远离工业严重影响的社会，它的建设一方面可以摆脱人们的与工业社会的过于紧密的联属关系，一方面又可以适应在物质极大丰富以后，而有许多人的要远离工业职位的客观需要，当然远工业的时间又是应有一个较长的预演阶段的，这是其一。其二，由电而有电器，那么电之后的存在又是什么呢，我们知道，它或许是波及波之前的存在。可是，因波及其之前的存在而欲繁荣的产业又是什么呢？这就要人们再去进行新的研究，等等。其三，为了生存乃是一切经济活动之唯一目的，或说是唯一对象，倘若人们都能以现在去准备未来，则其前景就当有着无限的光明美妙。

56. 所以，实用的也是可以联系形上的。尽管后现代主义者反对哲学对经济学的影响，但它又是不能不存在的。比如，对于经济学的尚有的未能解决的许多重要问题，如果能沿着波普尔的坚持自由的猜测性的假设在先，并要接受经验检验的路子去进行设计和实践时，就一定会有极好的理论效果。此外，对于资本主义的自循环说，即永远也解不开的周期性的危机理论，库恩认为，类似于它的自我支持的局面，终将会被打破。否则，世界就不能前进了。因此，后现代主义者对经济学方法论的某些批评无效。①

57. 其实，奈特的思想就是基于哲学上的，都很美妙！读大师的著作，就会知晓，拉卡托斯讲，任何单个的科学假说都是无法被最后证实或证伪的，而这对于研究后现代思潮的某些观点之背景和语境以及它的目的等，都是具有极重要的指导意义。可见，任何的反对哲学对其他学科的影响者，均是欠当的；在严重时，他们还会使自己走向死胡同。

58. 我们知道，在哲学上，笛卡尔以理性、波普尔以证伪而享誉全球；且哈耶克所言的又多是一个真正的政治哲学之论。因此，只有让它们共同地走进后现代的理论体系，人们才会发现，大家所探寻的当为适宜每个人的平等的问题，方是最重要的。同时，任何一个清醒的人都会讲，为了追求真理，后现代主义者们仅以无情的批判和彻底之解构的方式方法来痛打一切，是远远不够的。因为，只有解构等是不行的，还必须要有建构和肯定；不然，就没有意义。所以，后现代主义思潮在未来的影响表现，就只不过是类如某种片段性的存在罢了。

第四节　哲学与秩序

59. 什么是哲学？我们认为，哲学就是经由性质沿着追问和反思的路线，此间自然会交叉着分析和批判的环节，而直达它的本质的汇聚点，以及有关场的存在。这其中必定含有科学的成分。另外，追问和反思看似是两个方向的不匹配，其实只有追问和反思以及反思和追问的同时交缠，由性质到形上的过程才能具有实在性。

---

① 杨玉成：《当代西方经济学方法论新进展研究》，福建师范大学博士论文 2002 年，第 49 页

60. 秩序，就是叫做集体行动的运行规则的那种东西。① 哲学与秩序密不可分。哲学若脱离了秩序就没有意义了；所有的秩序的存在于它的最深处的，必有哲学的力量持续地起着作用，这是毋庸置疑的。

61. 在哲学史上，经验论是以视觉、感觉为基础，唯理论则是以理性为基础。于是，一般理论不可能从可观察的单个事实的描述中得到证实；或说一个理论要成为科学的，它就必须当是潜在的可证伪的。为此，拉卡托斯就把科学研究的诸纲目给界定为由一个“硬核”、一个“保护带”和一系列“正面启发法和反面启发法”构成的松散整体。这应是符合实际的。

62. 我们知道，经济实际提供的并且我们在生活本身中看到的各种实事问题的性质乃是决定了问题的本质。② 于是，当我们成功地发现了两种现象之间的明确的因果关系时，如果起“原因”作用的现象是非经济现象；那么，我们的问题就解决了。③ 此即讲，经济问题的终止在客观上就要它必须是脱离经济的，否则经济的就永远难有结束。我们言，用政治的方法解决经济并使经济问题终止于政治时，经济的也就不存在问题了。这是从结尾的方面看。但是，以此再向后观，这又是原因的。所以，这个原因的一旦找出，经济的问题也就解决好了。因为，工业的往往是因果的，可在政治上却不总是这样。

63. 然而，经济的政治的社会的又当是一个统一的系统，不可随意分割之，但帕累托的不均等的思想应是不适用于政治的；另外，演绎论起作用的条件乃是一个封闭的存在，所以它在经济学和社会学中便不

---

① 康芒斯：《制度经济学》，于树生译，商务印书馆 1997 年版，第 13 页

② 欧肯：《国民经济学基础》，左大培译，商务印书馆 1995 年版，第 286-287 页

③ 熊彼特：《经济发展理论》，叶华译，九州出版社 2007 年版，第 7 页

会出现,因为此二者都属开放的序列。故经济学理论必须讨论某种意义上的行为目的,不然就会失去与经济概念的一切联系。于是,经济学的欲找出原因的结果和哲学的欲找出原因的原因,又是不相同的。

64. 经研究可知,任何现象都有一个形下的存在,也有一个形上的存在。原则上,现象的体现者本身也有一个系统。如树木的花开花落的现象,其形下的系统是土壤水肥,形上的系统却是阳光温度。同样,对于经济的现象,其所有的形下的都是物的对人有用的存在,而其形上的则是人的意识或主观价值在起决定。只有如此,才可以解释许多的问题。所以,哲学的即是由性质经形上的根据来凸显那存在的意义。这样的话,对于任何的模型骨架,我们都可以给其加上一个大脑或心脏来驱使之有所为,此亦如棋盘上黑白的棋子之位移,并不是源于它们自身的运动,而是由处在棋盘之外的人之操纵的结果是一样的。以此方法来研究经济,就会多多发现那些"看不见的手"。故不难想象,形而上学是不会被经验的证据所驳倒的。

65. 一般来讲,方法论,它提供论证,包括形成概念、建立模型、制定假说和检验理论在内的理智过程的某些规则。在这里,趋势的存在,便属于规则性的因果力量,或说谈必然性,不如言具有合规律性更好!此时,万物之一致的表现就是不可能的,且和谐者也多是有差距的有间隙的。接着,就会发现,混沌在紊乱的背后,势必应自有一个逻辑,当然在混沌之后还可产生一个新的秩序。所以,我们认为,历史的具有压倒性的发展惯性,似是一切未来的走向;由于人的具有反思性的筹划,其在物质经济发展到顶点之后的衰落,必会在一切失常的情况下,重构自己的生存理念和确立一种不同以往的对于物的索取模式。于是,人类或许就会又要得到一次新的重生。可见,这些乃是要伴随着巨大的灾难之后的思想才能形成，而人类的巨大灾难又是存在于人类的巨大发展之后的。这样一来，巨大的灾难之后的反思便存有了脱胎换骨的意义。

66. 还有，唯理论向着根本的方向而去，必然要走向唯性质之深化的学说，即达到一种形上的历史观。因为，历史的又是逻辑的，而人类的历史就是反映着极多个人的前行步骤的历史。于是，唯物主义便不是唯物质，而是唯现实；或说哲学的传统是可以把握知识的性质的，而经济的存在和过程无不是反映了它的性质的。下面，我们就要把哲学思想内化到经济里面，并要使之二者达成某种近于天然的融合。

67. 首先，人们也要历史地观经济现象，方好来探求形上的问题。比如，等级的出现是从男女的分工开始，私有权的出现既是从男人对女人的占有开始的，又是经由了异化的劳动所致。故一切的社会的物的现象的逻辑就都是源于人的。

68. 上述的理由是，人的手脚的分工，导致了生产的初成，男女的分工导致了层次的出现，从而为管理开辟了道路。然而，人的手脚的分工则是由于人的所处的环境发生了变化才被迫导致的，且男女的分工则是在这之后的事。因此，生产的起源和发展都是在于分工。接下去，经济又分岔，分岔而再有分工，如此便连续不断地进行着了。

69. 历史证明，市场体制是配置社会资源的最有效的手段。但是，它并不等于对人类最有利。因为，资本的前身只不过是来源于偶然的剩余，且它的存在与权力和连续的运作又是分不开的。据此可知，资本家通过资本就可以使 M 获得了 M’，即 M’>M；然而被雇佣者则无法做到这些。如此一来，资本家和工人之间的差距就要永远地存在着。另外，还可以说，经济上的一切的距离又都是由于一个集体的其中的个体的能力存在有差异的结果。自然,这是一个显而易见的东西。

70. 其次,研究经济学,就要确定好它所依据的哲学基础,以及在思维的过程中所应涉及的原理和技术的手段等等;或说研究经济问题,一定要双向地同时考虑才好!如,研究生产就一定要和消费联系起来,并以消费为生产的反向棋步来安排;要研究实体经济就要和虚拟经济联系起来,并以虚拟经济为实体经济的反向棋步来安排;要研究市场经济就一定要和计划经济联系起来,并以计划经济为市场经济的反向棋步来安排;要研究增长就一定要和预防衰退联系起来,并以预防衰退为增长的反向棋步来安排。当然,也可以把上述的对应关系颠倒过来使用;只有如此,才合博弈的观点,才可在相互联系的过程中,由于先把对方的以反向棋步而布局的思想考虑进来了,从而便可以使之达到某种在利益上的预期协调;否则,只做一方面的研究,经过时间的检验,则其对立面的负作用就会显现出来,就会阻遏其单一方面的存在和继续。这样,就涉及了均衡的问题。因为,均衡的现象就是先中和,就是先抵消,其后才会逐步达到根本上的均等平衡。比如,一方面是资本家的以资本进行生产的一线,形成了生产过剩;一方面是政府的以人为本的进行消费的一线,形成需求旺盛;只有二者结合,方能达至均衡。这个均衡即是资本家的集体与政府之间的均衡,其环节点应为超富裕的产品和劳动力的积极的购买热潮相统一。如是之,所谓的市场和政府的矛盾就得到了解决。所以,人们就应在均衡的情况之外来分析它的动态过程及相关性的问题。不然,只要稳定的流通一停止,社会就要出混乱。

71. 至于市场不完全竞争的根源:第一,大规模生产,就会使大企业比小企业成本更低,小企业只能以低于成本的价格销售,便无法生存;第二,当存在“进入壁垒”时,也会出现不完全竞争。可见,市场不可能是完全竞争的。因此,经济自由就是摆脱了所有经济力量和经济关系的控制之论,便难以立足。

72. 那么,什么时候一个经济能以不变的速率稳定地增长呢?答案是,国民储蓄率(收入中储蓄的比例)必须等于资本—产出比与(有效)劳动力增长率的乘积。这时并且只有这时经济能保持它的厂房和设备存量与劳动供给平衡,因而稳定的增长能继续下去。① 可是,稍一回到前面的思想,我们就会发现,它的成立又是很困难的。按照过去的路线,任何人都知道,在资本主义的前提下,其是未有相生性的。此外,哈耶克所说的“如果各国的资源被当做为各国自身的独占性财产,如果国际经济关系不是成为个人与个人之间的关系,而是越来越成为作为贸易实体的各个整体国家之间的关系,它们就不可避免地成为各个整体国家之间的不和及猜忌的根源”②的理论,当是过于片面了;或者说,即使是变成了个人与个人之间的关系,它们仍会成为国家间猜忌与不和的中心根源。这就是说,此间的要点与个人等不发生联系。所以,哈耶克的上述理论不具有完全性。

73. 从理论上说,经济的科学必须是系统的,科学只是手段,系统则意味着当统一地排列顺序并有联系,这样我们才可以走进真理的王国,才可以有意义。因此,科学的资本化或资本的科学化就应是摆脱资本主义社会各种矛盾的一个在技术方面上的利器了。尽管决定着资本存在的是它自身的一系列的规则,倘若无有这样的规则,也就无有了资

① 《诺贝尔经济学奖金获得者讲演集》下卷,王宏昌译,中国社会科学出版社 1997 年版,第 7 页

② 哈耶克:《通往奴役之路》,王明毅译,中国社会科学出版社 1997 年版,第 209 页

本的市场。正是由于它的规则的存在,就使得它必然地会出现过剩和通胀等问题。但是,我们仍然希望资本的规则,要具有一些更为超前的科学性的存在才是更妥当的。关于经济的科学阐述问题,如稀少性乃是交换价值的起因论,无疑地也是正确的。

74. 我们言,政经哲学既是关于经济学的,也是关于政治经济学的形上研究;不难发现,所有的经济都是受政治影响着的,即任何的一个经济实体都是存在于政府的管网之下的,所以自由的市场经济看似是政府不干预的,其实这也是政府采取了所谓的不干预的干预政策而已。虽然如此,一个经济的许多主体做出独立的决策,并不创造混乱,而实际对产生一个社会最优状态还是做出了贡献。根据斯密命题,即从许多个人使他们自己的福利最大化的努力中,出现一只看不见的手,它引导着一个经济系统为社会获得了最大可能的福利。于是,人们就要问,表观上的经济无序以什么方式产生一个有序的系统?以及所有受自身利益驱动的似乎各自独立地做出的决定,如何能变为协调?并且导致某种能合理地称为秩序的东西?斯密的解释是,物价既向生产者传递了需求的信息,又向消费者传递了关于生产成本的信息;正是信息的传递作用,才使得我们的经济具有了秩序上的特征。这应是对的。

75. 再有,政府能够确定和实行所有权,这也是一种秩序的表现和要求;但是,厂家和家计才是全部经济秩序的真正环节。因此,经济的一定是源于生活的,由于对美好生活的渴望,以及美好生活对人之生理和精神的满足,就更坚定了人们不断地去推动经济的客观实在。一般而言,经济的在生产力和生产关系的协调下的发展,其正是由以生活为核心来展开的。一方面生活的追求形成了生产力,一方面为了生活的秩序就必须要有生产关系的各种作用来保障之。如上,倘若经济的脱离了生活，则它也就不存在了。这种说法应是妥当的。所以，自由经济的背后必是暗含着一个秩序的存在，且其在某种程度上，还会高于计划的魅力。这样，自由经济体制下的各企业便都在朝着那个暗含的秩序目标前进，于是在前进的过程中就会表现出极大的积极性，而使生产日趋旺盛。然而，随着这个过程的发展，它势必又会导致磁滞与合成谬误，结果就变成一团糟了。

76. 于是，看问题就不能只观察某一小片段了，如此才可以利于形成秩序。比如，工人虽然把自己创造的一部分价值交给了资本家，然资本家又将之一部或大部以税赋的形式上交给了国家，国家又通过转移支付的方式进行了有利于工人的重新的分配等。还有，就是当下的以消费来拉动生产，以工业化的手段来复制文化作品的存在，既表明了资本主义发展的以生产为推动力转移到了以消费为牵引力的层面上来了，而此结果就会产生一个让工人得利的局面，这是其一。其二，由于文化的受制于工业，它便阻碍了人的对于精神所产生于内心的需求。从极高的层面上看，追求物质是此岸的事，惟有追求精神才可达于彼岸。而且，精神是属于生命的秩序，经济的一定要愈来愈符合人们的精神，即社会越发展，此类情况愈明显。自然，利益的就一定要受到精神观念的影响，可见利益也会在经济之外广泛存在。

77. 接下来，是物价决定供求呢？还是供求决定物价呢？我们认为，物价是寄身于物的，而供求则是人的直接生活的基本交易的反映；因此，在道理上，当是人决定物，而不是物的决定人，即供求的关系乃是决定着物价的。从发生学上来讲，也是先有物，然后才有物价的，故上述推理在市场经济的早期是正确无疑的。所以，人们就当如此地来研究许多的经济现象背后的有关秩序的问题。于是，依据不同的经济现象,便会寻得其相应的深层次上的存在,诸如只有经济的结构之在先,才有经济制度的完善与发展之在后,等等。这些就体现了一个秩序的过程。如此的话,我们去研究由金融和工业所构成的现代经济就会容易起来。

78. 加尔布雷思认为,资本主义现实中所发生的问题,不是宏观经济分析或微观经济分析等方法所能说明的,①在这里权力分配问题恰恰是被遗漏了。因此,他的研究重心就涉及了社会的权力结构等。如是,我们就要把考虑的要点转向政治。比如,共产主义在低工资的基础上能使人们的生活安定,他们并不因为没有自由而感到痛苦。所以,列宁的一切权力归苏维埃便具有合法性。关于政治自由,它就是个人从他们无力控制的政治中解放出来。思想自由就是要消除权威舆论的自觉灌输和大众传媒。这样的话,政治自由就是一种解放,思想自由就是一种剔除。

79. 然而,由于资本主义战争是为了市场而战,是为了商品输出而战,即被侵略的一方也终将会得到某些商品,这便为战胜侵略者而增加了必要的物质条件,所以资本主义战争较封建时期的纯掠夺式的战争也同样具有更大的垂死性,故墨索里尼的一切权力归法西斯便是非法的。可见,就政治而言,程度的即是整体的问题;就理论而言,原则的即是最重要的问题。还有,关于阶级斗争,它只能导致暂时的阶级间的错位,从长期看,阶级的存在是一定具有它的本来的秩序的,且在这种秩序之间是很难发生层面之间的群体性的争斗的,故阶级斗争的激烈表现只能是短命的。

80. 在当下,我们可以讲,任何的存在一旦进入了哲学的体系,它

---

① 加尔布雷思:《经济学和公共目标》,蔡受百译,商务印书馆 1980 年版,第Ⅷ页

就会多被规范地推动着向前！比如，关于资本主义的问题，我们只要将之导入哲学，就会通过批判的方法，来自动减除其落后的东西。因为，人们在创造里面有两个因素，即恩赐的和自由的因素，于是它们在与哲学姻合后，就会不断地创造出新事物。这或许就是科学与哲学的共同意义。所以，科学技术便已成为了社会前进的最重要的力量之一，而资本似已正在退出它的主导地位。我们相信，这是一种趋势。只要人们都掌握了更高层次的科学与技术，则之功行就会日大，而资本的作用就会日小，因此知识经济必会代表未来。根据有关理论，所谓进步就是以一个向上的集体的最广大的部分与一个需要带动的人群能达成某种正面力量的最高的水准时，方能对社会起更好的促推作用。除此，无它。

81. 小结一下从前所述。开始时，我们以哲学的来考虑经济；之后，又用经济、政治的来与哲学联盟。于是，我们研究问题的方式就是先设法从事实中去找出某些可以深入的线路，构成一个指导思想，进而再研究出一种理论体系；或说，哲学就是为了寻求到形上的相关秩序化的过程，似是较为妥切的。

82. 关于体系的存在，它要求有结构、对象和实证等；其实任何一个体系的本身，也都是一种秩序。尽管当下的秩序是建立在占有的基础之上的，但是秩序的问题并不要求有数量的回答。比如，A60 是 A50 和 A70 的平均数，可你又如何去测定关于它的体系的或系统的是否具有稳定性的存在呢？等等。所以，数量和秩序的相关度问题，当有它另外的解释。

83. 下面，我们阐述制度问题。制度就是由人之内心所创造出的外部机制，比如它可以使某 存在有结构和从属于秩序；当然，结构的又必是可以反映为制度的，故结构的与制度的都是统归于秩序的。通过研读，我们知道，有社会关系就一定有矛盾—自由与约束的冲突，有矛盾就有取舍，这种取舍一旦达成群体多数人的共识，就成为一种社会关系的约定，这就是规矩，这就是制度的本质存在。① 另外，在日常生活中，当社会出现问题时，人们总习惯找执行者的主观原因，而不敢从制度的角度找出病症之结，这是欠妥当的。因为，在制度里面多是存有问题的根源的。

84. 同样，制度又是集体行动控制、解放和扩张个人的行为。一般来讲，依靠财富可以形成制度，贫困的等级内部也有制度，而人们思想习惯的适应过程，也就是制度的形成与生长的过程，且社会的变化形势又会促使制度的存在不断地得到发展。于是，制度的先进性当有牵引力。此时，人们已将制度的变成习惯了。但是，制度的稳定性则是要取决于社会的秩序的；若一发生异动，必是因为阶级的以及属于它们的意识之错位所引起。

85. 尽人皆知，非先进的制度会造成许多的社会问题，且这种存在又会加剧某些利益集团的更加恶劣的破坏。如此一来，由之而起的批判若不能改变它的关键事实，便没有意义。因为，尽管批判的可以是逻辑的和犀利的，但批判的多是介于它所批判的事物之外的，故只有唤起内在的警醒才会起作用。否则，制度就得不到修正。所以，真正的哲学就应阐明一种关于内部存在的否定性；比如，事物的任何发展，在其内部都要伴有相应的关于否定性的衰退，只有克服了这种衰退，才可再开始新的前行，就是这个道理。接着，我们发现，一旦新社会的统治者，若不能适应日益变化的诸如技术等的发展，又兼之以政治制度的开放性，

---

① 贺培育：《制度学：走向文明与理性的必然审视》，湖南人民出版社 2004 年版，第 1 页

则各种为此而展开的斗争就不会停止。况且,所有的制度均是其过去思想习惯的凝结与存留,而今天的情势,只会构成明天的制度,即制度是同过去的环境相适应的,同现在的要求决不会完全一致。这就是说,每一制度的存在又都是具有落后性的,但每一生产力的存在则必是要有前进性的。因此,制度的有弊的一面乃是由其先前的外力影响所致,而其有利的一面是由于生产力的作用所形成。于是,我们也就找到了每一社会现象的之所以会有利有弊的形上存在。鉴于此,我们就要以经济的生产之力去谋发展,同时又要以政治的手段来改变原有的制度而去蔽。这样,天下就会日渐昌达。

86. 综上,今天的制度就不能也不会完全地来适应今天的形势。于是,制度当是一个后生的结果,故研究问题应从原因着手。比如,人们在讨论经济危机时,多欲在资本主义的当下的制度中间去找它的根由,按前面的理路,这样做就有些不妥了。另外,依照可错主义的观点,我们并不知道我们已经找到了我们所追求的真理！然而,无论如何,治大国若烹小鲜,讲的仍是秩序。所以,哲学与秩序就是始终要如胶似漆了。

87. 总之,为世界计,我们就必须要以哲学来规绳政治,我们就必须要以哲学来规绳经济。

我们讲,真正的哲学可以产生一场大革命!

我们的哲学就是要产生一场相生性的革命!

我们的哲学就是要产生一场新秩序的革命!

引用书目

1.《比较政治分析》,王沪宁,上海人民出版社,1987年。

2.《制度学:走向文明与理性的必然审视》,贺培育,湖南人民出版社,2004年。

3.《美国两党制剖析》,陈其人,商务印书馆,1984年。

4.《选举制度与政党制度:1945-1990年27个国家的实证研究》,谢岳译,阿伦·李帕特,上海人民出版社,2008年。

5.《选举的逻辑》,杨云彪,吉林大学博士论文,2006年。

6.《政党学基础》,吴其良,蓝天出版社,2006年。

7.《当代两种制度国家经济关系新探》,刘国平,四川人民出版社,1987年。

8.《一个国家,两种制度——学习邓小平关于祖国统一的理论》,潘叔明,学习出版社,1999年。

9.《独大型政党派系政治研究》,李宜春,北京大学博士论文,2001年。

10.《转型发展理论》,厉以宁,同心出版社,1996年。

11.《选举及其相关权利研究——美国选举个案分析》,王雅琴,山东人民出版社,2004年。

12.《中国共产党党内选举制度研究》,何莉,中国人民大学硕士论文,2005年。

13.《中国共产党党内民主问题研究——以选举制度为核心线索》,郑伟铭,中国人民大学硕士论文,2004年。

14.《新加坡为什么能——一党长期执政何以保持活力·廉洁》,吕元礼,江西人民出版社,2007年。

15.《公共选择理论》,杨春学译,缪勒,中国社会科学出版社,1999年。

16.《西方世界的兴起》,张炳九译,道格拉斯·诺恩,学苑出版社,1988年。

17.《希腊城邦制度——读希腊史笔记》,顾准,中国社会科学出版社,1986年。

18.《西方民主史》,应克复,中国社会科学出版社,1997年。

19.《政治哲学关键词》,张凤阳,江苏人民出版社,2006年。

20.《政治家》,原江译,柏拉图,云南人民出版社,2004年。

21.《民主的模式》,黄继荣译,赫尔德,中央编译出版社,1998年。

22.《精神与实在》,张百春译,尼古拉·别尔嘉耶夫,中国城市出版社,2002年。

23.《主体统一论》,孔易人,华夏出版社,2000年。

24.《后现代性的起源》,紫辰译,佩里·安德森,中国社会科学出版社,2008年。

25.《哲学百年》,谢龙,北京出版社,1999年。

26.《资本主义史1500—1980》,吴艾美译,米歇尔·博德,东方出版社,1984年。

27.《新教伦理与资本主义精神》,于晓译,马克斯·韦伯,陕西师范大学出版社,2005 年。

28.《世界经济史》,萧国亮,北京大学出版社,2007 年。

29.《经济哲学导论》,刘敬鲁,中国人民大学出版社,2003 年。

30.《赋税论》,邱霞译,配第,华夏出版社,2006 年。

31.《政治经济学及赋税原理》,周洁译,李嘉图,华夏出版社,2005 年。

32.《谷物论 论财富、货币和赋税的性质》,何纯武译,布阿吉尔贝尔,商务印书馆,1979 年。

33.《魁奈〈经济表〉及著作选》,晏智杰译,魁奈,华夏出版社,2006 年。

34.《国富论》,杨敬年译,亚当·斯密,陕西人民出版社,2006 年。

35.《政治经济学新原理或论财富同人口的关系》,何钦译,西斯蒙第,商务印书馆,1964 年。

36.《人口原理》,丁伟译,马尔萨斯,敦煌文艺出版社,2007 年。

37.《政治经济学辞典》,许涤新,人民出版社,1980 年。

38.《政治经济学概论》,陈福生译,萨伊,商务印书馆,1997 年。

39.《资本论》,郭大力译,马克思,人民出版社,1973 年。

40.《政治经济学原理及其在社会哲学上的若干应用》,赵荣潜译,穆勒,商务印书馆,2005 年。

41.《历史方法的国民经济学讲义大纲》,朱绍文译,罗雪尔,商务印书馆,1981 年。

42.《国民经济学原理》刘絜敖译,卡尔·门格尔,上海人民出版社,2007 年。

43.《政治经济学理论》,郭大力译,杰文斯,商务印书馆,1984 年。

44.《纯粹经济学要义或社会财富理论》，蔡受百译，瓦尔拉斯，商务印书馆，1989 年。

45.《自然价值》，陈国庆译，维塞尔，商务印书馆，1982 年。

46.《资本与利息》，何昆曾译，庞巴维克，商务印书馆，1959 年。

47.《财富的分配》，邵大海译，克拉克，南海出版公司，2007 年。

48.《经济学原理》，陈瑞华译，马歇尔，陕西人民出版社，2006 年。

49.《福利经济学》，朱泱译，庇古，商务印书馆，2006 年。

50.《有闲阶级论》，钱厚默译，凡勃伦，南海出版公司，2007 年。

51.《制度经济学》，于树生译，康芒斯，商务印书馆，1997 年。

52.《经济周期模型》，姚志勇译，小罗伯特·卢卡斯，中国人民大学出版社，2003 年。

53.《利息与价格》，蔡受百译，维克赛尔，商务印书馆，2007 年。

54.《货币均衡论》，钟淦恩译，缪尔达尔，商务印书馆，1997 年。

55.《货币和资本理论的研究》，陈福生译，林达尔，商务印书馆，1963 年。

56.《货币与信用原理》，杨承厚译，米赛斯，台湾银行，1967 年。

57.《经济科学的性质和意义》，朱泱译，罗宾斯，商务印书馆，2007 年。

58.《风险、不确定性和利润》，王宇译，奈特，中国人民大学出版社，2005 年。

59.《通往奴役之路》，王明毅译，哈耶克，中国社会科学出版社，1997 年。

60.《经济发展理论对利润、资本、信贷、利息和经济周期的探究》，叶华译，熊彼特，九州出版社，2007 年。

61.《就业利息和货币通论》,徐毓枬译,凯恩斯,商务印书馆,1983年。

62.《十年来的新经济学》,钟淦恩译,托宾,商务印书馆,1980年。

63.《经济学》,萧琛译,萨缪尔森,人民邮电出版社,2006年。

64.《用商品生产商品——经济理论批判绪论》,巫宝三译,斯拉法,商务印书馆,1997年。

65.《经济学论文集》,顾准译,罗宾逊,商务印书馆,1984年。

66.《资本主义与自由》,张瑞玉译,弗里德曼,商务印书馆,2007年。

67.《国民经济学基础》,左大培译,欧肯,商务印书馆,1995年。

68.《来自竞争的繁荣》,祝世康译,艾哈德,商务印书馆,1983年。

69.《我国个人所得税的拉弗曲线实证分析》,汪玉千,苏州大学硕士论文,2004年。

70.《同意的计算——立宪民主的逻辑基础》,陈光金译,布坎南,中国社会科学出版社,2000年。

71.《经济学和公共目标》,蔡受百译,加尔布雷思,商务印书馆,1980年。

72.《企业的性质:起源、演变和发展》,姚海鑫译,威廉姆森,商务印书馆,2007年。

73.《经济周期理论研究》,朱善利译,小罗伯特·卢卡斯,商务印书馆,2000年。

74.《诺贝尔经济学奖金获得者讲演集》,王宏昌译,中国社会科学出版社,1997年。

75.《诺贝尔经济学奖金获得者讲演集1978—2007》,王宏昌译,中国社会科学出版社,2008 年。

76.《经济学的困惑与悖论》,吴汉洪译,马克 · 斯考森,华夏出版社,2001 年。

77.《新帕尔格雷夫经济学大辞典》,经济科学出版社,1996 年。

78.《现代经济学导论》,陈彪如译,罗宾逊,商务印书馆,2002 年。

79.《哲学视野中的可持续发展》,陈昌曙,中国社会科学出版社,2000 年。

80.《政治经济学发展新论》,王雪野,化学工业出版社,2004 年。

81.《虚拟经济理论分析》,刘琦斌,中国社会科学院博士论文,2005 年。

82.《西方经济学》,余永定,经济科学出版社,2002 年。

83.《经济学的秘密在于人——经济学方法论研究》,陈辉,西南师范大学硕士论文,2002 年。

84.《异化理论研究及其当代意义》,曹亚芳,南开大学硕士论文,2003 年。

85.《经济学的坏脾气——1637—2008 全球经济危机史》,张廷伟,金城出版社,2009 年。

86.《经济危机根本原因研究》,付皓辉,中国人民大学博士论文,2007 年。

87.《论通货膨胀》,弗里德曼,中国社会科学出版社,1982 年。

88.《弗里德曼货币与通货膨胀理论研究——基于中国经济转型下其理论局限性的分析》,邱营,浙江大学硕士论文,2008 年。

89.《通货膨胀相关因素分析》,李景兰,辽宁大学硕士论文,2007 年。

90.《通货膨胀成因及抑制》,余纪列,四川联合大学硕士论文,1994年。

91.《期货经济学教程》,陶琲,商务印书馆,2003年。

92.《人的经济属性问题研究》,张海鸥,中国人民大学博士论文,2007年。

93.《产业革命论》,龙福元,吉林大学出版社,2008年。

94.《产业哲学引论》,万长松,东北大学出版社,2008年。

95.《产业经济系统研究》,昝廷全,科学出版社,2002年。

96.《货币银行学》,黄达,中国人民大学出版社,2000年。

97.《现代性、后现代性与社会重构——关于理性化社会及其问题的社会理论研究》,沈杰,中国社会科学院博士论文,1999年。

98.《当代西方经济学方法论新进展研究》,杨玉成,福建师范大学博士论文,2002年。

99.《当代西方科学哲学与经济学方法论》,杨玉成,中国社会科学院博士后研究报告,2006年。

100.《从制度经济学看哲学与经济学之互动》,彭学农,复旦大学博士论文,2002年。

101.《1844年经济学哲学手稿》,中央编译局译,马克思,人民出版社,2000年。

102.《马克思全集·第四卷·哲学的贫困》,人民出版社,1958年。

103.《经济危机理论的演变》,杨健生,中国经济出版社,2008年。

104.《失业理论的微观基础》,李用俊,中国人民大学硕士论文,2003年。

105.《经济增长和失业关系研究》,肖康,武汉大学硕士论文,

2005 年。

106.《分工在经济危机中的作用——对经济危机、经济周期成因及其传导的一种解释》,张晓昆,浙江大学硕士论文,2003 年。

107.《对劳动和劳动价值理论的深化认识与思考》,万劲松,中国人民大学硕士论文,2002 年。

108.《长期的总量性失业理论模型研究》,袁乐平,中南大学博士论文,2005 年。

109.《西方结构性失业理论与实践的研究及其对中国的启示》,张晓楹,中国人民大学博士论文,2004 年。

110.《结构转变中的劳动力转移和经济增长》,夏明,中国人民大学博士论文,2000 年。

111.《人力资本:一个理论框架及其对中国的一些问题的解释》,李忠民,西北大学博士论文,1998 年。

112.《英国工业化过程中的劳动力转移》,高德步,中国人民大学博士论文,1993 年。

113.《中国的经济增长与就业增长非一致研究》,曾旸,中山大学硕士论文,2005 年。

114.《中国人力资本贡献率的实证研究(1978—2004)》,张辉,东北财经大学硕士论文,2007 年。

115.《经济危机成因理论研究——供求裂变·一个新的理论的提出与论证》,姚慧琴,西北大学博士论文,2001 年。

116.《图像,一种经济哲学分析的向度》,段刚,上海财经大学博士论文,2006 年。

117.《经济系统中的随机分岔与混沌现象研究》,沈非,天津大学博士论文,2005 年。

118.《产业结构与经济增长关系研究中的几个问题》,蔡中华,北京师范大学博士论文,2006 年。

119.《中国经济对奥肯定律的偏离及失业情况分析》,胡翾,武汉大学硕士论文,2001 年。

120.《对菲利普斯曲线的哲学考察》,章晓莉,苏州大学硕士论文,2001 年。

121.《中国经济发展中的资本形成问题研究》,左中海,西北大学博士论文,1994 年。

122.《通货膨胀与失业之间关系研究》,罗贵发,中共中央党校博士论文,2006 年。

123.《不发达国家的资本形成问题》,谨斋译,讷克斯,商务印书馆,1966 年。

124.《虚拟经济与实体经济互动影响研究》,何宜庆,上海交通大学博士论文,2004 年。

125.《西方失业回滞理论研究》,袁东明,北京大学博士论文,2003 年。

126.《通货膨胀与失业》,施建生,正中书局,1989 年。

127.《帕累托 80/20 效率法则》,李汉昭,海潮出版社,2001 年。

128.《世界经济发展模式比较》,李若谷,社会科学文献出版社,2009 年。

129.《由相克到相生:经济与环保的共生策略》,萧代基译,德瑞·安德逊,巨流图书公司,1995 年。

130.《模式的结构与演化——兼论中国经济模式的选择与创新》,

张孝德,中国人民大学博士论文,2000年。

131.《社会发展理论模式研究——兼论关小平现代化理论》,陈铁民,厦门大学出版社,1999年。

132.《经济发展模式的比较研究》,白向群,中国人民大学博士论文,2006年。

133.《跳跃式经济发展模式研究》,陈金良,西北大学博士论文,2002年。

134.《投资的虚拟化与虚拟投资》,陈郧山,南开大学博士论文,2001年。

135.《工业区位论》,李刚钊译,阿尔弗雷德·韦伯,商务印书馆,1997年。

136.《工业区位理论》,陈振汉,人民出版社,1982年。

137.《新生产力条件下工业区位论述评及探讨》,王晓远,武汉大学硕士论文,2005年。

138.《中国工业区位演变规律研究》,刘奇洪,中国人民大学博士论文,2002年。

139.《初探现代成本会计中的帕累托法则》,马颖,上海财经大学硕士论文,2004年。

140.《农机服务产业化——我国农业转型的帕累托最优制度安排》,许锦英,山东人民出版社,2003年。

141.《读书》,生活.读书.新知三联书店,2010年第一期。

142.《技术变迁中的失业问题研究》,牛润霞,中共中央党校博士论文,2006年。

143.《就业与通胀双重压力下的经济发展战略》,阎静波,中国社会科学院博士论文,1996 年。

144.《二八法则:人生和商场杠杆原理》,徐庆胜译,帕累托,华文出版社,2004 年。

145.《从斯密到马克思》,唐正东,江苏人民出版社,2009 年。

146.《共生时代——东北亚区域发展新路线图》,李文译,李承律,世界知识出版社,2005 年。

147.《纯交换经济中具有稳定帕累托分布的资本资产定价模型》,王小华,武汉大学硕士论文,2004 年。

148.《石油价格安全与石油期货研究》,朱恩良,北京工商大学硕士论文,2004 年。

149.《黄金金融属性研究》,潘轶明,苏州大学硕士论文,2004 年。

150.《经济学的表象》,李玉海,山西科学技术出版社,2005 年。

151.《虚拟经济》,严明,新华出版社,2003 年。

152.《虚拟经济对实体经济稳定性的影响机制研究》,李宝翼,中国人民大学博士论文,2006 年。

后　记

2007-2008年,美国走向危机,并由此而拖累了世界经济;这便要求人们必须进行有关如何以“拯救”的思索。

2009年底,我们完成了本书的初稿;2011年夏秋之际,又进行了适当的添补。其间,在辽宁师范大学攻读金融数学专业的研究生陈宏兴同学,为本书的写作既提供了许多资料上的帮助,也建议了一些较好的思想,就此表示感谢!

在本书的写作过程中,我们发现,历史给了中国一次最好的发展机遇,这乃是其他国家所不能具有的;因此,希望国人要多加珍惜。

关于书中有些引用的部分,因疏忽或观念相融等,而未能予以标明出处者,还请学界君子多以宽容宽恕。

最后,祝愿大家,若能从此间的文字中获取一些收益,就是相当好了。

作者

2014年9月1日